教育部人文社会科学研究项目（20YJC860010）

Geographies of Communication
The Spatial Turn in Media Studies
André Jansson & Jesper Falkheimer (eds.)

© Editorial matters and selections, the editors, articles, individual contributors; Nordicom

ISBN 91-89471-36-9

Published by:
Nordicom
Göteborg University
Box 713
SE 405 30 GÖTEBORG
Sweden

Cover by: Roger Palmgvist
Printed by: Livréna AB, Kungälv, Sweden, 2006
Environmental certification according to ISO 14001

传播新知译丛

李 震 主编

传播地理学
媒介研究的空间转向

Geographies of Communication
The Spatial Turn in Media Studies

[瑞典]安德烈·扬森
[瑞典]杰斯珀·福克海默 主编

郝鹏展 紫茹 译

陕西师范大学出版总社　西安

图书代号　SK24N0122

图书在版编目(CIP)数据

传播地理学：媒介研究的空间转向 / （瑞典）安德烈·扬森，（瑞典）杰斯珀·福克海默主编；郝鹏展，紫茹译. —西安：陕西师范大学出版总社有限公司，2024.5
（传播新知译丛 / 李震主编）
书名原文: Geographies of Communication—The Spatial Turn in Media Studies
ISBN 978-7-5695-3917-2

Ⅰ.①传… Ⅱ.①安… ②杰… ③郝… ④紫… Ⅲ.①传播媒介—研究 Ⅳ.①G206.2

中国国家版本馆CIP数据核字（2023）第183758号

Authorised translation from the English language edition published by NORDICOM.

合同登记号：25-2023-197

传播地理学——媒介研究的空间转向
CHUANBO DILIXUE——MEIJIE YANJIU DE KONGJIAN ZHUANXIANG

[瑞典]安德烈·扬森　[瑞典]杰斯珀·福克海默　主编
郝鹏展　紫　茹　译

出 版 人	刘东风
策划编辑	郭永新
责任编辑	陈君明
责任校对	王淑燕
装帧设计	张潇伊
出版发行	陕西师范大学出版总社
	（西安市长安南路199号　邮编 710062）
网　　址	http://www.snupg.com
印　　刷	西安市建明工贸有限责任公司
开　　本	720 mm×1020 mm　1/16
印　　张	20.75
字　　数	347千
版　　次	2024年5月第1版
印　　次	2024年5月第1次印刷
书　　号	ISBN 978-7-5695-3917-2
定　　价	98.00元

读者购书、书店添货或发现印装质量问题，请与本公司营销部联系、调换。
电话：（029）85307864　85303629　传真：（029）85303879

目 录
contents

导　论

第1章　迈向传播地理学 / 001
　　空间与传播的困境 / 002
　　传递模式与仪式模式的遗产 / 006
　　媒介研究的空间转向 / 008
　　十字路口 / 010
　　实证研究与分析 / 012

第一部分　研究领域概述

第2章　媒介地理学：从传播模式到意义的复杂性 / 020
　　大众传媒和地理学家 / 021
　　从模式到过程 / 021
　　区域媒体与空间意识问题 / 026
　　可视化地理 / 030
　　结论：媒介地理学 / 032

第3章　媒介研究、地理学想象与关系空间 / 038
　　空间转向、空间性与地理学想象 / 039
　　从绝对到相对的空间和地方概念 / 043
　　信息技术、无地方性与相对空间 / 047
　　结论：传播地理学的地理学想象 / 050

第4章　电子地理学：作为技术和象征环境的媒介景观 / 066
媒介、文化、社会 / 067
时间、空间和媒介 / 070
时空中的媒介景观 / 071
两种结构形式 / 074
时间的空间特性 / 077
文化与社会的媒介化建构 / 078
结论：表征性结构 / 082

第5章　物质化媒介空间的结构分析 / 087
纹理概述 / 087
纹理的节奏和尺度 / 092
纹理化、持久性和变化性 / 095
作为认识论领域的纹理 / 101

第二部分　媒介化空间

第6章　"欧洲堡垒"：媒介地理学的意识形态隐喻 / 107
媒介研究中的空间维度 / 108
哪种地理很重要？ / 110
作为中介区域的欧洲 / 112
"欧洲堡垒"的历史 / 114
重构隐喻并寻找解决方案 / 116
欧洲作为区域的演变 / 119

第7章　当地方形象、地方品牌和新闻报道产生冲突时 / 127
厄勒特区 / 128
地方品牌化的悖论 / 130
地方的品牌表征 / 134

　　　　目的地形象的形成 / 136
　　　　当地方形象发生冲突 / 138

　　第8章　空白点：旅游广告中的自然中介 / 143
　　　　实证材料 / 144
　　　　自然的四种类型 / 145
　　　　无地方性、无特征性和无时间性的表征 / 150
　　　　混合流派 / 153
　　　　富有想象力的游客 / 154
　　　　结论 / 155

　　第9章　跟着《勇闯天涯》居家旅行：地图学与感官策略 / 159
　　　　媒介旅游与视觉表征 / 159
　　　　委内瑞拉——一位性感女人 / 162
　　　　特定场所和特定游客的审美 / 165
　　　　特定媒介审美 / 167
　　　　制图和身体的全球导航 / 170

第三部分　中介化空间

　　第10章　弹性之家 / 174
　　　　封闭之家 / 175
　　　　延伸之家 / 181
　　　　弹性之家 / 186
　　　　结论 / 189

　　第11章　媒介与工作和休闲空间 / 196
　　　　媒介空间与日常生活的转变 / 197

　　　　日常生活中的工作和休闲 / 201
　　　　媒介使用与日常生活结构 / 203
　　　　作为日常仪式的媒介变革 / 204
　　　　空间纹理：工作与休闲 / 207
　　　　媒介框架与工作和休闲空间 / 208

第12章　城市消费空间中的媒介通道 / 213
　　　　通道 / 214
　　　　传播空间 / 216
　　　　传播与消费中心 / 219
　　　　权力空间 / 222
　　　　结论 / 226

第13章　魔法、健康与身体地理媒介 / 232
　　　　医学、魔法与现代性 / 233
　　　　文本之外 / 236
　　　　物质文化与感官传播 / 237
　　　　组织性空间和可移动的身体 / 242

第四部分　媒介化的空间感

第14章　旅游摄影地理学的编舞与表演 / 253
　　　　游客凝视和强制性摄影 / 254
　　　　摄影表演 / 261
　　　　结论：新技术，新表演？ / 265

第15章　未知领域：作为第三空间体验的媒介化美国 / 271
　　　　想象中的美国 / 271

　　　　通过媒介景观和记忆景观绘图：旅行和媒介 / 274
　　　　在第三空间旅行 / 278
　　　　结论 / 281

第16章　数字地理学：从故事空间到有故事的地方 / 288
　　　　赛博地理学 / 290
　　　　书写故事空间 / 291
　　　　故事的线上空间 / 297
　　　　导航主体性 / 301

第17章　附言：正在发生 / 308
　　　　修正空间 / 309
　　　　媒介景观 / 311
　　　　媒介和移动性 / 314
　　　　空间与移动的教育学 / 315

译后记 / 320

导　　论

第1章　迈向传播地理学

安德烈·扬森（André Jansson）和杰斯珀·福克海默（Jesper Falkheimer）

地理和传播之间的联系在于一切形式的传播都发生在空间中，所有的空间生产都是在传播的意义下产生的。换言之，空间生产理论也必须在一定程度上被理解为传播和媒介理论。地图和建筑图纸以及建筑环境即是空间体验、视觉和材料（预）条件之间的媒介（参见Lefebvre，1974/1991）。尽管很少有人这样定义，也很少被纳入媒介和传播研究。不管怎样，由于现代传播学的性质，这种分界颇具争议。数字信息和通信技术网络的实施和应用不仅模糊了地理位置（家庭、城市等）之间的界限，也模糊了不同类型区域（地方—全球，私人—公共等）之间的界限，而且也模糊了构成区域本身的维度比如物质空间、符号空间和想象空间之间的界限。因此，当前媒介研究不仅必须"应对"新空间产生的歧义，尤其在全球化方面，更要成为一门研究导致新空间歧义的技术和文化过程的学科。

这本书背离了媒介研究的空间转向是当代文化和社会的短暂特性要求的论断。有明显的迹象表明这种转变正在发生：当今，空间理论和媒介理论的结合比十年前更为频繁。但是，目前尚未有人对其全部潜力做出解释。本书通过汇集来自北欧主要媒介学者、地理学家和民族学家的最新分析，为论述空间转向的观点提供了一个广阔的视角。这些章节一起勾勒出了媒介和文化研究中可能出现的一个新的子领域：传播地理学[①]。对于这样一个研究领域来说，最首要的问题就是：传播如何生产空间，空间又如何产生传播。

那么，这是否意味着要取消对有关媒体的研究呢？我们并不这样认为。随着媒介在文化和社会各个领域的扩张和整合，文化地理学和人类学等领域将会被媒介和传播研究吸纳。这种预测同样是天真的。然而，我们有理由相信，在更广泛的文化研究领域，地理学家和媒介理论家之间的合作，将产生一个半自治的交流领域。正如后面的章节所显示的那样，新的子领域也将与城市研究、旅游研究、视觉（文化）研究以及物质和消费文化研究等不断扩大的研究领域密切相关。

在导论部分，我们将勾勒出空间转向的社会文化背景，特别是媒介文化的新的空间模糊性。关于这一点，传播传递观和传播仪式观的模式局限性将得到强调。我们还将概述并举例说明从20世纪80年代开始的空间转向，最后，通过各章的介绍，将本书定位在传播地理学领域。

空间与传播的困境

在《传播偏倚论》中，哈罗德·伊尼斯（Harold Innis）（1951/1964）探讨了社会主导传播手段与主流知识和权力模式之间的历史关系。他的分析范围从最早的文明到20世纪的工业社会，围绕着时间偏倚媒介和空间偏倚媒介之间的开创性区别展开。前者以沉重和耐用（如石头）为标志，后者则是以轻型和可运输的材料（如莎草纸）为标志。通过这种区分，哈罗德·伊尼斯将不同的传播方式与那些统治阶级行使社会政治权力的不同目的联系起来。时间偏倚媒介的持久性通常服务于宗教帝国追求永久垄断知识的野心，空间偏倚媒介通常为扩张主义的军事帝国提供利益。

虽然很难准确地指出时间偏倚媒介与空间偏倚媒介之间任何的客观区别，但通过概念可以更加直观地理解。如果我们借用雷蒙德·威廉姆斯（Raymond Williams）（1974）的术语——"传播偏倚"不仅为技术资产提供了一个清晰的概念，也将媒介作为文化形式加以限制，并为表达得更广泛的意识形态提供了一个清晰的概念。

那么，我们如何看待当代西方/全球媒介文化呢？哈罗德·伊尼斯的论断是明确的。在《时间之请》一文中，他认为工业社会过分强调空间，却忽视了与传统和时间交融相关的更持久的社会价值。哈罗德·伊尼斯认为"现代文化的悲剧在于商业主义的出现破坏了人们的时间观念"(1951/1964：86)，而"活在当下的本质就是摒弃所有个体的连续性。……雕塑成了音乐的牺牲品"(同上：90)。因此，西方工业社会是一个由意识形态和上层建筑维持的短暂的空间偏倚传播的社会。

这些论断确实有一种保守的论调。哈罗德·伊尼斯的预测建立在相当广泛的观点之上，即社会的历史缺陷无法在政府的时间和空间之间取得平衡。他的分析也重现了对过去的怀念。但是，这种怀念——人们对飞速发展的现实的体验和观念——可能也为伊尼斯的论述提供了支持。在社会科学领域，如约书亚·梅罗维茨（Joshua Meyrowitz）（1985）和保罗·维利里奥（Paul Virilio）（1990/2000）等思想家分析了新媒体和运输技术变化带来的社会后果，指出人们对过去、现在以及未来空间和地点的观念已经发生改变。曼纽尔·卡斯特（Manuel Castells）勾画了"信息技术范式"（Castells, 1996/2000：69-76）的轮廓，它将新兴的技术潜力（即数字媒体）与一种特定的对网络、流量和瞬时转化行为崇拜的意识形态形式联系在一起（参见Mattelart, 1996/2000）。其结果是，在地缘政治空间之外，创造了一种新的短暂的象征性流动地理学。齐格蒙特·鲍曼（Zygmunt Bauman）（2000）将21世纪早期的社会描述成一个正在进行的从固体（沉重）到流动（轻盈）的现代性转变。这可能与哈罗德·伊尼斯的观点不同，但同样具有启发意义。

在这里，传播必须从物质性和象征性两方面的相互转化来理解。象征性领域内的传播和中介，预设和强化着物质性领域内的传播和传递；反之亦然——通过这一过程，空间偏倚传播得以制度合法化和全球化（参见Virilio, 1990/2000：第2章）。媒体的轻盈性与服装、物品、住房等方面的轻盈性和灵活性是平行的。无论是工作和休闲还是生产和消费，都包含着意识形态的流动性和连通性，这本质上是一个通过传播而超越和（或）消除空间界限的问题。

如果工业社会是一个空间偏倚的社会，那么信息化意味着这种偏倚的延伸，并使空间本身成为一个不太可靠的范畴。因此，我们可以称之为超空间偏倚传播机制。原有的媒介和传播理论，特别是传输模式，是在"大众社会"概念下形成的，这种理论假定了媒体生产者和受众之间，以及文本和语境之间均有明确的界限，但空间偏倚传播体现了一系列空间之间的模糊性，动摇了"媒体研究"的认识论基础（参见Abercrombie and Longhurst，1998；Livingstone，2004）。

首先，我们面临流动性的困境。传统的媒介研究涉及的主要是国内特定背景下发生的媒介实践（例如Morley，1986；Lull，1991；Moores，1993），媒介文本在日常生活中是无处不在的，这种饱和状态意味着其很大一部分是在移动中被消费的。人们在寻常的城市景观中穿行，或者在郊区的高速公路上开车，都会遇到各种各样的广告文本，其中大多数都是商业性的。尽管大多数广告图片是固定的，但人们自己的运动造成了一种信息流或流动的感觉。正如约翰·伯格（John Berger）在其开创性的视觉文化著作《观看之道》中所说，"我们会觉得：广告影像不断从我们身边掠过，好像驰向远方终点的特快列车"（1972：130）。

如果我们把人们的流动性和媒体技术日益增加的流动性结合起来，情况就更加复杂了。"移动媒介"不是我们（这个）时代的发明；在乘坐火车、轮船等交通工具时，利用闲暇时间翻阅书籍和杂志成为重工业化（时代下）旅行文化的象征。然而，在信息化时代，就像规则的例外一样，静止和固化的媒介似乎越来越过时。技术的发展使媒介载体变得更加便携，通过耳机、掌上电脑、笔记本电脑等，媒介与移动的身体紧密相连。"移动化"社会的认识论问题在过去几年中得到了广泛承认，并试图产生新的研究方法，如"移动社会学"（参见Urry，1999，2003）。从媒介研究的角度来看，移动人群和移动媒介的交集在文本和语境的地位方面产生了分歧。通过物质和（或）符号的移动性，可以将文本转换为语境，反之亦然。

其次，超空间偏倚的传播机制涉及技术和文化融合方面的空间歧义。第一种情况已被曼纽尔·卡斯特尔（1996/2000）和博尔特（Bolter）和格鲁辛（Grusin）（1999）等学者仔细研究过。它指的是多媒体网络的发展，通过它，技术可以作为数字信息流的节点或集线器进行连接和重新连接。例如，技术融合不仅创造了新的生产和消费模式，而且还创造了私人和公共监督范围内的快速变化（参见Norris et al.，1998；Newburn，2001）。总之，特定的媒介技术和特定的表现形式很难分离。也就是说，文本作为媒介研究的传统出发点之一，已不再像过去那样被复杂的、开放的跨媒体/跨文本模式所吸收。

文化融合标志着报纸、电影等传统意义上的媒介文本与其他的文化产品之间的界限变得模糊。根据后福特主义的生产逻辑，当代消费文化或图像文化的出现（Jansson，2002a）促使象征和实物之间、"文本"和"商品"之间的区别消失。因此，想象空间、象征空间和物质空间之间的界限变得可协商且不稳定。

最后，交互性的困境指向远程交互的新机会，即在线交互。迄今为止，交互性一词主要与互联网相关的现象有关，比如网络游戏（MUDs）和在线社区。然而，随着融合的深入，在更宽广的领域讨论交互性变得更为恰当。例如，在当前的电视节目中，越来越多的内容涉及互动环节。在某些类型的节目中，如真人秀，观众、制片人和参与者之间的互动成为节目的主要内容（甚是盈利）必不可少的组成部分。"生产者"和"消费者"之间、生产和消费环境之间的界限是有问题的，互动性也可以从物化的角度来理解。在某些类型的节目中，如真人秀，观众、制片人和参与者之间的互动成为节目主要内容（甚至营利）必不可少的组成部分。这种互动性既可以从物化的角度来理解，也可以通过商品生产者和消费者之间的相互反身性来表达，"生产者"和"消费者"之间、生产和消费环境之间的界限日益模糊。一方面，通过精确的市场调研、受众划分和形象塑造；另一方面，通过消费者身份、工作和生活方式的细分，出现了越来越多"量身定做"的产品。商品物化的标志是越来越"狭义的"而不是"广义的"，是越来越"个性化的"而不是"大众化的"。这并不是说福特主义的逻辑已经完全过时了，而是消费者现在可以自由地创造"属于自己的"不受约束的标志体系——更确切地说，文化分化和物化使得互动性变得更加多元化和不可预测。因此，媒介研究不仅要面对文化融合带来的影响，还要面对生产和消费场所转换带来的空间变化的影响。

总之，超空间偏倚传播的时代意味着媒介研究面临着越来越多瞬息变化的传播地理环境，至少涉及三个认识论上的困境：文本的瞬息性、语境的瞬息性、文本-语境关系的瞬息性。这些困境推动着空间转向。

传递模式与仪式模式的遗产

谁？说了什么？对谁？通过哪种渠道？取得什么效果？从20世纪20年代开始，传播学的经典传递观一直是大众媒介研究的主要理论基础。对媒介和传播的分析主要在于明确的功能主义（Lasswell，1948；Schramm，1963），强调的是不同媒介"信息"的不同"用途""满足"和"效果"。换句话说，经典传递观关注的是信息在空间上的线性扩展。由于其功能性的、量化性的，甚至经验性的立场，它的全部优点只能通过独立变量的形式对文本和语境（即象征、社会和物质空间）进行理论上的隔离来实现。因此，这种观点不适合揭示日常生活的复杂性，也不适合分析社会的综合文化转型。此外，现代传播学的超空间偏倚性要求对文本和语境的范畴进行重新思考。

如果转向传递观的主要对立方——传播的仪式观，我们会遇到完全不同的困境。美国文化理论家詹姆斯·凯瑞（James W. Carey）在其论文《作为文化的传播》（1989）中明确阐述了仪式观，该观点建立在对西方空间偏倚社会的批判之上。复兴传统的实用主义，这一观点与哈罗德·伊尼斯的分析有许多共同点。根据詹姆斯·凯瑞（同上：15-16）的观点，自探索和发现时代开始以来，西方社会尤其是美国社会，就把传播视为空间传播。这种偏见构成了一种社会结构，通过这种结构，在西方思想中以宗教为基础的"分享""参与"和"交流"的古老观点被低估了。詹姆斯·凯瑞要求对此进行修正，也就是说，重新唤起人们对及时沟通的兴趣：

> 传播的仪式观不是指向信息在空间上的延伸，而是指向社会在时间上的维系；不是传递信息的行为，而是共同信仰的表征。（同上：18）

然而，必须强调的是，詹姆斯·凯瑞从来没有说过仪式观要取代传递观。尽管仪式观包含了对空间偏倚传播思想的批判，但恰恰相反，这种观点并非忽视了空间问题。受到雷蒙德·威廉斯（1961/1980）关于作为知识和经验的文化交流思想的启发，"社会生活中的仪式行为"的文化转向其实也是转向一种地方的意义和意义的地方，它们通过交流不断共享。总之，这就是从文本到语境的转变。

由此可知，相对于社会文化背景和社会文化历史，写作（编码）和阅读（解码）这两种特殊行为成为次要。传播正是发生在社会文化背景和社会文化历史之中。仪式观强调的是能够在语境和背景中再现的各种文化形态，而不是特定文本的意义。此外，生产环境不再被视为消费环境的对立面，编码场所也不是解码场所的对立面。相反，编码/解码过程都被视为淹没在滚滚的历史长河中。

戴维·莫利（David Morley）20世纪80年代的两部主要著作可以作为这种转变如何影响媒介研究的实例：《"全国"的受众：结构与解码》（1980）和《家庭电视：文化力量和家庭休闲》（1986）（下简称《家庭电视》）。第一项研究是对斯图亚特·霍尔（Stuart Hall）（1980）的编码/解码模型的延续，该模型的形式虽然以解释理论为基础，但综合了传播领域的观点。戴维·莫利进行了一些小组访谈，以揭示不同的社会群体如何解读全国时事电视节目，以及这些接受模式如何反映社会经验。尽管这项全国性的研究对斯图亚特·霍尔（1980）的相关理论进行了阐述，但正如戴维·莫利后来（1992）所说，这项研究有许多人为因素，从"自然语境"看，它是孤立的。在《家庭电视》一书中，通过对英国工人阶级家庭进行更长时间的"民族志"采访，戴维·莫利对收看电视作为一种社会和空间位置实践的协商特征进行了探讨。因此，他关注的焦点从对特定文本的解释转向社会仪式的表达（参见 Carey，1989）和与电视有关的文化协商。《家庭电视》证明了文化转向既是一种语境转向，也是一种民族志转向，这种转向是对电视文化所孕育的社会经验的回应。如果说传播对交流、信息，对经验的现代性偏见类似于平面媒体的主导文化形式，那么后现代电视的视觉性和家庭性就重新唤起了交流的仪式性，甚至神圣性。

总之，从仪式的角度理解，文本的瞬息性、语境的瞬息性以及文本-语境关系的瞬息性都不再是值得注意的认识论方面的困境。因此，在解释传播本身如何产生空间歧义，以及空间歧义如何反过来影响传播时（无论被视为"传递性的"还是"仪式性的"），仪式观往往被证明是存在问题的。例如，戴维·莫利从《"全国"的受众》到《家庭电视》的认识论转变涉及对媒介空间的重新思考。但戴维·莫利并没有质疑这个（家庭）空间的边界，也没有质疑传播如何改变其构成。20世纪80年代和90年代大多数以民族志为导向的受众研究也是如此（例如Silverstone and Hirsch，1992；Gauntlett and Hill，1999）。因此，不能将语境转向与后来的空间转向混淆。

媒介研究的空间转向

1985年，地理学家杰奎琳·伯吉斯（Jacqueline Burgess）和约翰·戈尔德（John Gold）在合编的论文集《地理、媒介和大众文化》一书中对媒介研究和地理的结合做了早期的描述。此书的导言中指出，"在过去15年里，地理学家在许多场合承认了媒介的重要性，但总的来说，后续研究的水平还有待进一步提高"（1985：5-6）。他们还认为，关于媒介对社会和文化方面的影响，地理学家的研究贡献"少得可怜"（同上：6）。

当时，媒介研究者也很少关注空间问题。直到1985年，第一本关于空间转向的媒介研究著作才得以出版。在《消失的地域——电子媒介对社会行为的影响》一书中，社会心理学家约书亚·梅罗维茨（Joshua Meyrowitz）接受了哈罗德·伊尼斯和马歇尔·麦克卢汉（Marshall McLuhan）的媒介理论，并将其与欧文·戈夫曼（Erving Goffman）的符号互动论相结合。约书亚·梅罗维茨断言，电子媒介不仅改变了人们对空间的认知，而且促进了人们对社会角色和社区的认知。从那时起，这些观点被广泛讨论，并被看作是技术决定论而备受指责。但是无论如何，这本书都是媒介研究中最具影响力的著作之一——特别在数字时代更是如此（参见Nyiri，2005）。

与此同时，本尼迪克特·安德森（Benedict Anderson）的《想象的共同体——民族主义的起源与散布》（1983）和大卫·哈维（David Harvey）的《后现代性的条件》（1990）两本书也对媒介研究产生了重大影响。本尼迪克特·安德森运用传播仪式观的思想，对现代欧洲早期的历史进行了研究。他认为，媒介表征，特别是印刷媒介，作为想象共同体（和想象空间）对促进早期现代欧洲形成民族国家产生了重要影响。在北欧，奥维·洛夫格伦（Orvar Löfgren）等民族学家也有类似的讨论，他的《国家构建中的媒体》一文可能是1990年以来被瑞典媒介研究领域引用最多的文章之一（另见Frykman and Löfgren，1987）。相比之下，大卫·哈维引入的时空压缩概念的地理学分析,对20世纪末通过媒介和传播促使人们理解不断缩小的世界和日益模糊的地缘政治边界产生了重要影响。总之,本尼迪克特·安德森和大卫·哈维的分析指出了媒介对双边地缘政治的影响——它有可能再现和改变既存的空间格局和人们的认识。

从20世纪90年代中期开始,空间性在媒介研究领域受到更广泛的关注。戴维·莫利在1995年出版的《认同的空间:全球媒介、电子世界景观与文化边界》[与凯文·罗宾斯(Kevin Robins)合著,下简称《认同的空间》]和2000年出版的《家庭领地:媒介、流动性和身份认同》(下简称《家庭领地》)等著作代表了这一趋势。《认同的空间》关注的是全球媒介和政治一体化时代欧洲新构想中的文化地理学,而《家庭领地》可以被视为对《家庭电视》更直接的延续,书里对家、住户、家庭的概念提出了质疑。通过对全球范围内一系列实证材料的调查,戴维·莫利的注意力从英国工人阶级表面上看似有限的家庭空间转向了"世界性"和散居社区的开放式空间。空间不再是既定的,而是一个可以协商的中介结构,在这个结构中,想象、象征和物质维度之间的相互作用为空间认同提供了前提条件。

《家庭领地》一书象征着媒介研究与全球化研究相结合带来的认识论的全面发展,这一转变过程也反映在其他重要论著中,诸如阿尔君·阿帕杜莱(Arjun Appadurai)的《消散的现代性》(1996)、乌尔夫·翰纳兹(Ulf Hannerz)的《跨国联系》(1996)和约翰·汤姆林森(John Tomlinson)的《全球化和文化》(1999)等著作,以及论文集《全球遭遇》(Stald and Tufte, 2002),还有最近发行的期刊《全球媒介与传播》和《全球媒介杂志》等。

空间转向的另一个重要方面是民族志田野调查。戴维·莫利很好地抓住了这一点,其中媒介实践和媒介流动的空间框架受到质疑。关于这一点有两个典型的例子,分别是尼克·库尔德里(Nick Couldry)的《媒介权力的所在》(2000)和安娜·麦卡锡(Anna McCarthy)的《环境电视》(2001)。《媒介权力的所在》侧重于研究人们进入媒介场景的经验(诸如"目击者"或"朝觐者"),《环境电视》则探讨电视在公共空间的整合和作用。与这一趋势相对应的是跨学科研究。在"通道"项目中,瑞典研究人员研究了斯德哥尔摩郊区购物中心作为中介模式的媒介生产和再生产过程(参见Becker et al., 2001,

2002；本书中的 Fornäs）。随着人类学家、社会学家、地理学家和传播学者之间隔阂的缩小，媒介研究也与城市研究（例如 Graham and Marvin，1996，2001；Sassen，2002）和旅游研究（例如 Strain，2003；Crouch et al.，2005）等专业领域交织在一起。相关研究的论文集中也出现了许多跨学科合作研究的例子，例如《虚拟地理学》（Crang et al.，1999）、《媒介世界》（Ginsburg 等，2002）和《媒介空间》（Couldry and McCarthy，2004）。

《媒介空间》对空间传播理论的框架做了清晰阐释，是该领域研究的最前沿。在导论部分，尼克·库尔德里和安娜·麦卡锡对媒介空间的概念从五个层次进行了论述，从研究"媒介表征"到研究"媒介在怎样的尺度上导致了人们在特定场合产生了不同的体验和理解"（2004：5-8）。这种系统化的研究是有意义的，但是，对空间理论可能给媒介研究带来新的议题却没有足够重视。《媒介空间》不仅划定了一个新的概念领域，而且为传播地理学指明了方向。

十字路口

本书的各个章节均围绕着作为空间生产的传播展开讨论。从整体上看，本书超越传播仪式观和传播传递观二元对立的观点，并试图解决传播的物质层面和象征层面被低估的关系。在空间生产中，传递观和仪式观总是交织在一起的——就像物质、象征和想象三种空间相互交融和转换一样。不同的章节也将人们的注意力吸引到思想和概念交会的十字路口。这些十字路口可以用传播地理学的维度来解释。

首先，存在一个明显的意识形态和政治层面。通过公共领域和私人领域的融合，以及全球和地方领域的融合，意识形态方面的问题得以发展。传播地理学产生了关于图像和空间现实话语框架的争论。这个维度在几个章节中均被强调。理查德·埃克（Richard EK）研究了地缘政治话语是如何通过沟通得到表达和合法化的，这是一个批判性的视角。伊卡·萨洛瓦拉-莫林（Inka Salovaara-Moring）分析了"欧洲堡垒"的空间隐喻如何被用来构建"我们和他们"之间的边界。杰斯珀·福克海默和奥萨·特兰德（Åsa Thelander）在他们各自的章节中举例说明了战略传播——地方品牌和旅游广告——是如何成为当代主流话语和刻板印象的媒介的。约翰·福纳斯讨论了公共空间的商业化,并指出这一过程是如何与空间力量的斗争交织在一起的。但在微观层面上,比如在分析私人住宅的媒介饱和度时,政治因素也是重要的。马格努斯·安德森(Magnus Andersson)展示了社会中的政治问题(劳动分工、性别问题等)是如何渗透到私人家庭的。媒介研究的空间转向意味着一种意识形态的视角,因为表征作为空间的生产者具有强大的力量。

其次,从技术维度而言,它从不同的层面强调了通过社会关系和传播过程,媒介技术论是如何塑造和被塑造的。正如前面哈罗德·伊尼斯提到的,这个维度与移动性概念联系紧密。因此,空间转向在某种程度上是对媒介理论学派,诸如马歇尔·麦克卢汉等理论家的某些经典思想的回归,但空间转向抵制了技术决定论,而技术决定论恰恰是媒介理论学派的短板。本尼迪克特·安德森(1983)在其《想象的共同体》一书中,对媒介技术的文化形态和运用是不同社区创建和发展的基础这一众所周知的观点做了集中讨论。在此书中,戈兰·博林(Göran Bolin)讨论了媒介技术和表现形式与地理景观相互关联的方式。珍妮·桑德恩(Jenny Sundén)的章节讨论了数字媒介地理的(包括超文本小说、电脑游戏等),并展示了数字媒介地理是如何在线上和线下空间的辩证运动中构建的。

最后,我们可能会谈到纹理维度。这里主要的关注点是如何通过文化使空间物化。这意味着空间的社会和文化分析对结构化和功能化的传统二分法的抵制。纹理是通过制定和协商而产生和解释的。正如安德烈·扬森在其章节中所提到的,因此,纹理与安东尼·吉登斯(Anthony Giddens)(1984)的结构化理论之间存在联系,其旨在分析社会结构与人的能动性之间的互动空间。纹理是一个传播空间,既有物质性,也有象征性。在这个传播空间中,纹理既可以被复制,也可以被改变;既可以被解码,也可以被重新编码。同样,乔纳斯·拉森(Jonas Larsen)在其对旅游摄影的分析中强调人的能动性,把人描述为视觉空间的生产者而非消费者。斯蒂娜·本特森(Stina Bengtsson)运用欧文·戈夫曼的理论,对媒介化现代家庭中私人和公共(后台和前台)领域的划分提出了质疑。阿曼达·拉格克维斯特(Amanda Lagerkvist)在对旅游日志的分析中,展示了如何将表征、旅游和体验相互融合,产生一种媒介化的空间感。安妮·玛丽特·瓦德（Anne Marit Waade）通过关注旅游业的电视转播，深入探讨了纹理维度美学方面的问题。

意识形态、技术和纹理都是具有跨学科意义的宽泛概念。但是，正如本书所表达的，我们有理由将传播地理学视为一个知识领域，在这个领域中，上述的这些概念被以不同的方式使用。传播地理学的这些概念被用于不同层面，但都可以归结于同一个关键问题：媒介的生产、表征和消费对不同空间的塑造有何种重要性？

实证研究与分析

本书围绕四个主题编写。第一，作者们从媒介研究和地理地图的角度对传播地理学的认识论层面进行了梳理和反思。第二，重点介绍了四位学者关于空间媒介的理论和实证问题的分析。这包括对地方品牌和视觉文化日益增长的文化融合（参见上文）的分析。第三，集中讨论了理论和实证分析层面上的空间中介化：媒介如何在当今社会无所不在，以及它们是如何在私人领域和公共领域、工作和休闲之间相互转换的。第四，本书进入了想象和空间感的研究领域。通过不同的实证案例，本书探讨了基于情景、导航、协调和移动等概念的空间解码和重新编码过程。本书后三部分的灵感来自亨利·列斐伏尔（1974/1991）的空间生产三元模型，并分别对应着空间表征（II）、空间实践（III）和表征的空间（IV）。列斐伏尔的模型是传播地理学研究的基石。这也代表着在本书的第二至第四部分只有视角的变化而没有明确的界限。正如大多数章节所谈到的，空间生产是通过空间实践、空间中介和空间想象之间复杂的相互交织而实现的。

勾勒研究领域

人类地理学家比尔吉特·斯托伯（Birgit Stöber）认为媒介地理学领域的发展源于人文地理学。她同意奈杰尔·思瑞夫特（Nigel Thrift）（2000：493）的观点，即"在地理学领域，几乎没有直接的媒介研究"，但也表明地理学领域的媒介研究正在逐渐受到重视。她写的章节概述了一些人类地理学家所做的关于大众媒介的研究，并深入分析了地理学家和其他社会理论家与这一分支学科的关系。媒介的地理研究主要受到日新月异的媒介技术进步的影响，其次也受到大众媒介政策变化的影响，还在一定程度上受到媒介研究发展的影响。比尔吉特·斯托伯还指出，目前，媒介与传播研究与媒介地理学的子学科之间的联系很少。

人类地理学家理查德·埃克，阐述了空间、地点和传播的本体论和认识论问题。他在当今运用解构现代主义思想进行空间再理论化的研究中占有一席之地。首先，这意味着空间和空间知识如何被用作地缘政治话语和权力的来源成了关注重点。其次，这意味着传统空间本体论（作为绝对的空间本体论）受到了质疑，取而代之的是基于关系空间概念的流空间本体论。从认识论和本体论角度的空间再理论化产生了两大命题：其一，空间是通过行为、表征和互动得以生产和建构的；其二，空间并非被限制在固化的和规则的几何图形范围内，它存在于众多的生产、实践和表征的相互转换之中，具有多元性和多样性。理查德·埃克还指出，传播地理学家之间需要话语自反性，因为他们的研究不能脱离空间本身的生产。

戈兰·博林从媒介技术结构和文本结构两个层面讨论了媒介景观。他从媒介的基本概念出发，分析了通常不被讨论的地形、地图等概念之间的关系。作者将理论讨论与媒介在瑞典和爱沙尼亚社会和文化变革中的作用的个案研究联系起来。戈兰·博林主张使用空间隐喻和概念来理解这些后现代过程，并特别指出媒介作为"表征景观"创造者的功能所蕴含的社会力量。

最后，安德烈·扬森提出了一个理论，其中引入了纹理的概念。他的分析明显使空间的物质结构和象征结构之间界线更加模糊。纹理指的是空间的交流结构，其产生于交流／空间实践与空间和场所的结构特征的交汇处。因此，纹理是一个中介化和动态化的概念，让我们从一个交流的"丰富和饱满"程度来思考空间，而不是一个容器或一个符号。

空间媒介

安妮·玛丽特·瓦德（Anne Marit Waade）深入探讨了英国背包客系列旅游电视节目《勇闯天涯》中所体现的审美策略和接收模式。瓦德运用厄里（Urry）（2002）的"游客凝视"概念，以及安德烈·扬森（2002）的"超级旅游"概念，对全球文化中的旅游经验进行了反思。相比现实的再现和中介，瓦德认为，旅游中介地应该被作为一种"超现实"的梦幻和真实来考虑。

杰斯珀·福克海默全面探讨了由不同行为者或组织的意图构成的战略传播领域。在如今全球性的想象空间里，越来越多的地方品牌和营销活动旨在吸引人们的注意力，使自己具有竞争力，已是一个不争的事实。杰斯珀·福克海默从地方新闻与世界性广告话语碰撞的传播学角度分析了地方品牌。以厄勒海峡地区为例，丹麦和瑞典之间厄勒森德大桥的建设产生了一个跨国品牌，从而造成了主导地方品牌的理论面临着复杂的经验性的挑战。杰斯珀·福克海默主张从政治角度审视地方品牌，并在其理论和实践中整合媒介和文化理论。

奥萨·特兰德从视觉层面分析了旅游广告。基于一家瑞典日报的广告，她揭示了如何通过各式固化的传播建构当地文化。传统的对"异域"的理想化主要是通过强化目的地的视觉形象而形成的。在某种程度上，这是一个把自然变成商品的简单过程。同时奥萨·特兰德也揭示了这些图像如何被观众和旅游摄影师（重新）协商和再定义。

最后，伊卡·萨洛瓦拉-莫林提供了一个关于空间隐喻与战略政治话语关系的理论和实证研究案例。她主张在媒介与传播研究和人文地理学之间建立更紧密的联系，并解释了由于功能、系统和社会结构在时空维度上的历史优势性而导致媒介研究中对空间性的历史偏见。她提出的实证案例涉及欧盟内部"美国和他们"之间的构建。伊卡·萨洛瓦拉-莫林认为在这里，媒介话语被视为主导政治经济空间观念的代理人。

空间的媒介化

马格努斯·安德森从私人住宅这个微观层面来研究传播地理。通过定性访谈，他走进了日常生活的后台，找到了一个受到现代技术挑战的地方。私人领域有时也是一个半公共空间，通过媒介技术将私人生活与全球信息流动联系起来。可以将其称之为国内全球化进程。人们每天对媒介的使用可以看作是为了确定家的含义，是在变更/扩展与稳定/封闭之间取得平衡的策略。根据马格努斯·安德森的说法，这不仅仅意味着个人自由和授权的增强，相反，他展示了全球文化进程如何影响人们的生活方式和与预先建立的政治和社会分裂有关的家庭观念。

斯蒂娜·本特森对家庭领域进行了研究，但专注于研究空间的媒介化如何有助于人们在工作和休闲之间建立时空界限的习惯。斯蒂娜·本特森的案例研究对象是三个在家里工作的人。她运用戈夫曼的社会心理学概念，如"框架"和"区域"，探讨了媒介在定义空间、角色和行为时如何被赋予了象征意义。在马格努斯·安德森的章节中，媒介不仅被视为模糊工作／休闲和公共／私人之间的现代界限的力量，而且也是在一个更流动的象征空间中重建现代界限的手段。约翰·福纳斯将他的分析带入了一个后现代的购物中心。他的章节是基于媒介民族志和跨学科项目的研究。通过对购物中心的消费和交流的研究，研究人员指出了空间和位置在理解媒介使用和流通中起着至关重要的作用。福纳斯的分析强调了商业化的城市空间是传播、体验和权力的舞台，它们构成了个人、文本和机构之间复杂的信息流通。信息流通的密度也使购物中心成为当代权力斗争的舞台。

本节的最后一章的研究对象是另一个大型的后现代体验活动场所，水疗中心。民族学家汤姆·奥戴尔（Tom O'Dell）研究了水疗中心是如何被构建和作为媒介的。通过比较水疗中心在宣传材料中是如何呈现的，以及它们在物质和空间上是如何组建起来的，奥戴尔探讨了"旧"的价值观和结构在新的话语中是如何被重新复制的。在奥戴尔看来，媒介的医学理性逻辑与魔法和神秘领域之间的关系不但不冲突，反而是一种逻辑组合。

空间媒介感

乔纳斯·拉森探索并重新思考了摄影在旅游业中的作用。他认为，旅游摄影的本质是一种复杂的、由具体善于表演的演员、剧本和编舞组成的、并上演"富有想象力的地理环境"的"戏剧化"过程。相对于把旅游摄影看作是被策划和被包装的，乔纳斯·拉森更强调的是这一过程的表演性和自我包装问题。此外，数码摄影的影响也增加了旅游摄影的这种表演性。

阿曼达·拉格克维斯特从"第三空间"的角度讨论了世界上最具媒介化的国家——美国。根据1945—1963年间瑞典游记中对美国想象的建构，阿曼达·拉格克维斯特特别强调了空间经验如何与大量曝光的媒介图像和想象产生关系。这一分析使后现代旅游理论面临着这样一个历史事实：早在20世纪中叶，远方的"生活文本性"已经成为日常生活和旅游体验的文化特征。

珍妮·桑德恩反对将互联网视为无所不在、无处不在的媒介。相反，通过对超文本小说、基于文本的虚拟世界（MUDs）和电脑游戏三种环境案例的考察，她研究了数字叙事和空间定位媒介使用之间的密切关系。这些媒介类型不仅表征空间，而且成为指引用户的新空间。他们创造了介于现实和虚构之间的新的虚拟的地方感。珍妮·桑德恩主张在赛博文化研究中更应强调立足点而不是普通空间。最后，瑞典民族学家奥维·洛夫格伦的后记对本书提出的媒介研究变化、空间转向和跨学科视角等主要论点进行了反思。

注释

① "传播地理学"一词已被零星地使用，其方式与我们在此提出的类似。值得注意的是，美国地理学家协会（http：//www.communication-geography.org）有一个专门研究这一领域的团队。然而，在媒介和文化研究中，尽管在相关论坛上对空间和文化有所讨论（例如http：//www.space andculture.org），但似乎还没有类似的领域。

原书参考文献

Abercrombie, Nicholas and Brian Longhurst (1998) *Audiences: A Sociological Theory of Performance and Imagination*. London: Sage.

Anderson, Benedict (1983) *Imagined Communities. Reflections on the Origins and Spread of Nationalism*. London: Verso.

Appadurai, Arjun (1996) *Modernity at Large: Cultural Dimensions of Globalization*. Minneapolis: University of Minnesota Press.

Bauman, Zygmunt (2000) *Liquid Modernity*. Cambridge: Polity Press.

Bauman, Zygmunt (2001) *Community: Seeking Safety in an Insecure World*. Cambridge: Polity Press.

Becker, Karin; Erling Bjurström, Johan Fornäs and Hillevi Ganetz (eds.) (2001) *Passager: Medier och kultur i ett köpcentrum*. Nora: Nya Doxa.

Becker, Karin; Erling Bjurström, Johan Fornäs and Hillevi Ganetz (eds.) (2002) *Medier och människor i konsumtionsrummet*. Nora: Nya Doxa.

Berger, John (1972) *Ways of Seeing*. London: BBC and Penguin.

Bolter, Jay Davis and Richard Grusin (1999) *Remediation: Understanding New Media*. Cambridge, Ma: MIT Press.

Burges, Jacquelin and John R Gold (eds.) (1985) *Geography, the Media and Popular Culture*. London: Croon Helm.

Carey, James W. (1989) *Communication as Culture: Essays on Media and Society*. New York: Routledge.

Castells, Manuel (1996/2000) *The Rise of the Network Society (The Information Age: Economy, Society and Culture, Vol. 1)*. Second edition. Oxford: Blackwell.

Couldry, Nick (2000) *The Place of Media Power: Pilgrims and Witnesses of the Media Age*. London: Routledge.

Couldry, Nick and Anna McCarthy (eds.) (2004) *Mediaspace: Place, Scale and Culture in a Media Age*. London: Routledge.

Crang, Mike; Phil Crang and Jon May (1999) Virtual *Geographies: Bodies, Space and Relations*. London: Routledge.

Crouch, David; Rhona Jackson and Felix Thompson (eds.) (2005) *The Media and the Tourist Imagination: Converging Cultures*. London: Routledge.

Frykman, Jonas and Orvar Löfgren (1987) *Culture Builders: A Historical Anthropology of Middle-Class Life*. New Brunswick, N.J.: Rutgers University Press.

Gauntlett, David and Annette Hill (1999) TV *Living: Television, Culture and Everyday Life*. London: Routledge.

Ginsburg, Faye D.; Lila Abu-Lughod och Brian Larkin (eds.) (2002) *Media Worlds: Anthropology on New Terrain*. Berkeley and Los Angeles: University of California Press.

Graham, Stephen and Simon Marvin (1996) *Telecommunications and the City: Electronic Spaces, Urban Places*. London: Routledge.

Graham, Stephen and Simon Marvin (2001) *Splintering Urbanism. Networked Infrastructures, Technological Mobilities, and the Urban Condition*. London: Routledge.

Innis, Harold A. (1951/1964) *The Bias of Communication*. Toronto: Toronto University Press.

Hall, Stuart (1980) 'Encoding/Decoding', in Hall, Stuart; Dorothy Hobson; Andrew Lowe and Paul Willis (eds.) *Culture, Media, Language*. London: Hutchinson.

Hannerz, Ulf (1996) *Transnational Connections*. London: Routledge.

Harvey, David (1990) *The Condition of Postmodernity*. Cambridge, Ma.: Blackwell.

Jacobs, Jane (1961) *The Death and Life of Great American Cities*. New York: Vintage Books.

Jansson, André (2002) "Spatial Phantasmagoria: The Mediatization of Tourism Experience", *European Journal of Communication*, Vol. 17, No. 4: 429-43.

Jansson, André (2002) "The Mediatization of Consumption: Towards an Analytical Framework of Image Culture", *Journal of Consumer Culture*, Vol. 2, No. 1: 5-31.

Laswell, Harold (1948) 'The Structure and Function of Communication in Society', in Bryson, Lyman'(ed.) *The Communication of Ideas*. New York: Harper & Row.

Lefebvre, Henri (1974/1991) *The Production of Space*. Oxford: Blackwell.

Livingstone, Sonia (2004) "The Challenge of Changing Audiences: Or, What is the Audience Researcher to do in the Age of the Internet?", *European Journal of Communication*, Vol 19, No 1: 75-86.

Lull, James (1991) *Inside Family Viewing*. London: Routledge.

Löfgren, Orvar (1990) "Medierna i nationsbygget: Hur press, radio och TV gjorde Sverige svenskt", in Hannerz (ed.) *Medier och kulturer*. Stockholm: Carlssons.

Mattelart, Armand (1996/2000) *Networking the World 1794-2000*. Minneapolis: University of Minnesota Press.

Meyrowitz (1985) *No Sense of Place: The Impact of Electronic Media on Social Behaviour*. New York: Oxford University Press.

Moores, Shaun (1993) *Interpreting Audiences*. London: Sage.

Morley, David (1980) *The 'Nationwide' Audience. Structure and Decoding*. London: British Film Institute.

Morley, David (1986) *Family Television: Cultural Power and Domestic Leisure*. London: Comeda.

Morley, David (1992) *Television, Audiences and Cultural Studies*. London: Routledge.

Morley, David (2000) *Home Territories: Media, Mobility and Identity*. London: Routledge.

Morley, David and Kevin Robins (1995) *Spaces of Identity: Global Media, Electronic Landscapes and Cultural Boundaries*. London: Routledge.

Newburn, Tim (2001) 'The Commodification of Policing: Security Networks in the Late Modern City', *Urban Studies*, Vol 38, Nos 5-6: 829-48.

Norris, C; J Morgan and G Armstrong (eds.) (1998) *Surveillance, CCTV and Social Control*.

Aldershot: Ashgate.

Morley, David (2000) *Home Territories: Media, Mobility and Identity*. London: Routledge.

Nyiri, Kristof (ed.) (2005) *A Sense of Place: The Global and the Local in Mobile Communication*. Vienna: Passagen Verlag.

Sassen, Saskia (ed.) (2002) *Global Networks, Linked Cities*. London: Routledge.

Schramm, Wilbur (1963) *The Science of Human Communication: New Directions and Findings in Communication Research*. New York: Basic Books.

Silverstone, Roger and Eric Hirsch (eds.) (1992) *Consuming Technologies: Media and Information in Domestic Spaces*. London: Routledge.

Stald, Gitte and Thomas Tufte (2002) *Global Encounters: Media and Cultural Transformation*. Luton: University of Luton Press.

Strain, Ellen (2003) *Public Places, Private Journeys: Ethnography, Entertainment, and the Tourist Gaze*. New Brunswick, NJ: Rutgers University Press.

Thrift, Nigel (2000) "Geography of Media", in Johnston, Ron J; Derek Gregory; Geraldine Pratt and Michael Watts (eds.) *The Dictionary of Human Geography*. Oxford: Blackwell.

Tomlinson, John (1999) *Globalization and Culture*. Cambridge: Polity Press.

Urry, John (1999) 'Mobile Sociology', *British Journal of Sociology*, Vol 51, No1: 185-203.

Urry, John (2002) *The Tourist Gaze. 2nd Edition*. London: Sage.

Urry, John (2003) 'Social Networks, Travel and Talk', *British Journal of Sociology*, Vol 54, No 2: 155-75.

Virilio, Paul (1990/2000) *Polar Inertia*. London: Sage.

Williams, Raymond (1961/1980) *The Long Revolution*. Harmondsworth: Penguin.

Williams, Raymond (1974) *Television: Technology and Cultural Form*. London: Fontana.

第一部分 研究领域概述

第2章 媒介地理学：从传播模式到意义的复杂性

比尔吉特·斯托伯（Birgit Stöber）

大众传媒自出现以来，在全球、国家、区域和地方等不同层面上对时间和空间的概念都产生了决定性的影响。尽管一些地理学家已经暗示了大众传媒在构建空间和社区方面的重要性，但"在地理学领域，对媒介的直接研究非常少"（Thrift，2000：493）。然而，从几年前开始，"虽然是零星的，但关于媒介地理的研究确实存在"（同上）。一些相关研讨会的召开可以作为进一步的证明，其中包括2005年夏季由IGU（国际地理联合会，International Geography Union）委员会主办的以"地理学研究中的文化方法"为主题的"地理与媒介"研讨会。

本章将对人文地理学家所进行的大众传媒研究对该领域发展的重要作用作一概述。随着对这一新的分支学科及其方法论的深入了解，更突显其与地理学家和其他社科专家的相关性。我们首先按时间顺序简要介绍媒介地理学的发展。研究表明，对大众传媒的地理学研究不仅受到传媒技术发展的影响，而且也受到大众传媒政策变化的影响，甚至在一定程度上还受到传媒研究发展状况的影响。

在对所选的地理学文献及其主要的大众传媒研究方法总结之前，本章试图先介绍地理学家在媒介研究方面相对薄弱的一面。

大众传媒和地理学家

描述地理学家有关大众传媒的研究并非易事,但是正如杰奎琳·伯吉斯和约翰·戈尔德(1985:8)所建议的那样,"为了方便起见,我们可以考察有关强调媒介流的研究和关注媒介主要内容的研究两者之间的区别"。早期关于媒介地理学研究主要涉及(关注)媒体机构的空间组织,但最近的重点越来越多地转向媒介产品及其内容的空间相关性。在方法论上,这意味着从扩散研究和概率模型转向文本和图像的演绎。研究内容也更多样了:思瑞夫特(2000)发现人们越来越注重听觉、触觉、嗅觉和味觉的感知。

在全球化背景下,大众传媒的流量和内容两方面都吸引了研究人员的注意。研究者不仅将大众传媒作为一个正在发展的全球产业的一个分支来研究,而且将其作为强势的文化产品来研究。换句话说,对全球化感兴趣的媒介地理学家既关心跨国媒介活动的经济后果,也关心标准化图像和文本的生产和全球发行带来的社会文化影响(参见例如Morley and Robins,1995)。另一个研究焦点是新兴的数字媒体及其产生的"赛博空间"(参见Dodge and Kitchin,2001)这一流行语对地理学的影响。

因此,媒介地理学是一个高度碎片化的领域,这使得我们在进行文献梳理时,很难避开无趣的盘点泥潭。因此,本章的重点在于梳理该领域发展的主要阶段。以下介绍主要包括报纸、广播和电视上的明确的地理学研究,以及一般意义上的文本和图像研究。

从模式到过程

没有一个学者、独特事件或特定出版物可以被视为媒介地理学的发端和代表。相比之下,传统的运输地理学和传播地理学研究,如扩散研究和时空压缩研究,都可以被视为媒介地理学的先驱。

到了20世纪50年代,一些德国地理学家[1]已经开始关注大众传媒,更准确地说是报纸的空间组织和分布。扩散研究的杰出代表是瑞典地理学家哈格斯特朗(Hägerstrand),他关于扩散模式的研究"起源于欧洲文化地理和文化史的悠久传统,可以追溯到拉采尔(Ratzel)"(Hägerstrand,1965:27)。

哈格斯特朗在他的文章《社会沟通的空间结构和信息扩散》中写道："顾名思义，创新扩散是传播的一种功能。一个人不能采用不是自己发明的创新，除非他第一次看到、听到或读到这种创新。"（同上）在这篇文章中，哈格斯特朗的目标是"理解或者预测一项创新在社会中扩散的时空过程"。作为一名社科专家，哈格斯特朗对概率性的过程兴趣极大，他试图采用随机抽样法对上述问题进行研究。通过实证研究，他绘制了1922年至1950年扶轮社在欧洲扩散的地图，并研究了瑞典出现扶轮社的时间与城市规模之间更精确的关系，以阐明"创新扩散的社会沟通功能"。

他的结论是，这种增长模式与他在小范围内观察到的信息在农业人口中的扩散并没有本质上的不同。他绘制了一项创新在农业社区的扩散图，发现"熟人圈和朋友圈中个体之间的联系对信息扩散和影响起着非常重要的作用"（Hägerstrand，1965：28）。

哈格斯特朗关于创新扩散的研究首先为此类过程的统计建模奠定了基础，同时也为超越诸如时间地理学等模拟或预测框架的工作铺平了道路。

地名统计与媒介理论

关于扩散这个概念，20世纪80年代初，出现了一些与地理学家相关的地域性报道。通过把新闻报道作为其主要的获取"空间信息的来源"，澳大利亚地理学家沃姆斯利（Walmsley）发表了《澳大利亚新闻报道中的空间偏见》（1980）和《大众传媒与空间认知》（1982）两篇文章。在这些文章中，他概述了大众传媒作为公共信息来源的作用，并讨论了在媒介影响研究中使用的不同方法。通过这些研究，沃姆斯利成为最早关注媒介研究的地理学家之一。

1978年春，沃姆斯利基于对媒介信息流如何促进空间认知的兴趣，用十天时间，通过随机抽样的方式，研究了澳大利亚大众传媒所包含的空间信息。为了分析新闻里的空间信息，沃姆斯利（1980：344）把地名统计作为"最便捷的方法"，因为它可以"显示出新闻报道中地域传播的强度和地理分布。此外，新闻节目的重复率对观众回忆该节目的能力有积极影响"（同上）。同时，沃姆斯利也指出了这种方法的一些不足之处，如地名统计"并不关注某个地域新闻是正面还是负面，也没考虑到新闻形式，甚至所用语言有可能是象征性的这种事实"（同上）。尽管沃姆斯利试图描述媒介信息流如何促进空间认知,但他使用地名统计的定量方法可能不适合揭示内容的潜在含义和对受众空间认知的影响。

20世纪80年代中期,一些地理学家声称地理学界对大众传媒缺乏兴趣,其中包括德国地理学家汉斯·海因希里·布洛特沃格尔(Hans Heinrich Blotevogel)(1984)以及杰奎琳·伯吉斯和约翰·戈尔德(1985),他们出版了第一本关于媒介和大众文化的综合性论文集。在我们关注杰奎琳·伯吉斯的研究之前,根据巴内特(Barnett)(1998:380)的说法,杰奎琳·伯吉斯是自20世纪90年代初以来与"文化转向"密切相关的新"编织大师"之一。接下来将介绍汉斯·海因里希·布洛特沃格尔的研究。

报纸地区(Zeitungsregionen)

汉斯·海因里希·布洛特沃格尔对区域大众传媒在国家框架内日益增长的重要性特别感兴趣。1984年,他发表了一篇关于德意志联邦共和国每日新闻的空间组织和日报与定居模式之间相互依存关系的文章。他认为,媒介能作为一个地理学研究课题,至少有两个主要原因:第一,"中心区域的功能区既是传播区域,又是广告市场";第二,"作为大众媒介,报纸通过空间选择性的信息流,促进了现有的中心区域与生活空间的密切联系"(Blotevogel,1984:79)。此外,汉斯·海因里希·布洛特沃格尔还将日报视为促进和保持空间认同(空间连贯性)和区域认同的一个重要因素。他将日报分为三种类型:小报、全国性报纸和纯粹的区域性或地方性报纸。基于三种类型的日报,他对战后德国报业(当时是德意志联邦共和国和西柏林)的历史、发展和空间分布进行了深刻的阐述。他按照报纸出版地和发行区的不同,绘制出了一张精细的德意志联邦共和国全境报纸分布图。

当时,汉斯·海因里希·布洛特沃格尔最感兴趣的是媒介在特定区域的传播,而不是其传播内容,在这一点上,他与运用统计学研究空间问题的区域科学家不谋而合。然而,在研究结论中,他提出了一些开放性的问题来促进进一步的研究,其重点在推测大众传媒的强大作用。这些问题,连同他的实证研究,清晰地显示出日报与人群和区域地理之间的认知有极强的相关性。汉斯·海因里希·布洛特沃格尔的结论性问题,引发了一场关于区域媒介对空间意识和区域身份(再)生产作用的更广泛讨论。与此同时,他暗示,由于大众传媒的存在，区域认同实际上有可能退化。

在这一点上，不得不提到加拿大地理学家爱德华·雷尔夫（Edward Relph）及其著作《地方与无地方性》（1976）。爱德华·雷尔夫是最早讨论大众传媒及其与日常空间经验关系的地理学家之一，他的研究重点是大众传媒对地域和身份多样性的影响（在他看来是有害的）。

地方与无地方性

在《地方与无地方性》一书中，爱德华·雷尔夫没有分析任何特定的媒介或其对地理、空间或地点的影响；相反，他试图探究不同类型的经验地理。这一目标反映了他对机械行为和抽象分析的不满，他认为这些分析是"将世界简化为容易表示的结构或模型，忽略了日常经验的许多细节和意义"（Relph，1976：序言）。因此，他旨在"探索我们日常生活区域里的地理现象"（Relph，1976：7）。他是在现象学思想的指导下明确提出这一观点的。现象学是将地方概念化，而非抽象化，是充满多样性、意义和持续活动的生活世界的直接经验现象。爱德华·雷尔夫说，地方是个人和社区身份的重要来源，可以是"人类存在的深刻的意义中心，人们与之有着深厚的情感和心理联系"（Relph，1976：141）。

爱德华·雷尔夫认为第一手的经验对建构和维护重要的和多样的地方具有决定性作用。在这方面，他将大众传媒视为一种传播或交流思想的工具，大众传媒"减少了面对面接触的需要，使社区摆脱了地域限制，从而降低了基于地方的社区的重要性"（Relph，1976：92）。媒介，实际上是由一群被选择的少数专家驱动的，"可以很方便地为观众提供那些未曾体验过的地方的简化的和选择性的身份，因此倾向于虚构一个伪地方的伪世界"（Relph，1976：58）。与充满直接经验的生活世界不同，媒介提供的只是二手经验。因此，媒介与"无地方性"联系在一起。对爱德华·雷尔夫来说，"无地方性"是"一种对地方身份的弱化，以至于它们不仅看起来相似，而且感觉相似，并为体验提供同样平淡的可能性"（Relph，1976：90）。媒介和"无地方性"之间的这种联系并不意味着媒介本身必然是无地方性的，相反，它们似乎终将在一个越来越千篇一律、没有任何真实性的地方结束，因为它们在世界范围内传播着标准化的图像、品位和时尚。这种趋势是朝着几乎所有地方都不再重要的方向发展，一个没有地方感的地理环境，"一个有着无尽相似性的迷宫"。②

爱德华·雷尔夫并没有掩饰他对媒介影响力的担忧，他相信"人们很容易受到媒介的影响，因为这些空洞和琐碎的刻板印象日益影响和扭曲着人们对地方的体验"（Burgess and Gold，1985：17）。他还认为，大众媒介允许国家利益和价值侵入当地生活，并用一个统一的、不真实的大众社会取代地方的相关属性和社群属性。

爱德华·雷尔夫没有提及或评论媒介理论，但在一个注释中，他提到了自己对媒介效果的看法。他认为媒介是"针对'普通'人"的，本质上是单向的，且带有既定的态度（Relph，1976：92）。这种观点反映了一种被媒介操纵和麻醉的消极受众形象。

在强大的大众传媒摆布下，这些消极的受众再次出现在哈格斯特朗1986年发表在《欧洲传播杂志》上的文章——《去中心化和无线电广播：关于传播技术的"可能性空间"》中。这篇论文与其说是一篇科学研究，不如说是一篇随笔，其中哈格斯特朗讨论了瑞典大众传媒对社会组织的影响。

哈格斯特朗追溯了从前工业社会到系统化社会中社会组织的变化，后者主要表现在"人员、物质和信息传送方面动员能力的增长"（Hägerstrand，1986：11）。根据哈格斯特朗的观点，当代社会的特点主要是居住和工作的分离，而且在人际关系中一般用匿名取代面对面的接触。关于新技术，哈格斯特朗哀叹广播通过弱化基于位置的联系而加剧人们彼此间的孤立。在此，哈格斯特朗（1986：19）称广播是一种"等级分化促进器"，即"只有一个人或少数人表演，大量观众被动聆听"。"消极的听众"这一概念在哈格斯特朗的文章中出现了好多次，比如他写到，收音机"把听众束缚在别人设计的时间表上"，而电视"显然是比收音机更强大的囚牢"（Hägerstrand，1986：20）。在这方面，他指出，通过个人观察获得的知识和完全基于媒介产品通过媒介获得的知识之间存在着本质的区别。尽管如此，哈格斯特朗（1986：18）在他的文章后面指出了系统化社会提供的许多优势，并补充说"不希望回到一种仅有有限的机会和前景仿佛消失的生活方式"。为了（重新）养成和加强一些丧失的品质，哈格斯特朗建议加强各区域的内部信息交流，在某种程度上可以通过区域广播来实现，区域广播"有责任促进区域一体化"（Hägerstrand，1986：

24）。根据这一观点，视听空间的管理对社区身份的建构具有重要的影响（参见Schlesinger，1991）。

在强调面对面接触的重要性以及一手或二手知识的不同质量上，哈格斯特朗的文章与爱德华·雷尔夫的研究产生了共鸣。这两位学者都更看重通过个人经验获得的知识，而不是单纯基于媒介产品获得知识。但也有一些研究探讨了这样一种观点：在一个特定群体中的人们永远无法直接了解自己的整个生活领域。的确，一个群体对其栖息地的了解只能依赖于从大众传媒获得的二手经验。

区域媒体与空间意识问题

汉斯·海因里希·布洛特沃格尔和他的同事霍梅尔（Hommel）研究了在区域新闻报道中区域意识的产生。通过研究鲁尔区不同区域的报纸，他们进而寻求支持他们假说的证据，即报纸等媒介在时间和空间上都对该地区居民的想象和价值观产生着影响。③这种假设建立在上述观点的基础上，即鲁尔区的居民无法直接了解整个地区；相反，他们对该地区的了解来自大众传媒。相比爱德华·雷尔夫和哈格斯特朗认为的二手经验不利于建构和维持区域重要性和多样化，汉斯·海因里希·布洛特沃格尔和霍梅尔认为二手经验对特定场所的建构具有决定性作用。

汉斯·海因里希·布洛特沃格尔和霍梅尔的分析包括两个步骤：首先，他们在1987年用2个月的时间研究了6家报纸上的地区新闻；然后，他们对其中的《西德意志商业日报》进行了30年的研究（1957年、1967年和1987年各2个月）。后一种纵向分析包括定量和定性两部分。定量部分跟踪文本中区域名称也就是"鲁尔区"的使用情况，记录该名称出现的频率以及其在文本中的位置。他们认识到单纯地名统计的不足，于是，设计了比沃姆斯利的研究更详细的量化参数。在定性分析中，两位地理学家从3410篇文章中筛选了涉及该地区并能代表该地区的87篇文章，并对其进行研究。在选定的6个月内，他们在报纸上发现了主要的新闻问题和对该地区的描述，并询问了哪些（群体）人在文章中发表了意见，以及他们是如何被呈现的。两位地理学家还对编辑人员是否强调某些积极区域特征从而影响读者的或消极的认同十分感兴趣。

汉斯·海因里希·布洛特沃格尔和霍梅尔发现，从1957年开始，以区域为重点的研究报告有所增加。他们认为,这一增长表明,越来越多的时候编辑充当着"形象生产者"的角色,这正符合报纸通过有意识的区域报道将读者与报纸联系起来的战略。

几乎在德国做这些研究的同时,芬兰地理学家安西·帕西(Anssi Paasi)也独自研究了芬兰4个省与区域意识问题相关的报纸。"因为省级报纸成为普通市民每天与所在区域面对面的最具体和最重要的因素",所以安西·帕西(1986:24)分析了省级报纸上文章中与空间信息(包括国际、国家、省级和地方)有关的内容。虽然总体研究目标是考察4个省的制度化,但分析的重点是"强调与其他地区及其居民相比较该地区或居民的整体特征的文章"(同上)。在这种背景下,安西·帕西称报纸是"特定的时间和空间上的社会现实创造者"(同上)。

与爱德华·雷尔夫和哈格斯特朗相反,汉斯·海因里希·布洛特沃格尔和安西·帕西的研究是建立在媒介是产生和维持空间想象和价值的重要来源的假设之上。

1985年出版了第一部明确针对这一主题的名为《地理、媒介与大众文化》的论文集。在序言中,英国地理学家杰奎琳·伯吉斯和约翰·戈尔德两位编辑,对围绕大众传媒对社会、经济和文化生活影响的辩论中"地理学家的贡献少得可怜"表示惋惜。同样缺少的还有对信息流的内容或重要性的讨论。在这种讨论中,学者们要么满足于地名统计,要么陷入"关于'地球村'和'网络社会'的陈词滥调"(Burgess and Gold,1985:6)。两位编辑将20世纪80年代中期的研究状况描述为具有强烈行为暗示的空间信息研究。

伯吉斯从20世纪70年代末开始研究媒介与环境,她在《地理、媒介与大众文化》上发表了自己的论文,其中一章名为"乌有乡消息:新闻、骚乱和城市中心的神话"。在文中她论述了"《英国国家日报》对1981年春夏发生在布里克斯顿、伦敦、利物浦和曼彻斯特等城市的'骚乱'的解读"(Burgess,1985:193)。通过与北美和欧洲相关研究的比较,伯吉斯总结了大众传媒研究的方法,并把自己的研究放在对意义生产和阐释的重要性上。在这一背景下,她写到,大众传媒在"对社会现实意义的占用和解读"中发挥着非常重要的作用,"大众传媒有能力塑造我们关于物质、经济、政治和社会环境的概念"。（Burgess，1985：194）接着她讨论了报纸上新闻的生产过程，并参照斯图亚特·霍尔、戴维·莫利和罗兰·巴特（Roland Barthes）的研究，将讨论延伸到了霸权和神话问题。罗兰·巴特利用他的符号学理论对选定的6家日报的文本意识形态进行了分析，这6家报纸既有被认可的报纸，也有耸人听闻的小报——在创造"市中心"作为一个"异域之地"的常识性理解方面所起的意识形态作用。伯吉斯指出，报纸既提供语言文本，也提供视觉文本；因此，不仅是书面文本，而且照片和漫画也在她的分析中发挥了作用。在选定的报纸的辅助下，伯吉斯讲述了发生在1981年4月至11月的骚乱，并演示了"媒体实践如何决定了事件的选择和呈现"（Burgess，1985：222）。

两年后，伯吉斯发表了电视研究综述——《客厅里的风景：电视与景观研究》。在这篇文章中，伯吉斯再次提出了她的想法，即语言学和象征学十分适合作为景观分析的文本工具。在这一背景下，她简要介绍了索绪尔（Saussure）（结构主义符号学）和皮尔斯（Peirce）（实用主义符号学）的思想，它们"在诠释电影图像中发挥了重要作用"（Burgess，1987：4）。此外，伯吉斯还介绍了一些基本的电影术语，如镜头运动、摄像取景等，以便为分析电视产品提供必要的词汇。

在1982年和1983年，当大众传媒理论比较活跃时，通过对海报、报纸广告和电视广告的分析，伯吉斯和伍德（Wood）被要求评估伦敦码头开发公司（LDDC）及其广告策略对入驻狗岛企业园区新企业选址的影响。在《解码码头区：地方广告和小公司》的文章中，伯吉斯和伍德（1988）分析的基础已经超出了"往往只考虑人们所说的表面价值"（Burgess and Wood，1988：116）的经济地理学中流行的问卷调查研究。

以上两位地理学家通过对入驻企业园区内的几家公司的半结构化采访、故事脚本和象征学分析来解读商业广告。面对复杂的场所图景，这种多层次的方法是很有必要的；个人、经济和文化因素之间的相互作用需要一种"解释性立场——一种承认语言和意义不是不言自明的立场"（同上）。根据伯吉斯和伍德的研究，这些定性方法的结合为"无法通过其他方法的探索对选址决策过程无法以其他方式探索的主观方面提出了建议"（1988：116）。

伯吉斯后续的研究体现在《大众传媒中环境意义的生产和消费：20世纪

90年代的研究议程》一文中。在这篇文章中,她质疑,每天消费不同媒介产品的人无疑很多,但"为什么大多数地理学家始终未能认识到(媒介)产业的重要性"(Burgess,1990:141)。伯吉斯认为,大部分地理学家未能参与媒介研究,部分原因是人们普遍认为"媒介传播与地理学家没有多大关系",而且"这些研究应该由其他社会科学家承担"(同上)。

伯吉斯通过对她自己和其他地理学家的几个案例进行研究,对这些假设提出了质疑。伯吉斯(1990:141)认为,涉及环境污染、自然灾害、"绿色政治"等问题的报道充满了地理信息和意义,难点在于要掌握全部的材料。直到20世纪90年代,对环境问题或媒介文本中的地域建构的研究仍然很少;大多数社会科学家更关注媒介在性、暴力、犯罪、政治、福利问题和大众娱乐等方面对公众态度的影响。地理学家对媒介缺乏兴趣的另一个原因可能是"媒介研究被行为主义所玷污"(Burgess,1990:142)。这也许是伯吉斯"最具颠覆性的假设",因为它是基于"消息由信息组成,并被定义为词语的显性意义——因此可以很容易地被量化"(Burgess,1990:143)这种观点。这一想法代表了一种"朴素的还原论",它应该被另一种观点所取代。这种观点认为媒介信息的接受是"由语言符号和视觉符号组成的复杂意识形态话语,通过预先设定的交流代码或规则的运作,将意义赋予到这些符号中"(同上)。因此,现实永远不可能是媒介中的"镜像",而是"通过共享的、有特定文化的,包括媒介在内的语言和视觉交流的符号系统来构建的"(同上)。

她的这些观察显然是以其欧洲同事们的媒介研究为基础。她利用这些研究来消除地理学家的上述疑虑。此外,她主张地理学家应与媒介生产者和媒介消费者等不同群体进行更密切的合作。

在伯吉斯试图为地理学的媒介研究构建一个背景时,她提到了(如她在1985年所做的那样)伯明翰大学当代文化研究中心(CCCS)和斯图尔特·霍尔的研究,以及戴维·莫利及其受众研究。她主张从四个方面来考虑媒介地理学:媒介文本背后的生产过程、文本本身、受众对同一文本不同解读的文本消费,以及将这些意义融入人们的日常生活(参见Burgess,1990:146)。

《大众传媒中环境意义的生产和消费:20世纪90年代的研究议程》虽然没有为地理学家提供媒介研究的"秘方",但是,它被称为"媒介地理学的关键研究"（Kneale，1999）。相反，特别是考虑到这篇文章发表在《英国地理学家学会学报》上，伯吉斯为更广泛的地理读者提供了文化和媒介研究的重要基础。

总之，在20世纪80年代，一些人文地理学家对社会和文化理论有了更多的认识和参与，并竭力主张更有感知力的民族志和解释方法。这种新的兴趣导致了对"语言、意义和表征在'现实'建构和对认识现实的作用"（Barnett，1998：380）更受关注。

作为地方和区域文化创造者的媒介

在讨论将教育和大众传媒作为社会空间意识和空间表征（再）生产的关键工具的作用方面，安西·帕西是这一新研究方向的代表人物。在《作为地方和区域文化创造者的媒介》一书中，安西·帕西指出，"媒介的作用一直是关于如何塑造区域文化以及保持其特性的讨论中最重要的主题之一"（Ansi Paasi，1989：153）。在这方面，他指出，我们从大众媒介接收到关于他人和文化的信息，这些信息可以促进区域之间相互了解。相反，研究表明，大众传媒积极地生产和维持固有的观念，这些观念"可能导致相反作用"（Paasi，1989：154）。随着对身份认同问题的深入关注，安西·帕西明确了地方和区域广播、电视和报纸"在构建特定社会现实中"（Ansi Paasi，1989：160）的重要作用。尽管（假定）全球大众文化在增长，地方和区域的独特性在消失，但他还是做了这项研究。在这一背景下，安西·帕西提到了爱德华·雷尔夫和他的无地方性观念；然而，在呼应爱德华·雷尔夫担忧的同时，他也指出了一个事实，即实际上地方层面的文化多样性正在增长。

安西·帕西（1996）在自己的分析中讨论了芬兰—俄罗斯边境地区领土和边界的意识形态和文化建构。他的研究涉及（历史）文本、自传、人物故事、地理教科书、符号、地图、绘画和照片中的表征、符号和隐喻。在研究语言和话语在地区和国家的构建及其身份认同中的作用时，安西·帕西明确采用了一种"叙事地理学"（参见van Houtum，2000）的方法。

可视化地理

英国学者吉莉恩·罗斯（Gillian Rose）（1996，2001）是少数几个对大众传媒方法论问题特别感兴趣的地理学家之一。由于"许多地理知识已经并将继续通过广泛的视觉媒介进行生产",在《可视化地理教学》中,罗斯(1996:282)主张对视觉材料进行批判性解释。她批评了到目前为止为数不多的方法论讨论,但强调了伯吉斯和伍德提供的象征学分析的潜在效用。

根据自己的教学经验,罗斯的文章探讨了关于地方、空间和景观的视觉表征永远不能被视为"一面折射现实的镜子"(Rose,1996:283)这一假设。相反,图像的意义是"通过一系列复杂而彻底的社会过程和意义场所构建起来的"(同上)。方法论的难点是追溯对世界的特殊表征如何进行图像生产,而不是求证图像如何真实地复制现实世界。罗斯对意义的复杂性很感兴趣,因此不相信内容分析师对视觉图像的解释。她的选择重点放在由参与意义生产的制作人、媒介和观众组成的错综复杂的网络上。

在文章中,罗斯探讨了一系列关于制作、媒介产品和受众这三个方面的技术、美学和社会方面的问题。这个研究形成了她对罗伯特·多斯诺(Robert Doisneau)的一张照片分析讨论的基础,包括了关于图像生产的环境、图像本身的动机和颜色的选择,以及不同的观众和他们对图像的解读。

关于受众问题,罗斯指的是文化研究,它有力地证明了受众意义生产的多样性。事实上,"受众能够积极地修正在生产和文本节点上产生的意义,而杰奎琳·伯吉斯(1990)坚定地认为,地理学家不应该认为图像的受众是被动的"(同上)。

此外,罗斯认为把分析师看作受众的一分子是至关重要的。"与那些受到民族志启发的同行不同,在进行文本分析的时候,通过考察视觉图像来回应'文化转向'的地理学家们,很少会把自己作为受众来反思自身的特殊性。"(Rose,1996:292)因此,认识到地理学家对图像意义解释的偏见是十分重要的。

在《视觉方法论》一书中,罗斯(2001)就像她在上述文章中所做的那样,通过对不同地点、方法和模式的讨论来解读视觉材料,并通过使用更加详尽的方式清晰地列举出不同方法的优缺点。在简要总结了关于视觉对当代西方社会重要性的争论之后,罗斯提出了各种不同的图像解释方法及其附带的分析假设,以及她书中的实证。

显而易见，罗斯的《视觉方法论》一书启发了其他地理学家对视觉材料的研究。本章作者也深受影响，研究了大众传媒在区域建设项目中的作用，特别是丹麦—瑞典—圣卢苏德区域（Stöber，2001，2004，2005）。在我的研究中，通过混合方法对跨境电视节目进行分析是重点，比如内容分析、对单个报道的批判性考察，以及对编辑、记者和其他参与制作过程人员多次采访的讨论。另外，罗斯的研究方法也对费尔根豪尔（Felgenhauer）等人（2005）产生了影响，他们通过关注一部德国电视剧研究了《中部德国》的制作。在他们的项目中，研究人员采取了一种"覆盖从编辑过程到电影材料到节目目标群体日常语言使用的整个沟通链"（Felgenhauer et al.，2005：45）的方法。

结论：媒介地理学

对现有的文献回顾表明，人文地理学家对大众传媒的直接研究很少，并且少有地理学家参与媒介研究的发展进程。一些地理学家延迟了几年才开始涉及媒介研究，但并没有积极参与该领域的拓展。这种现象是因为人文地理学家中对大众传媒的"文化转向"（或更好的说法是"多种文化转向"）这一似乎具有决定性作用的焦点关注相对较晚而造成的（尤其是在德国和斯堪的纳维亚半岛）（参见 Simonsen，2003；Stöber，2004）。在回顾文化转向对人文地理学的影响时，布洛特沃格尔认可了这些转向对增强人文地理学科学反思性的意义，从而总体上达到了积极的平衡。此外，人文地理学的文化转向导致学科边界的交融和方法论的决定性进步（参见 Blotevogel，2003）。

从方法论层面上来看，早期传统模式的媒介研究，其特点是媒介机构和媒介产品的空间扩散或新闻报道的地理分布问题。特别是随着经济活动的空间格局成为主题，当时为数不多的媒介研究往往集中在现代电信和相关媒体流量的增长方面。

在20世纪80年代，研究重点从媒介和空间信息的统计和绘制转向内容、意义及其可能产生的影响等问题。在这方面，空间意识（更明确地说，是区域认同）问题受到特别关注。沿着这条新的研究路线，学者们越来越多地使用以前只用于民族志和人类学的定性方法。

与这些媒介和传播研究的发展相对应，地理学家将他们的研究重点从媒介产品本身扩展到生产和消费的全过程，再延伸到生产者、媒介和受众的网络。方法论的发展使感兴趣的学者能够理解视觉材料及其意义的复杂性。

关于"大众传媒"影响的争论可以分为两个极端：悲观主义者将大众传媒视为操纵手段，而乐观主义者则认为大众传媒是启蒙工具。第一种态度在爱德华·雷尔夫（1976）和哈格斯特朗（1986）的研究中得到了明确表达，而第二种态度则可以追溯到布洛特沃格尔和霍梅尔的研究中。然而，这两种观点都假定观众是消极的，且悲观者比乐观者更消极。这一立场在爱德华·雷尔夫和哈格斯特朗的研究中随处可见，而杰奎琳·伯吉斯和吉莉恩·罗斯显然对此持有异议。他们指出，新的研究重点是"更密切地关注在个人、社会和文化背景下，不同的受众在日常生活中对不同媒介文本的理解"（Burgess，1990：145）。吉莉恩·罗斯回应杰奎琳·伯吉斯时写道："观众能够积极地修正在生产和文本节点上产生的意义。"（Rose，1996：291）最后，"我们没有人是大众传媒、广告公司和宣传人员的被动受骗者"（Burgess，1990：147）。

从地理的角度来看，无论是在澳大利亚还是瑞典，这里所介绍的关于大众传媒的文献中最引人注目的是对国家层面上的强烈关注。即使是关注较小空间的学者，也仍然在国家空间层面思考问题：布洛特沃格尔（1984）研究与国家聚落体系相关的区域报纸组织，杰奎琳·伯吉斯（1985）讨论了《英国国家日报》对布里克斯顿、伦敦、利物浦和曼彻斯特等城市骚乱的报道。无论如何，考虑到印刷媒体为现代国家的塑造奠定了基础，那么大多数研究深受全国性焦点问题的不良影响就不觉得奇怪了（参见Anderson，1991）。此外，"广播一直是听众和观众把自己想象成国家共同体成员的关键媒介之一"（Morley and Robins，1995：11），特别是国家广播公司的公共服务节目。

当地理学家论述大众传媒在跨国环境中的作用时，大多数的贡献都涉及全球化，或者，就安西·帕西在芬兰—俄罗斯边境国家媒体"我们"和"他者"方面的构建工作而言，大多的贡献都与跨国改变地理位置有关。相对而言，很少有人注意大众传媒在跨境环境中的作用，以及跨国创造的新的空间和社区。但是，关于大众传媒在圣罗旺德（Øresund）地区两国空间的作用方面的研究却是个例外（Stöber，2001，2004，2005）。

总而言之，可以说2006年的媒介地理学是零碎化的。这一定程度上是由于其高度的跨学科性，其涵盖了经济、文化、政治和区域地理学等几个地理学分支学科以及文化研究的思想和方法。零碎性将成为该学科的弱点还是人文学者（例如媒介研究者）与人文地理学家之间更紧密合作以及相互充实的独特机遇，将取决于未来的研究。

作者简介

比尔吉特·斯托伯，柏林理工大学和自由大学（Technical University and Free University）地理学、政治学、媒介和传播学硕士，哥本哈根大学文化地理学博士，作为德国印刷媒体和电台的自由记者，在哥本哈根工作了两年（1996—1998），自2004年起担任哥本哈根商学院（Copenhagen Business School）跨文化传播与管理系助理教授。

注释

①参见，例如哈特克·W（1952）：《在莱茵-美因地区，报纸作为社会地理学的功能》。《法兰克福和舍勒》（1955）：《西格兰的统一和空间关系》。摘自：佩特里·F（编辑）（1955）：《达斯-西格兰》，明斯特。75—122。

②多年后，道奇和基钦（Dodge and Kitchin，2001：16）在他们关于网络空间的书中提到，"无处不在的概念并不新鲜。实际上，它一直是现代社会的一个特征，例如，格特鲁德·斯坦（Gertrude Stein）提到城市的无位置性的论点是'那里没有那里'。然而，在全球化的压力下，城市的范围在不断扩大和加速"。

③布洛特沃格尔和霍梅尔的研究由伍德（1989）提出和讨论。

原书参考文献

Anderson, Benedict (1991) *Imagined communities*. London: Verso.

Barnett, Clive (1998) The Cultural Turn: fashion or progress in human geography? In *Antipode* 30:4, 1998, 379-394.

Blotevogel, Hans Heinrich (1984) Newspaper regions in the Federal Republic of Germany.

(Zeitungsregionen in der Bundesrepublik Deutschland.) In *Erdkunde*, Band 38, 1984. 79-93.

Blotevogel, H.H.(2003) "New Cultural Geography" – Development, dimensions, potentials and risks of a culturalistic Human Geography. ("Neue Kulturgeographie" – Entwicklung, Dimensionen, Potenziale und Risiken einer kulturalistischen Humangeographie.) In *Berichte zur deutschen Landeskunde* 77. Band Heft 1 / 2003. 7-34.

Burgess, Jacquelin (1987) Landscapes in the living room: television and landscape research. In *Landscape Research 12 (3)* 1987. 1-7.

Burgess, Jacquelin (1990) The production and consumption of environmental meanings in the mass media: a research agenda for the 1990's. In *Transaction Institute of British Geographers N.S. 15: p.* 139-161.

Burgess, Jacquelin and Gold, John R. (eds.) (1985) *Geography, the Media and Popular Culture*. Kent.

Burgess, Jacquelin and Wood, Peter (1988) Decoding Docklands. Place advertising and decision making strategies of small firm. In Eyles, John and Smith, David (eds.) (1988) *Qualitative Methods in Human Geography*. Cambridge: Polity Press.

Dodge and Kitchen (2001) *Mapping cyberspace*. London: Routledge.

Felgenhauer, Tilo, Mihm, Mandy, Schlottmann, Antje (2005) The making of *Mitteldeutschland* on the function of implicit and explicit symbolic features for implementing regions and regional identity. In *Geografiska Annaler*, 87 B (1):45-60.

Hägerstrand, Torsten (1965) Aspects of the spatial structure of social communication and the diffusion of information. *Regional Science Association: Papers, XVI*, Cracow Congress.

Hägerstrand, T. (1986)Decentralization and Radio Broadcasting: on the 'Possibility Space' of a Communication Technology. In *European Journal of Communication*, Vol.1, 1986. 7–26.

Houtum, Henk (2000) An Overview of European Geographical Research on Borders and Border Regions. In *Journal of Borderland Studies* Vol. XV, No.1. 57-83.

Kneale, James (1999) The media. In Cloke, Paul; Crang, Philip; Goodwin, Mark (eds.) (1999) *Introducing Human Geography*. London: Arnold. 316-323.

McQuail, Denis (2000) *McQuail's mass communication theory*. 4th edition. London: Sage.

Morley, David and Robins, Kevin (1995) *Spaces of identity*. London: Routledge.

Paasi, Anssi (1984) The regional identity - observations from Finland. (Den regionala identiteten och det samhälleliga medvetandet - iakttagelser från Finland.) In *Nordisk Samhällsgeografisk Tidskrift* 1 (1984): 47-53.

Paasi, Anssi (1986) The institutionalization of regions. Theory and comparative case studies. University of Joensuu. No. 9.

Paasi, A. (1986) The institutionalization of regions: a theoretical framework for understanding the emergence of regions and the constitution of regional identity. In *Fennia* 164:1, 105- 146.

Paasi, A. (1989) The media as creator of local and regional culture. In OECD and NordREFO, 1989: 151-165.

Paasi, A. (1992) The construction of socio-spatial consciousness. In *Nordisk Samhällsgeografisk Tidskrift, 15*, 79–100.

Relph, Edward (1976) *Place and Placelessness*. London: Pion.

Relph, E. (2000) Classics in human geography revisited. Author's response: *Place and Placelessness* in a new context. In Progress in Human Geography 24 (2000). 617-619.

Rose, Gillian (1996) Teaching Visualised Geography: toward a methodology for the interpretation of visual materials. In *Journal of Geography in Higher Education*, Vol. 20, No.3, 1996, 281-294.

Rose, G. (2001) *Visual methodologies*. London: Sage.

Schlesinger, P. (1991) *Media, State and Nation. Political Violence and Collective Identities*. London: Sage.

Simonsen, K. (2003) On being 'in-between': Social and cultural geography in Denmark. In *Social & Cultural Geography*, Vol.4, No.2. 255-268.

Stöber, B. (2001) Media's ability to break down and create boundaries. (Mediernes evne til at bryde og skabe grænser.) In Ramírez, José (ed.) (2001) *Att forska om gränser*. Nordregio Report 2001:3. Stockholm. 171-191.

Stöber, B. (2003) Globalisation, mass media and geographical belonging. (Globalisering, massemedier og geografisk tilknytning.) In *Geografiernes Globalisering – geografi om globalisering*. København: Akademisk forlag. 83-96.

Stöber, Birgit (2004) *Space, mass media and the 'Øresund region' - the role of mass media in a cross-border region building project*. Geographica Hafniensia A12. Institute of Geography, University of Copenhagen.

Stöber, Birgit (2005) Mass media as region builder? In Wichmann Matthiessen, C. (ed.): Geografers forskningsbidrag til det Øresundsregionale udviklingsprojekt. Kulturgeografiske skrifter, bind 14. København: C.A.Reitzels Forlag. 53-65.

Thrift, N. (2000) Geography of media. In Johnston, R.J. et al. (eds.) (2000) *The Dictionary of Human Geography*. Oxford: Blackwell. 493-494.[4]

Walmsley, D.J. (1980) Spatial Bias in Australian News Reporting. In: *Australian Geographer*. Vol.14/1980. 342-349.

Walmsley, D.J. (1982) Mass media and spatial awareness. In *Tijdschrift voor Econ. En Soc. Geografi* 73 (1982), Nr.1 32-42.

Werlen, B. (2003) Cultural turn in the humanities and geography (Cultural Turn in den Humanwissenschaften und Geographie). In *Berichte zur deutschen Landeskunde* 77. Band Heft 1. 2003. 35-52.

Wood, Gerald (1989) Regional Consciousness in the Ruhr area in the regional newspapers covering. (Regionalbewusstsein im Ruhrgebiet in der Berichterstattung regionaler Tageszeitungen.) In *Berichte zur deutschen Landeskunde* Bd. 63, H.2, 1989, 537-562.

第3章 媒介研究、地理学想象与关系空间

理查德·埃克（Richard Ek）

近来，媒介和传播理论界对地理、空间和空间性的问题越来越感兴趣，正如戴维·莫利和凯文·罗宾斯（1995：30）所指出的那样，新的信息和通信技术（根据Holmes2005年的说法，代表了第二个媒介时代）使政治、经济、社会和文化进程中的去领土化、再领土化、去本地化和再本地化成为可能，并且其规模量级似乎是无法超越的。正如一些学者（Ohmae，1995；Brien，1992）所说，这些社会变化并不意味着地理的终结。相反，即使距离因素以多种方式减少或消失，"空间和地方也不会湮灭"（同上）。即使空间、地点、尺度和空间性等地理概念需要被质疑，并在某些情况下被重新定义，以便从本体论的角度分析当代社会状况，"地理学问题仍然很重要"（Massey et al.，1984）。在这一背景下，地理与传播之间的联系是至关重要的（Jansson，2005），因为当代社会状况是相互交融的，甚至可能是由媒介和传播系统造成的。传播的空间结构影响事物如何在空间中移动，因此没有传播就没有地理（Gould，1991）。

这种联系被库尔德里和麦卡锡（2004：2）定义为"媒介空间"。这是一个辩证的术语，其作为话语实践强调了媒介和传播作为空间的同时，也生产空间。

这些安排对媒介形式的具体化有重要影响。因此，"有必要对时空物质基础设施的组织、经济和政治决定性生产进行分析，以补充支持主流媒体和传播研究的互动语法"（Barnett，2004：66）。例如，这种对空间感知的方法可以通过更密切地关注电视作为一种媒介形式如何在范围和特殊地点上相互关联（McCarthy，2001：10），或者媒介过程作为固有的空间过程如何改变人们对媒介和媒介权力互动的共同理解（Couldry，2000：23）来进行。

这种对空间维度的新研究是受欢迎的，无论它是否在媒介和传播研究中被表述为"空间转向"。希利斯（Hillis，1998：559）认为，"地理学家对空间、空间性、地点和物质景观的构造等复杂概念的理解……在当代关于通信技术如何与意义和身份的产生相关的辩论中，将自己置于更中心的位置，这一点与他们是有利害关系的"，从地理学角度来说，"这对地理学家太重要了"（Harvey，1984：7）。

本章旨在进一步激发人们在传播和媒介研究中对地理、空间和空间性的兴趣。在导论之后的章节中，将简要介绍社会科学和人文学科中的空间转向与空间性和地理想象的概念。在本章的第三部分，我们将讨论被人文地理学称为关系转向的不同的后实证主义的空间和地点概念。这种关系转向是以网络和流本体论为中心的，其标志着对传统的空间和地方绝对概念与相对概念的一种范式背离。在这一部分，根据空间和地点的关系概念，也将讨论尺度的意义。

在第四部分中，媒介技术作为"创建无地方性"的工具被讨论。当代（有空间偏倚的）传播很容易被视为时空压缩技术，它加剧了超现代无地方社会的趋势。在本部分的末尾提出了一种替代本体论。最后，第五部分和结论部分是规范严谨的。在这里，我认为，如果媒介和传播学的研究"走向空间"，可能作为知识生产的"传播地理学"领域，参与研究的学者需要以一种反身性的方式来思考和讨论这一问题，即在此领域中形成的地理学想象如何成为具有政治、意识形态和伦理后果的空间生产和空间关系的组成部分。

空间转向、空间性与地理学想象

根据爱德华·索亚（1999）的说法，人文和社会科学的空间转向可能是过去的四分之一个世纪以来最重要的学术思想发展之一。这种转变可以说是"学者们已经开始用传统上赋予时间和历史（人类生活的历史性）以及社会关系和社会（人类生活的社会性）的批判性的洞察力和解释力来阐释空间和人类生活的空间性"（Soja，1999：261）。地理学者们自然会喜欢这个新的学术方向。早在1984年，大卫·哈维就曾写到，在任何社会理论中引入空间、地点、场所和环境等概念，都会"对该理论的核心命题产生麻木作用"（Harvey，1984：8）。古典社会理论家如亚当·史密斯（Adam Smith）、卡尔·马克思（Karl Marx）和马克斯·韦伯（Max Weber）都认为时间优先于空间（Harvey，1990a：428-429），空间通常被社会科学家理解为，要么是由国家领土界限划分的一系列区块，要么是相互作用或关系影响下的结构化的地理实体（节点、行政区、区域）（例如在中心－外围理论和推拉模型）（Agnew and Corbridge，1995：79-80）。

那些认为人们关注的焦点已从时间划时代地转向空间的人经常引用米歇尔·福柯（Michel Foucault）的名言："我们知道，19世纪最令人着迷的是历史……现在的时代也许将超过空间时代。我们处在同时性的时代，我们处在并置的时代，近处和远处并存的时代，并行的时代，分散的时代。"（Foucault，1986：22）。米歇尔·福柯和其他有影响力的学者，如安东尼·吉登斯（Anthony Giddens）（1984）、丹尼尔·贝尔（Daniel Bell）（1978）和弗雷德里克·詹姆森（Fredric Jameson）（1992，2003：695），共同引发了学者对空间性的兴趣，同时地理学家（经历了人文地理学的文化转向）对促进社会科学和人文科学的辩论产生了新的信心（Jackson，2003：39），诸如空间和地方等核心概念在近年来逐渐成为理论术语（Agnew，2005：82）。

然而，在社会科学和人文科学的空间转向之前，可以追溯到人文地理学中的空间转向，或者更确切地说，是人文地理学中关于空间的哲学转向。在这方面，亨利·列斐伏尔的著作是具有基础性的（主要参见Lefebvre，1991）。亨利·列斐伏尔（1979：286）认为，"空间充斥了社会关系；它不仅是由社会关系支撑的，而且也被社会关系生产和再生产"。然而，列斐伏尔认为，这个结论是当代哲学家如德里达（Derrida）、福柯和拉康（Lacan）所忽视的（1991：6，另见Gibson-Graham，1996：74），因为他们割裂了哲学和智慧的精神空间与物质层面的日常生活空间之间的联系。为了超越时空二元论，亨利·列斐伏尔引入了第三元——社会空间。这种社会空间或社会生活空间的转换包含三个要素：构想空间、感知空间和生活空间。这些要素依次与空间生产、空间表征、表征的空间或空间的表征和空间实践[①]中的三元空间相联系（Lefebvre，1991：32-33、38-39：42）[②]。

列斐伏尔的思想被他早期的学生曼纽尔·卡斯特通过《城市问题：马克

思主义的视角》（Castells，1977）一书更为广泛地介绍到了盎格鲁-撒克逊世界。受列斐伏尔的启发，卡斯特认为："空间是一种与其他因素相关的物质生产，包含着具有特定社会关系的人。这种关系给空间赋予了一定的形式、功能和社会意义。"（Castells，1977：115）多年后，卡斯特写道：

> 与其他人的说法相反，空间不是社会的反映，而是社会的基本物质维度之一，要独立于社会关系之外来考虑，甚至要不惜把自然和文化分开，且摒弃物质和意识是相互关联的这一社会科学的首要原则来研究他们之间的相互作用……（Castells，1983：311）

在这种社会空间辩证法（Soja，1980）中，空间生产既是一种媒介，也是社会活动和社会关系相互作用的结果，"社会生活在其空间性上是物质构成的这一认识是当代空间性解释的理论基石"（Soja，1985：94，原重点）。[3]

这种本体论观点有着更深一层的含义。其中一个含义是，每一种社会形态或"社会"都建构了空间（和时间）的概念和观念，并根据其自身的物质和社会再生产的需要和目的进行了调整。物质实践是根据这些概念和观念组织起来的（Harvey，1990a：419）。空间是社会和历史实践的产物（Smith，1984：77）。在资本主义制度的形成过程中，空间和时间的绝对概念化是最有用的。然而，由于资本主义是"一种革命性的生产方式，总是不停地寻找新的组织形式、新技术、新生活方式、新生产和开发方式……以及对时间和空间的新的客观的社会定义"（Harvey，1996：240），因此必然会走向具体化。

空间性理论的另一个主要含义（如一般的社会建构主义范式）是，空间作为媒介生产和社会实践的结果只能由人类意识来理解和解释。这种地理上的想象使每个人"认识到空间和地方在他自己的人生中所扮演的角色，从而与他所看到的周围的空间产生联系"（Harvey，1973：24），并对个人的行为方式产生巨大的影响（Massey et al.，1999：17）。更准确地说，地理学想象可以被看作是关于空间和空间关系所引发和塑造的社会过程和社会变革，以及如何通过空间表达这些过程和变革的假说和猜想。这些地理学想象或抽象概念是建立在可用但主观选择的知识、规范性思想和意识形态信念的基础之上，并通过话语进行表达和引导（Sparke，2000：7）。因此，地理学想象是（Massey et al.，1999：17）：

> ……从我们对自然和无机物的关系定位的宇宙观出发，通过追溯我们自身与他人的关系框架，探寻对地缘政治的政治化想象，我们可以将其称之为"概念地理学"……空间和社会的同构构成了西方"现代主义"对民族国家的创造和概括。

对德里克·格雷戈里（Derek Gregory）（1994）来说，人文地理学的学术领域是虚构的，其研究对象是学科知识的作用而非基础（Deustche，1995）。[④] 索亚认为，随着人文地理学地理想象的发展，地理学探究的这种效果或结果"继续被一种包罗万象的二元论或二元逻辑所限制，这种二元论倾向于围绕着诸如客观性与主观性、物质与意识、真实与想象、空间存在与空间意识等相互对立的概念，导致空间思维的两极分化"（Soja，1999：264）。受到亨利·列斐伏尔的启发，索亚（1996）认为这种两极化的空间思维模式分歧必须通过"空间三元结构"来解决，包括"第三空间"（起源于Homi Bhabha，1990，1994）；也就是说，超越和取代二元知识结构的空间生产。对索亚来说，兼具现实和想象的第三空间不仅仅在于对第三空间最具创造性的探索，而且也是在地理学想象范畴内最成功的扩展。在这些方面，除了霍米·巴哈之外，还有来自批评女权主义和后殖民主义的加亚特里·查克拉沃蒂·斯皮瓦克（Gayatri Chakravorty Spivak）、贝尔·霍克斯（Bell Hooks）、朱迪·巴特勒（Judith Butler）、堂娜·哈拉维（Donna Haraway）和丁丁·敏哈（Trinh T.Minh-ha）（Soja，1996：92），以及"从批判性文化研究中涌现的新人文地理学家，他们正明确地将激进的主观性和政治实践空间化，（并将两者都灌输到批判性的空间意识中）……他们的目的在于建立一个可以像那些围绕着历史和人类社会构成所形成的团体一样具有赋权和潜在解放性的反对团体"（Soja，1999：275），就像多琳·梅西（见下一节）那样。然而，出于对空间的绝对概念的坚持，二元知识结构在地理学思维中仍然很普遍［如Derrida，(1976)希望通过解构主义颠覆西方存在的形而上学本体论］。

从绝对到相对的空间和地方概念

詹姆斯·布劳特（James M. Blaut）曾写道："空间是一个危险的哲学词语。"（1961：1）因为它的概念及分类一直饱受争议。随着数学和物理学的发展，在哲学上对空间本质的关注受到影响。非欧几里得几何和爱因斯坦的相对论对这一概念的修正已经上升到了科学和哲学层面上的争论（Sklar，1974：1）。以复杂性理论、分形理论、量子论、自创生理论、混沌理论等为代表的"新科学"或"复杂性转向"（Urry，2003：17-38，2005；Massey，2005：73）开启了自然科学和社会科学之间的重新协商与和解（Massey，1999a）。

然而，从传统意义上来讲，西方形而上学传统强调空间的概念等同于绝对空间；换句话说，在其普遍适用的意义上，称为"常识空间"（Smith，2003：12）。追溯到亚里士多德和柏拉图，空间被概念化为Kenon（空）和Chora（无形容器），地方被概念化为topos（有界的地方）（Grosz，1995：93；Casey，2005：202；Crang，2005：204）。空间被认为是永恒的、空洞的、坚不可摧的和固定不变的（Curry，1996a：5）。这些早期的空间哲学概念存在于牛顿宇宙学（Burgi，1989：28；Harvey，1973：13-14），在牛顿宇宙学中包含着所有物体的空间都具有绝对的质量（Harvey，1969：195-196），并可在三维中扩展（Elden，2005）。[⑤]

但同时，空间在不同物体之间的质量取决于物体之间的相对位置。空间也有相对质量（Harvey，1969：195-196）。对于牛顿来说，为了可以对运动进行观察和测量，必须将绝对空间和相对空间分开（Curry，1996b：92；Casey，1997：142）。在尼尔·史密斯（Neil Smith）（1984：67-77）看来，绝对空间和相对空间的划分可以让人们理智地通过分隔来定义空间，例如"社会空间"和"自然空间"。绝对空间一开始与外在的、主要的世界——第一自然相关联，而相对空间则与人类的第二世界——第二自然相关联。在哲学传统中，自然与文化是分离的。

空间和地点的关系概念，以及一般的关系思维，是一种空间绝对性和相对性概念的智力参与的范式背离，因为它消除了物体和空间之间的界限和边界。物体是空间，空间也是物体，空间并不是作为一个实体存在于物体本身及其关系和扩展之上的（Jones，2005：12）。自然和社会过程、物体和事件在本体论上优先于空间。空间是过程和事件的产物，而不是过程和事件在空间中发生（Smith，2003：12）。

这种空间和时间的相关性思维起源于莱布尼茨（Leibniz）对非欧几何的研究。在莱布尼茨看来，空间作为时间和物质，可以分为各种原子结构，其中单原子是宇宙中唯一不依赖人类意识的存在实体。所有其他的物理意义上的物体只有在它们作为想象被感知时才存在。物质，即单原子，仅仅是形而上学意义上的想象学表现（Tonboe，1993：78-79）。莱布尼茨在与牛顿主义者塞缪尔·克拉克（Samuel Clarke）（Alexander，1998）的往来书信中认为，空间方面，如位置、距离和运动，只是一个事物之间关系的系统（诸如位置、距离和运动在内的空间的各要素构成了一个关系系统，一个本身没有任何形而上学或本体论存在的系统（Werlen，1993：1；Harvey，1969：195-196，1973：13-14，1996：250-251）。空间表示共存的顺序，而时间表示连续的顺序（Curr，1996b：94）。

这种相对性思维对于空间和地方的概念以及它们作为本体论概念是如何相互关联的具有革命性的影响。一个共同的理解是空间是"普通的"，而地方是"独特的"（例如Pine and Gilmore，1999：42）。地方是我们所熟悉的空间，是一个可以停顿的"场所"，相对而言，空间是允许移动的，"它使自己具有速度、非物质性、抽象性、漂浮性和相对分离性"（Doel，1999：8；卡斯特在1996年对"流动空间"和"场所空间"的讨论也基于类似的逻辑）。换言之，这两个术语通常被视为空间性的替代概念，并且其中一个术语通常以损害另一个为代价而被过度扩展（Agnew，2005：81）。[6]

在相对性思维中，这种简单的二元思维被辩证思维所取代。由于空间是一个过程，随着空间的产生，地点也通过社会活动以不断变化的方式被创造出来。地点是一个多样的社会过程，而不是欧几里得图或地图上有边界的连续区域（Graham and Marvin，2001：203）。和空间一样，地点是由社会关系和对他们的叙事构成的（Hudson，2001：257）。"（社会）过程"和"（空间）生产"在这里是核心概念，它实际上都归结为存在和形成的形而上学问题，赫拉克利特（Heraclitus）（强调一个不断变化的新兴世界要处于首要地位）和帕梅尼德斯（Parmenides）（坚持现实拥有永久的和不可改变的性质）之间一直以来都是对立的："一个强调现实的包容性过程，另一个强调现实的内在平衡和实体概念。赫拉克利特的生成本体论和帕梅尼德斯的存在本体论之间看似存在难以调和的矛盾，但是这正好成为我们理解现代主义和后现代主义之间争论的关键"（Chia，2003：114-115）。

因此，遵循相对性思维的"逻辑"，空间（和地方）总是处在一个变化的过程中，因为它是在物质上引入实践的相互关系的产物（Massey，1999b：283）。正如海德格尔（Heidegger）所描述的，空间在这里要用一种建立在实践至上基础上的"栖居"视角来理解（Thriftm，1999：308）。因此，空间可以被看作是动词而不是名词。吉利恩·罗斯（Gillian Rose）（1999：293）认为："……空间也是一种行为，它并不先于它的行为而存在，它的行为是相互关系行为的表征……空间是实践的，是一个游戏矩阵，是动态的和迭代的，它的形式和形状是通过引用自我—他人关系的表征而生产的。"空间不会削弱特殊性、被动性和偶然性（Doel and Clarke，1998：48），相比独特行为的"时间点"和"空间点"，"空间"和"时间"显得不那么重要（Bingham and Thrift，2000：290），在马库斯·多尔（Marcus Doel）对后结构主义地理学的呼吁中，他认为："地方是一个事件……既不位于也不包含在一个特定的位置，而是分散和展开在无数的向量上……分离和错位的向量，它们可能会产生共轭和回响，但是他们没有必要集中在一个特定的经验或物理位置上。"（Doel，1999：7）总而言之，没有空间，只有间距，也就是说"发生在一切事物中的差异元素，重复的接力或持久的张力是现实的自身折叠在其自身中打开"。"空间是重新开启和异化既定事物的东西。"（Doel，2000：125）

现在应该清楚的是，吉勒·德勒兹（Gilles Deleuze）和费利克斯·瓜塔里（Félix Guattari）影响了人们对空间和地点的相对性思考。由于空间和地点是以相互关联为基础的，随着相互关系的改变，空间和地点也是不断变化的。对于吉勒·德勒兹和费利克斯·瓜塔里，这种持续不断的变化被概念化为条状空间和平滑空间之间的辩证关系（Deleuze and Guattari，1988）。条状空间是在国家对领土的高度政治控制下进行测量和估价、划界和分割、测绘、监督构成的（Deleuze and Guattari，1988：361-362，385-387），就像亨利·列斐伏尔对空间的描述一样。平滑空间是由游牧民族和游牧民族的迁徙路线构成的（Deleuze and Guattari，1988：361-362；另见 Cresswell，1997：364）。条状空间与平滑空间的关系不仅是辩证的，而且是对立的，通过被总称为概念化"战争机器"的游牧民族的流动性在本体论上对条状空间的秩序和结构提出了挑战。其结果是领土空间的去地域化和再地域化，给每块领土一个特定的（不对称的）特征。

空间性的生产，如去地域化和再地域化，导致了空间折叠。空间分为平滑和条状两种，因此，空间运动既变得更加便利，也变得更加困难（Gren and Tesfahuney，2004：55）。以折纸为喻，"世界可以以无数的方式被折叠，折叠上又有无数次的折叠，折叠中亦有无数次的折叠"（Doel，1999：18；在Gilles Deleuze之后，1993）。折叠无处不在（Gilles Deleuze，1995：156），空间通过各种方式被折叠成多种多样（Doel，2000：127-128）。空间的折叠和展开作为一个以虚拟现实的方式呈现的事件。（Gren and Tesfahuney，2004：65，继Deleuze，1994 and Deleuze and Guattari之后，1994）地方事件因为折叠而存在（Bingham and Thrift，2000：290），地方是存在于时空中的事件（Massey，2005：130）。

相对性思维中对"生成""（非）折叠"和"事件"的关注进一步聚焦到了米歇尔·塞雷斯（Michel Serres）的研究中。[⑦]在他试图构建"哲学地理学"（与Bruno Latour一起）时，强调了"相邻的以及连续转变后仍保持不变的科学"（Serres and Latour，1995：105）拓扑学（Bingham and Thrift，2000：290）。拓扑学并不关心距离变量本身，而是关心独立于度量之外的空间性质，以及在保持某些性质时折叠和展开（拉伸、压缩、分层等）是怎样的关系。（Dainton，2001：365；Latham，2002：131）"简而言之，拓扑学通过表达其他空间，将数学的可能性拓展到了远远超出最初欧几里得的限制。"（Mol and Law，1994：643，原重点）遵循这一思路，（关系）时空可以被视为一种将多个关系褶皱缝合在一起的行为网络拓扑，"这样，在绝对空间中测量的接近度和距离本身并不重要"，（Latham，2002：131）但如何呈现空间中社会物质关系的秩序和层级就显得十分重要（Murdoch，1998：358-359）。关系的远近不仅是距离的产物，而且是网络参与者的各种不同的折叠产生的

（非）连接。（Law，1999：6-7；Latham，2002：131）

随着塞雷斯拓扑学思想的发展，许多人文地理学家开始将空间、地点和时间看作是同构的、互折的、定位的、流动的和多重的。对于艾什·艾米（Ash Amin）来说（2002：389），这意味着空间是非线性和非标量的概念，以及"空间和地点的拓扑意义，就是通常在自然和社会实践中假设的褶皱、起伏和重叠构成的地理学意义，对嵌套在领土或几何意义上的地理学关系没有任何先验的假设"。每一个地点都成为新旧时空交错并置的场所，并嵌入在复杂的、分层的历史中。地点是一个开放的、混合的聚会场所。（Massey，1999c：22）因此，需要一种全球意义上的地点（Massey，1991），在这里，地点被想象为"能清晰地解释网络上的社会关系和各种理解的时刻，但大部分的关系、经验和理解是在更大的尺度上建构起来的，无论是一条街道，还是一个地区，甚至是一块大陆，我们恰好把那个时刻定义为地点本身"（Massey，1994：154）。

最后，将地理尺度视为从地方，甚至是机构到区域、国家、大陆直到全球的固定空间框架中的做法受到了质疑。在最近的学术研究中，地理学尺度以各种方式被理论化和被定义，例如它被作为"地理学组织者和集体社会行为的表达"（Smith，1995：61）。[8]奈杰尔·思瑞夫特以一种关系观点认为，所有的社会关系网络都处在不断的有序的变化过程中。相反，"世界上根本就没有这种尺度，规模是网络及其相互作用模式所产生的不确定效应"（Thrift 1995：33）。近十年后，奈杰尔·思瑞夫特更加强调"空间不再被视为从'全球'向'本地'移动的嵌套层次结构。这种荒谬的尺度所依赖的概念被'什么是连接性'的概念所取代"（Thrift，2004：59）。这个结论听起来很有力，但它是人文地理学关系转向的标志。

信息技术、无地方性与相对空间

有关空间和地方的后现代性或超现代性的学术著作中经常讨论"无地方性"的概念。无地方性这一概念是由爱德华·雷尔夫（Edward Relph）在《地方与无地方性》（1976）中提出的，当涉及人类个体与他们所接触的地方之间的联系时（身体上的或中介性的），它表明了一种日益增长的（海德格尔意义上）存在主义空洞性。消费社会的确立、流动性的增长以及大众传媒和信息技术的发展，三者的结合被认为是加速"社会场所"同质化的罪魁祸首（Relph，1976：90）：

> 对地方不准确的态度是通过一系列过程得以传播的，特别是直接和间接鼓励了"无地方性"的"媒介"，也就是说，一种对地方身份的弱化，以至于它们不仅看着相似、感觉相似，而且提供同样平淡无奇的可能性经验。这些"媒介"包括大众传播、大众文化、大企业、权力机构，以及包含这一切的经济体系。

商业街、露台住宅区、购物中心、旅游目的地、酒店、机场和主题公园都是爱德华·雷尔夫讨论中无地方性场所的例子。在马克·奥格（Marc Augé，1995，1999）看来，这是一种超现代化的象征，地方被"无地方"所取代，其特征是人们共存而不是生活在一起的流通、消费和交流空间。在无地方之间和内部始终存在的流动性导致了"地方存在强度阶段……包括运动、速度和循环的痕迹，用鲍德里亚（Baudrillardean）的话说……那是一个三阶拟像的世界，在那里逐渐蔓延的拟像地方最终导致地方完全消失了"（Thrift，1994：212-213）。

正如之前所暗示的，媒介和通信技术被认为在超现实的无地方生产中扮演着至关重要的角色。爱德华·雷尔夫（1976：92）认为，各种传播媒介（报纸、广播、电视）减少了人们面对面的交流，使社区从地理限制中解放出来。当代的媒介和传播技术创造和转换了情景和环境图像，即（无）地方（Sack，1992：97）。传统电视屏幕几乎被赋予了一种标志性的重要意义。对罗伯特·萨克（Robert Sack）来说，电视节目中所用的地方是从相互连接的网络中剥离出来并置于短暂情景中的场景。更进一步说（Sack，1992：98-99）：

> 与其他媒介相比，电视更能将一个又一个的语境迁移和并置在一起，从而掩盖了地方真实的历史和地理深度，弱化了其与其他地方和事件上的时空关系。不同的情景仅仅通过切换频道就会闪过，每个

频道都提供一系列不同设置的节目。

因此,电视改变了社会角色,变得更为普遍。通过改变地方的信息特征,电视和电子媒介总体上重塑了社会身份和社会状况(Meyrowitz,1985:117)。媒介"通过重组物质空间和社会空间(社会角色和社会地位)之间的关系以及通过改变我们传递和接收社会信息的方式,改变了社会秩序的逻辑"(Meyrowitz,1985:308)。电视将日常生活中戈夫曼式的前台和后台的区别模糊为一个中介化和均质化的中间阶段或区域(Meyrowitz,1985:176)。在这个"全球鸡尾酒会"中,更持久的社会价值观被忽视了,时间感也被摧毁了。现代社会创造的有利于过分强调的空间偏倚概念使空间和时间概念之间脆弱的平衡被打破了。(Innis,1951/1964:64;另见Jansson,2005:3)这个趋势开创于透视法的(重新)创造,兴盛于现代(资本主义)世界体系的形成,进一步确立于现代主义哲学的发展,如黑格尔的著作(Innis,1951/1964:128-129)。

保罗·维利里奥(Paul Virilio)将哈罗德·伊尼斯(Harold Innis)的这一规范性结论带到了一个非乌托邦层面。对于保罗·维利里奥来说,超空间偏倚通信技术(见导言)表明了一种基于无处不在和普及的远程信息网格的泛化交互文化的出现,通过这种文化,"一切都来得如此之快,以至于离开显得没有必要了",导致了物理维度上概念的危机(Virilio,1993:8-9,在Graham,1998:169-170)。随着远程信息网络发展速度的加快,没有了"这里"和"那里"的概念,只有"近与远、现在与未来、真实与幻觉的精神错乱——由历史、传说和传播技术混合而成的幻想乌托邦"(Virilio,1995:35)。空间失去了地缘政治现实,因为稳定形象的外观美学被不稳定形象的消失美学所取代(Virilio,1991:16,25)。⑨

然而,像"无地方性""无地方感""时空压缩""用时间消灭空间"和"地球村"这样的概念和表达方式,与所有(特别是空间)的隐喻一样,都应该被谨慎处理。技术,特别是信息和媒介技术,无论"压缩"与否,都是空间生产的中介力量。在某些情况下,信息和媒介技术可能使地方相互联结并使空间同质化,而在另一些情况下,它可能使地方相互分离并使空间碎片化,这既有象征意义，也有物质意义（Kirsch，1995；Dodgshon，1999）。在这里，物质方面值得特别注意，因为即使传播必须被理解为物质和象征（流动性），如导言中所强调的，物质维度上也很容易被忽视。这里，德勒兹和瓜塔里的关于地缘哲学的相对性空间视角的评论（上文讨论过）是富有成效的，因为它也强调了物质性的重要意义（Deleuze and Guattari，1994：85-113；Gren and Mekonnen，2004）。

在超现代或后现代技术（如信息和传播技术）背景下，时空压缩甚至空间毁灭的概念，以及媒介和通信技术应该为造成无地方性增加的部分负"责任"，而地方感消失的概念从根本上说是建立在本体论基础上的。本体论认为空间和地方是"这里"，媒介和信息技术是"那里"，空间和地方（这里）是受媒介和信息技术（那里）的影响所塑造的。这是一个与相对性空间范式不协调的本体论。回想上一节，在这个另类的本体论中，空间和地方都是动词，通过人—物互动的表征来显示物质化—象征化。空间和地方是通过各种有形和无形的载体在不同的距离上扩展并形成异质集合体（地下根茎）的活动。虚拟被拓展到现实中，虚拟的物质性被拓展到具体的物质存在中（Deleuze，1993；Shields 2003；Buchanan and Lambert，2005）。[⑩]

关系空间（和地方）作为被执行的事件，也许不是在理论上，而是在实践中通过媒介和传播技术作为基于语言的符号系统和物质实践。媒介和传播技术也主要在于实践。它们（越来越关键地）成为人类—物质—机器异质组合部分的实施空间（和地方）。媒介和传播技术的发展使得空间通过前所未有的虚拟现实的方式进行折叠和展开成为可能。[⑪]在这方面，地理或空间与媒介和传播技术之间的联系消失了，因为在一开始就没有（本体论的）部分被联系在一起。空间就是媒介和传播技术，媒介和传播技术就是空间。[⑫]

结论：传播地理学的地理学想象

总而言之，"地理学"（即对人文地理学内外空间性的兴趣）与媒介和传播研究的融合，带来了一些关于空间与地方概念的本体论与认识论的问题。这种融合与在关系空间范式标签下对空间和地方进行当代重新思考和重新理论化很好地协调起来（以及对作为绝对笛卡尔主义的现代主义空间概念的解构）。

在本体论意义上，这意味着空间是通过作用和相互作用而生产的，它是流动的，不能看作是固定的、连续的或分割的，空间生产与社会的物质性密不可分。空间作为相对性概念自然不是走进传播地理学（CoG）领域的唯一方法，而是一种很好的适合于讨论移动性和"移动媒介"、象征/文化和材料/技术的趋同性以及互动性问题的本体论方法（如Falkheimer and Jansson在导言中强调的那样，另见Jansson，2005）。

相对性空间概念的本体论地位与超空间偏倚传播机制的空间模糊性之间的兼容，给我们带来了一些认识论层面的问题。遵循空间生产的相对性概念的认识论，强调空间和地方的概念及这些概念的使用与福柯等人所阐述的权力/知识的关系是纠缠在一起的。这意味着，传播地理学的知识领域，如同所有学科和其子学科一样，可以看作是一套特定的地理学想象的虚构小说。这些地理学想象是权力/知识语料库的一部分，因为它的间隔、空间折叠都是传播地理学的固有组成部分。与其他实践一样，这种知识生产标记了时空，并稳定了特定时空包罗的含义。

在这里，对空间和时间的某种概念的依附是出于政治层面的考虑（Harvey，1990b：432）。哈维自问："作为专业的地理学家，我们寻求的是什么样的空间和时间？这些概念微妙而持久地暗示了社会再生产的哪些过程？"（1990b：432）同样的问题也可以、更应该由那些自诩是传播地理学知识领域的学者们提出，因为"就像我们没有人在地理之外或超越地理一样，我们谁也不能完全摆脱和地理的斗争。这种斗争复杂且有趣，因为它不仅关乎士兵和炮火，而且涉及思想和形式，关乎形象和想象"（Said，1993：7）。地理学知识和地理学想象不是单纯的知识实体，也不能脱离意识形态（Lefebvre，1977：341）：

> 空间不是一个脱离意识形态和政治的科学研究对象，它一直具有政治性和战略性。如果说空间在其内容上有一种中立和冷漠的气氛，似乎是"纯粹"的形式和理性抽象的缩影，那是因为它一直被占据和使用，并成为已经过去且没有在景观中留下痕迹的焦点。空间是由历史和自然因素塑造而成的，但这是一个政治过程。空间是政治的

和意识形态的。这是一个充斥着意识形态的产品。

对传播地理学中地理意象的反思可以被看作是知识分子的责任，他们有责任去质疑那些想当然的人和"真理卫士"（Said，1994）。具体应该如何质疑还需商榷，但一般来说，一个分支领域或学科方向的"关键转向"通常始于对传统或主流经典的再评价。[13]当代的批判性反思和通常占主导地位的学科话语的"摊牌"必定伴随着这样一种认识，即批判性反思本身也处于广泛意义上的一种政治和意识形态实践之中。

关于传播地理学家或传播地理中的知识分子（GoCI）（按照Said的说法）之间的话语反思，这种批判性反思的切入点可能是承认并公开表明这样的观点，即他们及其文本不仅是空间生产的一部分，甚至他们及其文本本身就是空间（和纹理），也就是一个意识形态复制和协商的场所（Jansson，2005：15），同时，超空间偏倚传播的三个认识论困境：文本、语境和文本—语境关系的短暂性（首先激发空间转向，见导论章节）在它们所属的异质集合中得到了体现和具体化，它们也是空间生产的一部分，甚至其本身也是空间。

因此，超空间（或间隔）偏倚传播的策略是传播地理学（权力）理论的先决条件，其含义是文本（传播地理学中）、语境（这里我们也许可以从媒介机构和传播的社会嵌入性方面进行讨论，参见Jansson，2004：38）和文本—语境之间相互作用的短暂性。这不仅要从本体论的角度（如导言所述），而且也要从认识论的角度来探讨。当知识生产本身是在超空间偏倚传播设备本身所设定的参数内产生时，任何短暂的超空间偏倚传播实践的知识会不会也是短暂的呢？

那么权力呢？经典传播观念与现代传播时代的媒介关系融洽，它在民主国家以及专制国家的统治手段、战争（一些带有殖民和帝国主义性质）和国土内部组织中可以（且曾经）被使用（Carey，1989；Thompson，1995；Mattelart，1996）。尽管传播地理学在社会科学领域有着普遍的活跃传统，但它却有被不同国家政权应用在政治和意识形态上的风险。吉勒·德勒兹和费利克斯·瓜塔里（1988）不断提醒我们，平滑空间很容易（再次）变为条状空间。这也许是一个毫无必要的悲观预言，但如果将传播地理学中产生的理论和"文本"用在未来的生物政治学中，也许不是正式意义上的不民主，但在伦理上（例如许多政府行动以"反恐战争"的名义进行）会怎样？当然，没有任何保障，也可能没有办法阻碍这种发展，⑭但这一事实并没有消除与这些问题相关的伦理责任，这是上述批判性反思的一部分。

例如在2001年"9·11"事件之后的时代，在国家和国内政治中，加强监视得到了政府部门的支持。如在机场，已经增加了对网络社会监控的节点和流量（Lyon，2003；Adey，2004a，2004b；Aaltola，2005）。允许对电话、往来电子邮件和（国家安全局和警方认为的）异见团体和组织进行登记的政治决策已经或即将出台。也许在德勒兹看来，权力本身在"控制社会"的时代是流动的，他已经预见到了这一点吗（Deleuze，1995）？在这个时代，现代信息、通信和移动技术总体上构成了一种新的社会拓扑结构，在这种拓扑结构中，个人不再在监视和纪律场所之间移动（如福柯的全景敞视理论），而是受到自由流动的移动式控制（Deleuze，1995：178）。这种基于数字通信技术的控制，当个人通过电子标签等方法转化为数据时，他们就变成了"样本"（Deleuze，1995：180）。社会变成了机场的样子，用机器将人表示为数字或其他符号，就像"没有身体的字符"（Diken and Laustsen，2005：65）。在吉勒·德勒兹的基础上，哈德（Hard）和内格里（Negri）（2000：12-13，强调原文）认为：

> 通往帝国的道路是从现代国家主权的微光中浮现出来的。与帝国主义相反，帝国建立在非领土权力中心之上，且不依赖固定的边界或壁垒。这是一种逐渐将全球领域纳入其开放的、不断扩张的疆域内的、具有非中心和非领土化的统治工具。帝国通过调节指挥网络对混合的身份、灵活的等级制度和多元的交流进行管理。因此帝国主义世界地图中鲜明的民族色彩融合在帝国主义全球的彩虹中。

因此，作为空间偏倚的帝国，不仅需要超空间偏倚的传播和信息技术，而且作为一个政权也需要一个不区分文本与语境或物质与象征的信息和通信技术知识库。同时这也肯定了媒介技术的移动特性、技术和文化的融合性以及空间中介的互动性。短暂的超空间偏倚传播正是帝国为了控制移动和权力的流动所需要的。随之，超空间偏倚传播的知识也成为一种潜在的无法预测或预见的知识/力量。因此，通过批判性和反思性讨论，传播地理学有可能（我应该说有必要）成为预测这种空间性知识的应用模式和使用领域。

作者简介

理查德·埃克，瑞典隆德大学（Lund University）赫尔辛堡校区服务管理系助理教授，从事空间和地点概念、分层流动、生物政治和关键地缘政治等方面的研究。他的人文地理学博士学位论文为《奥勒松德地区：地理视觉的话语节奏生成》（2003，Swedish）。

注释

①法文原著《空间的表征》《表征空间》和《空间实践》（Lefebvre, 1972：42-43）。

②我现在不再深入探讨列斐伏尔的著作了。然而，除了列斐伏尔本人的著作之外，我还推荐以下对列斐伏尔作品深度解读的作品：Smith, 1984；Soja, 1989；Gregory, 1994；Shields, 1998；Elden, 2004；Merrifield, 2005。

③因此，空间既可以被视为一个物质系统，也可以被视为表征系统，即（Natter and Jones, 1997：151）："空间不仅仅是一种社会生产的物质系统，而且是一种社会生产的、强有力的对象/符号系统。这个'表征系统'，并不否认物质性，而是强调说任何物质性都依附于其所蕴含的社会意义的表征。"这意味着空间转向涉及物质转向，空间可以被重新归类为文化的空间物质化（Jansson, 2005：12）。

④因此，地理学想象不应被比作心理地图（Lynch, 1960；Gould and White, 1974），因为心理地图植根于行为科学。

⑤康德的先验唯心主义也再现了空间的绝对概念，即使康德的空间更多地是关于认识论而不是本体论（Richards, 1974：3；Peet, 1998：18）。

⑥然而，段（Tuan, 1977）使用了"地点/空间张力"的概念来强调任何地方都是一个空间或一个取决于观察者的地方，空间可以转化为地点，反之亦

然（Taylor，1999；另见 Tuan，1974b）。

⑦米歇尔·塞雷斯和布鲁诺·拉图尔（Bruno Latour）、约翰·劳（John Law）和米歇尔·卡龙（Michel Callon）是行动者网络理论（ANT）的"奠基人"。我不会在这里特别讨论行动者网络理论，因为它已经被提到了非常高的程度（关于最近的一个例子，请参阅 Latour，2005）。然而，值得注意的是，行动者网络理论家和地理学家之间联系非常紧密，他们代表了人文地理学中的"关系转向"。

⑧有关比例尺的更广泛讨论，请参见马斯顿（Marston，2000）、杰索普（Jessop，2002）、希律（Herod，2003）以及谢泼德和麦克马斯特（Sheppard and McMaster，2004）。

⑨物理表征的这种变化要归因于曝光时间越来越短，和可见的折射率顺序（Virilio，2000a：39）。按照这种可见度的顺序，大众传媒安装了一个远程存在，一个没有"这里"的"此时此地"，一种"媒介对人类的全球性监管的社会控制论"（Frandsen，1994：227）。对维里利奥来说，这是对民主的威胁，因为实时的暴政创造了一种没有反思的反射式民主（Virilio，2000b：109，2002：133）。

⑩一个非常常见的例子：一个桌子包含许多虚拟功能。它可以用来吃饭，也可以在儿童游戏中被翻转为海盗船，或者可以是工作台（圣诞节前完成一篇文章），等等。其实现的物质功能的类型取决于人类和非人类参与者在一组异质组合中的关系和表现，桌子是其中的一部分。即使通常情况下可能是这样，这组异质组合也不需要基于物理亲缘性。请参阅下一个脚注。

⑪再拿一张桌子，上面有电脑、传真和电话。突然间，桌子的实际功能变宽了，例如它变成了我们称之为呼叫中心的异质组合的一部分，成为卡斯特网络社会的一部分。或者以所有的移动技术为例，它们以新的方式实现了人体的虚拟性，例如慢跑者使用带耳机的移动电话边跑边说边听的组合。

⑫正如布鲁诺·拉图尔所说（1999：19）："……行动者网络理论真的应该被称为'根状茎行为学'。但是谁会在乎这么一句可怕的话——而不是提到缩写'ARO'？"

⑬其中只有两个例子是"批判性地缘政治学"（O'Tuathail，1996），它

对传统地缘政治学进行了解构和定位；还有"批判性管理研究"（Parker，2002），它对主流管理理论和文本也做了同样的研究。

⑭例如，德勒兹和瓜塔里关于平滑空间、战争机器和游牧学方面的文章，在五角大楼的美国国防智库关于军事革命（RMA）的架构，以及美军需要适应这种新架构，创造一种适应性强、灵活性高、准备好应对新型军事威胁的军事机器方面都颇具影响力，如网络空间攻击、生物威胁等。（有关RMA概念的概述，请参见Gray，1997 and Ek，2000）

原书参考文献

Aaltola, M. (2005) 'The International Airport: The Hub-and-Spoke Pedagogy of the American Empire', *Global Networks* 5(3): 261-278.

Adey, P. (2004a) 'Secured and Sorted Mobilities: Examples From the Airport', *Surveillance and Society* 1: 500-519.

Adey, P. (2004b) 'Surveillance at the Airport: Surveilling Mobility/Mobilising Surveillance', *Environment and Planning A* 36: 1365-1380.

Agnew, J. (2005) 'Space: Place', in Cloke, P. and Johnston, R. (eds.) *Spaces of Geographical Thought*. London: Sage.

Agnew, J. and Corbridge, S. (1995) *Mastering Space. Hegemony, Territory and International Political Economy*. London: Routledge.

Alexander, H. G. (ed.)(1998) *The Leibniz-Clarke Correspondence*. Manchester: Manchester University Press.

Amin, A. (2002) 'Spatialities of Globalisation', *Environment and Planning A* 34: 385-399.

Augé, M. (1995) *Non-Places. Introduction to an Anthropology of Supermodernity*. London: Verso.

Augé, M. (1999) *An Anthropology for Contemporaneous Worlds*. Stanford: Stanford University Press.

Barnett, C. (2004) 'Neither Poison nor Cure: Space, Scale and Public Life in Media Theory', in Couldry, N. and McCarthy, A. (eds.) *MediaSpace: Place, Scale and Culture in a Media Age*. London: Routledge.

Bell, D. (1978) *The Cultural Contradictions of Capitalism*. New York: Basic Books.

Bhabha, H. (1990) 'Interview With Homi Bhabha: The Third Space', in Rutherford, J. (ed.) *Identity, Community, Culture, Difference*. London: Lawrence and Wishart.

Bhabha, H. (1994) *The Location of Culture*. London: Routledge.

Bingham, N. and Thrift, N. (2000) 'Some New Instructions for Travellers. The Geography of Bruno Latour and Michel Serres', in Crang, M. and Thrift, N. (eds.) *Thinking Space*. London: Routledge.

Blaut, J. M. (1961) 'Space and Process', *The Professional Geographer* 13: 1-7.

Buchanan, I. and Lambert, G. (eds.) (2005) *Deleuze and Space*. Edinburgh: Edinburgh University Press.

Burgin, V. (1989) 'Geometry and Abjection', in Tagg, J. (ed.) *The Cultural Politics of 'Postmodernism'*. Department of Art and Art History: State University of New York at Binghamton.

Carey, J. W. (1989) *Communication as Culture. Essays on Media and Society*. New York: Routledge.

Casey, E. S. (1997) *The Fate of Place. A Philosophical History*. Berkeley: University of California Press.

Casey, E. S. (2005) *Earth-Mapping. Artists Reshaping Landscape*. Minneapolis: University of Minnesota Press.

Castells, M. (1977) *The Urban Question. A Marxist Approach*. London: Edward Arnold.

Castells, M. (1983) *The City and the Grassroots. A Cross-Cultural Theory of Urban Social Movements*. London: Edward Arnold.

Castells, M. (1996) *The Rise of the Network Society*. Oxford: Blackwell.

Chia, R. (2003) 'Organisation Theory as a Postmodern Science', in Tsoukas, H. and Knudsen, C. (eds.) *The Oxford Handbook of Organisation Theory. Meta-Theoretical Perspectives*. Oxford: Oxford University Press.

Couldry, N. (2000) *The Place of Media Power. Pilgrims and Witnesses of the Media Age*. London & New York: Routledge.

Couldry, N. and McCarthy, A. (2004) 'Introduction: Orientations: Mapping MediaSpace', in Couldry, N. and McCarthy, A. (eds.) *MediaSpace: Place, Scale and Culture in a Media Age*. London: Routledge.

Crang, M. (2005) 'Time: Space', in Cloke, P. and Johnston, R. (eds.) *Spaces of Geographical Thought*. London: Sage.

Cresswell, T. (1997) 'Imagining the Nomad: Mobility and the Postmodern Primitive', in Benko, G. and Strohmayer, U. (eds.) *Space and Social Theory. Interpreting Modernity and Postmodernity*. Oxford: Blackwell.

Curry, M. R. (1996a) 'On Space and Spatial Practice in Contemporary Geography', in Earle, C., Mathewson, K. and Kenzer, M. (eds.) *Concepts in Human Geography*. Lanham: Rowman & Littlefield.

Curry, M. R. (1996b) *The Work in the World. Geographical Practice and the Written Word*. Minneapolis: University of Minnesota Press.

Dainton, B. (2001) *Time and Space*. Chesham: Acumen.

Deleuze, G. (1993) *The Fold: Leibniz and the Baroque*. Minneapolis: University of Minnesota Press.

Deleuze, G. (1994) *Difference and Repetition*. New York: Columbia University Press.

Deleuze, G. (1995) *Negotiations, 1972-1990*. New York: Columbia University Press.

Deleuze, G. and Guattari, F. (1988) *A Thousand Plateaus. Capitalism and Schizophrenia*. London: Athlone.

Deleuze, G. and Guattari, F. (1994) *What is Philosophy?* London: Verso.

Derrida, J. (1976) *Of Grammatology*. Baltimore: The John Hopkins University Press.

Deutsche, R. (1995) 'Surprising Geography', *Annals of the Association of American Geographers* 85(1): 168-175.

Diken, B. and Laustsen, C. B. (2005) *The Culture of Exception. Sociology Facing the Camp*. London: Routledge.

Dodgshon, R. A. (1999) 'Human Geography at the End of Time? Some Thoughts on the Notion of Time-Space Compression', *Environment and Planning D: Society and Space* 17: 607-620.

Doel, M. (1999) *Poststructuralist Geographies. The Diabolical Art of Spatial Science*. Edinburgh: Edinburgh University Press.

Doel, M. (2000) 'Un-glunking Geography: Spatial Science After Dr Seuss and Gilles Deleuze', in Crang, M. and Thrift, N. (eds.) *Thinking Space*. London: Routledge.

Doel, M. and Clarke, D. A. (1998) 'Figuring the Holocaust. Singularity and the Purification of

Space', in Ó Tuathail, G. and Dalby, S. (eds.) *Rethinking Geopolitics*. London: Routledge.

Ek, R. (2000) 'A Revolution in Military Geopolitics?', *Political Geography* 19(7): 841-874.

Elden, S. (2004) *Understanding Henri Lefebvre: Theory and the Possible*. London: Continuum.

Elden, S. (2005) 'Missing the Point: Globalization, Deterritorialization and the Space of the World', *Transactions of the Institute of British Geographers* 30(1): 8-19.

Frandsen, F. (1994) 'Medierne, demokratiet og afstandens etik - om Paul Virilio og massmedierne' (Media, Democracy and the Ethics of Distance - About Paul Virilio and Mass Media), in Brügger, N. and Petersen, H. N. (eds.) *Paul Virilio – krigen, byen og det politiske* (Paul Virilio - The Wars, the City and the Political). København: Rævens Sorte Bibliotek.

Foucault, M. (1986) 'Of Other Space', *Diacritics* 16(1): 22-27.

Gibson-Graham, J. K. (1996) *The End of Capitalism (As We Knew It). A Feminist Critique of Political Economy*. Oxford: Blackwell.

Giddens, A. (1984) *The Constitution of Society*. Cambridge: Polity Press.

Gould, P. (1991) 'Dynamic Structures of Geographic Space' in Brunn, S. and Leinbach, T. (eds.) *Collapsing Space and Time: Geographic Aspects of Communications and Information*. London: Harper Collins.

Gould, P. and White, R. (1974) *Mental Maps*. London: Penguin.

Graham, S. (1998) 'The End of Geography or the Explosion of Place? Conceptualising Space, Place and Information Technology', Progress in Human Geography 22(2). 165-185.

Graham, S. and Marvin, S. (2001) *Splintering Urbanism. Networked Infrastructures, Technological Mobilities and the Urban Condition*. London: Routledge.

Gray, C. H. (1997) *Postmodern War. The New Politics of Conflict*. London: Routledge.

Gregory, D. (1994) *Geographical Imaginations*. Oxford: Blackwell.

Gren, M. and Tesfahuney, M. (2004) 'georumsfilosofi – ett minifesto' (Geospacephilosophy – A Minifesto), in Schough, K. and Andersson, L. (eds.) *Om geometodologier. Kartvärldar, världskartor och rumsliga kunskapspraktiker* (About Geomethodologies. Mapworlds, Worldmaps and Spatial Practices of Knowledge). Karlstad: Karlstad University Studies 2004: 68.

Grosz, E. (1995) *Space, Time, and Perversion. Essays on the Politics of Bodies*. London: Routledge.

Hardt, M. and Negri, A. (2000) *Empire*. Cambridge: Harvard University Press.

Harvey, D. (1969) *Explanation in Geography*. London: Edward Arnold.

Harvey, D. (1973) *Social Justice and the City*. Baltimore: The John Hopkins University Press.

Harvey, D. (1984) 'On the History and Present Condition of Geography: An Historical Materialist Manifesto', *The Professional Geographer* 36(1): 1-11.

Harvey, D. (1990a) 'Between Space and Time: Reflections on the Geographical Imagination'. *Annals of the Association of American Geographers* 80(3): 418-434.

Harvey, D. (1990b) *The Condition of Postmodernity. An Enquiry into the Origins of Cultural Change*. Oxford: Blackwell.

Harvey, D. (1996) *Justice, Nature and the Geography of Difference*. Oxford: Blackwell.

Herod, A. (2003) 'Scale: The Local and the Global', in Holloway, S. L.; Rice, S. P. and Valentine, G. (eds.) *Key Concepts in Geography*. London: Sage.

Hillis, K. (1998) 'On the Margins: The Invisibility of Communications in Geography', *Progress in Human Geography* 22(4): 543-566.

Holmes, D. (2005) *Communication Theory. Media, Technology, Society*. London: Sage.

Hudson, R. (2001) *Producing Places*. New York: The Guilford Press. Innis, H. A. (1951/1964) *The Bias of Communication*. Toronto: Toronto University Press.

Jackson, P. (2003) 'Introduction: The Social in Question', in Anderson, K.; Domosh, M.; Pile, S. and Thrift, N. (eds.) *Handbook of Cultural Geography*. London: Sage.

Jameson, F. (1992) *The Geopolitical Aesthetic. Cinema and Space in the World System*. Bloomington: Indiana University Press.

Jameson, F. (2003) 'The End of Temporality', *Critical Inquiry* 29: 695-718.

Jansson, A. (2004) *Globalisering – kommunikation och modernitet* (Globalization – Communication and Modernity). Lund: Studentlitteratur.

Jansson, A. (2005) 'For a Geography of Communication'. Paper presented at the First National Conference in Cultural Studies, 13-15 June 2005, Norrköping: Sweden.

Jessop, B. (2002) 'The Political Economy of Scale', in Perkmann, M. and Sum, N-L. (eds.) *Globalization, Regionalization and Cross-Border Regions*. Basingstoke: Palgrave Macmillan.

Jones, M. (2005) Towards 'Phase Spatiality': Regions, Regional Studies, and the Limits to

Thinking Space Relationally. Paper presented at the Regional Studies Association 'Regional Growth Agendas' Conference, Aalborg, Denmark 28t–31 May 2005.

Kirsch, S. (1995) 'The Incredible Shrinking World? Technology and the Production of Space', *Environment and Planning D: Society and Space* 13: 529-555.

Latham, A. (2002) 'Rethinking the Scale of Globalization: Topologies, Actor-networks, and Cosmopolitanism', in Herod, A. and Wright, M. W (eds.) *Geographies of Power. Placing Scale.* Oxford: Blackwell.

Latour, B. (1999) 'On Recalling ANT', in Law, J. and Hassard, J. (eds.) *Actor Network Theory and After.* Oxford: Blackwell.

Latour, B. (2005) *Re-assembling the Social. An Introduction to Actor-Network Theory*. Oxford: Oxford University Press.

Law, J. (1999) 'After ANT: Complexity, Naming and Topology', in Law, J. and Hassard, J. (eds.) *Actor Network Theory and After.* Oxford: Blackwell.

Lefebvre, H. (1972) *la production de l'espace*. Paris: Anthropos.

Lefebvre, H. (1977) 'Reflections on the Politics of Space', in Peet, R. (ed.) *Radical Geography. Alternative Viewpoints on Contemporary Social Issues*, London: Methuen.

Lefebvre, H. (1979) 'Space, Social Product and Use Value', in Freiberg, J. W (ed.) *Critical Sociology. European Perspectives*. New York: Irvington/Wiley.

Lefebvre, H. (1991) *The Production of Space*. Oxford: Blackwell.

Lynch, K. (1960) *The Image of the City*. MIT Press: Cambridge.

Lyon, D. (2003) 'Airports as Data Filters: Converging Surveillance Systems after September 11th', *Information, Communication and Ethics in Society* 1: 13-20.

Marston, S. A. (2000) 'The Social Construction of Scale', *Progress in Human Geography* 24(2): 219-242.

Massey, D. (1991) 'A Global Sense of Place', *Marxism Today*, June 1991: 24-29.

Massey, D. (1994) *Space, Place and Gender*. Cambridge: Polity Press.

Massey, D. (1999a) 'Space-time, 'Science' and the Relationship Between Physical Geography and Human Geography', *Transactions of the Institute of British Geographers* 24: 261-276.

Massey, D. (1999b) 'Space of Politics', in Massey, D., Allen, J. and Sarre, P. (eds.) *Human*

Geography Today. Cambridge: Policy Press.

Massey, D. (1999c) 'Power-Geometries and the Politics of Space and Time', *Hettner Lecture 1998*. Heidelberg: Department of Geography, Heidelberg University.

Massey, D. (2005) *For Space*. Cambridge: Polity Press.

Massey, D., Allen, J. and Anderson, J. (eds.)(1984) *Geography Matters! A Reader*. Cambridge: Cambridge University Press.

Massey, D. with the collective (1999) 'Issues and Debates', in Massey, D., Allen, J. and Sarre, P. (eds.) *Human Geography Today*. Cambridge: Policy Press.

Mattelart, A. (1996) *The Invention of Communication*. Minneapolis: University of Minnesota Press.

McCarthy, A. (2001) *Ambient Television. Visual Culture and Public Space*. Durham & London: Duke University Press.

Merrifield, A. (2005) *Henri Lefebvre*. London: Routledge.

Meyrowitz, J. (1985). *No Sense of Place. The Impact of Electronic Media on Social Behavior*. New York & Oxford: Oxford University Press.

Mol, A. and Law, J. (1994) 'Regions, Networks and Fluids: Anaemia and Social Topology', *Social Studies of Science* 24: 641-671.

Morley, D. and Robins, K. (1995) *Spaces of Identity. Global Media, Electronic Landscapes and Cultural Boundaries*. London: Routledge.

Murdoch, J. (1998) 'The Spaces of Actor-Network Theory', *Geoforum* 29(4): 357-374.

Natter, W. and Jones, J. P. (1997) 'Identity, Space, and other Uncertainties', in Benko, G. and Strohmayer, U. (eds.) *Space and Social Theory. Interpreting Modernity and Postmodernity*. Oxford: Blackwell.

O'Brien, R. (1992) *Global Financial Integration: The End of Geography*. Pinter: London.

O'Tuathail, G. (1996) *Critical Geopolitics. The Politics of Writing Global Space*. Minneapolis: University of Minnesota Press.

Ohmae, K. (1995) *The End of the Nation State: The Rise of Regional Economies*. New York: The Free Press.

Parker, G. (2002) *Against Management. Organization in the Age of Managerialism*. Polity Press: Cambridge.

Peet, R. (1998) *Modern Geographical Thought*. Oxford: Blackwell.

Pine, B. J. and Gilmore, J. H. (1999) *The Experience Economy. Work is Theatre and Every Business a Stage*. Boston: Harvard Business School Press.

Relph, E. (1976) *Place and Placelessness*. Pion: London.

Richards, P. (1974) 'Kant's Geography and Mental Maps', *Transactions of the Institute of British Geographers* No 61, March: 1-16.

Rose, G. (1999) 'Performing Space', in Massey, D., Allen, J. and Sarre, P. (eds.) *Human Geography Today*. Cambridge: Policy Press.

Sack, R. D. (1992) *Place, Modernity, and the Consumer's World. A Relational Framework for Geographical Analysis*. Baltimore: The John Hopkins University Press.

Said, E. (1993) *Culture and Imperialism*. New York: Alfred Knopf.

Said, E. (1994) *Representations of the Intellectual. The 1993 Reith Lectures*. London: Vintage.

Serres, M. with Latour, B. (1995) *Conversations on Science, Culture, and Time*. Ann Arbor: The University of Michigan Press.

Sheppard, E. and McMaster, B. (eds.) (2004) *Scale and Geographical Inquiry. Nature, Society, and Method*. Oxford: Blackwell.

Shields, R. (1998) *Lefebvre, Love and Struggle: Spatial Dialectics*. London: Routledge.

Shields, R. (2003) *The Virtual*. London: Routledge.

Sklar, L. (1974) *Space, Time, and Spacetime*. Berkeley: University of California Press.

Smith, N. (1984) *Uneven Development. Nature, Capital and the Production of Space*. Oxford: Blackwell.

Smith, N. (1995) 'Remaking Scale: Competition and Cooperation in Prenational and Postnational Europe', in Eskelinen, H. and Snickars, F. (eds.) *Competitive European Peripheries*. Berlin: Springer.

Smith, N. (2003) *American Empire. Roosevelt's Geographer and the Prelude to Globalisation*. Berkeley: University of California Press.

Soja, E. W. (1980) 'The Socio-Spatial Dialectic', *Annals of the Association of American Geographers* 70: 207-225.

Soja, E. W. (1985) 'The Spatiality of Social Life: Towards a Transformative Retheorisation', in

Gregory, D. and Urry, J. (eds.) *Social Relations and Spatial Structures*. Houndmills: Macmillan.

Soja, E. W. (1989) *Postmodern Geographies. The Reassertion of Space in Critical Social Theory*. London: Verso.

Soja, E. W. (1996) *Thirdspace. Journeys to Los Angeles and Other Real-and-Imagined Places*. Oxford: Blackwell.

Soja, E. W. (1999) 'Thirdspace: Expanding the Scope of the Geographical Imagination', in Massey, D., Allen, J. and Sarre, P. (eds.) *Human Geography Today*. Cambridge: Policy Press.

Sparke, M. (2000) 'Chunnel Visions: Unpacking the Anticipatory Geographies of a AngloEuropean Borderland', *Journal of Borderland Studies* 15(1): 2-34.

Taylor, P. J. (1999) 'Places, Spaces and Macy's: Place-Space Tensions in the Political Geography of Modernism', *Progress in Human Geography* 23(1): 7-26.

Thompson, J. B. (1995) *The Media and Modernity. A Social Theory of the Media*. Stanford: Stanford University Press.

Thrift, N. (1994) 'Inhuman Geographies: Landscapes of Speed, Light and Power', in Cloke, Paul; Doel, Marcus; Matless, David; Phillips, Martin and Thrift, Nigel (eds.) *Writing the Rural: Five Cultural Geographies*. London: Paul Chapman Publishing.

Thrift, N. (1995) 'A Hyperactive World', in Johnston, R. J.; Taylor, P. J. and Watts, M. J. (eds.) *Geographies of Global Change. Remapping the World in the Late Twentieth Century*. Oxford: Blackwell.

Thrift, N. (1999) 'Steps to an Ecology of Place', in Massey, D., Allen, J. and Sarre, P. (eds.) *Human Geography Today*. Cambridge: Policy Press.

Thrift, N. (2004) 'Intensities of Feeling: Towards a Spatial Politics of Affect', *Geografiska Annaler Series B: Human Geography* 86(1): 57-78.

Tonboe, J. (1993) *Rummets sociologi. Kritik af teoretiseringen af den materielle omverdens betydning i den sociologiske og den kulturgeogrfiske tradition* (The Sociology of Space. A Critique of Theories About the Importance of the Material World in the Sociological and Geographical Tradition). København: Akademisk Forlag.

Tuan, Y-F. (1974) 'Space and Place: Humanistic Perspective', *Progress in Human Geography* 6: 211-252.

Tuan, Y-F. (1977) *Space and Place. The Perspective of Experience*. Minneapolis: University of Minnesota Press.

Urry, J. (2003) *Global Complexity*. Cambridge: Polity Press.

Urry, J. (2005) 'The Complexity Turn', *Theory, Culture and Society* 22(5): 1-14.

Virilio, P. (1991) *The Lost Dimension*. New York: Semiotext(e).

Virilio, P. (1993) 'The Third Interval: A Critical Transition', in Andermatt-Conley, V. (ed.) *Rethinking Technologies*. Minneapolis: The University of Minnesota Press.

Virilio, P. (1995) *The Art of the Motor*. Minneapolis: The University of Minnesota Press.

Virilio, P. (2000a) *Polar Inertia*. London: Sage.

Virilio, P. (2000b) *The Information Bomb*. London: Continuum.

Virilio, P. (2002) *Desert Screen. War at the Speed of Light*. London: Continuum.

Werlen, B. (1993) *Society, Action and Space. An Alternative Human Geography*. London: Routledge.

第4章　电子地理学：作为技术和象征环境的媒介景观

戈兰·博林（Göran Bolin）

在媒介和传播研究领域，媒介往往与文化和社会进程相关。然而，这三者之间的关系和研究动机不尽相同。对这种关系的描述常常背离这样一种观点，即媒介正在干预社会和文化进程，并以有害的方式影响着已存在的现象，例如对文化和社会衰落的反乌托邦式的恐惧，或对美好未来的乌托邦式的希望。这些批判根植于激进派和保守派的研究阵营：20世纪70年代，一位受马克思主义启发的批评家认为媒介研究的核心不在媒介本身（Negt，1973：序言9）。这种批判并不局限于对媒介之外充满冲突的社会所蕴含的意识形态统治的批判视角。这一现象在自由主义和保守主义的报道中同样存在，他们认为媒介对艺术和日常社会生活是有害的，并把它视为"娱乐至死"的工具（Postman，1985）。

另一个常见且首要的担忧是，媒介在后现代社会中的存在与日俱增。据推测，媒介对企业的经济活动、政治观点和文化名人的塑造越来越重要。简言之，媒介被视为正在干预那些曾经不受媒介影响的进程，而如今，这些进程越来越依赖媒介。

我将在接下来的文章中论证，即使它曾经是事实，但今天就不是这样了。在当今社会，认为媒介之外仍有一些过程或现象正在发生，这种想法是不切实际的。我们可能会认为，在我们日常生活中有一些领域是不受媒介化干扰的，例如，当我们在闲暇时间与朋友相处时。然而，同样在那些我们没有明确接触到媒介化信息的时候，我们的生活和行为依赖于从媒介中获得的经验，以至于很难想象如果没有媒介，我们的生活和行为会是什么样子。

关于媒介、文化和社会之间关系的问题将在接下来重点讨论。在我的论述开始之前，对我所说的"媒介在文化和社会中的作用"下一个定义似乎是必要的。因此，我将开始对"媒介""文化"和"社会"这三个基本概念进行一些初步的说明。然后，本章第二部分我将讨论与时空相关的媒介，因为这些对于理解文化和社会具有根本性意义。在本章第三部分中，我将扩大范围，以便更集中地分析媒介景观的概念，以及如何利用这一概念来理解媒介、文化和社会之间的关系。在本章的结尾，我将以一场旨在重新阐明爱沙尼亚作为一个欧洲国家的社会和文化空间的推广运动为例，为我的论点提供经验性的实证内容。

媒介、文化、社会

在许多情况下，媒介、文化和社会并没有明确的定义。为了避免在研究中导致含混不清，在对它们之间的关系进行更广泛的讨论之前，我将花一些笔墨对这些概念加以阐释。

在后现代社会，特别是在世界上的（后）工业化地区，媒介被公认为对社会、经济、政治和文化生活具有重要意义。事实上，很难想象如果没有电话、报纸、书籍、电视、广播和网络等媒介技术，社会将是什么样子。有人讨论过，从早期原始社会或古代社会发展到如今后现代大规模的信息和知识依赖型社会，媒介发展和社会发展一直都是相辅相成的（参见例如 Crowley and Heyer, 1995/1999; Ong, 1982/1991; Nordenstreng, 1977）。

说到这里，我们还应该认识到学者对社会性质变化进行社会研究的共同动机：社会变化并不像动笔写作那样迅速。社会学家罗伯特·林德（Robert Lynd）和海伦·林德（Helen Lynd）在20世纪20年代初对米德尔顿城（Middletown）进行的研究被认为是当今城市人类学中最伟大的研究之一。他们认为：

> 此外，我们逐渐认识到，我们今天可能生活在人类制度史上变化最快的时代。新的工具和技术正在以惊人的速度发展，而随着这些技术的发展，越来越频繁和强大的文化浪潮将席卷我们，给我们灌输其他中心城市的物质和非物质习惯。（Lynd & Lynd, 1929: 5）

上述引述中提到的技术自然就是媒介。对罗伯特·林德和海伦·林德来说，所指的媒介主要是大众媒介：书籍、广播、电影和期刊，但也包括其他传播程度不大的媒介，如留声机和电话。因此，正如米德尔顿城的例子所揭示的那样，我们如何看待媒介以及什么才算媒介并不总是清晰的。从后续的许多研究来看，这个问题是一直存在的。例如，如果我们试图在被广泛引用的著作中找到媒介的简单定义，诸如马歇尔·麦克卢汉（Marshall McLuhan，1964/1967），他认为的媒介是"人的延伸"，他的书我们都不需要翻很多页，事情就会变得相当混乱。从他的名言"媒介即讯息"开始，再到每种媒介对社会的影响不在其内容而在其技术本身，由此媒介的定义变得越来越模糊。马歇尔·麦克卢汉列举了包括光、语言、绘画、石头、铁路、飞机等等一系列例子来说明。有人怀疑马歇尔·麦克卢汉混淆了传递和媒介。当然，在某种程度上，我们可以把所有这些现象都看作是媒介。语言是一种媒介，它将思想转换成可交流的话语，因此是一种帮助人与人交流的工具（参见Ong，1983/1991）。当然你可以用两块石头敲出摩斯密码来传递信息，但对于一个刚开始讨论媒介在文化和社会中的作用的人来说，这并不是一条卓有成效的途径，因为它包容性太强：任何事情都可能在某个点上或者其他点上成为一种媒介。因此，对于媒介研究者来说，既包括物质技术又包括其组织形式的方法才是更有效的。当南美洲印加印第安人使用打结模式（Quipu）传播信息（Ascher，1997/1999）时，这是使用一种制度化的代码来完成的。今天，我们把电视看作理所当然，通常不会反思为什么我们能理解它。其实，电视也需要一种特定的社会中通用的代码，这样我们才能理解其所包含的意义（参见Hall，1973）。因此，如果石头能成为一种媒介，就像电视或任何其他媒介一样，它必须在特定社会或文化背景下的编码通信系统中使用。这种编码系统必须在社会和文化层面上产生。这也是为什么文化和社会的概念在媒介分析中很重要。接下来将深入讨论这些概念。

正如雷蒙德·威廉姆斯（Raymond Williams）所说，尽管有许多概念很难用任何简单的方式来定义，但毋庸置疑，文化是最复杂的概念之一（1979：154）。尽管雷蒙德·威廉姆斯发现这个概念极其复杂，但他在其开创性的著作《漫长的革命》（1961/1965）中仍指出了文化的三个一般定义或使用方式。第一种用法是把文化作为一种理想，"在这种理想中，文化是某种绝对和普遍价值条件下人类存在的一种完美形态"（第57页）。第二种用法指的是"纪录片"传统的方向，即19世纪的文化评论家马修·阿诺德（Matthew Arnold）所阐述的，文化包含了"世界上最优秀的思想和言论"，特别强调了艺术和科学中的重要"作品"。第三种用法是雷蒙德·威廉姆斯所解释的文化概念，也是他自己认同的定义，即文化是一个"社会化"定义，它是对一种特定生活方式的描述，不仅表达了在艺术和学术中特定的意义和价值，而且也表达了在制度和日常行为中特定的意义和价值（Williams，1961/1965：57）。

很明显，如果我们要使用任何一种文化定义，都不能忽视对媒介或传播的分析（参见Williams，1974/1976）。我们必须关注媒介，因为它们反映了价值观与艺术和学术作品，也反映了我们的生活方式。然而，媒介不仅以这些方式反映文化，而且也是有助于塑造价值观、艺术和生活方式的重要体系。媒介当然不会以任何方式决定个人行为或思维方式。然而，媒介在帮助人们建立自己的生活方式、价值观等方面发挥了重要作用，一定程度上说，在建构特定的价值观和生活方式上媒介比其他方式更有特权和优势。因此，我们可以说，媒介是一种文化技术，它影响着文化的建构方式。因此，媒介作为一种技术，不仅对传播形式产生影响或赋予特权，而且对传播内容也产生影响。

如果认为上述观点是正确的，我们可以拓展到媒介和社会之间的关系。然而，"社会"在文献中很少有明确的定义。尤尔根·哈贝马斯（Jürgen Habermas）（1981/1992：138）曾这样定义：社会是由"参与者调控其在社会群体中的成员身份从而确保团结的合法秩序"组成。丹尼斯·麦克奎尔（Denis McQuail）（1994：61）有一个更为宽泛的定义，他指出社会由"物质基础（经济和政治资源以及权力），以及各种社会群体（民族社会、社区、家庭）与受集体社会生活结构（正式或非正式）调控的社会角色和职业之间的关系组成"。

尽管社会和文化的概念有时似乎重叠，或至少由于对其定义的不够明确而出现重叠，但很明显，社会最常指集合体的组织形式，而文化则指这些形式的核心内容。这也是本章所使用的概念。存在于时空中的社会和文化都有起点和终点。尽管并不总是如此，但社会和文化，特别是在工业现代化之后，常常被认为与国家是平等的。我们将苏联的文化和社会与俄罗斯的文化和社会区分开来，可以举出一个有其具体起点和终点的说明性例子。即便我们可能认为苏联的文化和社会是连贯的实体，但随着时间的推移，它们也发生了变化。我们现在讨论的问题是如何理解这些变化。

时间、空间和媒介

接上文所述，现在的问题是，如何处理媒介在社会和文化变革（或稳定）中的作用。归根结底，这种处理空间运动中的变革和稳定都属于法国哲学家亨利·列斐伏尔（1974/1991）所定义的时间范畴。这意味着时间和空间维度不能分开进行分析，因为没有空间就没有时间，反之亦然。

随着书写的出现，社会能够从时空两个方面得以扩展。一方面，书面交流使以更复杂的方式组织社会成为可能，通过立法和贸易产生了第一个书面交流的领域。这意味着，通过书面交流有可能控制更广阔的土地，并按等级组织社会获得权力。随着书面交流的发展，通过持续的劳动分工使社会变得越来越复杂。然而，书面交流也意味着不再需要依靠记忆来保存知识。在一个纯粹的口头社会中，诗歌、韵文等与记忆相关的技能成为保存知识和历史的唯一方法。随着写作的出现，人们的心智能力得到提升，历史和文化文本得以保存，这有助于扩大公众的集体记忆，并使社会能够以前所未有的方式在时间上得到延伸。

纵观历史，写作的交流技巧是随着新媒介技术的兴起而发展起来的，每一种技术都导致了文化和社会的日益复杂。我们还看到了一系列隐喻概念的诞生，这些概念试图理解媒介的运作方式及其在社会和文化中的角色。如果转向电视这样的当代媒介，我们可以发现隐喻的使用可能与时空特征有关。例如，雷蒙·威廉姆斯（1974/1979）提出的"流"的概念显然是一个时间概念，它概括的是在看似无穷无尽和连绵不断的图片流中图像的连续添加。因此，二维图像的空间移动充实了亨利·列斐伏尔提出的时间定义。然而，如果我们观察与当代电视输出相关的其他概念，如节目时段、时间表等，会发现这些都是空间隐喻，这种空间隐喻与公认的时间范畴（如白天）或"黄金时段"的栏目分布有关，但同时也与栏目的空间分布有关。这也是为什么我们可以把时间转化为一个象征性的占据我们日常生活某个领域的空间范畴。怎么会这样？让我马上回到这个问题上，先对媒介的空间性和所说的空间隐喻做一点扩展。

在过去的几十年里，地理隐喻在媒介中变得越来越普遍这一点愈发没有争议。媒介评论中使用的一个常见概念是"媒介景观"。一般意义上景观指向的是空间维度，它与视觉、土地或地理有关，也与某一自然区域的特定视图有关。然而，我们不应该将景观限制在其空间维度上。景观会随着时间的推移而变化，也会根据自然或个体力量而改变。因此它也表现在时间维度上。

从词源上讲，景观的概念来自荷兰语单词"landschap"，似乎最早出现在16世纪末。它的语义可以描述为一幅内陆自然风景的图画，以及描绘该风景的艺术手法。在更普遍的意义上，它也可以指一个地区的地形，或者从特定的时空上能看到的地方。另外它还可以指一个活动领域（请参阅Bolin在2003的著作以获得更完整的说明）。

如上所述，我们可以通过讨论印刷对文化和社会的时空特征带来的影响来评估其重要性。同样，我们可以评估媒介融合产生的复杂性，以及媒介在组织上、技术上和内容上（文本、信息、表征）的融合如何影响社会和文化过程，即媒介如何促进现代文化和社会在内容和形式上的塑造。

时空中的媒介景观

媒介景观存在于时空之中。说到空间，媒介景观至少可以从三个方面来考虑：地形、地图和拟像。我们标注地形时的维度会涉及物理环境以及不同媒介技术之间的明确关系。用符号学的语言来说，这个维度就是媒介技术和内容在外延层面上的结构。它会受到电视、报纸、书籍、计算机等日常生活中显而易见的媒介的直接影响。这个维度在个体环境中也很容易受到影响。比如，当环视我们的住宅或工作地点时，存在于我们身边的媒介有很多：厨房有收音机，客厅有电视机，角落有电脑，在书架上放着传记或小说，还有CD播放器、DVD播放器、几部电话（其中一些是手机）、游戏机等等。我们能向朋友描述这个场景，即便我们忘记提及某些媒介，但对于我们富有想象力的朋友来说，理解我们组织家庭与媒介的方式并不难，因为大多数人都有类似的方式。我们也可以拿几张家庭照片，或者画图来说明我们如何安排我们的媒介技术。

然而，如果抛开私人家庭媒介组织的微观层面，从社会和文化层面来看，我们需要对组织原则做出更具有普遍性的说明。就像地理景观一样，我们不可能完全弄清电子景观的技术构成，因而需要对其做出更抽象的描述。在生活中通常会面对各种不同的媒介技术，但除了抽象术语外，我们无法评估其任何支撑结构。当我们上升到这个层次时，我们不能直接接触这些结构，而是必须依靠泛化的还原性描述、隐喻、统计或一般叙述，理论只是其中的一个例子。同样地，精准地描述你私人住宅前花园里的花草布置很容易，但准确地描述你所在城市的环境，描述你家中的媒介组织和你所在地区的媒介组织之间存在的差异就很困难了。这两个维度的区别在于地形和地图。

对于地图的维度，我们普遍会看到这样的描述，一方面是对媒介结构的再现，另一方面是对媒介所代表的地理、社会、经济、政治和文化的说明。与地理区域地图一样，媒介结构地图并不等于它的参照物，而是一种以牺牲他人为代价突出现实的抽象表达。因此，地图需要与其制图目的联系起来进行理解。地图可以关注人口统计、天气状况、水资源供应或其他可视化的特征，用以说明现实的复杂性。此外，根据地图史学家约翰·哈雷（John Harley）的说法，地图"是根据其与地形的对应关系制作的"（1990：4）。他们认为地图准确地描绘或再现了某些现象。

尽管，地图被认为主要是一种象征，但事实上它也是现实的组成部分。就如苏联经济的五年计划。计划是一张延伸到未来并指导行动的地图。因此，这种象征性与现实有关，或者说，更准确一点：地图就是现实。我们除了用拟像外，没有更合适的术语来描述它了。在此，借用让·鲍德里亚（1976/1993）提出的概念来强调媒介如何清晰表达时空里的物理性景观和象征性景观，以及这些空间是如何被居住在其中的人们以现象学的方式感知的。我们可以这样说，这个层面的分析围绕着对"地图如何表现地形"这一问题的思考而展开。这意味着分析地形与地图之间的联系和表达方式，以及地图如何影响世界，就类似于米歇尔·福柯分析"档案"如何成为"言说法则"（Michel Foucault，1969/1991：129）一样，地图对人们的行为既存在限制又有指导作用。

拟像维度涉及对未来意识形态话语的研究，以及某些话语如何作为自我实现的预言发挥作用。例如，如果关于一个地区有一种主导性的看法，比如说瑞典斯德哥尔摩以南的舍德伦地区是未来投资最有希望和最繁荣的地方，这样的话语很可能会极大地引起投资者、企业家、政治家等的兴趣。从长远来看，这样做的结果可能使该地区变得像预期的那样繁荣。

拟像的概念还涉及另一个重要的维度，它指出这样一个事实，即某些表征不能与现实分开，它们实际上是相同的。强调这一点已变得越来越重要，因为今天很少有非中介维度的现象存在，并且也很少有存在于表征之外的事物。

然而，有些事物只以表征形式存在。拟像是完全缺乏物质实体的，因此从言语行为理论的角度来思考很有启发性。根据约翰·塞尔（John Searle）（例如1965）和约翰·奥斯汀（John Austin）（1955/1975）的观点，社会行为完全是通过语言来完成的。例如，承诺是言语行为的一个典型例子，因为行为存在于"我承诺"的话语中。同样，对一种现象、一个地方或一个人的虚构描述也是一种语言陈述方式。言语行为可以是多种多样的，例如祈使性/命令性言语行为、陈述性/表达性言语行为（这里最相关）。祈使性/命令性言语行为是以成功为导向的（战略行为），以有效性作为衡量标准。陈述性言语行为代表事物的存在状态和对客观事实的表述。表达性言语行为指的是自我表达，旨在获得理解（Habermas，1981/1991：329）。媒介化的陈述性言语对传播真相的要求是有重要意义的，因此，只要我们相信世界上的行为是真实的，并以此为基础，我们的行为就会对社会关系产生真正的影响。在此，媒介化的表述性言语构建着我们周围的世界。像言语一样，虽然这些都是不可见的或者无形的描述性行为，但在同类中却是象征性的。

迄今为止，大多数言语行为的例证都是陈述性言语行为。然而许多媒介化的言语行为都是用以传达情感、经验等的表达性言语行为，这些都是小说或娱乐中经常出现的传播方式（而新闻和其他纪录片类型的形式在很大程度上是陈述性言语行为）。就沟通有效性而言，表达性沟通旨在真实（Habermas，1981/1991：329）。祈使性/命令性言语行为是旨在通过宣传、广告、公共关系等方式影响对方的战略行动的表征。在回到介绍这些形式如何运作之前，我首先需要进一步讨论媒介景观的两种基本结构。

两种结构形式

媒介景观包括两种结构：技术关系结构和表征结构。这两者都与空间和时间有关。

首先，当涉及媒介技术本身的结构时，这些构成了我们在日常生活中所处的电子地理位置的技术领域。这是指媒介在技术上进行组织的结构（网络、组织、技术基础设施）。这些都是媒介的物质结构——用马克思主义的术语来说，就是物质基础。这种物质基础在空间中以技术系统的形式呈现，有时是我们在空中能看到的电话线，其在19世纪末戏剧性地改变了城市景观的特征，并被当时的报纸注意到和讨论过（Garnert, 2005: 87ff）。城市景观中的电话线也经常出现在诗歌和散文中，例如奥古斯特·斯特林堡（August Strindberg）的作品（Garnert, 2005: 112、145ff）。

然而，并非所有这些系统都是可见的；至少，有些系统很难观察到。例如，我们可以看到屋顶上的电视天线或卫星天线，但很难看到空中的电波，尽管我们知道它们是存在的，且能让我们的电视机正常工作（随着计算机无线通信的日益增多，可见的连接物正在逐渐消失）。尽管卫星天线是用来接收电视信号的，但它们本身就构成了夏洛特·布伦斯顿（Charlotte Brunsdon）（1991/1997）所称的"品味景观"，它象征着文化和阶级归属。

其次，还有一种媒介景观是表征实践的结果（Adams, 1994）。通过生成账号、图像和地图，我们建立了一个符号网络，在这个网络中，我们可以以私人身份行事，但在进行其他行为之前，它设置了权限，并影响我们的日常生活。对世界的每一次记述，绘制的每一张地图，都是对周围世界的论证，并且这些记述都会对周围世界产生影响。当作家奥古斯特·斯特林堡描写斯德哥尔摩屋顶上的电话线时，他正在从事一项表征实践，通过技术结构绘制一幅地图——一幅我们今天无法以地形只能以地图的方式获得的图像。

通过媒介，我们能够了解我们从未去过的地方，甚至其中一些地方我们永远都不会去。媒介可作为外部世界的地图（包括物质结构的地图），就像19世纪的山水画一样，在这个意义上，媒介景观是与民族国家和民族地位紧密相连的（如同技术系统一样），并且为国家的地缘政治做出了贡献，并超越了地方以外的想象："后现代媒介地理学"（Morley，1992）或"电子景观"，最终导致我们对全球进行更广泛的领土讨论（参见Adams & Robins，2000：9）。这个例子（地图）可以分为媒介景观（地图本身及其所描绘的模式）和媒介化景观（地图中的符号指示系统）。

与空间的构成类似，表征结构也会随着时间的推移而变化，并总对时间下定义：从习惯性的（有些人可能会说是仪式性的）将时间分为休闲时间与工作时间（参见Bengtsson，2002），到对黄金时间本身的定义（圣诞节假期、暑假等）。表征结构如何影响我们对时间的感知，从购物中心就可见一斑。那里的商业季、气象季和文化季大相径庭——例如，圣诞节从降临节（基督降临日，离11月30日最近的一个星期日）开始到显现节（基督教于1月6日庆祝的节日，西方教会纪念耶稣向东方三博士显现，东方教会纪念耶稣受洗）结束，在文化层面上大约持续六个星期。但作为一个商业季，虽然它们持续的时间大约一样长，但开始得更早，在瑞典11月中旬左右就开始了，同时结束得也更早，在平安夜（某些国家）或圣诞节当日就结束了（参见Ganetz，2001）。

媒介文本构成了充满思想和价值观的景观。所有这些媒介化景观都充满了意识形态，正如山水画可以被视为意识形态一样：

> 景观是一种文化权力的工具，甚至可以说是独立于人类意图之外的权力代理人（或者经常把自己描述成）。因此，景观作为一种文化媒介在意识形态方面具有双重角色：一方面，它促使文化和社会结构的自然化，代表着一种仿佛是简单的和必然的人造（artificial）世界；另一方面，通过对其观看者在景象和场地上施加或多或少的影响，使这种表征具有了可操作性。（Mitchell，1994/2002：1f）

以上引文中有一个问题就是对"artificial"的理解。象征性景观和物质的地理景观一样真实。事实上，两者之间的相似之处多于不同点。

尽管相似之处占主导地位，但媒介景观和地理景观之间也存在着一些重要的差异。一个主要的区别在于，尽管地理景观和媒介景观建构了我们在世界上的行为，但它们对我们产生影响的方式却各有不同。我们可以把其区分为"硬性"和"柔性"两种组织机制,即地理景观结构或以"硬性"的方式限制我们的行为,技术和表征层面的媒介景观以"柔性"的方式影响我们的行为(参见Bolin, 2004)。在地理景观中,我们需要翻山越岭、围绕建筑物移动等等。此时,景观和我们的触觉相呼应。而兼具技术和内容的媒介象征性景观,主要和我们的视觉和听觉相呼应。因此,它们对我们行为的影响不是直接和决定性的,甚至有时也不明显。因此,我们不能认为"柔性"组织机制就比"硬性"组织机制显得微弱和虚幻。相反,由于象征景观具有很强的规劝能力,因此它更难识别,也更难抵制。不像感知地理和物质景观的影响那样,我们并非总能明显意识到象征景观对我们的影响。

然而,地理景观和表征景观之间还有另一个区别。事实证明,改变一个象征性景观的可能性要比调整一个地理或物质景观复杂得多。比方说,如果我对花园的结构不满意,我想要苹果树而不是梨树,或是柏油路而不是草地,我自己可以调整。这种对我自身物理环境的调整几乎没有争议。但是,如果我想调整我周围的象征性景观却相当困难。例如,进行我的角色转变或我的种族或文化特征所需的符号工作,不仅需要我本人的努力,它还需要与那些我想给他们留下这种改变印象的人共同作用。那时我对其生产过程的控制程度就会大大降低。物质景观的调整是个体与物质对象之间的关系。而象征性景观的调整则需要协调个体主体、符号结构和一个或多个其他个体之间的关系。

这些物质景观以及表征景观,都具有象征性维度。然而,表征景观并不具有物质性,而是纯粹的符号结构。它们是符号实践的结果,只能通过符号学研究来做出调整。总之,我们可以概括出两种象征性维度:一种是与物质媒介景观相关的维度(附属于技术的象征性意义),另一种是与符号结构相关的象征性维度(附属于文本的象征性意义)。

物质媒介景观的象征性维度又分为两类。第一类与媒介技术本身有关。比如电视机就是一个象征性维度,与老式的黑白电视机相比,高清平板电视有显著的不同。然而,媒体组织也有其物质机构基础:媒体公司的总部和办公室是物质的,并且具有象征意义;而媒体机构确实通过给特定的地方命名来给周围的社会环境打上自己的烙印——例如,纽约时代广场就是以《纽约时报》命名的。

但象征性景观也有符号性或指示性的维度。正如你使用哪种手机（尤其是如果你是青少年）或者你家装了哪种电视机都会受到周围社会环境影响一样，一组组充满内涵的文本也会影响你会被哪种文本吸引，或者你喜欢哪种类型的文本。这意味着媒介消费模式也构成了指示性意义的景观。正如在你的花园中调整物质环境更容易一样，媒体公司调整他们的物质环境也更容易。但是，如果说调整物质环境的象征维度很难的话，那么改变符号学环境中象征性维度的内涵就更难，因为你不仅要改变物质维度，还要改变对它的理解。

时间的空间特性

与地理景观在空间上自然延伸一样，包含物质和符号两种形式的媒介景观也是如此。尽管我们永远无法全面审视全球媒介景观，也无法全面审视世界。尽管媒介表征越来越多地影响着世界各地，但我们离一个在语义上具有全球性的表征实践还有很长的路要走。然而，媒介化表征，无论有怎样的代表性，都将穿越历史，在未来留下印记，并产生文化和社会影响。关于这一点，我希望转到媒介景观的时间层面进行讨论。

考虑时间的不同类型有助于我们将时间与媒介景观联系起来。时间至少可以分为三种类型：线性时间、循环时间、准时时间。线性时间是指时间一小时一小时地增加，一天一天地累积，是指时间不断地延长到现在或回到过去。这也是我们在日常生活中思考时间的方式。而循环时间正相反，指的是时间的循环往复，就像每年的四季更迭。第三种是准时时间，事实上，它与其他时间点类似，其特性是准确。（Geertz，1973：391ff）

例如，如果我们考虑新闻的意识形态，优先采用的是线性时间视角，世界上发生的事情，看起来是按照先后顺序展开的。这是新闻建构的结果。当优先使用线性时间视角时，新闻的"此时此刻"将一直与刚刚过去的"那时那刻"形成对比。然而，如果我们回到电视节目单作为例子考察线性时间优先时，我们可以看到，节目单中的某个节目不仅处于一些节目之后（晚间新闻在下午的肥皂剧之后），而且处于一些节目之前（例如，深夜电影）。它还处于其他频道的其他节目的旁边，也就是说，它与其他节目是并排安排的，甚至是将相似性的节目有针对性地放在一起。这使得电视节目单具有多时间性，因为它们不仅在白天和晚上都使用线性时间视角，而且又以循环时间的形式在一周中的每一天、每一周、每一季重复出现。然而同时电视节目也是准时时间的代表。准时时间是由电视节目的特征所决定的，而不是由电视节目与其他时间类型的关系或情况所决定的。与其说每一档电视节目都处在电视节目单中的一个具体位置，倒不如说（某些）电视节目的社会用途具有半仪式性，被观众用来构建自己的日常生活习惯，比如把工作时间和休闲时间分隔开，把工作日和节假日分隔开，等等。换言之，有些节目对观众来说具有事件性功能，是他们划出一个晚上哪怕只有几个小时的时间性空间进行情感投资的结果（Bolin & Forsman, 2002: 239ff；参见 Bausinger, 1984）。

能够划分时间从而使时间具有空间性质的能力并不局限于电视。很自然，这也适用于无线电广播，也包括移动电话、收音机、便携式CD播放器以及能够切断听众与其周围象征性环境之间联系的各种移动技术。然而，这些媒介不仅有能力切断听众与周围环境的联系，也能通过改变象征形式来改变环境。通过给物质环境一个新的配乐，空间就发生了变化。我们仍然被局限在物质环境中，但我们有能力调整这些环境的象征性维度。尽管它可能不会改变社会的整体结构，但从个人层面上，这改变了景观的性质。然而，结合其他类似的现象，我认为在社会和文化的综合层面上存在着一定的变化。这将是本章最后一节的重点。

文化与社会的媒介化建构

我们现在回到媒介、文化和社会之间的关系，以及技术景观和景观表征相互之间以空间和时间范畴来构建文化和社会的方式上。我选择苏联解体后的爱沙尼亚作为例子。在这方面，爱沙尼亚是一个特别有趣的研究对象，因为该国"一直是一个异常不稳定的时空，在与周边权力领域或多或少不平衡的互动中反复构建和重建，在过去的十年里，它自己越来越倾向于北欧的政治和市场"（Ekecrantz, 2004: 44）。因此，它适合作为研究对象，因为那里的演变过程比世界上其他地区更为明显。

自20世纪80年代末以来，随着欧洲地区数字和移动计算机技术的发展，以及商业广播、新闻出版业和文学市场的重组等，爱沙尼亚的技术景观明显发生了重大变化。自然，这些变化以各种方式影响着西欧和爱沙尼亚的社会和文化。然而，在爱沙尼亚，从国有媒体向商业媒体的转变可能比欧洲其他地区的变化更为势不可当。尽管总体趋势可能是相同的，但是变化和转换的程度却不同。

关于历史形势下的物质层面可能很容易达成一致。也就是说，技术领域的总体图景是无可争议的。但是如何评价这些技术变化的含义或技术变化带来的表征性事实就变得十分困难，因为我们会有不同的意见。互联网技术的普及是否会促进民主和公民参与？手机的普及会带来什么样的社会后果？宽带技术是否能提高企业盈利能力？这些问题很难用"是"或"否"来回答。但是，有可能在技术发展的基础上就它们的提法达成一致：这是一个可以脱离的物质基础。一旦我们进入拟像的领域或者表征现实时，情况就不一样了。

为了分析表征景观，我们需要考虑作为文化和社会基本组成部分的象征性实践。一方面，这些是为了获得积极效果的战略发展的象征性实践，例如市场营销、公共关系、品牌推广和其他活动，以及商业和政治传播；另一方面，还有一些更微妙的、并非总是有意识的媒介实践，它们会产生文化模式（例如，品位社区）。后者在媒介接受的研究文献中经常被讨论，因此我将更多地讨论前者。因此，在本章的结尾，作为这种表征景观的一个例子，我将讨论作为一个国家和一个象征性实体的爱沙尼亚在重建过程中的特点。我会重点讨论商业和政治传播在重建进程中的交叉点。

我将讨论的更具体的例子是与"爱沙尼亚品牌"运动相关的话语重建。该运动2001年由爱沙尼亚政府发起，目的是在2002年5月于塔林（爱沙尼亚共和国首都）举行的欧洲歌唱大赛之前宣传爱沙尼亚。爱沙尼亚政府聘请了来自英国的公关顾问公司——Interbrand，该公司专门负责"国家品牌"，此前打造了布莱尔政府的"酷不列颠"运动。Interbrand的工作目标是通过为这个国家提供"有针对性的战略信息"和"清晰的视觉识别"进而"在海外推广爱沙尼亚共和国"。这一战略在《爱沙尼亚风格（Eesti Stil/Estonian Style）报告》（可从www.eas.ee下载）中进行了说明。该战略包括四个部分：一组用于宣传活动的照片、一个爱沙尼亚的特色"调色板"、一幅具有独特的视觉效果的图案和一种别具一格的排版方式（见图1）。

> The typeface
>
> Information design is crucial for a country in its brand library. It enables visitors as well as locals to navigate their way throughout the cities and countryside with ease and consistency.
>
> Developing an 'Estonian' typeface will deliver this consistency. As a starting point, the typeface Symphony has been chosen.

RAHVUSVAHELISED VÄLJUMISED
INTERNATIONAL DEPARTURES ↑

(Source: Eesti stiil/Estonian Style, www.eas.ee, 2002.02.24)

图 1　为"爱沙尼亚品牌"运动设计的特殊字体说明

[左图文字：字体：在一个国家的品牌库中，信息设计是至关重要的。它使游客和当地人能够轻松、自如地在城市和乡村中穿行。

开发一种"爱沙尼亚"字体将提供这种一致性。作为一个起点，交响乐（Symphony）字体被选中。]

[右图文字：国际出发（爱沙尼亚语）

国际出发（英语）]

正如上图文字所示，特别字体的目的是为到爱沙尼亚的游客"导航"。为此，我们选择了一个非常形象的例子：机场的方向标识。我们可以从符号学的角度来思考这种字体的特殊作用，并问为什么选择这种字体而不是其他字体。我们可以看到"交响乐（Symphony）"选用的是一种非常简单、干净的字体。当在机场看到这种字体时，我们不会过多去想它：事实上，这种字体在机场、火车站等场所使用得相当广泛。这种字体便于阅读（例如，字母之间不易混淆）。总之，这种字体具有指示性和言外性。这种字体在机场、火车站等场所之外的其他环境中也可以作为一种有效的引导工具。即使与通常在出发口和到达口的短暂停留的空间标识相比，这种字体仍然表现出利落、纯粹、精神饱满等意义。

因此，从一个层面上分析，字体具有语言之外的力量，并通过其表征形成体系。从另一个层面上分析，通过论证爱沙尼亚和其他后现代社会之间在国际旅客可以进出的后现代机场的相似性，来分析这种象征性实践对表征行为的影响。英语和爱沙尼亚语的语言组合清楚地表明了爱沙尼亚在全球旅游业和商业流通中的地位。

此外，该设计使用的文本是爱沙尼亚语和英语的结合，而不是俄语。虽然在爱沙尼亚有大量讲俄语的人，但这在"爱沙尼亚风格"的文本中没有留下任何痕迹。爱沙尼亚的"调色板"也小心地避免红色，并将主色调集中在明亮和有些苍白的颜色上。在"爱沙尼亚人民"一节中，描绘了年轻男女，他们剪着整齐的头发，穿着西装，在商业环境中眼神坚定地面对观众的凝视等等。这些人没有受到苏联时代的影响，代表着后苏联时代的人，象征着这个国家"重返西方世界"（Lauristin & Vihalemm, 1997）。

因此，符号组合不是随机的。在爱沙尼亚品牌项目中，Interbrand公司为其设定的传播策略已经规定了它们的组合基调，就像它是旨在促进地区发展的类似活动中所做的那样（参见Falkheimer, 2004）。为"爱沙尼亚品牌"运动设计的一幅图片就包含特殊地图和两张照片，它们就是摄影和地理信息的组合。

在这幅图中，爱沙尼亚地图与爱沙尼亚年轻人的肖像被组合在一起。我们可以注意到，这张爱沙尼亚地图脱离了背景，尤其是突然向东朝着俄罗斯，通过向东的锐利线条表明国家的主权地位，而向着海岸线和西方（以及北欧国家——进一步以"北欧风情"为口号的运动为基础）却相对开放。在仔细观察了这幅图片之后，我们也可以看到，爱沙尼亚地图是图片的一部分，或者更准确地说，它强调了地图和照片的结合。然而，正如所附文本所揭示的那样，并非所有的图像都能"通过这种处理得到强化"，因此我们必须小心地组合图像。这些照片有妇女和儿童、明亮的天空、桦树以及各种标识等等，象征着未来的无限可能、富饶、乐观等。将爱沙尼亚地图和意味着"积极转变"的照片结合起来，目的在于鼓励外国投资者、游客和其他人投资、访问或关注爱沙尼亚。

通过标记与东方（和南波罗的海的邻国）的距离，并加强与西方和北欧国家的联系来改变对空间的理解——例如发起以"北欧风情"为口号的运动——这些运动试图增加国家的象征价值。这些图像与爱沙尼亚的有关信息相呼应，例如，爱沙尼亚创建e-stonia（信息化爱沙尼亚）的"虎跃基金会"，有望进一步吸引游客，并在西方世界眼中"重塑"国家的品牌（参见Bolin，2003：28）。在这一点上，竞选是一种规范的复杂性演讲行为：它的目的在于影响未来。通过符号组合，爱沙尼亚在东欧空间符号结构中创造了新的价值观念。

因此，回到本章开头讨论的媒介、文化和社会之间的关系，我们现在可以在上面的例子中看到它们之间的相互关系。"爱沙尼亚品牌"运动采取了文化战略，利用电子和印刷媒介上的标识、字体、"调色板"和象征性地图作为中介，通过特别挑选的手工艺品和（年轻）人的图像，在特定的文化环境中养成特定的文化习惯等来实现文化联系。这些旨在塑造后苏联时代爱沙尼亚作为一个社会、一个国家、一个文化实体的整体形象。通过这一点，产生了特定的"合法秩序"（Habermas），描绘了爱沙尼亚人民和其他人可以共同参与的某种"集体社会生活"（McQuail）。这些都表达"一种特殊的生活方式，这种生活方式不仅在艺术和学习中表征某些意义和价值，而且在制度和日常行为中也表征了这些意义和价值"（Williams）。这是存在于表征中的社会。

结论：表征性结构

这种生活方式，以及这种特定的文化和社会秩序，可能有些人并不认为是准确的，但其他人对此却不会质疑。那么，我们能在多大程度上用表征来描述社会的真实性呢？如果这些是爱沙尼亚地图，我们可以在多大程度上判断它们在地形上的真假？对此问题我们无法回答。我们永远无法断定这些表征是错误的，因为它们本身就是爱沙尼亚作为一个社会和特定文化领域的现实，至少和其他完全由符号构成的描述一样。

作为符号学话语，这些都可以作为象征爱沙尼亚是一个国家的事例。他们想在他们的翻译中强化人们对爱沙尼亚的某些印象，而不是其他（印象）。这些断定性的陈述是通过类比得出的，掩盖了其自身的表现力。只要这种表征性陈述不违背基本事实（例如，很难声称爱沙尼亚的人口比俄罗斯多），只要符号指向定性特征，就只能依据其他表征来做判断。也就是说，我们可以争论他们的准确性，但永远无法证明他们是错的。只要我们根据这些图像采取行动——无论我们如何行动——一旦我们在行动中偏离这些地图就表明这些表征是真实的，因为他们具有现实的影响。

作者简介

戈兰·博林，斯德哥尔摩索德伦大学教授，从事媒介与传播学研究。他参与了关于青年和媒介使用、电视制作、波罗的海地区的媒介结构和使用、手机使用等方面的研究。代表作为《后现代青年文化》。

原书参考文献

Adams, Ann Jensen (1994) 'Seventeenth-Century Dutch Landscape Painting', in W.J. Thomas Mitchell (ed.): *Landscape and Power*, Chicago: Chicago University Press, pp. 35-76.

Adams, Steven & Anna Greutzner Robins (2000) 'Introduction', in Steven Adams & Anna Greutzner Robins (eds.): *Gendering Landscape Art*, Manchester: Manchester University Press, pp. 1-12.

Arnold, Matthew (1869/1994) *Culture & Anarchy. An Essay in Political and Social Criticism* (edited by Samuel Lippman), New Haven & London: Yale University Press.

Ascher, Marcia & Robert Ascher (1997/1999) 'Civilization Without Writing. The Incas and the Quipu', in Crowley & Heyer (eds.): *Communication in History. Technology, Culture, Society* (3rd edition), White Plains, N.Y.: Longman, pp. 30-35.

Austin, John L. (1955/1975) *How to Do Things With Words. The William James Lectures Delivered at Harvard University in 1955*, Oxford: Clarendon.

Baudrillard, Jean (1976/1993) *Symbolic Exchange and Death*, London: Sage.

Bausinger, Hermann (1984) 'Media, Technology and Everyday Life', in *Media, Culture & Society*, vol. 6:4.

Bengtsson, Stina (2002): Medier i vardagen 'Relationen till arbete och fritid', in Sören Holmberg & Lennart Weibull (eds): *Det våras för politiken*, Göteborg: SOM-Institutet, pp. 275-289.

Bolin, Göran (2002) 'Nationsmarknadsföring. Eurovisionsschlagerfestivalen som modern världsutställning', in Staffan Ericson (ed.): *Hello Europe! Tallinn Calling! Eurovision Song Contest 2002 som mediehändelse*, Mediestudier vid Södertörns högskola 2002:3, Huddinge: MKV, pp. 33-42.

Bolin, Göran (2003) *Variations, Media Landscapes, History. Frameworks for an Analysis of Contemporary Media Landscapes,* Mediestudier vid Södertörns högskola 2003:1, Huddinge: MKV.

Bolin, Göran (2004) 'Spaces of Television. The Structuring of Consumers in a Swedish Shopping Mall', in Nick Couldry & Anna McCarthy (eds): *MediaSpace. Place, Scale and Culture in a Media Age,* London & New York: Routledge, pp. 126-144.

Brunsdon, Charlotte (1991/1997) 'Satellite Dishes and the Landscapes of Taste', in Charlotte.

Brunsdon (1997) *Screen Tastes. Soap Opera to Satellite Dishes,* London & New York: Routledge, pp. 148-164.

Crowley, David & Paul Heyer (1995/1999) *Communication in History. Technology, Culture, Society* (3rd edition), White Plains, N.Y.: Longman.

Ekecrantz, Jan (2004) 'In Other Worlds. Mainstream Imagery of Eastern Neighbors', in Kristina Riegert (ed.): *News of the Other. Tracing Identity in Scandinavian Constructions of the Eastern Baltic Sea Region,* Göteborg: Nordicom, pp. 43-69.

Falkheimer, Jesper (2004) *Att gestalta en region. Källornas strategier och mediernas föreställningar om Öresund,* Göteborg & Stockholm: Makadam.

Foucault, Michel (1969/1991) *The Archaeology of Knowledge,* London & New York: Routledge.

Ganetz, Hillevi (2001) 'Med julen i centrum', in Karin Becker, Erling Bjurström, Johan Fornäs & Hillevi Ganetz (eds.): *Passager. Medier och kultur i ett köpcentrum,* Nora: Nya Doxa, pp. 229-238.

Garnert, Jan (2004) *Hallå! Om telefonens första tid i Sverige,* Lund: Historiska Media.

Geertz, Clifford (1973) *The Interpretation of Cultures,* New York: Basic Books.

Habermas, Jürgen (1981/1991) *The Theory of Communicative Action. Volume One: Reason and the Rationalization of Society,* Cambridge: Polity.

Habermas, Jürgen (1981/1992) *The Theory of Communicative Action. Volume Two: The Critique of Functionalist Reason,* Cambridge: Polity.

Hall, Stuart (1973) *Encoding/Decoding in the Television Discourse,* Stencilled occasional paper from CCCS nr. 7, Birmingham: Birmingham University/CCCS.

Harley, John B. (1990) 'Text and Contexts in the Interpretation of Early Maps', in David Buisseret (ed.): *From Sea Charts to Satellite Images: Interpreting North American History through*

Maps, Chicago: University of Chicago Press, pp. 3-15.

Lauristin, Marju & Peeter Vihalemm (eds.) (1997) *Return to the Western World. Cultural and Political Perspectives on the Estonian Post-Communist Transition*, Tartu: Tartu University Press.

Lefebvre, Henri (1974/1991) *The Production of Space,* Oxford & Cambridge: Blackwell.

McLuhan, Marshall (1964/1967) *Media. Människans utbyggnader,* Stockholm: Pan/Norstedts.

McQuail, Denis (1994) *Mass Communication Theory: An Introduction,* (3rd edition) London: Sage.

Mitchell, W.J. Thomas (1994/2002) 'Introduction', in W.J. Thomas Mitchell (ed.): *Landscape and Power*, Chicago: University of Chicago Press, pp. 1-4.

Morley, David (1992) *Television, Audiences and Cultural Studies,* London & New York: Routledge.

Negt, Oskar (1973) 'Massenmedien: Herrschaftsmittel oder Instrumente der Befreiung?', in Dieter Prokop (ed.): *Kritische Kommunikationsforschung. Aufsätze aus der Zeitschrift für Sozialforschung*, München: Carl Hanser Verlag, s. i-xxviii.

Nordenstreng, Kaarle (1977) *Kommunikationsteori. Om massmedierna och kunskapsprocessen i samhället*, Stockholm: AWE/Gebers.

Ong, Walter J. (1982/1991) *Muntlig och skriftlig kultur. Teknologiseringen av ordet,* Göteborg: Anthropos.

Postman, Neil (1985) *Amusing Ourselves to Death. Public Discourse in the Age of Show Business*, New York: Penguin.

Searle, John (1965) 'What is a Speech Act?', in Max Black (ed.): *Philosophy in America*, Ithaca, N.Y.: Cornell University Press, pp. 221-239.

Sparks, Colin (1997) 'Post-Communist Media in Transition', in John Corner, Philip Schlesinger & Roger Silverstone (eds) *International Media Research. A Critical Survey*, London & New York: Routledge, pp. 96-122.

Williams, Raymond (1961/1965) *The Long Revolution,* Harmondsworth: Penguin.

Williams, Raymond (1974/1976) 'Communications as Cultural Science', in C.W. Bigsby (ed.): *Approaches to Popular Culture*, London: Arnold.

Williams, Raymond (1974/1979) *Television. Technology and Cultural Form,* London: Fontana.

Williams, Raymond (1979) *Politics and Letters: Interviews with New Left Review*, London:

Verso.

Is this a direct quote? Consider using double quotation marks for quotes and single quotation marks for concepts you're introducing. (Also, if this is a quote, should there be a reference after it?) (Also again…I'm finding a lot of these clauses, enclosed in single quotation marks, that seem to be quotes yet have no reference. Might be worth checking into – I won't mark any from now on)

Check that this is correct after my change.

Should this be another word – or are 'societies and nations' made equal with nations? And 'made equal' doesn't feel right – 'considered to be equal to..', maybe?

Have always defined time? Have always been defined by time?

Aren't you only talking about one thing here (punctual time)? One thing can't be talked about in terms of 'one another'.

第5章 物质化媒介空间的结构分析

安德烈·扬森（André Jansson）

传播地理学关注的是传播如何产生空间和空间如何产生传播的双重问题。正如本书第一章所述，这种担忧意味着传播理论家必须找到融入地理学的方法（另见 Couldry，2000）。特别是需要一种能够超越空间的象征和物质之间分析鸿沟的概念。本章重点讨论一个这样的概念——纹理。

到目前为止，纹理的概念主要用于工程和设计研究，指向特定材料和表面的特性与外观。它也偶尔出现在社会和文化理论中，特别是在地理和城市研究中，指向特定环境中的符号沉积物、基础设施和/或特定环境下的交互模式（例如Rowe and Koetter，1984；Suttles，1984；Gordon and Malone，1997；Adams，2001）。然而，在后一种情况下，对纹理的分析没有得到足够的重视，也没有完整的定义。本章的目的是：（a）在本体论和认识论层面上展开对纹理性质的讨论，着重探讨纹理在文化研究和传播地理学中的分析潜力；（b）展示纹理分析如何有助于更全面地理解信息社会的空间结构。这两个主题贯穿整个章节，为传播学研究的重新定位提供了基础。纹理分析是一种先进的认识论框架，不仅成为整体研究传播地理学象征层面和物质层面的交叉点，而且可以用于研究传播实践和传播技术的意识形态嵌入性特征。[①]

纹理概述

简·雅各布斯（Jane Jacobs）（1961/1993：66-67）在其备受争议的有关城市规划的著作《美国大城市的死与生》中，生动地展示了人行道作为"场景"的例子。这个例子来自纽约"她所住的"哈德逊街，说明了在公共场合日常生活的规律和仪式特征。在对晨间仪式的生动描述中，雅各布斯观察到行为和互动是如何产生一种非随机的"街头芭蕾"的：

> 哈尔玻特先生正打开洗衣房小推车的锁，把它推向地下室；乔·科纳奇亚的女婿正在把一些空箱子搬到熟食店的外面叠起来。理发师把折叠椅搬了出来，放在路边；戈尔茨坦先生正在收拾电线，这表明五金店开门了。公寓看门人的妻子把她长着圆脸的三岁孩子搁在门廊边，身边放着一个曼陀铃玩具，他妈妈不会说英语，这是一个让他学习英语的好地点。此时，正在走向圣洛克教堂方向的小学生三三两两路过这里向南边走去，向圣维罗尼卡十字街方向的孩子则向西走去，而四十一公立中学的孩子则向东走去。另外，在街道边缘还有两个新近设置的"入口"，穿戴体面、姿态高雅的女士和提着公文包的男士从公寓门口和街道的一侧出现，他们大多数人是去赶公共汽车或地铁，但是也有一些人会站在人行道上叫出租车。一些出租车就会在这个时候神奇地出现在他们面前，因为出租车本身就是这个早晨各种仪式中的一部分：它们先是从市中心以外把乘客送到位于市中心的金融区，现在又把住在市中心的一些人送到城外。与此同时，穿着便服的家庭妇女开始出现在街上，她们碰面时会停下，简短地聊上几句，不时哈哈笑上几声，就像是共同抱怨什么。现在也到了我赶着去上班的时间了，我与劳法罗先生互道再见，这也算一种仪式了。劳法罗先生个头不高，身体壮实，围着白围裙，有一个水果摊。他站在街的上端他家门口，双臂交叉抱在胸前，稳稳地站着，看上去就像大地一般坚实。我们互相点头，并且很快地朝街道的前后扫上一眼，然后回头互相看看，脸上露出微笑。过去十几年间的许多个早上我们都是这么打招呼的。我们互相都知道它的意义所在：一切皆平安无事。

简·雅各布斯的术语与欧文·戈夫曼（1959）将社会生活定义为表演的概念有关——行为和互动的形式或多或少是制度化的，但仍然是非正式的规则。不过，简·雅各布斯的观点更为精确。它指出了各种形式的城市规划所附加的社会责任。她分析的核心是假定城市的物质功能空间不仅决定着城市的运动，而且决定着城市的公共生活，即符号交换和交流实践的规则。虽然有些地区配置的基础设施形成了城市生活的多元性和冒险性，但有的地区却扼杀了它。她对哈德逊街许多方面的详细描绘都是有序复杂性的理想视角。

简·雅各布斯认为，城市化的真正本质是公共生活和私人生活之间的积极互动；在匿名和基本信任之间的一种双方都不相互超越的相互作用。此外，这种平衡"在很大程度上是由微小的、精心处理的细节组成的，非常随意地实践着和接受着，以至于它们通常被认为是理所当然的"（Jacobs，1961/1993：78）。《美国大城市的死与生》第三章就是一个很好的例子。哈德逊街熟食店的老板乔·科纳奇亚先生不仅仅是个店主，他还被赋予了非正式的"钥匙保管员"的职能，也就是说当地人如果预料到出门在外时会有客人来访，就会把公寓的钥匙提前交给他。这种私人和公共之间的中介功能是基于信任和一种心照不宣的诚信共识，即"用人不疑"。乔·科纳奇亚先生就是简·雅各布斯所说的"公共人物"，他的特殊功能也使她和他所处的特定空间成为社会和沟通节点；他不仅是钥匙的中间人，也是当地新闻和信息与周围居民传播的中间人。

通常，人们可能会质疑雅各布斯关于城市规划过程的决定论观点。然而，我在这里想说的是，雅各布斯的观察揭示了场景、仪式、表演和非正式的网络是如何在物质结构和象征结构的交汇处出现的，并为其勾画了一幅纹理的肖像——即空间的传播结构。简·雅各布斯的描述与欧文·戈夫曼（1959）的区域化理论有很多相似之处。首先，它们表明，正如交流实践（例如，乔先生和他的顾客交谈）是建立在物质基础上一样，空间实践（例如，戈尔茨坦先生在街边收拾电线）也具有交流潜力。空间实践和交流实践很难与欧文·戈夫曼的个人概念"车载单元"和"参与单元"（1971）分开。它们还表明，任何给定区域内的空间/交流实践都是根据预先存在的空间布置和资源以及时间规律（通常是循环特征）来构建的。出租车司机知道人们何时何地需要他们的服务，而哈德逊街的人们希望出租车司机能保持这种协商模式。最后，雅各布斯的观察表明，一个地区的空间/交流实践往往遵循与特定空间和时间有关的正式和非正式规则。乔先生不会问他的顾客为什么一定要把他们的钥匙借给别人，也不会把他们透露给别人。

根据资源的结构和规则（舞台／区域），从而产生了空间／交流实践（表演）的运动和模式，并重新产生这些结构特征，建立一个有意义的和中介的纹理。"纹理"（texture）一词源于拉丁语textere，意为"编织"，既指编织的东西（纺织品），也指编织的感觉（纹理）（Adams，2001：第十三章）。因此，纹理帮助我们摆脱空间作为容器的感觉。它允许我们从交流的"充实度"或"密度"的角度来整体上构想空间，特别是媒介化空间，而无须想象空间的任何本质，也无须清晰地界定交流的角色、行为和信息（另见McGuinness，2000）。简·雅各布斯文本中概述的角色和实践不应简单地理解为转换机制，而应理解为或多或少植根于空间，并向个人的设定和解释开放的共存性纹理资产。通过纹理，传播产生了空间，空间也产生了传播。

简·雅各布斯的城市肖像也表明，纹理是可观察到的。然而，这和"客观"定义不一样，相反，（许多不同种类的）纹理构成了通过经验而被认识和管理的主体间性的生活世界的重要组成部分（Schutz and Luckmann，1973）。有关纹理的知识和想象是在区域内跨空间相互作用的前提。这种经验框架包含了所认为的对一个地区理所当然的物质和象征属性的概念，比如，他们的意义和感觉是什么。这并不是说区域总是容易被理解的，也不是说主体间性的理解总是占优势。正如戈夫曼所证明的，存在着显著的解释性差异，这意味着区域纹理不断被开放和竞争，例如"前台"和"后台"之间的边界：

> 虽然我们熟悉住所内外的环境布置，但我们往往不太了解其他地方的情况。在美国的居民区，8到14岁的男孩和其他一些粗鄙的人都会知道后巷和小巷入口的走向并会经常使用它；他们以一种生动的方式看待这些入口，而这些入口在他们长大后就会消失。同样，看门人和清洁女工对通往商业建筑背后区域的小门很清楚，并且对秘密运送肮脏的清洁设备、大型舞台道具和她们自己的粗俗运输系统非常熟悉。（Goffman，1959：125）

虽然欧文·戈夫曼的叙述涉及"我们"和"他们"之间相当粗糙的划分，但它对纠正（超）现代的"无地方性"（Relph，1976）和"无地方"（Augé，

1995）的更为抽象的表达方式提供了可能。如果我们仅仅把机场、高速公路和全球快餐店看作交通和交易的枢纽，它们可能被视为普遍的"无地方"。但只要我们仔细研究它们，就会发现它们涉及区域矛盾和社会复杂性的特定地点的纹理结构（参见Tomlinson，1999；Dürrschmidt，2000）。正如欧文·戈夫曼举的例子所示，某些群体（根据职业、生活方式等）可能会创造出不同的纹理，或者对纹理的感知和使用方式提出质疑。如果把这个论点发展成对社会生活的后结构化解读，我们可能还会认为，所有的实践，即使重复，也会与纹理有关。

因此，空间是通过纹理而生产和解释的，也就是说，通过文化的空间物化，其更深层次的意义可以通过民族志田野调查的方式来获得。因此，进行纹理分析不仅是描述特定区域的交流模式，如简·雅各布斯所讨论的"街头芭蕾"。这种映射确实具有重要的作用，例如进行跨区域比较。而且最重要的是，纹理分析揭示了促使纹理形成的有意义的空间结构和规则。正如克利福德·格尔茨（Clifford Geertz）在他的文章《深描：迈向文化的阐释理论》中所说：

> 从事民族志研究好像试图阅读（在"建构起一种读法"的意义上）一部手稿——陌生的、字迹消退的，以及充满省略、前后不一致、令人生疑的校释和有倾向性的评点——只不过这部手稿不是以约定俗成的语音拼写符号书就，而是用模式化行为的倏然而过的例子写成的。（Clifford Geertz，1973：10）

克利福德·格尔茨指出社会规则的矛盾性——它们是规则（塑造的行为）和矛盾之间的中介。同样，纹理也是一系列中介概念之一，如"解释方案""设施"和"规范"等概念一样，它们清晰地表达了安东尼·吉登斯（1984：第一章）所称的结构化的不同层面。因此，纹理不仅是物质空间和象征空间之间的中介，也是空间结构和交流主体之间的中介，亦是规则和即兴创作之间、那时和现在之间的中介。

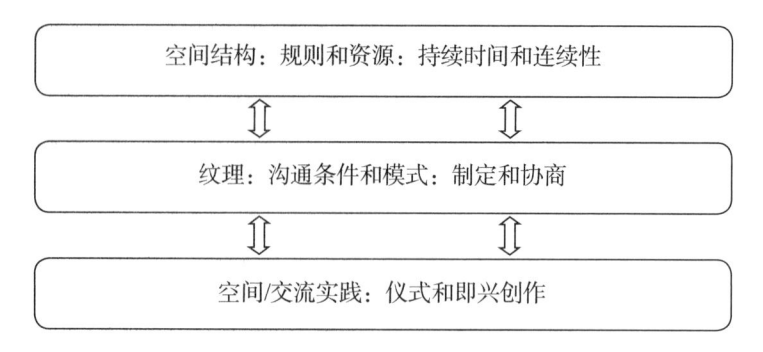

```
┌─────────────────────────────────────────────┐
│  空间结构：规则和资源：持续时间和连续性      │
└─────────────────────────────────────────────┘
              ⇕              ⇕
┌─────────────────────────────────────────────┐
│  纹理：沟通条件和模式：制定和协商            │
└─────────────────────────────────────────────┘
              ⇕              ⇕
┌─────────────────────────────────────────────┐
│  空间/交流实践：仪式和即兴创作               │
└─────────────────────────────────────────────┘
```

图1 纹理的认识论地位

总结一下这个讨论，我们可以用一种更具有示意性的方式来确定纹理的认识论地位。图1强调了纹理作为制定和协商的性质。一方面，它是某种"存在"的可以将其描述并运用到日常生活中的东西——一种涉及象征和物质资源的相互作用的有序的复杂编织。另一方面，它是我们想象、解释和研究的东西，从而有助于它的连续（再）生产。图1还强调了纹理在结构与机构之间的中介位置。纹理包含了空间结构和空间/交流实践两个方面。同样，空间的规则和资源，以及在空间中发生的仪式和即兴创作实践，都被纹理所渗透。空间和实践都有纹理的。这也意味着，在结构和机构的交叉点上，产生（再）纹理的过程可以称为纹理化。然而，为了掌握这些过程的动态，我们还必须考虑纹理是根据不同的节奏和地理尺度进行运作的。

纹理的节奏和尺度

到目前为止，我们的讨论主要考虑了纹理是如何产生区域的，也就是说，纹理是如何将特定的空间结合在一起，并使其在交流方面变得有用和有意义。然而，正如我们所提到的，纹理也是区域改变、模糊和相互连接的一部分。尽管纹理的存在或多或少是仪式化传播模式的结果，但其本身并不进行再生产（Carey，1989）。首先，这种潜在的改变与传播的偏倚有关（Innis，1951/1964）。虽然教堂和其他存在有时间偏倚的交流场所趋向于重现纹理，但在有空间偏倚的交流场所，如展览厅，却是在不断地变化和重组。空间开放性也带来了变化。虽然一些社会区域有明确的界限和清晰的形式化纹理（如飞机机舱），而其他区域则更显得分散和开放（如城市街道和人行道）。

因此，我们必须把纹理看作是动态的和多层次性的。它的动态性是它所包含的节奏的功能。正如简·雅各布斯所描述的哈德逊街早晨的公共仪式，大多数地方根据观察时间的不同而有所不同。火车站在高峰时间和星期六晚上是完全不同的景象。乘客的数量和类型各不相同，火车的频率和型号也各不相同，从而产生了物质流动和象征流动的转换模式。然而，这并不意味着火车站在周六晚上是一个全新的地方，也不意味着它的纹理是全新的。最重要的是，区域纹理，既取决于他们的开放程度和传播偏倚程度，也包含并阐明了更广泛的社会生活模式的节奏。纹理的动态性是定义一个区域的重要组成部分，也是创建一个特定的氛围和节奏的重要因素。例如，在一项关于二手商品在城市地区如何流通的研究中，威尔·斯特劳（Will Straw）指出了不同商业类型的出现，如慈善商店、车库拍卖、典当行和零售店，这些商业空间不仅组织方式不同，它们的纹理也代表了与城市商业和社会生活节奏相关的不同方式。正如斯特劳所说，这些纹理节奏也有助于城市居民的身份识别工作："随着城市中的区域与物体生命循环中的某些时刻联系在一起，并随着这些时刻本身又形成了城市商业的独特形式，城市居民的归属感被赋予了更多内涵，使之变得'厚重'。"（另见Löfgren，1997）

纹理的多层次性是通过尺度关系来理解的。正如多琳·梅西令人信服地指出的那样："我们需要将空间概念化，将其构建于相互关系之上，将其视为从地方到全球的所有空间尺度上的社会相互关系和相互作用的同时共存。"（1993：155）大多数地区不是孤立的，而是相对开放的。它们构成了一组纹理关系，这些纹理关系反过来又产生跨区域和区域之间的象征性流动。这种连接性在整个现代时期都有所增加，特别是由于后现代信息化的发展（例如Tomlinson，1999；Castells，1996/2000）。而现代通信，如铁路系统、新闻、电影和固定无线电技术，首先促成了某些制度模式下社会区域的多元化和相互联系（参见Berger et al.，1973）。信息主义时代的典型特征是全球性，即废除地方/区域界线和制约。同样地，在不要求绝对范畴的情况下，我们可以根据三个不同的尺度来研究纹理：区域尺度、制度尺度和全球尺度。这些尺度是不可分割的，但依据我们所感兴趣的地理层次的不同，纹理看起来也不一样。

区域尺度的纹理分析符合上述民族志传统。它们探讨地理上有界空间的纹理，以及构成这些环境的（子）区域。安娜·麦卡锡在她2001年出版的《环境电视：视觉文化与公共空间》一书中就有这样一个视角，该书探讨了电视如何促进公共环境的区域化。她讨论了诸如百货商店、餐馆和洗衣房等各种场所的媒介化，并由此说明电视屏幕塑造了社会氛围、行为和互动。（见本书中的Andersson，Bengtsson，Fornäs，O'Dell）

制度尺度的纹理分析面对的是有边界划分的区域集团，这种分析不是针对稳定的地理环境，而是组织机制。此类分析的出发点不是空间组织，而是特定的社会生活组织。其重点主要是在框架内产生的纹理，例如，旅游、新闻采编或事件营销。在某种程度上可以概括为，所有这些机构通过纹理进程在空间中生产和被生产，而且涉及协商与改变。哈尔德鲁普（Haldrup）和拉森（Larsen）（2003）通过对正在度假的家庭进行摄影实践考察，这是对"家庭凝视"研究一个很好的例证。他们的分析以旅游摄影为出发点，试图找出并解释图像如何成为空间的消费、表征和再表征的手段。旅游摄影产生了连接许多不同地区的纹理，并通过移动和表征的新方法进行组织（另见本书中的Larsen）。同时，更广泛的纹理分析也可以考虑家庭度假是如何通过复杂的交流/空间实践模式生产和被生产的，而这些模式反过来又有助于旅游的体验。

最后，全球尺度的纹理分析在于解释纹理如何引起和阐明了空间与当地地理环境的脱钩。此类分析的重点在于随着互联网上虚拟电子空间的产生，可能导致的区域和机构怎样被"拉伸"或与当地环境脱钩。因此，其分析的出发点不是与物质空间有任何直接关系的空间配置——虚拟地理环境（Crang et al.，1999）——但它们实际上代表并影响着空间配置（另请参见本书中的Sundén）。史蒂芬·格雷厄姆（Stephen Graham）和西蒙·马文（Simon Marvin）（1996：第八章）在一篇关于城市发展和电信之间相互作用的文章中指出了许多协作关系，这些协作关系共同解释了为什么现代社会的城市也变成了信息节点，即全球尺度下的纹理节点。除此之外，他们强调"物理协同效应"，指出移动和电信网络往往在"相互加强的循环中共同发展，并进一步将运输和电信的投资集中在大城市的'中心'"（同上：329），旧的基础设施经常被用作扩展新数字网络的物质基础：

> 在英国的主要城市之间，那些渴望进入自由化电信市场的公司正在沿着铁路线（Mercury）、电力塔（Energis）的顶端，甚至沿着工业革命期间主要运输网络的旧运河河岸，铺设相互竞争的光纤网络。（同上：329）

换句话说，全球性的纹理不仅仅是信息化的结果。它的物质基础和意识形态结构与工业化时代有许多共同点（另见Massey，1991；Morley and Robins，1995；Appadurai，1996；Mattelart，1996/2000）。史蒂芬·格雷厄姆和西蒙·马文强调了纹理分析的两个最重要的目标。首先，他们揭示了象征符号流动对空间中某些物质安排的贡献和依赖的复杂方式。如上面的例子所示，这些安排通常是经过时间积淀的，不仅阐明了未来的愿景，而且还阐明了过去的愿景和意识形态。其次，作者揭示了纹理是如何根据不同的尺度通过配置和相互交织而建立地方—全球的联系。从纹理的角度来看，全球电子空间的出现离不开城市基础设施建设、技术流通和消费场所以及塑造行为的新形式等方面的特定区域和体制结构——"尺度效应"（Couldry and McCarthy，2004）——的并行发展。在下一节中，我们将从一个更长远角度来看待这些问题。

纹理化、持久性和变化性

简·雅各布斯对哈德逊街的描述见证了一种具有强烈历史延续性的纹理——一种与空间结构紧密相连的纹理。但是，自20世纪60年代以来，这种纹理发生了什么变化？空间整合（如电子监控技术）、空间位移（如电视屏幕）、空间传递（如移动电话）等新的传播方式在多大程度上改变了这个街区邻里关系的纹理？如果将传播视为空间生产，预示着我们可以从纹理的角度在经济和技术力量更持久的物质和文化结构的运作中来理解信息化的后果，如图1所示。纹理体现了持久性和变化性、结构和机构之间的张力领域。

从认识论和意识形态的角度看，哪一方应该被强调，是一个问题。例如，杰拉尔德·萨特尔斯（Gerald Suttles）（1984）在一篇关于城市文化的社会学著作中认为，一般而言，对文化的理解将得益于物质的转变，这也意味着，对当地文化的持久性和"纹理沉积"应该给予更多的关注：

> 我们（美国）正在变成一个老龄化社会；我们的城市正在老化，地方文化的古色古香更加明显。这种时间的沉淀引起了人们对当地文化的关注，因为当地文化并不是从一开始就很成熟，而是逐渐积累起来的。我所说的文化并不是指教科书上的社会学定义的那样使一切都成为规范性的文化。相反，我指的是那种更接近艺术历史学家或收藏家所称的文化。当然，我指的不仅是高雅文化，还有通俗文化；不仅是人们放在博物馆里的东西，还有他们放在汽车保险杠和T恤上的东西。……实际上，我的观点之一是，这些客观的人工制品赋予了当地文化很大的稳定性和持续的吸引力。（同上：284）

杰拉尔德·萨特尔斯提出了一个很好的观点，在一定程度上把文化探究的兴趣从实践转向物质对象和表征形式。在此过程中，他提出了一个重要的论点，即遗产和传统必须在空间上对它们的文化积淀进行研究。杰拉尔德·萨特尔斯的兴趣在于大都市地区主要的社会经济力量对强化地方形象的表征意义。这样的表征是城市纹理的基石，是公分母，正如哈罗德·伊尼斯（1951/1964）所描述的媒介的时间偏倚特征一样，证明了它的持久性。同样，纹理本身也主要是通过历史价值模式、事件、个性等涉及区域尺度、制度尺度和（或）全球尺度的象征和物质表征来再现的。

然而，除了这一点，杰拉尔德·萨特尔斯的方法也被证明是有问题的，因为他认为持久性是通过在公共生活中最常引用或复制的现象来表征的，他把持久性与公众可见性的定量分析混为一谈。

如果我们转向亨利·列斐伏尔，就可以产生一个阐释更为详尽的概念。虽然亨利·列斐伏尔与杰拉尔德·萨特尔斯一样强调持久性和文化积累，而不是改变和循环，但他对纹理的概念化表征使人们能够对历史上有争议的空间本质进行复杂的解释：

> 道路比交通更重要，因为它们是包括野生的、家养的以及人类在内的动物留下的网状图案的存在形式（如在城镇的近郊的村庄或小城镇的房屋内和周围）。这些痕迹总是清晰而明确的，它们体现了赋予特定路线的"价值"：危险、安全、等待、承诺。对于道路的图形方面，在最初的"走路人"看来显然不明显，但在现代制图学的帮助下变得相当清晰，它不像是一幅画或安排好的计划，而是与蜘蛛网有更多的共同之处。它可以被称为文本或信息吗？可能吧，但这种类比并没有什么特殊意义，在这方面，谈论纹理比谈论文本更有意义。……时间和空间在这样的纹理中是不可分离的：空间意味着时间，反之亦然。（Lefebvre，1974/1991：118）

亨利·列斐伏尔的例子强调了纹理不仅产生于空间，而且产生于时间。研究纹理不是研究空间和交流实践的随机情况，而是通过对更持久的空间结构中重复实践的研究而得出的主导路径和模式——克利福德·格尔茨在手稿中将其称为"短暂的塑造行为的例子"（1973）。以上所展现的模式阐明了纹理的历史，并为研究特定的交流条件如何与过去进行协商提供了一个解释性平台。特别是，列斐伏尔的观点鼓励人们对这种条件在意识形态上和物质上的嵌入性进行更深入的研究。

意识形态

列斐伏尔空间生产理论的基础是空间实践、空间表征和表征的空间（或表征空间）之间的互动。空间实践是指特定空间中普遍存在的活动和物质条件，它决定了空间的社会性。空间表征是指象征性的中介，如地图、图画等，显示空间的过往、现在，或者，也许最重要的是，它的将来。最后，表征的空间是指想象和经验的领域，即社会主体通过神话传说、意识形态和先入之见来理解空间及其表征。根据这一观点，列斐伏尔认为纹理是"由有效的知识和意识形态所决定的"（1974/1991：42）。换句话说，纹理是意识形态再生产和协商的场所，体现和表达了在社会中空间和传播如何被组织的竞争观念。所有这些意识形态模式都通过历史知识和神话传说得以延续，即通过表征的空间来继承。

在这方面，亨利·列斐伏尔（同上：第四章到第六章）对空间生产的辩证法如何在不同的历史制度下呈现出不同形态进行的讨论，与哈罗德·伊尼斯关于传播的意识形态偏倚的观点有着惊人的相似。而纹理，凭借其内在的持久性，为特定的空间/传播实践提供了意识形态上的支持，为了约束和制裁他人，资本主义的信息社会重视时间偏倚传播，而忽视空间偏倚传播。这并不意味着主体被纹理所束缚。但它们只能在一定程度上缓慢地（有时通过颠覆性和革命性的做法）改变任何特定区域、机构或全球空间的纹理性质：

> 主体将空间体验作为一种障碍，作为一种有时像混凝土墙一样难以克服的"客观"约束，不仅很难以任何方式进行修改，而且还受到禁止任何此类修改尝试的严厉规则的限制。因此，空间纹理不仅为没有特定地点和没有特定联系的社会行为提供了机会，而且也为其所决定的集体和个人进行的空间实践提供了机会：即一系列包含着它们无法被简化的象征性实践行为。（同上：57）

考虑到纹理的持久性，值得注意的是信息化已经导致了历史性的转变，一场类似于工业革命的纹理革命。这场革命已经渗透到了包括物质结构和象征符号互动的私人和公共空间。例如，保罗·维利里奥提出的"（新媒体的）视听速度最终将用于我们的室内住宅建筑，就像汽车速度已经用于城市建筑一样"（1990/2000：22），这一预测似乎越来越正确。郊区高速公路与"数字高速公路"并行，将家庭住宅转变为信息中心（参见 Silverstone and Hirsch，1992；Morley，2000；Allon，2004）。这一发展不仅使新的传播实践形式成为可能，而且根据新传播方式预期的存在和影响使空间实践的调整也成为可能（参见 Meyrowitz，1985）。那么，在后现代社会人们希望其他人携带移动电话（根据地区的不同，可以打开或关闭）（Höflich，2005），公共行为通过监控技术来管理（Graham，1999），等等。意识形态是通过前面提到的纹理的形式来运作的。

这在很大程度上证实了马歇尔·麦克卢汉（1964：第一章；另见McLuhan，1961）关于"媒介即讯息"的经典论述，即"任何媒介或技术的'信息'都会在规模、速度和模式上很大程度上改变人类的事情"（同上：8）。然而，我们不能忽视相反的观点。他们断言新技术及其实践是由已经存在的纹理和意识形态传播所造成的，并与更广泛的社会意识形态结构相关。这本质上是说，空间纹理是传播技术对文化和意识形态塑造的中介，即作为文化形式的媒介生产（Williams，1974）。例如，根据一些评论员的说法，在公共空间中闭路电视监控系统的扩张与私人安全措施的激增是共生的，以及"背后似乎是持续的民粹主义者掌控政治"（Newburn，2001：843）。实际上，闭路电视的扩张也再现了一种后现代形式的技术乌托邦，夸大或错误地判断了技术变革带来的潜在社会影响（参见 Graham and Marvin，1996：213；Norris et al.，1998；Bauman，2001）。然而，虽然这些意识形态致力于纹理的统一，但他们的社会和技术要求永远不能完全消除旧有模式，而是通过空间与特定位置的持久纹理结构的协商来实现。当地的历史和传统甚至可以作为形成替代纹理的基础。一个有趣的例子是"慢食/慢城"运动，它将城市发展中的生态和文化可持续性的纹理标准进行制度化。这些标准的核心是要恢复人们的地方感、节奏感和社区感——为支持"地方扎根和权力下放"（"慢食"网页，2005），以及"尊重一个越来越全球化的互联世界中存在的小现实"（"慢城运动"网页，2005）。

这里的另一个重点是，预先建立的纹理可能被用作日常生活中的反文化干预的载体或媒介。安娜·麦卡锡（2001：第7章）在她对公共空间电视一体化的分析中，提供了旧金山通勤车站的一个例子，那里的电视屏幕上呈现的广告混合着火车到达和出发的信息。1998年，这种在当地被视为理所当然的纹理被用来质疑资本主义。受情境主义运动的启发，一个活动组织在通勤频道上购买了广告时间，并利用通常用于火车信息的平面设计发布了"资本主义是不择手段的"的信息。因此，人们希望在火车站里看到交通信息和电视商业信息，以此来引起人们对这种理所当然的纹理背后的意识形态的关注，以及对更广泛的资本主义问题的关注。安娜·麦卡锡的例子还强调，表演和公共艺术可能使纹理成为分析的视角和日常的观察都能注意到的有力工具。

物质性

亨利·列斐伏尔的理论对于理解空间和传播实践的不可分割性也很重要（见图1）。例如，在公共汽车上两个人之间的对话，不仅通过言语行为来表征空间，从而产生纹理，而且对话也是纹理的基础，因为它以特定的方式发生在特定的地点，而这反过来又遵循（或违背）特定地区的传播规则和资源。因此，在物质意义上，传播通过纹理而生产空间。正如亨利·列斐伏尔所指出的那样，纹理不能仅仅理解为空间的表征，"相比一幅画或一张平面图，它更像蜘蛛网"（1974/1991：118）。虽然这种情况可以在雅各布斯有关城市生活图景的基础层面上观察到，但它的相关性已经通过超空间偏倚媒介的制度，以及流动性、技术融合和互动性的社会意义得以强调（见本书中的 Jansson and Falkheimer）。新的数字媒体在其用户中不断地"移动"、互联、纠正和重新配置。因此，纹理分析的目的是解读这种象征性物质转换如何融入更深刻和更耐久的空间结构中并进行革新的。

因此，从媒介研究的角度看，纹理分析不仅支持空间转向，而且支持物质转向。首先，这意味着纹理分析是一种将象征符号的流动和表征看作构成社会物质环境的基本要素。类似的方法也被媒介民族志学者以一种开创性的方式引入，如詹姆斯·罗尔（James Lull）（1991），他将受众研究的关注点从文本转向语境。将媒介文本、图片和声音视为物质文化的一部分，这意味着必须将私人和公共环境的特征作为纹理来理解。正如在媒介研究中对纹理进行极少数讨论之一的乔·塔奇（Jo Tacchi）所说的那样，"将无线电声音视为纹理使我们有可能考虑它是如何运作的，以及人们是如何在其中运作的"（1998：26）。在此，强调媒介作用是至关重要的，因为它指出了媒介的空间局限性，以及人们如何在日常生活的社会物质框架和节奏中得到体验（参见Bull，2001；Höflich，2005）。

其次，传播的媒介化本身促进了对媒介所产生的物质地理的必要性研究，这反过来又使媒介和"全球空间"成为可能。如上文格雷厄姆和马文（1996）所述，这些是为媒介文本和技术的传播和管理而建立的最重要的结构。在《媒介空间》一书中，尼克·库尔德里和安娜·麦卡锡（2004）提出了类似的观点，他们认为"时空逻辑的湮灭"必须受到质疑。正如丽莎·帕克斯在一篇题为《动态屏幕》的文章中所说，这种逻辑"提供了一种数字游牧的幻想，即想象网络导航可以自由移动，可以随意改变身份，可以不受限制地环游世界"（2004：38）。丽莎·帕克斯认为，文化调查必须更密切地关注社会物质地理环境，即互动的移动性和游牧主义认为理所当然的地方，也就是界面的"真实"地方。其中一种地理或纹理可以通过映射网站导航生成的真实信息流来编写。在数字信息循环的"端点"处建构的社会物质环境中，发现了另一种导致社会争论的纹理。其中一个端点是众多第三世界城镇，在那里，人们以拆分和焚烧进口电脑为生。在此，帕克斯认为"西方过时的电脑电线变成了地球的底层，而且随着电脑设备的拆卸，不可能将城镇的地形与电脑的内存分离开来"（同上：50）。

帕克斯的批判强调了这样一个事实，即新兴的传播地理学必须纠正人们普遍地对流动性社会学理论和日渐衰落的全球控制网络的空间迷恋（参见Bauman，2000；Hardt and Negri，2000）。正如我在本章所展示的，纹理分析正是提供了这样一种修正。为了使这个观点得到一个更实际的结论，我现在将在认识论框架中进行概述。

作为认识论领域的纹理

纹理分析不属于传播学研究的任何一个专有领域。相反，它有其社会和文化理论的基础，正如前面提到的戈夫曼、吉登斯和列斐伏尔等思想家所阐述的那样。那么，纹理对传播地理学有何种贡献呢？从这本论文集的组成中就可以看出，传播地理学的内容确实比单纯的纹理分析多得多。然而，纹理提供了一个跨越中介、媒介化和想象领域的视角，使得纹理的认识论在整个传播地理学领域都有作用。

表1 纹理认识化

尺度	空间		
	社会物质空间（空间中介化）	空间表征（空间的中介）	表征的空间（空间的中介感）
区域	区域的纹理	区域的中介纹理	区域的想象纹理
机构	制度的纹理	制度的中介纹理	制度的想象纹理
全球	全球空间的纹理	全球空间的中介纹理	全球空间的想象纹理

回顾上面讨论的维度，表1展示了在认识论领域中对纹理的概述。第一个维度，即尺度（scale），认为纹理分析是为了探索纹理是如何通过区域、制度和全球过程之间的相互作用而生产和被生产的。如上所述，特定空间的纹理在地理上很少是孤立的，它结合了流动和资源，创造了空间扩展和连接。

第二个维度，即空间，与这本书的大纲相对应。它代表了对列斐伏尔空间生产理论的重新表述——空间实践（社会物质空间）、空间表征和表征的空间之间的相互作用。这里的重点是纹理在空间的物质和象征领域之间的中介位置，以及表征模式和纹理体验/想象之间的中介位置。由于空间生产始终是一个有争议的过程，涉及相互竞争的表征、意识形态和诠释等多个内涵。因此，纹理分析的一项重要任务是必须展示个人和群体不仅如何产生表征，而且如何产生特定空间/场所的心理地图/手稿。正如本章第一部分所指出的，想象的纹理（或多或少经过中介）构成了日常生活世界的重要组成部分，而这对于人们如何解释和实施某些空间/交流实践又是至关重要的。阿曼达·拉格克维斯特（2004）对瑞典人的美国游记进行了分析（另见本书中的Lagerkvist），详细阐述了这些过程。

第三个维度，即时间，也可以包含在表1中，指向纹理化的过程——持久性和变化之间的张力。

类型学的目的不是为不同的"类型"纹理创建框架，也不是要创建孤立的研究领域。相反其目的是绘制出复杂的研究地图，其中必须进行纹理分析和传播地理学分析。研究这九个领域不能不考虑其他领域而单独进行。当涉及全球空间时尤其如此。全球空间的发展既超越了象征性的物质鸿沟，又产生了跨尺度和尺度本身之间的复杂性连接模式。因此，类型学，以及本文，都是对整体主义和跨学科合作的一种诉求。

注释

十分感谢杰斯珀·福克海默、约翰娜·斯特纳森（Johanna Stenersen）和威尔·斯特劳对这一章早期文本的评论。

原书参考文献

Adams, Paul C; Steven Hoelscher and Karen E Till (2001) 'Place in Context: Rethinking Humanist Geographies', in Adams, Paul C; Steven Hoelscher and Karen E Till (eds.) *Textures of Place: Exploring Humanist Geographies*. Minneapolis: University of Minnesota Press.

Allon, Fiona (2004) 'An Ontology of Everyday Control: Space, Media Flows and 'Smart' Living in the Absolute Present', in Couldry, Nick and Anna McCarthy (eds.) *Mediaspace: Place, Scale and Culture in a media Age.* London: Routledge.

Appadurai, Arjun (1996) *Modernity at Large: Cultural Dimensions of Globalization.* Minneapolis: University of Minnesota Press.

Augé Marc (1995) *Non-Places: Introduction to an Anthropology of Supermodernity*. London: Verso.

Bauman, Zygmunt (2000) *Liquid Modernity*. Cambridge: Polity Press.

Bauman, Zygmunt (2001) *Community: Seeking Safety in an Insecure World*. Cambridge: Polity Press.

Berger, Peter; Brigitte Berger och Hansfried Kellner (1973) *The Homeless Mind. Modernization and Consciousness*. New York: Vintage Books.

Bull, Michael (2001) 'The World According to Sound: Investigating the World of Walkman Users', *New Media and Society*, Vol 3, No 2: 179-97.

Carey, James W. (1989) *Communication as Culture: Essays on Media and Society*. New York: Routledge.

Castells, Manuel (1996/2000) *The Rise of the Network Society (The Information Age: Economy, Society and Culture, Vol. 1)*. Second edition. Oxford: Blackwell.

Cittaslow Webpage (2005) http://www.cittaslow.net/world/

Couldry, Nick (2000) *The Place of Media Power: Pilgrims and Witnesses of the Media Age*. London: Routledge.

Couldry, Nick and Anna McCarthy (2004) 'Introduction', in Couldry, Nick and Anna McCarthy (eds.) *Mediaspace: Place, Scale and Culture in a Media Age*. London: Routledge.

Crang, Mike; Phil Crang and Jon May (eds.) (1999) *Virtual Geographies: Bodies, Space and Relations*. London: Routledge.

Dürrschmidt, Jörg (2000) *Everyday Lives in the Global City: The Delinking of Locale and*

Milieu. London: Routledge.

Geertz, Clifford (1973) *The Interpretation of Cultures: Selected Essays*. London: Fontana Press.

Giddens, Anthony (1984) *The Constitution of Society. Outline of the Theory of Structuration*. Cambridge: Polity Press.

Goffman, Erving (1959) *The Presentation of Self in Everyday Life*. London: Penguin.

Goffman, Erving (1971) *Relations in the Public: Micro-Studies of the Public Order*. New York: Harper.

Gordon, Robert B and Patrick M Malone (1997) *The Texture of Industry: An Archaeological View of the Industrialization of North America*. Oxford: Oxford University Press.

Graham, Stephen (1999) 'Geographies of Surveillant Simulation', in Crang, Mike; Phil Crang and Jon May (eds.) *Virtual Geographies: Bodies, Space and Relations*. London: Routledge.

Graham, Stephen and Simon Marvin (1996) *Telecommunications and the City: Electronic Spaces, Urban Places*. London: Routledge.

Haldrup, Michael and Jonas Larsen (2003) 'The Family Gaze', *Tourist Studies*, Vol 3, No 1: 23-46.

Hardt, Michael and Antonio Negri (2000) *Empire*. Cambridge, Ma: Harvard University Press.

Höflich, Joachim R (2005) 'A Certain Sense of Place: Mobile Communication and Local Orientation', in Nyiri, Kristof (ed.) *A Sense of Place: the Global and the Local in Mobile Communication*. Vienna: Passagen Verlag.

Innis, Harold A. (1951/1964) *The Bias of Communication*. Toronto: Toronto University Press.

Jacobs, Jane (1961/1993) *The Death and Life of Great American Cities*. New York: The Modern Library.

Lagerkvist, Amanda (2004) "'We see America': Mediatized and Mobile Gazes in Swedish Post-War Travelogues', *International Journal of Cultural Studies*, Vol 7, No 3: 321-42.

Lefebvre, Henri (1974/1991) *The Production of Space*. Oxford: Blackwell.

Lull, James (1991) *Inside Family Viewing*. London: Routledge.

Löfgren, Orvar (1997) 'Scenes from a Troubled Marriage: Swedish Ethnology and Material Culture Studies', *Journal of Material Culture*, Vol 2, No 1: 95-113.

Massey, Doreen (1991) 'A Global Sense of Place', *Marxism Today*, June 1991: 24-9.

Massey, Doreen (1993) 'Politics and Space/Time', in Keith, Michael and Steve Pile (eds.) *Place and the Politics of Space*. London: Routledge.

Mattelart, Armand (1996/2000) *Networking the World 1794-2000*. Minneapolis: University of Minnesota Press.

McCarthy, Anna (2001) *Ambient Television: Visual Culture and Public Spaces*. Durham, NC: Duke University Press.

McGuinness, Justin (2000) 'Neigbourhood Notes: Texture and Streetscape in the Médina of Tunis', *Journal of North African Studies*, Vol 5, No 4: 97-120.

McLuhan, Marshall (1961) "Effects of the Improvements of Communication Media", *The Journal of Economic History*, Vol 20, No 4: 566-75.

McLuhan, Marshall (1964) *Understanding Media: The Extensions of Man*. New York: McGraw-Hill.

Meyrowitz (1985) *No Sense of Place: The Impact of Electronic Media on Social Behaviour*. New York: Oxford University Press.

Morley, David (2000) *Home Territories: Media, Mobility and Identity*. London: Routledge.

Morley, David and Kevin Robins (1995) *Spaces of Identity: Global Media, Electronic Landscapes and Cultural Boundaries*. London: Routledge.

Newburn, Tim (2001) 'The Commodification of Policing: Security Networks in the Late Modern City', *Urban Studies*, Vol 38, Nos 5-6: 829-48.

Norris, Clive; Jade Moran and Gary Armstrong (eds.) (1998) *Surveillance, Closed Circuit Television and Social Control*. Aldershot: Ashgate.

Parks, Lisa (2004) 'Kinetic Screens: Epistemologies of Movement at the Interface', in Couldry, Nick and Anna McCarthy (eds.) *Mediaspace: Place, Scale and Culture in a media Age*. London: Routledge.

Relph, Edward (1976): *Place and Placelessness*. London: Pion.

Rowe, Colin and Fred Koetter (1984) *Collage City*. Cambridge, Ma: MIT Press.

Schutz, Alfred and Thomas Luckmann (1973) *The Structures of the Life-World*. Evanston: Northwestern University Press.

Silverstone, Roger and Eric Hirsch (eds.) (1992) *Consuming Technologies: Media and Information in Domestic Spaces*. London: Routledge.

Slow Food Webpage (2005) http://www.slowfood.com/eng/sf_ita_mondo/sf_ita_mondo. lasso Straw, Will (forthcoming, 2007) 'Spectacles of Waste', in Boutros, Alexandra and Will Straw (eds.) *Circulation and the City: Essays on Mobility and Urban Culture*. Montreal: McGill-Queens University Press.

Suttles, Gerald D (1984) 'The Cumulative Texture of Urban Culture', *American Journal of Sociology*, Vol 90, No 2: 283-304.

Tacchi, Jo (1998) 'Radio Texture: Between Self and Others', in Miller, Daniel (ed.) *Material Cultures: Why Some Things Matters*. Chicago: Chicago University Press.

Tomlinson, John (1999) *Globalization and Culture*. Cambridge: Polity Press.

Virilio, Paul (1990/2000) *Polar Inertia*. London: Sage.

Williams, Raymond (1974) *Television: Technology and Cultural Form*. London: Fontana.

第二部分 媒介化空间

第6章 "欧洲堡垒":媒介地理学的意识形态隐喻

伊卡·萨洛瓦拉-莫林(Inka Salovaara-Moring)

空间和时间既是人类生活的基本范畴,也是社会中权力和知识控制的基本范畴。在传播学研究中,对时空的研究已经进行了半个世纪。[①]近几十年来,地理学家也指出了社会与空间的相互作用。空间总是被社会建构这一观点已经被广泛接受,并由此引出了社会理论中社会也应该被空间建构的这一主张也得到了认可。

令人惊讶的是,人文地理学和媒介研究之间的联系在理论上仍然存在不足。自从马歇尔·麦克卢汉和约书亚·梅罗维茨的研究以来,空间概念最多被用作大众传播研究中的一个隐喻。这些不够严谨地发展出来的空间隐喻和类比往往带有内涵、假设和意义,并对各种问题研究和阐释产生了重要影响。从内涵上看,媒介研究中使用的"空间隐喻"似乎承载着无意识的行政、司法和军事等方面的负担。

本文认为,媒介研究中的空间维度不仅是对人文地理学隐喻性的调适或对不同空间背景下媒介表征的研究,而且也是对媒介引起的尺度纠缠在不同地方的体验和理解的研究。更重要的是,它是对有关时空如何通过不同的媒介话语被赋予意义的实践变化研究。要将空间隐喻变成可用的分析工具,第一步在于定义我们讨论的是时空物质实践、时空的不同表征还是以想象和社会记忆作为背景的时空地理。

本章分为五个部分来分析，每个部分都是对上一部分的延伸、转换和发展。第一部分，我将关注空间维度通常在媒介研究中的理解。第二和第三部分旨在阐明新的范式如何演变，以及空间隐喻通常带来的负担。第四部分选取"欧洲堡垒"的隐喻作为一个案例，来展示隐喻如何存在于现实生活中，如何演变为意识形态和政治工具。在文章的最后一部分，我试图将"欧洲堡垒"的隐喻作为当代欧洲话语的一部分进行重新思考。"意义市场"的概念提供了一个框架，以揭示当政治—社会区域被生产和定义时，空间维度是如何作为公共讨论的一部分并与其交织在一起的。

媒介研究中的空间维度

在传播、空间和时间的社会背景下，有许多理论方法来处理它们之间的关系。人们从历史的、经济的、政治的、文化结构的、文本的或技术的等多种角度对媒介进行了研究，这仅是媒介研究的几个核心领域。虽然人们就地理学在理解世界的重要性上已经达成共识，但对媒介表征和媒介化的空间维度的研究不仅在理论上而且在经验上都被认为是有问题的。[②]

在20世纪下半叶的社会科学领域，人们一直在努力讨论这个复杂的领域。像"地理很重要"或"空间决定差异"这样的口号被反复提及，但在媒介研究中，人们几乎没有努力去回答这个问题，也没有开始系统地对"什么样的地理很重要"进行探讨。虽然已经有研究概述了媒介的空间因素，但我认为人文地理学并没有被有意识地赋予其在媒介研究领域中应有的地位。在关于媒介和传播研究的标准报告中都没有提到这一点，直到最近，才仅有一部作品讨论了这个问题。

可能是因为历史、功能或结构的方法更偏重时间和社会结构而忽视了对空间的关注，所以致使早期在社会科学研究中对空间性有嫌弃。社会理论家也倾向于把时空当作空容器来解释某些普遍规律。同时，这也可以解释为什么人文地理学迄今对媒介研究的影响微乎其微。如果将主要精力放在探索普遍的类别和结构上，那么对时间和空间更具特殊性的人文地理学方法自然就在这些理论框架之外。

对空间的支配和控制一直与不同社会中的传播模式和媒介控制紧密相关。当口头文化努力克服空间障碍,并试图通过故事、诗歌和传说来保存前几代流传下来的智慧和传统时,文字却能够克服空间局限,并在广阔的空间上扩大统治领土的范围。这种克服空间局限的能力从根本上改变了权力实施的条件。例如,皇帝可以以书面形式传达命令、法律、教义及其解释,甚至在领土最偏远的地方也可以接收到他们的意志。

就时间而言,书写缩短了人类的记忆:信息现在可以以持久的形式存储。报纸变成了社区日记,社区开始以一种有组织的社会形式而存在,这种社会被"欺骗性时间"所统治,并通过强调过去和现在之间的连续性来掩盖突然的和意想不到的危机(Harvey,1989:224)。印刷媒介代表了人类意识在时空上的显著扩展(Carey,1989,1969;Ong,1977;McLuhan,1962;Innis,1950,1951)。

特别值得一提的是,印刷媒介使各种形式的文化编码、教育和信息能够在国家间传播,甚至传播到最偏远的地区。印刷技术加速了资本主义的发展,促进了个人主义(通过将个体生产者从传统中分离出来)和集体主义(通过创建能共享的文化语法和规范法典的社区)的扩散。麦克海尔(McHale)说:"印刷术的发明将文字嵌入到了空间。"(1987:179-181)印刷作为一种表征系统,自动冻结了经验的流动,从而改动甚至部分扭曲了它所力求呈现的东西(Harvey,1990:206)。

伴随现代性而来的是一个自传体的、传奇式的自我崛起,以及许多关于国家、阶级甚至资本本身的宏大叙事,如自由主义、共产主义和全球化(Crang,2002:207)。通过报纸,"想象社区"出现了,并成为现代民族主义的基础(Anderson,1991:33)。时空脱节的过程是现代权力关系的中介。根据吉登斯(1990)的说法,这指的是社会生活和社会系统被不同的媒介(货币、商品和书写)延伸的方式,这些媒介重新表达了空间和时间的存在和缺失的关系。时间和空间不是社会和系统一体化中立和透明的媒介,而是其形式与权力、剥削和统治的构成和转换有着内在联系的可塑形态。从这个意义上说,社会进程的时空维度从过去到现在都是密切相关的,而不是毫无联系。用多琳·梅西的话来说就是,媒介相关的空间与"多重轨迹的维度,及迄今为止同时发生的故事"（2005：24）相关。

当今社会的一个显著特征是，诸如权力、财富、图像和信息的集中等主导过程是在空间中流动的。日常生活逻辑和空间支配逻辑的分离是控制社会的一种基本机制（Castells，1997：60）。那些身处千里之外的负责人仍然能观察和控制时间和空间组织。我们的时间意识变得更短了。现在，我们很大程度上生活在实时的，甚至是"超前时间"（时间正在极速前进）的世界里。因此，实时媒介以不连续为标志，未来变成了现在。

然而，媒体接待和媒介消费仍然是一种特定情境和时空关系下的活动，这一点毋庸置疑。使用和消费媒介的个体处于特定的社会、地理和历史语境中。这些语境不仅建构了媒介表征，而且建构了阐释过程。把世界理解为过去与未来之间的轨迹。通过比较，我们建构了用以控制日常生活的混乱感和间断感的概念性景观。此外，对媒介表征的阐释是一个解释学过程，在这个过程中，个体利用他们可以得到的资源来理解周围的日常世界（Thompson 1995：39）。

因此，空间语境既是一个物理环境，又是一个塑造日常生活的图像、层次和表征的社会结构。诸如位置、区域、景观和国家之类的空间表征是媒介受众每天所消费的全球和本地意象的一部分。从这个意义上讲，媒介的空间／区域方法反对将社会视为一个整体或作为一个系统来看待的普遍主义观点。相反，社会是在特定的时空、特定的话语维护（市场）下的场所和解释性的社区中形成的。

哪种地理很重要？

在最近的讨论中，媒介研究与人文地理学之间的关系主要通过隐喻来描述。从某种意义上说，媒介"空间学"似乎已经以一种新的范式进入了媒介研究的话语。无论是方兴未艾还是已经完全确立，概念范式都倾向于将其特定的理论框架的继承描述为相对于以往范式的客观进步、知识积累和提升改进之一。与此同时，这些最近出现的范式立即开始包装它们的解释性和描述性的概念，并压制历史的新近感。

新兴的范例并不无辜。它们不仅改变了指导我们研究的基本信仰体系或世界观，而且从根本上改变了我们在本体论、认识论和方法论上的观察和写作方式。这是因为范式具体存在于科学的写作和文体使用的语言领域。它们通常包括该领域特有的技术模型、方式、隐喻和类比等相关隐性知识的一部分。在学术研究中，新的范式在完全进入场景之前往往作为微弱的信号首先被感知到。特别是，这些微弱的信号作为从其他科学领域中剥离出来的隐喻和类比，有助于实现范式的"转向"。

近十年来，空间隐喻在媒介研究中日益受到重视，许多社会理论家将其融入自己的思考中。这样的隐喻并不局限于其固有的学科话语，而是被广泛使用。最近，空间思想和概念（包括位置、位移、地点和领域）或地理隐喻（包括领土、领域、土壤、地平线、地缘政治、群岛、区域、景观和制图）产生了许多著作（Couldry and McCarthy，2004；Barnett，2003；Berezin and Schain，2003；Smith，2001；Morley，2000；Urry，2000；Chouliriaki and Fairclough，1999）中使用。

隐喻和类比本身并没有错。甚至可以说，作为一种文学手段，隐喻是社会学科和人文学科的语言支柱。一般来说，隐喻是通过将未知的转换成已知的来进行交流。这种意义表达是通过比较来完成的。社会学科写作在各个层面都会无意识地使用隐喻。隐喻的本质在于从一个事物的角度去解释和理解另一个事物。

隐喻的认知理论（Lakoff and Johnson，1980）指出，隐喻深刻地引导着我们的思维，并成为我们解释日常经验的一种方式。社会的基本抽象概念通常以隐喻的方式嵌入到语言中（Lévi-Strauss，1966），并形成类别和概念，如货币、阶级结构、历史时间和空间以及知识。正如劳雷尔·理查森（Laurel Richardson）所说："的确，事实只有放在隐喻结构中才可以解释（有意义）。"（1994）人类的思维倾向于在一种语言结构中对现象进行分类、区分和统一，在这种语言结构中，意义通过差异性和同一性得以构建。总之，社会学科和人文学科依赖于一种对知识和理解的概念化方式所形成的深层的认知和隐喻代码。

如果我们仔细观察如今在"空间"范式下出版的教科书中使用的最流行的隐喻，便可以注意到，它们通常带有作者都可能没有意识到的内涵。例如，在福柯的著作中，"领土"（Territor）无疑是一个地理概念，但它首先被用作一个司法—政治概念。"领土"（Territory）有很强的政治含义，指的是一个民族国家边界所界定的空间（德语为das Staatsgebiet, das Hoheitsgebiet）。这种领土是一个受控制和政治管理的区域。打个比方，领土也可以指知识或行为的领域。

文化研究中的"场"（Field）也是一个经济—司法概念，但更重要的是一个军事概念。"场"这个概念来源于"战场"（Field of Battle），后来演变成了"战地"（battlefield）。"领域"（Domain）是一个司法—政治概念，指的是对行为或管辖权的控制区。"土壤"（Soil）是一个历史—地质学概念，但在"本土"（native soil）意义中又具有强烈的地缘政治内涵。"地区"（Region）是一个财政、行政和军事概念。"地平线"（Horizon）是一个图像概念，也是战略概念。"省"（province）指被征服的领土（来自拉丁语vincere）。"景观"（Landscape）（媒介景观、媒介化景观）是一种图像概念，也是传统地理学中不可或缺的对象。"欧洲堡垒"（Fortress Europe）中"堡垒"一词所包含的明显军事化内涵无须进一步阐述，而且，在这种语境下，"欧洲堡垒"不仅是一种保护主义的隐喻，而且在社会经济腹地也具有内在的统治力。

根据卡尔霍恩（Calhoun）（2003：244）的研究，甚至"公共领域"这个术语在很大程度上也是一种非空间现象的空间隐喻。可以肯定的是，从希腊集市到早期现代市场、剧院和议会等公共空间都为公共生活提供了支持和环境。卡尔霍恩认为，在历史上，公共领域是传播的"空间"，因此"它超越了任何特定的地方，并将许多人的对话串联在一起"。与"空间"相比，公共领域更多的是动态的或网络系统，不同的参与者被允许进入一个象征性的和中介性的市场。尽管随着媒介的激增和全球化进程的扩展，公众受到的束缚越来越少，但是隐喻的空间想象似乎仍然适用。

似乎大多数的政治—战略隐喻都在表明，战略、地缘政治和行政话语实际上是进入传播学空间范式的新话语。

作为中介区域的欧洲

如果我们将"欧洲"视为中介区域，它就是政治—战略场所的典型例子，它在人们的脑海中没有明确的边界但一直存在，且具有很大的经济和政治影响力。要理解地区不仅仅是地理位置，很重要的一点就是要理解语言、文化和意义生产过程的象征性边界产生了社区。领土和区域不仅仅是地理位置，而且始终是理解居住在该地区的人的文化和政治权力的组成部分。也许更重要的是，他们也是那些统治和统治该地区的人需要理解的一部分。

"区域"（region）的概念来源于拉丁语的动词"regere"，意思是命令。根据埃米尔·比恩文斯特（Emile Bienveniste）的说法，"区域"一词的词源（拉丁语：regio）引出了对概念的划分。[③]这些概念被用于行政和政治的地理和战略话语之间传播的目的（Bourdieu，1992；Foucault，1980）。根据布迪厄（Bourdieu）的看法，今天很难断言存在具有自然边界的自然地区。"在某种意义上，界线或边界总是由政治权力在其中发挥核心作用的象征性分类而生产出来的。"（Bourdieu，1992：222）

这并不意味着不能用区域中发现的不同元素（例如栖息地、语言和文化形态）来划分区域。然而，主要的争论在于：所谓的社会和政治分类并不总是基于"现实"，而是属于象征性斗争的一部分。在这种斗争中，无论通过政治还是经济力量，权威都生产并最终控制着空间。此外，边界形成了文化差异的同时，文化差异也塑造了边界。

因此，将欧洲作为一个"区域"来分析是很自然的，也就是说，欧洲是根据欧盟（EU）的行政、政治和经济利益进行建构的。它是在官僚主义话语中构想出来的，并具有作为区域应有的政治—经济意图。它所谓明确的边界并不是基于"现实"的考虑，而只是象征性协商的结果。这些边界是可以协商的，并且有隐喻性操作的倾向（特别是，当欧盟制定其宪法框架时，出台的是"欧洲宪法条约"，而不是欧盟宪法条约[④]）。这意味着像欧洲这样的"区域"，不是地图上简单的边界空间，也不是随着时间的推移而具有相同形状或地理的空间。

这些区域受社会进程的不均衡性影响进行塑造和重塑。在这个过程中，为社会上和地理上的差异和区分标定了新的界限（Massey，1999；Allen et al.，1998；Häkli，1994；Paasi，1986）。这些过程是在政治修辞、行政话语、报纸和教育机构中进行的话语实践。在这种意义上，意识形态领域的意义系统总是与空间和社会语境相关。区域可以从无到有，但如果没有象征性的分类，它们就不会为后代保存或遗留下来。这些意义系统有其自身的动力和结构惯性，它们可以抵抗突然爆发的文化变革，并以地域传统、象征性模式和历史知识等形式保持文化的连续性。

"欧洲堡垒"的历史

无论在时间—空间上还是司法—经济上，"欧洲"和每一种意识形态结构一样，都是在媒介消极话语和积极话语的循环中建构起来的。放在今天的媒介话语中，"欧洲堡垒"被看作一种流行语，轻蔑地将欧洲称为一个富裕但封闭的体系。"欧洲堡垒"的隐喻主要用来描述欧盟收紧的移民政策。欧洲一直被视为一个富有的堡垒，它正在关闭大门，以对抗穷人、移民、少数民族和整个第三世界。

在这种背景下，由于最引人注目的论述之一是当前欧洲被用于强调包容性和排斥性的明显的军事隐喻，所以欧洲作为一个区域在理论上十分有趣。该论述源于针对"非欧洲人"的边界设置，因此欧洲被当作边界建设活动的一个典型例子。由于其划定了内部和外部之间的界限，所以定义和使用"欧洲堡垒"这个隐喻成了威胁统治的行为。

根据互联网搜索，这一术语的点击量接近100万次，对其中的部分进行浏览后发现，大约90%可以归为是公众对欧洲中心论的批评，而其余的则包括对这个概念的历史起源、电脑游戏及有关草根运动和新纳粹的各种公告。这个隐喻的典型用法可以从以下互联网搜索中看出：

> 欧洲评论：为欧洲堡垒威胁"全球资本市场正在撼动欧洲堡垒。尽管欧元区两大经济体竭尽全力抵御危机，但它们的城墙却显出更多的裂痕。"（2005年7月21日《金融时报》）
>
> 欧洲堡垒筑起了路障——欧洲已经采取了以安全为基础的方法对待移民。现在，它正寻求将自己的责任推给在人权方面记录不佳的第三方国家。（2005年7月28日《外交世界报》）
>
> 欧洲堡垒——欧盟内部开放边界意味着关闭那些避难者渴望的大

门。《新国际主义者》来自欧洲各地的报道。（1991年9月《新国际主义者》）

关于欧洲堡垒的论述提供了一个有趣的例子，它将欧洲定义为一个区域，因为社会健忘症已经切断了这个隐喻的起源，取而代之的是对欧洲中心主义的批评。"欧洲堡垒"有一段有趣的与现代用法截然不同的历史。该词的隐喻历史渊源可以追溯到20世纪40年代：在第二次世界大战期间，德国人在欧洲北部和西部沿海地区以及整个意大利和巴尔干半岛构筑了非常坚固的防御工事，以抵御盟军的进攻。到1944年，希特勒的欧洲已成为看似坚不可摧的堡垒，其西部被"大西洋墙"所保护，从整体上形成了"费斯托欧罗巴-欧洲堡垒"。"大西洋墙"可能是历史上规模最大的防御工事，对盟军来说是一个巨大的障碍。它是由希特勒的"元首指令405号"（Führer Directive No. 405）下令建造的，包括一个大型的第一次世界大战式的战壕系统，坚固的混凝土加固着布满了机关枪的掩体和碉堡堡垒。炮位布置在一些重兵设防的混凝土掩体内，而在有可能登陆的海滩上布置了人造障碍物和大面积的雷区，这样就可以将攻击者引入精心设计的"杀伤区"。所有这一切都是为了抵挡对前滩的入侵，并阻止盟军获得立足点。

然而，极端右翼团体、新纳粹分子等仍保留着对"欧洲堡垒"的最初用法。从更广泛的意义上说，公共传播能够产生一个特定的时空，并运用含蓄和隐喻的表达方式在符号市场中将其转化为话语形式。从这个意义上讲，新闻、基层运动、行政行话等都是其社会实践。

这样的社会实践既不是既定的，也不是自然的。它们不能清晰地反映出客观现实。它们是经济、社会、心理甚至技术方面相关成就的表征。它们是在某些合理的、可接受的甚至必要的行为中作为话语空间而产生的。因此，它们本质上是意识形态的，但从单独的或主要方面看，它们意识形态基础的本质都不仅是结构性或政治性的，而且往往是空间性的——包括地缘政治、国家和区域性。在全球化时代，欧洲被异化为更大的权力格局中的一个子区域。此外，新的社会对隐喻的"遗忘"使其在今天的语境中更加功能化和实用化。甚至集体记忆可能成为抹去欧洲有意造成的创伤性分裂的动因，而代之以统一的隐喻。

重构隐喻并寻找解决方案

为了将"欧洲堡垒"作为一个隐喻进行解构,我们需要借助一个概念来帮助我们理解这个特定的具象实践过程。在这个过程中,人们生活的世界和不同的行为者、社会实践以及经济结构都参与其中。这种解决方案是通过引入一个关于如何在媒介中构建和理解"区域"的大量实证研究的表征系统模型来实现的(Salovaara-Moring, 2004)。

在跨国层面上,欧洲大众传播被认为是在一个"意义市场"中运作,在这里,与经济、社会和文化生活相关的"象征性商品"被生产和交换。在这方面,国家公共领域可以隐喻性地理解为具有象征性的"市场",在这里不同的团体和政治参与者以及公民能够交流,并通过公共传播和媒介文本的相互作用得以实现。⑤

由媒介、政客、官僚和其他欧洲行为者(例如其他媒介、学校、协会、基层运动和非营利组织、行政组织和商业参与者)构建的具有优先意义的结构通常涉及文化体系建设的过程。曾经存在过或将来会存在的消息和代码通过媒介和类似系统进行传播。

在日常的社会实践中,这些关系是在社区、不同的"区域"模式(政治、行政、文化和空间)、语境(某一历史时空)和各自的媒介之间的对话中被公开重塑和协商的。在这个关系矩阵中,(区域)文化语法被公开定义和维护。从这个意义上说,媒介和大众传播的话语(文本和符号)景观与其性质是相关的。区域的表征是在一个文化和符号的交换过程中,即表征系统中完成的。

代理人情愿或不情愿地参与一个改变不同价值观、民主理想和政治抱负的过程,以便根据媒介、行政或政治实体等的经济利益来调整其周围环境。在这方面,"市场"一词具有双重意义。从经济角度来看,市场是没有道德内涵的(如果产品好,则买家或读者,就愿意购买),但是意义市场的变动受制于已经被改写的符合地区所谓"好"的伦理和道德准则。

此外,作为一个网络系统,大众传播必须调整其自身以及区域共同体的互动性以适应不同国家(次区域)和全球的需求。这就是为什么不能简单地将区域意义生产的动力归结为其周围环境的情景化。同时,它的方向不仅面向(作为空间实体）自身，也面向本地、本国和全球范围。

这类交流不仅是物质性的（即通讯和交换方式），而且是象征性的（即嵌入媒介文本的价值、规范和文化秩序）（Salovaara-Moring，2004）。区域代表制度是基于一套复杂的动态关系而形成的：包括社会环境的话语，不同机构产生的价值观，区域/国家及全球层面的社会经济环境、生产关系，以及记者、政治家和人民的日常世界在内的话语生产者共同形成的代码。

作为信仰、价值和规范系统的意义市场在集体意识范围内发挥着显著作用。在这个角色中，市场内部交易的基本原则应该是为区域/空间实体内的符号交换过程产生盈余。意义市场通过巨大范围内的去物质化系统运行，比如，金融、政治、行政、非正规经济和审美价值。

意义市场可能只会出现在人们充分共享价值的空间系统中，比如语言、规范和权力关系感。在这个语境中，意义市场将价值观、规范、政治历史的闪光点和社会平等与民主的思想整合并清楚地表达出来，使其在公众讨论中变得清晰。也就是说，区域代表制是将区域中政治、文化、经济等领域的具体意义提炼成共同话语和日常生活的过程。更广泛地说，意义市场的参与者是所有在公共空间对事物的定义和分类拥有支配权的个人或机构。

意义市场中的符号商品（价值观和话语形态）是通过包括集体记忆、区域内部经济和市场需求在内的辩证关系而产生和发展的。然而，与每个市场一样，当在公共领域流通商品的剩余价值积累起来的时候，意义市场也会产生利润。公众认可并使用这些符号商品作为他们的共识和社会资本，使符号交换的过程保持持续运行。符号"商品"的一个典型例子可能是基于欧洲民族国家史或欧洲的共同认知产生的对旧文明发源地的观念。这些特征被描绘成一种共同信仰。该地区的人们也被描绘成赞同这种描绘、作为他们与周围环境互动时身份认同的一部分。在这种情况下，人们会更顽固且不愿意放弃民主、教育或自由主义的理想和做法，并在某种被威胁的情况下随时准备采取行动。

在这个循环中，人们的基本心态（他们愿意将自己视为"真正的欧洲人"，是宪法权利、言论自由、平等等观念的支持者）转变为利益至上的经济观念（私有制、自由贸易的营利活动等）。这种符号商品产生剩余价值，并形成一个自我维持的循环。欧洲共同体通过增加共同体内部凝聚力和本体论安全的意义结构而受益。虽然"欧洲堡垒"经常被用在负面语境中,但它有一个潜在的泛欧洲假设。它致力于将"欧洲化"的概念实质化;通过界定欧洲人所不具备的东西,从而强调共同体、历史连续性、经济自由主义、文化多样性、政治自由等民主理想。

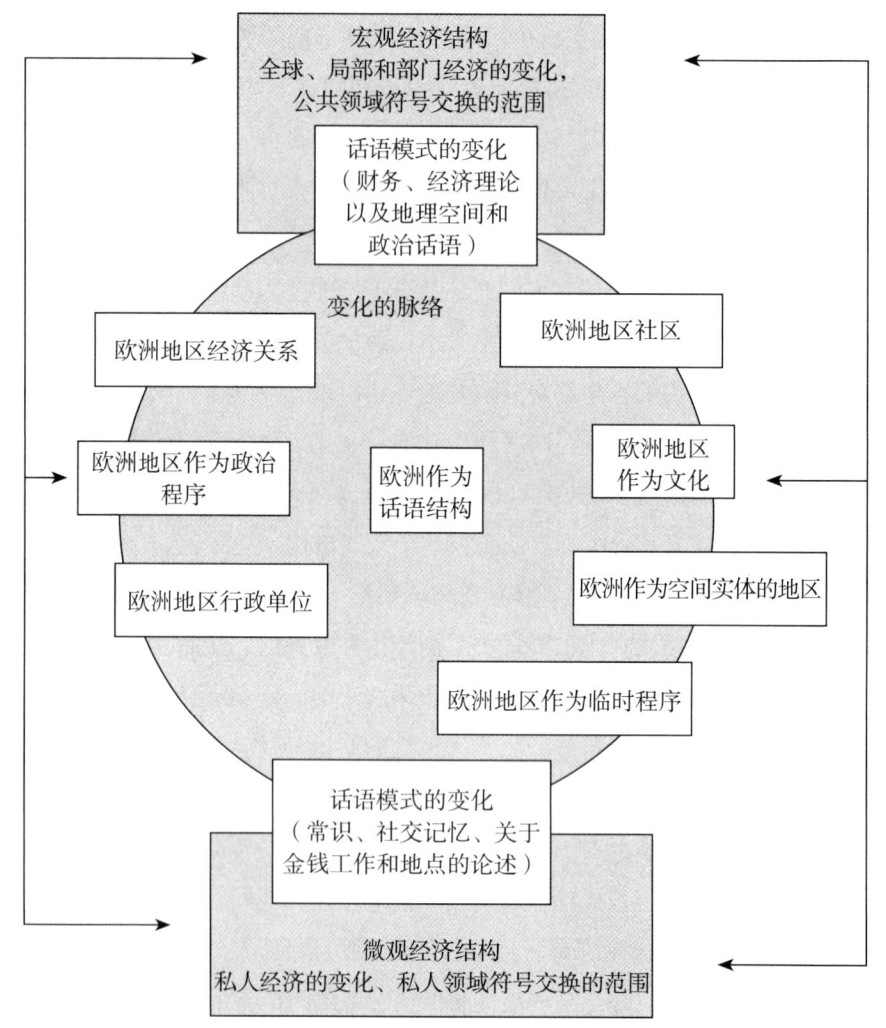

```
宏观经济结构
全球、局部和部门经济的变化,
公共领域符号交换的范围

话语模式的变化
(财务、经济理论
以及地理空间和
政治话语)

变化的脉络
欧洲地区经济关系          欧洲地区社区
欧洲地区作为政治程序       欧洲地区作为文化
           欧洲作为话语结构
欧洲地区行政单位           欧洲作为空间实体的地区
                     欧洲地区作为临时程序

话语模式的变化
(常识、社交记忆、关于
金钱工作和地点的论述)

微观经济结构
私人经济的变化、私人领域符号交换的范围
```

图 1　意义市场和"欧洲堡垒":欧洲的空间动态和文本表征的要素

意义市场的过程还包括在消极的贸易关系中产生的象征意义结构。这些结构可以理解为对诸如"欧洲堡垒"或"民主赤字"的话语设想。这些意义结构通常被用作政治斗争和象征斗争的一部分。在这种情况下,其主要的文化观念被描述成将自身转变为共同体集体抗争的一部分。这一描述为质疑政治制度的公平性（合法性、平等性和合理性）提供了依据。共同体的抗争被理解为强化内部社会凝聚力。这一过程将一个经济问题转化为一个政治问题。

欧洲作为区域的演变

安东尼·史密斯（Anthony D. Smith）将欧洲身份认同的问题归结为两个不同的文化层面。一方面，有关的历史神话和集体记忆的文化没有覆盖整个欧洲大陆，所以无法共享；另一方面，政治意愿和经济利益结合在一起的非历史和科学理性的文化容易受到文化变迁和过渡的影响。安东尼·史密斯认为，如果有意愿去构建一个欧洲大陆均愿意承认并能分辨的欧洲身份认同，它就不能仅仅在欧洲北部、东部和南部边缘地区传播西方价值观（Smith，1991）。

民间传说、象征和历史记忆以及传统习俗在构建欧洲归属感方面有着重要的影响。迄今为止，欧洲作为一个区域，缺乏一些使其成为一个正常功能区的基本要素：历史和社会记忆。欧洲作为一个区域，没有一种通常理解的有历史渊源支撑的共同体意识和区域文化凝聚力。民族国家的次区域在语言和文化上也往往是趋同的。此外，欧洲的"边界"一直处于谈判之中，现在依然如此。因此，通常在区域意义市场中积累的各种社会资本被忽略了（Salovaara-Moring 2004）。在此，欧洲隐喻的关键问题显得十分鲜活，即建构一个包含所有本质特征的实体。

一个具有话语权的公共领域（或表征系统）至少有三个方面的特征，而这些正是"欧洲一体化"所缺乏的：首先，无论在具体政策问题还是基本制度上，它使人们都能参与集体选择；其次，公共传播允许能促进文化形态一体化的社会想象的产生或转化（在这种情况下，能促使"欧洲"建立联系，并通过想象的具体方式来塑造它）；再次，公共领域本身既是一种社会一体化的媒介和形式，又是一种社会团结的方法（Calhoun，2004）。

意义的创造过程处于不断变化的状态。原有的意义结构正在逐渐消失，并被新的、更实用的价值观和规范所取代。通过这些意义结构，关于欧洲的叙事文本通过二分法（开放—封闭、自由—控制、民主—威权、自由—保守、人道—不人道）呈现在公众讨论中。

我们将视线转回空间隐喻。根据福柯的理论，空间的使用可以解译话语，并且，战略隐喻通过或基于权力和权力几何的关系可以使我们准确地把握话语转化点。由于空间隐喻本身暗含着权力和控制，所以使用时应谨慎。特别是媒介实践的批判性分析更应该注意语言使用的特殊性。

要将空间隐喻变成可用的分析工具，第一步在于定义我们讨论的是时空的物质实践、时空的不同表征，还是想象和以社会记忆作为背景的时空地理。在这里，"欧洲堡垒"的隐喻被看作一种思想实践，其对"区域"概念的解构是为了了解其所包括的过程类型。

如果欧洲不仅是一个地方，而且是一个塑造独特的欧洲关系和规划欧洲愿景的空间或区域，那么它的存在既有赖于公众传播，也有赖于欧洲独特的文化、政治制度、经济或社会网络。所有这些特征都会影响欧洲作为一个区域的发展。因此"什么是区域？"始终是需要定义的问题。

时空总是承载着各种故事并充当人们特定语境叙事的复写板。区域话语具有历史形成的特定规则，共享过去和未来的那些心照不宣的知识，能将纯粹的、语法结构标准的陈述和论点与特定时空下实际表达的陈述和论点区分开来（Foucault，1991：63；Howarth，2000：7）。因此，社会变化的历史可以通过使用空间实体内不同变化模式的意识形态概念来描绘。随着这些概念的使用，经济、文化和社会各方面都被赋予了新意义。这不仅仅是科学话语中的新隐喻，而且这种隐喻往往不自觉地从学者的活动中产生新的意义来支配这个领域。每个历史时期都会根据其独特的权力支柱和维护者来艰难地界定时空类别。

如果我们认可制图的功能是给物理世界赋予意义，隐喻是给话语世界赋予意义，那么，在动态的社会和政治变革时期，使用强大的物理隐喻为读者提供强有力的思想和智力基础，在知识地图和物理地图上定位他们"在哪里"就是合乎逻辑的。在面临威胁时使用军事象征可能会使我们更容易形成一种"我们"和"他们"（对方）、"内部"和"外部"（欧洲）、"安全"和"威胁"的观念。尽管科学话语在话语等级中扮演着特殊的角色，但它仍然是一种话语。它的思想遗产来自人类生活的政治、文化和社会领域。在瞬息万变的时代，物理世界的具体语言使科学活动更加有形，更加"真实"，且明确了时空定位。空间隐喻本身就是堡垒：在科学作为一种话语为其社会地位而战的时代，它们是一个家、一个基地和一个安全的避风港。

今天的欧洲，经济可以被视为原动力，就像宗教话语曾经占据着权力地位一样。具有政治统一话语的民族国家的历史悠久的时间地理学可能正在消亡，但无论如何，它的话语库尚未枯竭。记忆在当下的重现始终起着核心作用。在建构欧洲的过程中，使用隐喻来支持还是反对并不重要。成为支配人们思想的话语实体的后果，本身就是成为位于全球权力几何中的意识形态实体的第一步。

> 继续敲打欧洲堡垒的城墙
> 我们有权知道情况
> 我们生于全球化
> 没有国界，只有真正的联系
> 点燃起义的导火索
> 这是没有国家的一代
> 只有基层施压才是唯一的方案
> （亚洲迪拜基金会；欧洲堡垒）

作者简介

伊卡·萨洛瓦拉-莫林，爱沙尼亚塔林大学（Tallinn University）副教授，从事传播学研究。她的专长是媒介地理（本土化、地区文化和身份政治）、媒介政治经济学和东欧媒介体系。她目前正在从事由芬兰学院资助的"欧洲公共领域：团结还是分裂？"项目的部分研究。

注释

①这一传统主要基于文化理论家的经典文本，如 Innis（1950，1951，1952），Ong（1977）和 McLuhan（1951，1962，1994），McLuhan 和 Fiore（1967），以及最近的一系列讨论，例如 Carey（1989），Goody（1977），Harvey（1989），Giddens（1990），Stevenson（1995），Thompson

（1995），Castells（1997），Barnett（2003），Couldry 和 McCarthy（2004）。

②参见方法论讨论，例如Massey（2005，1999），Allen 等（1998），Bird 等（1993），Paasi（1997，1991，1986），Thompson（1995），Ekecrantz and Olsson（1994），Soja（1996，1989），Anderson（1991），Harvey（1989），Alexander等（1986），Meyrowitz（1986），Lintz and Miguel（1966）。

③从本意上而言，"区域"可以被定义为一个相对有限的生产、互动和文化网络。在这个定义中，地区被视为相当连贯的整体和自给自足的实体，排除了许多地理区域。传统上，地理学家所在的区域要么是军事区，要么是经济和行政区。一个例外是维达利亚传统，在这一传统中，区域被视为与地区生活方式"生活流派"相联系的文化—地理实体。

④http：//europa.eu.int/eur-lex/lex/JOHtml.do?uri=OJ：C：2004：310：SOM：EN：HTML（参考1.8.2005）

⑤沙龙·祖金（Sharon Zukin）（1991，3-6）对场所和市场概念之间关系的分析与公共领域的讨论有关。他认为市场这个词，字面上指的是一个具有历史意义的地方。它还意味着一个社会构建的空间，其中涉及资本和产品的交易以及远距离贸易系统。这两种含义都与当地社区交织在一起。虽然地点的概念正在消失，但市场作为全球空间的概念正在变得更加强大（Zukin 1991，12）。

原书参考文献

Allen John & Massey, Doreen & Allan Cochrane & Julie Charlesworth & Gill Court & Nick Henry & Phil Sarre. (eds.) (1998) Rethinking the Region. London: Routledge.

Alexander, Jeffrey & Giesen, Bernhard & Munch, Richard & and Smelser, Neil (eds.) (1987) The Micro-Macro Link. California: University of California Press.

Anderson, Benedict (1991) Imagined Communities. Reflections on the Origin and Spread of Nationalism. London: Verso.

Barnett, Clive (2003) Culture and Democracy: Media, Space and Representation. Edinburgh University Press: Edinburgh.

Berezin, Mabel & Martin Schain (eds.) (2003) Europe without Borders: Remapping Territory,

Citizenship and Identity in a Transnational Age. The John Hopkins University Press: Baltimore and London.

Bird, Jon & Curtis, Barry & Putnam, Tim & Robertson, George & Thickner, Lisa (eds.) (1993) Mapping the futures: Local cultures, global change. London: Routledge.

Bourdieu, Pierre (1992) Language and symbolic power. Cambridge: Polity Press.

Carey, James (1969) The Communications Revolution and the Professional Communicator. The Sociological Review Monographs No. 13. Keele: University of Keele.

Carey, James (1989) Communications as Culture: Essays on Media and Society. Boston: Unwin Hyman.

Castells, Manuel (1997) The Power of Identity. The Information Age: Economy, Society and Culture. Volume II. Massachusetts: Blackwell Publishers.

Calhoun, Craig (2003) The Democratic Integration of Europe: Interest, Identity and Public Sphere. In Berezin, Mabel & Martin Schain (eds.) Europe without Borders: Remapping Territory, Citizenship and Identity in a Transnational Age. The John Hopkins University Press: Baltimore and London.

Chouliaraki, Lilie & Fairclough, Norman (1999) Discourse in Late Modernity: Rethinking Critical Discourse Analysis. Edinburgh: Edinburgh University Press.

Crang, Mike (1998) Cultural Geography. London: Routledge.

Crang, Mike & Thrift, Nigel (eds.) (2000) Thinking Space. London: Routledge.

Ekecrantz, Jan & Olsson, Tom (1994) Det redigerade samhället: Om journalistikens, beskrivningsmaktens och det informerade förnuftets historia. Stockholm: Carlsson.

Fornäs, Johan (1998) Kulttuuriteoria: Myöhäismodernin ulottuvuuksia. Tampere: Vastapaino.

Foucault, Michel (1972) The Archeology of Knowledge. Tavistock: London.

Foucault, Michel (1980) Questions of Geography. In Power/Knowledge. Selected Interviews and Other Writings 1972-1977. Oxford: The Harvester Press.

Foucault, Michel (1991) Politics and the study of discourse. In G. Burchell, C. Gordon and P. H. Miller (eds.) The Foucault Effect: Studies in Governmentality. Hemel Hempstead: Harvester Wheatsheaf.

Friedland Roger & Deidre Boden (eds.) (1994) NowHere. Space, time and Modernity. Berkeley: University of California Press.

Giddens, Anthony (1984) The Constitution of Society: Outline of the Theory of Structuration. Cambridge: Polity Press.

Giddens, Anthony (1990) The Consequences of Modernity. Cambridge: Polity Press.

Goody, Jack (1977) The Domestication of the Savage Mind. Cambridge: Cambridge University Press.

Couldry, Nick & Anna McCarthy (eds.) (2004) Mediaspace. Place, Scale and Culture in a Media Age. New York and London: Routledge.

Harvey, David (1989) The Condition of Postmodernity: An Enquiry into the Origins of Cultural Change. Oxford: Blackwell.

Howarth, David (2000) Discourse. Buckingham: Open University Press.

Häkli, Jouni (1994) Maakunta, tieto ja valta. Tutkimus poliittis-hallinnollisen maakuntadiskurssin ja sen historiallisten edellytysten muotoutumisesta Suomessa. Doctoral dissertation. Tampereen yliopiston taloudellis-hallinnollinen tiedekunta, Tampereen yliopisto.

Innis, Harold (1950) Empire and Communications. Oxford: Oxford University Press.

Innis, Harold (1951) The Bias of Communication. Toronto: University of Toronto Press.

Lakoff, George & Johnson, Mark (1980) Metaphors we live by. Chicago: Chicago University Press.

Lefebvre, Henri (1991) The Production of Space. Oxford: Blackwell Publishers.

Lévi-Strauss, Claude (1966) The Savage Mind. Chicago: Chicago University Press.

Linz, Juan & Amando de Miguel (1966) With-in Nation Differences and comparisons. The Eight Spains. In Merrit, R. & Rokkan, S. (eds.) Comparing Nations. The Use of Quantitative Data in Cross National Research. USA: Yale University Press.

Massey, Doreen (2005) For Space. London: Sage.

Massey, Doreen (1994) Space, Class and Gender. Cambridge: Polity Press.

Massey, Doreen (1999) Issues and Debates. In D. Massey, J. Allen & P. Sarre (eds.) Human Geography Today, 3-21. Cambridge: Polity Press.

Massey, Doreen & Pat Jess (1995) Places and cultures in uneven world. In Massey, D. & Jess, P. (eds.) A Place in the World. Milton Keynes: Open University Press.

McLuhan, Marshall (1951) The Mechanical Bride: Folklore of Industrial Man. London: Routledge.

McLuhan, Marshall (1962) The Gutenberg Galaxy; the Making of Typographic Man. London: Routledge.

McLuhan, Marshall & Fiore, Quentin (1967) The Medium is Message. Harmondsworth: Penguin.

McLuhan, Marshall (1994) Understanding Media: The Extensions of Man. London: Routledge.

Meyrowitz, Joshua (1986) No Sense of Place: The Impact of Electronic Media on Social Behaviour. New York: Oxford University Press.

Morley, David & Robins, Kevin (1995) Spaces of Identity. Global Media, Electronic Landscapes and Cultural Boundaries. London: Routledge.

Morley, David (2000) Home Territories, Media, Mobility and Identity. London: Routledge.

Moring, Inka (2000a) Scales of Space, Place and Money. Discursive Landscapes of Regional Inertia, Identity and Economic Change. Nordicom Review, vol. 21, 2, 171-190.

Moring, Inka (2000b) Heimojen maa. Paikallistamisen politiikka ja teksti. (The Land of Tribes. The Politics of Location and the Text) In Tapper, H. (ed.) Me median maisemissa. (We in the Landscape of Media)Helsinki: Lahden tutkimus ja koulutuskeskus.

Moring, Inka (2000c) Kotimaani ompi..Kotimaa, suomalaisuus ja alueelliset hierarkiat. (My Native country is...Home Country, Finnishness and regional hierachies) Tiedotustutkimus 1/2000. Journalismikritiikin vuosikirja. Tampere: Journalismin tutkimusyksikkö.

Moring, Inka (2000d) Median maantiede. Talouskriisi ja sanomalehti alueelliseessa kontekstissa. (The Geography of Media: Economic Depression and Newspaper in a Regional Context) Licentiate Thesis. Viestinnän laitos. Helsingin yliopisto.

Moring, Inka (2001a) Symbolic Geography of Media – Identity Formation and Meaning Marketing in Finnish Regional Press. In Studying Public Issues Kivikuru, U. & Savolainen, T. (eds.) Viestinnän laitoksen julkaisusarja. Yliopistopaino: Helsinki.

Moring, Inka (2001b) Detecting the fictional Problem solvers in time and space: Metaphors guiding qualitative analysis and interpretation. Qualitative Inquiry, vol. 7, 3, 346-369.

Salovaara-Moring, Inka (2004) Media Geographies. Doctoral Dissertation. University of Helsinki. Gummerus: Helsinki.

Salovaara-Moring, Inka (2001) Toivon ja lohdun maisemissa. Talouskriisi, alueellisuus ja merkitysten talous. (In the Landscape of Hope and Consolation. Economic Crisis, regionalism and the market of meanings) Tiedotustutkimus 4, 2001.

Paasi, Anssi (1986) Neljä maakuntaa. Maantieteellinen tutkimus aluetietoisuuden kehittymisestä. Doctoral dissertation. Joensuun yliopiston yhteiskuntatieteellisiä julkaisuja, No. 8. Joensuun yliopisto.

Paasi, Anssi (1991) Deconstructing Regions: notes on the scales of human life. Environment and Planning A 23, 239-256.

Paasi, Anssi (1997) Geographical perspectives on Finnish national identity. GeoJournal 43, 41-50.

Richardson, Laurel (1994) Writing: A method of Inquiry. In Norman Denzein & Yvonna Lincoln (eds.) Handbook of Qualitative Research (pp. 516-529) Thousand Oaks: Sage.

Smith, Anthony (1991) National Identity. London: Penguin.

Smith, Michael (2001) Transnational Urbanism. Locating Globalization. Oxford: Blackwell.

Soja, Edward (1989) Postmodern Geographies. The Reassertion of Space in Critical Social Theory. London: Verso.

Soja, Edward (1996) Thirdspace. Journeys to Los Angeles and Other Real-and-Imagined Places. Massachusetts: Blackwell.

Stevenson, Nick (1995) Understanding Media Cultures. Social Theory and Mass Communication. Sage: London.

Thompson, John (1995) The Media and Modernity. A social theory of the media. Cambridge: Polity Press.

Urry, James (2000) Sociology beyond societies. Mobilities for the twenty-first century. Routledge: London.

Zukin, Sharon (1991) Landscapes of Power. From Detroit to Disney World. Berkeley: University of California Press.

第7章　当地方形象、地方品牌和新闻报道产生冲突时

杰斯珀·福克海默（Jesper Falkheimer）

地方品牌是后现代社会的一种普遍现象，旨在为不同的目标国家、地区和城市等创造关注度和吸引力。[1]地方形象往往不考虑政治和公众的影响或意见，而通常基于商业市场理论（Ooi，2004）来塑造。有时品牌战略来源于公众社会，并受到公众意见的支持，但大型品牌项目缺乏内部公众支持的情况并不少见。具有日常地方经验的人和没有经验的非目标群体对口号和标识的解读完全不同。从修辞的角度来说，根据片面的论证，由大众媒体的标识所激发的地方品牌的感染力，总是与当地、区域或国家公众的民族精神发生冲突。

与地方营销的整体情况一样，地方品牌话语可能被当作公共管理中企业转型的结果和动力（Harvey，1989：14），其目的在于通过高风险的基础设施或文化项目来发展壮大。这种转型可能会与商界人士、政府高官和政界人士的思想不谋而合。但是广大的公众和当地的记者们未必会促进这种转型。他们将公共机构的目的设定为提供福利服务，而不是为了获取利润而冒险。本章的主张之一就是，这两种定义间的民主式斗争在新闻报道中表现明显，但在地方品牌中却很少见。

地方品牌话语是通过公众与私人参与者和机构之间的新伙伴关系或混合伙伴关系发展起来的（Harvey，1989：7）。为了能在本地、区域或国家的范围内发展壮大，这些参与者愿意共同加入高风险的创业项目中。媒体和传播是实现这一目标的必要工具。这种发展导致了广告宣传的增加和对新闻媒体的影响。一个典型的例子是瑞典2005年第32届美洲杯帆船赛的赛程安排。这次国际

帆船赛可以说是一次商业性和私人性的大型赛事，但得到了地方和地区政府的支持。政界人士希望，媒体对比赛的报道能够改善潜在游客或投资人等重要团体心中关于该地的形象。但这一安排引发了地方新闻媒体的激烈争论和强烈谴责。财务风险、顾问团的影响力以及在决策阶段缺乏民主支持成了该地区媒体批评的主要内容（Dannestam，2005；Falkheimer，2006）。另一方面，支持这一决定的政界人士和私人参与者认为，这一安排将增加该地区（指被称为马尔默、斯科纳地区或跨国厄勒特区等不同名称的地方城市）的关注度和品牌影响力。两名企业高管和一名当地高级官员在一篇评论文章中表示："首要的理由是，美洲杯以及其他几个项目的努力将提升马尔默作为一个繁荣城市的形象。"（2005年8月17日，《南瑞典日报》）

本章的目的是在交流层面讨论这些问题。[②]这意味着要对地方品牌话语和战略的实践以及媒体和传播在形象建构过程中的作用进行分析。该分析部分基于一项关于大众传媒在厄勒特区形象建构过程中的作用的实证研究。[③]我还将使用一些关于将一个地方作为旅游目的地概念进行研究的例子，这通常是考察地方概念诸多方法中的一种。由于以社会为中心的传播观对主流区域品牌的研究忽略了公众舆论、新闻媒体和间接重要利益相关者，我试图对这种狭隘的研究视角提出质疑。这就引出了这一认识：品牌化的媒介表征和新闻表征既可能相互冲突，也可能相互合作。根据我的理解，新闻业和品牌化的阐释很好地说明了社会发展是一场在全球和本地之间、公共管理的创业型和管理型之间的政治角力。

厄勒特区

丹麦和瑞典之间的厄勒海峡大桥于2000年落成，连接瑞典马尔默和丹麦首都哥本哈根。这座桥是实现厄勒海峡地区跨国界的重要一步。20世纪90年代，基于欧洲的区域发展，得益于政治和商业上的言论支持，厄勒特区（öresund Region）也因此被当地政治经济精英视为在全球市场上竞争的唯一选择。现代民族国家的组织机制被视为经济增长和繁荣的障碍，而相对于后现代全球和地方之间的紧张关系，区域组织机制则显得更加"自然而然"。

当地关于建桥的争论很重要。马尔默和哥本哈根在20世纪70年代和80年代经历了严重的经济衰退，区域建设被认为是走出大萧条的可能途径。然而，这样的区域建设从过去到现在在许多方面仍然是传播策略、符号和标志的问题——即愿景、品牌或媒体形象。虽然丹麦和瑞典之间有政治和企业合作项目，但是该区域仍（在2006年）被视为最好的战略传播话语或愿景。

除了19世纪40年代的一场名为斯堪的纳维亚主义的浪漫主义运动之外，厄勒特区的跨国设想被视为一种现代（或后现代）现象。第一阶段发生在20世纪60年代，丹麦和瑞典之间试图建立多种交通联系。20世纪60年代的设想被称为厄雷斯塔德，而不是厄勒特区，这在很大程度上受到这十年间现代主义的技术乐观主义思想的影响。大众传媒在这一阶段也发挥了重要作用（Wieslander，1997）。始于石油危机的20世纪70年代的经济衰退终结了人们对厄勒海峡的幻想。下一个阶段始于20世纪80年代，当时一个欧洲企业联盟开始游说增加交通基础设施的投资，并企图将北欧市场与欧洲大陆连接起来。这场运动一开始，当地政府和企业就立即产生了成立厄勒特区的想法。

1990年，丹麦和瑞典议会决定建造一座厄勒海峡大桥，并成立了一家国有桥梁公司，即厄勒海峡大桥集团。瑞典开始了一项长期的政府调查——必须对环境影响进行分析。这意味着直到1994年瑞典才能做出建桥的最终决定。1995年大桥正式施工建设。厄勒海峡大桥集团和其他参与者必须使特区和公众相信这一行为会产生积极结果。根据民意调查，大多数的瑞典和丹麦人对建桥持否定态度。为了提高支持率，厄勒特区的参与者们发起了一场声势浩大的公关运动。直到1998年，50%的受访公众才对修建大桥持肯定态度。几年后，大桥落成时，来自英国的品牌顾问推出了一个名为"特区的诞生"的厄勒地方品牌，品牌形象与当地或区域的异质化背景没有真正的联系。相反，这些品牌形象代表了某种无地方性光环的无国界型新经济（比如在生物技术、IT和其他领域）（Ek，2003）。如今，在2006年，厄勒特区从四个核心信息方面打上了"斯堪的纳维亚的人力资本"或"两个国家：一个特区"的品牌烙印：（1）人性化的科技；（2）人力资本增长之区；（3）北欧大门；（4）意志之国。（厄勒网络，2005）

地方品牌化的悖论

不同的促销策略和技巧的目的在于使目标群体在某个地方工作、生活和休闲成为习惯。与商业品牌一样，具有说服力的核心价值观是在不同的背景下形成和传播的。这些价值观被认为是基于某一地理位置的物质和非物质特征，但在实践中又往往是相似的，无法彼此区分（Hospers，2004：274）。例如，加利福尼亚州的硅谷给欧洲几个地区带来了启示，如苏格兰中部硅谷和德国的萨克森硅谷。2005年，斯德哥尔摩开始标榜自己为斯堪的纳维亚的首府，与厄勒特区的标签——斯堪的纳维亚的人力资本中心——没什么两样。还有其他几个例子也显示了全球话语、趋势和标准化塑造地方品牌的过程。

网络（Castells，2000）、创造力（Florida，2002）和经验（Pine and Gilmore，1999）等概念经常出现在当代地方话语中。这些概念的学术用途通常与它们在营销和传播管理中的通行用途完全不同。摩根（Morgan）和普里查德（Pritchard）指出，当把这些概念放在旅游业和地方营销的研究领域时，他们大多对工具性研究感兴趣（1998）。

地方品牌的最早实践发生在殖民主义时期，当时政府不得不推销自己的领土（如美国）来鼓励公民迁居。但作为一个现代概念，地方品牌是一个相当新的现象，它起源于美国，20世纪80到90年代在学者和实践者中广为流行（Avraham，2004：272）。

这种兴趣的增加有多种原因。毫不夸张地说，政界人士和商界人士经历了地区、国家和全球竞争加剧的过程。根据卡斯特的说法，全球竞争已成为网络社会的一部分（2000）。这种后现代的无组织资本主义以其快速、灵活和流动的特点而著称。在当代经济、权力和信息构成的全球网络"流动空间"中，物质和非物质资本很容易从一个地方转移到另一个地方。瑞典和其他国家在这个市场上的竞争机会是有限的。根据当代话语，替代方案是在某些关键地方发展新的经验型和知识型经济。因此，糟糕的或毫无特色的地方形象被视为这种发展模式的巨大阻碍。这些情况是地方品牌扩张背后的主要原因，目的是在地理位置与有吸引力的公司、工作和旅游资本之间创造关注、兴趣和有价值的关系。厄勒特区也是如此。

厄勒海峡大桥是区域化战略进程的一个主要标志，区域化由一些其他物质和象征性事件构成的。前面提到的2005年马尔默美洲杯帆船比赛就是一个例子。另一个例子是2001年在马尔默举行的壮观的Bo01住房博览会（又名明日之城）。博览会场地由该市以前造船厂新建的后工业区构成，受到了广泛的宣传。扬森认为，"对地方营销话语的流行语进行重新编码……，会对当地背景下发生的更具戏剧性的社会政治事件产生负面影响。"（2005：1679）这个富有远见的品牌项目与当地新闻媒体的报道相互冲突。媒体从多个角度对博览会提出质疑：指责它只是一个富人区，不仅挪用公共税款，而且参观者也寥寥无几。另一个事实是，这家公私合营的Bo01公司在收盘时宣布破产，"明日之城"最终成了新闻媒体中的"丑闻之城"。

但主流的地方营销材料并没有政治和社会背景的概念。社会宏观变量仅作为市场营销工具。最常被引用的关于地方营销艺术的教科书之一认为，快速的技术变革和全球竞争等外部力量使地方营销陷入困境。（Kotler et al., 1993）除了诸如产品和分发等战略营销活动外，地方品牌被力荐为冲破此困境的方法。地方品牌被视为一种理性的传播过程，通过该过程，地方可以从分发者成为接收者。从根本上说，传统的地方营销依赖于传播交流模式（Carey, 1992），即由媒介技术、信息交换和消费共同构成的可控的过程。在当前的地方品牌领域，似乎对媒介和传播过程有了更深入的文化理解，涉及多义、互动和意义生成，但是政治和社会层面的认识仍然被忽视。

咨询师沃利·奥林斯（Wally Olins）是地方品牌实践推广领域的主要参与者之一。除了作为践行者之外，他还写了大量关于品牌的文章，并影响了其他践行者。在《论品牌》（2005）一书中，他谈到了以不同方式推动商业发展的三股力量：技术技能、金融知识和品牌。与理性营销理论相反，他所表达的是："我们应该清醒地认识到，营销、品牌以及其他一切销售方式都是为了说服、引诱和试图操纵人们购买产品和服务。"（Wally Olins, 2006：7）他的说法有点自相矛盾，在另一句话中，沃利·奥林斯为娜奥米·克莱恩这样的批评者进行品牌辩护，称反品牌（和反全球化）运动是非理性的。

当谈到塑造国家品牌时，沃利·奥林斯总结说，这并不是什么新鲜事。特别是如果人们将所有社区（作为国家或地区）解释为是依赖媒介技术和传播过程而产生的（Anderson，1983），它可能是正确的。传播的战略运用和人类一样古老。在现代，大众传媒作为空间、意识形态和主导意义的生产者，在社区的所有建设中起着至关重要的作用。从这一点看，地方品牌在城市或区域等其他层面上的尝试也在不断增加。

奥林斯（2005：167）为成功塑造地方品牌提出了他的建议（转换成我的术语）：（1）建立一个由政府、行业和流行文化代表组成的精英小组，以权力基础为支持，并邀请顾问担任指导；（2）寻找和界定关键受众，研究居民和外部目标群体之间现有的地方形象；（3）咨询意见领袖，运用图像数据确定优势和劣势；（4）打造地方品牌的核心理念，通过知名艺术家的符号创作将这种理念进行视觉化表达；（5）制作包含地方情调、个性、风格图片的品牌图书；（6）协调和整合来自互补行业的信息；（7）在一段时间内，所有渠道的正式传播都要与选定的品牌协调；（8）最后阶段："影响有影响力的人"（Wally Olins，2005：168），换句话说，使用网络和舆论形成策略来增进影响力。

从舆论的角度来看，有趣的是，奥林斯使用了卡兹（Katz）和拉扎斯菲尔德（Lazarsfeld）在20世纪40年代提出的旧有的意见领袖模式。他的建议延续了一个相当传统的传播策划过程。从工具的角度来看，这一阶段的主要优势之一是其对说服力采取了相当全面的把握。沃利·奥林斯强调，必须利用商业、体育、媒体和其他流行文化。但这也是一个由精英制定、控制和管理的策划过程。这在企业中可能行得通，但当面对某种程度的社会时，情况可能就不那么简单了。

事实上，奥林斯的著作在某种程度上让人觉得用同质化方式交流说服数百万人是很容易的，但他几乎没有对接受过程或政治和社会冲突进行任何分析。在批判意义上，地方品牌可以被视为一种文化生活的标准。它也可能被视为非民主资源，因为它（如上所述）通常通过自上而下沟通的项目来构建。商界参与者也可能比公共参与者获益更多（Jones，2001）。但是，地方品牌也可能会在增进地区繁荣、改善基础设施以及在重要目标群体中强化地方形象等方面施加积极影响。

根据Ooi（2004）的研究，迄今为止，大多数品牌研究都是基于一般营销理论，往往忽视了社会、政治和文化问题。在实践中，这导致人们过分关注商业目标信息的制定、生产和分销，而忽视了其他公共传播的领域和渠道。Ooi（2004：123）对2000年推出的丹麦品牌计划（"丹麦，享受美好！"）进行了个案研究。Ooi 的主要观点之一是，目的地品牌与品牌商业公司有很大的不同。关于此，有以下几个原因：首先，品牌项目依赖于那些信任度不受公司控制或管理的公共和私人组织。品牌推广中心和参与者之间的联系通常是自愿的。其次，与地方、区域或国家的旅游或投资机构相比，商业公司只有间接的社会和公共责任。目的地的品牌化需要公众支持和民主原则（特别是在公开程度和责任管控上）。

厄勒特区的品牌化主要依赖于一种国际性的叙述——通过全球性和技术性的隐喻来描述这个地区。当地的文化因素已经消失了。但是在本地和特区的新闻界，主要关注的是本地区的发展情况。全球（后现代）话语可能会对特区外的目标群体产生影响，但对特区内的公众而言，其并不是一种有效的传播工具。我假设这一形象会受到后现代世界主义思潮的影响，然后对1991—2001年厄勒特区媒体报道的内容进行了分析，但分析并未证实这一假设。相反，产生了一个新的疑问——该地区的全球话语品牌已成为这一进程的主要区域参与者的主要利益所在，即自我传播。

不同的生产和消费逻辑造成了品牌话语与新闻话语的差异。由于媒介组织的结构和文化特征，媒体逻辑（Altheide and Snow；1979，1991）侧重于包括本土化、两极化、戏剧化、拟人化和即时关联在内的剧情规范。事实上，从媒介组织的角度来看，每个企业都是本地的，而且即使某个事件本身不是本地的，也可能会被框定为本地事件。品牌逻辑也会使用修辞手法来吸引人们注意，但是当不涉及当地的社会层面时，它试图将所销售的对象与"日常生活中深刻的主观性"联系起来（Lull，2000：170）。这意味着受众作为感性的个体，通过强调个体非物质需求的信息进行交流。

这里没有足够的版面来展示深入的对比，但我可以举几个例子来说明品牌逻辑和媒体逻辑是如何以上述不同的方式在厄勒特区体现出来的。先是引用一段品牌文字，然后是三个新闻报道的片段：

以新的基础设施为基础，该地区有望发展成为具有清晰国际形象的独立商业和人口实体。来到厄勒特区的游客将注意到两个密切相关的民族之间的差异和相似之处，他们共同努力为未来创造新能源、新概念和于未来而言独特的潜力。（2000年《厄勒海峡网络》）

没有对大桥的交通拥堵做好准备。没有负责的部门处理这个问题，也没有足够的渡轮来解决潜在的问题。（2000年6月28日《南瑞典日报》）

交通研究预测，厄勒海峡大桥上的交通将非常繁忙。根据研究员尤菲·雅各布森（Uffe Jacobson）的说法，汽车流量能被控制在低水平是不现实的。（1991年3月23日《贝林时报》）

并不是每个人都对这条新的交通线路欢呼雀跃。对于居住在瑞典兰斯克鲁纳的丹麦通勤者来说，通勤费用将更加昂贵，而且需要更长的时间才能到达工作地点。（2000年6月20日《厄勒森德尼特报》）

地方的品牌表征

地理学家克雷斯韦尔（Cresswell）得出结论：地方可以从三个角度来理解。首先，通过传统地方营销理论中常见的描述性和客观性方法来理解。其次，运用社会性建构理论来理解。这意味着，地方被看作是人类在文化语境中通过传播构建的东西。在建构论的实用主义理解中，地方是相对的真实世界且带有修辞色彩的表征，以辩证的方式反映和构成现实。第三，克雷斯韦尔定义了一种现象学方法。这种方法关注的不是地方的描述性属性，也不是地方塑造过程中涉及的社会参与者和交流，而是关注人类在地方的存在方式。在我看来，建构主义和现象学方法在分析地方品牌方面是有意义的。另外，说服性沟通不能仅仅以一种解释学文本解读的方式来分析，因为它确实会产生影响和效果。换句话说，社会文化视角只有与权力分析相结合时才是有效的。

促销形象通常是根据市场营销的基本理论来构建的：发现顾客的需求，开发并推广服务和产品。这意味着，既定的刻板印象和不同等级的民族中心主义在旅游广告中会很常见。如厄里（Urry）所定义的"游客凝视"，游客通过这种凝视使其参观或经过的地方得以具体化，这被看作一种结论。同样，摩根和普理查德断言市场营销者和旅游传播者（再）生产了"既反映又强化着社会特定关系的想象。这些以权力关系、支配关系和从属关系为基础的社会关系构成了全球体系的特征"（1998：3）。许多实证研究也表明了这一点。下面举两个例子来说明。

科恩（Cohen）（1995）研究了居民对英属维尔京群岛的看法与推广后的形象之间的差距。自1962年以来，该群岛一直被作为富人的旅游目的地来推广，旅游业也成为该群岛经济的重要组成部分。科恩发现该岛的宣传形象极具异国情调，并将岛上的居民当作性欲对象。在纽约一家机构制作的广告宣传中，维尔京群岛被赋予神秘、魔力和性感的特质。在很多方面，该群岛被建构为女性向西方有钱男性游客提供性服务的场所。维尔京群岛这种以自然、性欲或"原始"作为形象推广的要素在许多类似的地方都能见到。游客是男人，群岛是女人。科恩（1995）认为，性欲是作为意识形态的旅游的一个基本要素。相反，科恩所描述的岛屿真实生活却非常复杂且难懂。

瑞典历史学家格林内尔（Grinell）（2004）以类似的方式分析了1930—1990年瑞典旅游业如何营销不同的目的地。他借鉴了爱德华·赛义德的后殖民主义思想，试图揭示瑞典现代、进步的自我形象是如何反映到市场形象中的。"而另一方面，其他国家的人民生活在不充分的现代化环境中，代表着瑞典人早已越过了发展阶梯上的各个步骤。"（Grinell，2004：241）但事实上，生活在旅游目的地的普通人很少出现在营销材料中。当地人的角色只有在符合既定印象时才会出现——比如充满异域风情的东方人，穿着民族服装的农民，或者跳舞的非洲人。

但地方品牌并不总是与后殖民主义话语联系在一起。当把地方品牌作为吸引投资、商业和知识的目的时，其重点是未来而不是历史。例如，厄勒特区的品牌战略通过视觉符号来体现，这些符号并非基于丹麦和瑞典文化历史的刻板印象。相反，空洞的乌托邦空间和世界主义的精英代表着该地区。全球主义和高科技的后现代话语对旧的刻板印象兴趣不大，它们更喜欢用未来主义的叙事来构建一个新世界。

厄勒特区在两家特区报纸[④]上整体的媒体形象是全国性的，并以国家或当地的经济增长和利润为中心。这种媒体形象对评论和编辑内容都是有效的。政治和企业参与者均将大众传媒视为特区化进程中至关重要的参与者。因此，他们支持有关厄勒特的媒体项目并且相信这种努力会卓有成效，他们认为这是地方品牌进程中的一部分。但是即使目的是跨国化，其所选的媒介材料也聚焦于民族化。国民性的自我形象和"其他"国民性的自我形象非常相似。厄勒特区的叙事是通过同质化的国家固有印象来建构和塑造的，这种固有印象很少受到质疑。

因此我认为，瑞典人（严格遵守政府规定）和丹麦人（快乐和无政府主义）之间的二分法甚至可能通过迄今已经发生的特区化进程得到加强。

目的地形象的形成

以厄勒特区为例的研究是基于媒介形象和意图而进行的，而对该地区日常"读者"的解释学过程却缺乏实证研究。然而，有一些关于目的地形象形成的理论是值得一提的。地方营销者的目的会影响到不同目标群体的形象形成过程。有时这意味着建立一个前所未有的地方形象，有时这意味着改变一个消极的地方形象。目的地的品牌化比一个单独产品或服务的品牌化要复杂得多。目的地是复合的，是由"一系列包括住宿和餐饮设施、旅游景点、艺术、娱乐和文化场所，甚至自然环境在内的不同的部分组成的"（Morgan and Pritchard，1998：147）。

在广义上，目的地形象可以被定义为个人或群体对某一特定地方的所有知识、印象、偏见、情感和想象力的表达（Lawson and Baud-Bovy，1977）。形象是通过与社会交往相关的意义生成过程来构建的。从营销从业者的工具性视角来看，理想的目的地形象是标准化和同质化的，但实际上形象的形成是一种高度多样化的现象。目的地形象的形成是依赖个人的信念、观念、偏见和经验的动态过程。目的地形象理论的优点在于它将个体聚合成片段，而缺点在于它几乎没有考虑文化因素。

根据科特勒（Kotler）（1993）的观点，最重要的决策变量是个人拥有的信息源。主要的信息源是个人，如家人、朋友或邻居。第二种信息源是商业信息，如广告、销售人员和旅游规划师。第三种信息源是包括大众媒体和公共专家等在内的公共信息。最后一种信息源是经验——亲自参观和体验。科特勒将决策过程解释为对可选方案进行评估后从而形成有效的判断。从消费者将地点看作"特定属性组合"开始，最终的评估经历了五个阶段（Kotler，1993：49）。然后，这个过程包括评估消费者认为本地重要的和有吸引力的属性，并形成一套关于该地方的认识，即目的地形象。这种分类的缺点是它只关注信息源。文化背景、思想结构和社会话语被忽视。可见决策并不总是理性的。决定的具体内容不一定与所提供的信息源或事实有关，而是取决于社会结构和文化解释。真实的地方是一个或多或少会有不同解读的文本。

在旅游研究中，一个地方形象的构建往往取决于游客的动机、经历、社会经济背景和媒体形象等多个变量。根据詹金斯（Jenkins，1999）和其他目的地研究学者的说法，当游客对目的地没有经验或更深入的了解时，新闻、营销和公共关系的重要性自然会增加。但这种划分可能还不完善。媒介形象渗透着目的地形象，也影响着游客对地方的体验。大多数游客希望通过阅读旅行手册、新闻杂志、广告或流行文化来确认和提升对目的地的期望值。

在过程中创建和改变目的地形象。通过"地方形象层级"（Selloy and Morgan，1996：288），潜在的游客对目的地的认识从最初的感知发展到了协商形象。在旅游研究中，这种形成过程通常分为三个阶段（Selloy and Morgan，1996；Mackay and Fesenmaier，1997）。第一阶段，旅游者通过新闻、流行文化、对话或教育等非旅游信息源来构建基础形象。第二阶段，或平行于第一阶段，游客通过旅游业参与者发布的信息说明来构建目的地的理想形象。这些信息说明包括商业广告、旅游指南等。正如我将在后面讨论的，这种区分是非常困难的，因为它没有考虑专业的旅游信息源也会影响新闻和流行文化这一事实。第三阶段，旅游者通过对旅游目的地的个人体验来建构协商形象。这种对其形成过程的阶段性描述给出了理性且合乎逻辑的理解。对于这种真实形成过程的问题，解释学界可能会更好地说明这一点。

瑞典的旅游研究学者西兰佩（Sillanpää）（2002）开发了一种被称为地理形象学的模型，以展示地方是如何在人类头脑中构建的。她基本确定了四个形象创造维度：象征形象（基于身份和生活方式）、情感形象、媒介形象和经验现实形象。我发现很难对这四个形象维度进行划分，因为维度是来自不同的层次，想要区分它们是不可能的。在一项定量研究中（Sillanpää，2004），西兰佩试图确定当代和流行文学在瑞典的影响力有多大。关于中世纪骑士阿恩（作者Guillou）和生活在北部城市帕费拉（作者Niemi）的小说对人们联想小说发生的地理位置会起到中心作用这一假设没有得到支持。进而，这种研究方法可能会受到质疑；以标准化的方式和特别的方式来询问人们，关于他们将帕贾拉或瓦斯特哥德兰在什么时候会联系起来时，可能不会得到靠谱的答案。

借鉴斯图亚特·霍尔（1980）开发的编码／解码的沟通模式，将形象生成作为一个连续的协商过程来分析可能更有效（例如参见Janssen，2003）。这一模式更好地说明了形象生成是一场依赖于文化语境的意义争夺。斯图亚特·霍尔认为，所有文本都具有与生产环境相关的意识形态意义结构（能够通过符号学分析进行研究）。但意义并不是单向的。可能会有不同的解读：（1）主导解读（读者根据隐含的意识形态框架对文本进行解码）；（2）协商解读（读者认为部分文本没有问题，其他部分有问题）；（3）对立解读（读者完全拒绝字面意义）。

在文化和社会建构主义的框架下，有理由反对市场营销或旅游研究中所描述的传统目的地形成理论。一个主要的观点是，旅游目的地形象的形成过程被看作是一个永无止境的解释循环，这比阶段模型更能说明这个过程。阶段模型在营销和管理理论中很常见，它是高度理性和最终假设的结合。另一个要点是前文所提到的，我将地方形象定位为基础的、天真的和真实的形象三者之间的协商。我发现，在与一个地方的真实接触中生成的形象并不是形象生成的终点。当旅游者离开真实地方时，新、旧媒介形象可能会影响地方形象的碰撞和生成。不同形象源之间的差异可能会受到质疑。基础形象的来源很难与天真形象的来源区分开来，因为旅游业参与者可能通过公关手段影响他们。可以通过将目的地设计为"体验阶段"的品牌化技术来影响经验形象。总体而言，旧的阶段模型没有考虑到目的地形象的形成是一个整体的过程，会受到媒体形象、品牌塑造和战略传播等多方面影响。

当地方形象发生冲突

正如我之前所讨论的，目的地形象理论和地方品牌很少考虑新闻媒体的作用，品牌的政治层面被忽视了。新闻媒体被简单地视为销售渠道。从业者把他们的主要精力和预算花在营销活动上,而对社会和政治视角兴趣寥寥。塞尔比和摩根(1996:288)讨论了这样一个事实,即旅游主管部门多年来一直忽视了可能进行营销的非传统方面。例如,很少有地方营销研究人员对新闻和广告在制造目的地形象方面的冲突或关系感兴趣。需要指出的一方面是,地方形象的提升挑战了营销、公关和新闻业之间的传统界限。另一方面是,新闻报道对目的地形象形成过程的影响要比广告活动大得多。

本章中使用的例子显示了作为目的地的地方进行传播的复杂性。厄勒特区作为一个视角非常符合后现代叙事特征的地方,其特征是地方和区域的认同度越来越高,公关形象和新闻报道之间的界限越来越模糊,以及媒体对未来的预测越来越依赖(这导致了对专家的依赖)。这项研究显示了地方品牌与新闻报道之间的两个主要相似点:即依赖固有定型的印象和使用当代关于增长和地缘政治的社会话语。但是,除了这些共生关系之外,品牌话语与新闻话语之间还存在着根本性的差异或冲突——新闻话语是本土化的,而品牌话语则是世界性的。有人可能会说,新闻报道中的地方是不同于其他地方而具有当地文化和地理意义的区域。品牌话语是一个关于全球生活方式和发展问题的世界性竞争舞台。区域和地方新闻媒体从公共管理的角度审视社会,这与以当代地方品牌话语为前提的公共管理中的企业转型(Harvey,1989:14)发生了冲突。

注释

①品牌化是一种市场营销理论和实践,它关注的是品牌的差异化,是一种通过传播来实现的带有属性的符号。品牌是复杂的,不仅仅与市场大众传播有关。克里斯琴·格罗路斯(Christian Grönroos)(2002)的观点是,品牌是通过一种在客户的头脑中建立起来的关系过程,通过这种关系过程,服务、产品或组织与客户之间的所有联系都是有效的。在本章中,我主要使用了地方品牌这个术语,但有时也使用地方营销。后一个概念是一个更广泛的平台,包括其他一些实践,如目标开发或设计。

②我非常感谢安德烈·扬森对本章早期版本的评论。

③该项目的方法论是多方面的,采用了定量辅助材料、内容分析、修辞分析和定性访谈。本研究以16份正式访谈、1183份地区性报纸文本、民意调查以

及对一些公关和营销文本和形象的分析为基础。

④瑞典报纸《南瑞典日报》和丹麦报纸《贝林时报》。

原书参考文献

Altheide, David and Snow, Robert P. (1979) *Media Logic.* Beverly Hills: SAGE.

Altheide, David and Snow, Robert P. (1991) *Media Worlds in the Postjournalism Era.* New York: Aldine de Gruyter.

Anderson, Benedict (1983) *Imagined Communities. Reflections on the Origins and Spread of Nationalism*. London: Verso.

Avraham, Evri (2004) "Media Strategies for Improving an Unfavourable City Image". *Cities.* Vol 21. Issue 6.

Ballerino, Colleen (1995) "Marketing Paradise, Making Nation". *Annals of Tourism Research.* Vol 22, No. 2, pp. 404-421.

Carey, James (1992) *Communication as Culture: Essays on Media and Society.* New York: Routledge.

Castells, Manuel (2000) *Nätverkssamhällets framväxt. Informationsåldern: Ekonomi, samhälle och kultur*, band I. Göteborg: Daidalos.

Couldry, Nick & McCarthy, Anna (2004) "Orientations: mapping MediaSpace". In Couldry, Nick & McCarthy, Anna (ed.) *MediaSpace: Place, Scale and Culture in a Media Age.* London: Routledge.

Cresswell, Tim (2004) *Place. A Short Introduction.* Oxford: Blackwell Publishing.

Dannestam, Tove (2005) *America's Cup och omformuleringens politik*. Paper (work in progress) from the XIV Nordic Political Science Association Conference, Reykjavik, 11-13 August 2005.

Ek, Richard (2003) *Öresundsregion – bli till! De geografiska visionernas diskursiva rytm.* Lunds Universitet: Institutionen för kulturgeografi och ekonomisk geografi.

Falkheimer,. Jesper (2004) Att gestalta en region. Källornas strategier och mediernas föreställningar om Öresund. Ph.D. Diss. Stockholm: Makadam förlag.

Falkheimer, Jesper (2005) *Mediebilden och pr-värdet av Malmö-Skåne Louis Vuitton Acts 6&7 of the 32nd America's Cup – Valencia 2005.* Region Skåne och Malmö Stad. Institutionen för Service

Management: Lunds universitet.

Florida, Richard (2002) *The rise of the creative class: and how it's transforming work, leisure, community and everyday life.* New York: Basic Books.

Grönroos, Christian (2002) *Service Management och marknadsföring – en CRM ansats.* Malmö: Liber.

Grinell, Klas (2004) *Att sälja världen. Omvärldsbilder i svensk utlandsturism.* Göteborg : Acta Universitatis Gothoburgensis.

Harvey, David (1989) "From Managerialism to Entrepreneurialism: the Transformation of Governance in Late Capitalism". *Geografiska Annaler*, Series B Human Geography. Vol. 71. No. 1.

Hall, Stuart (1980) "Encoding/Decoding", in Hall, Stuart, Hobson, Dorothy et al. (ed.). *Culture,Media, Language*. London: Hutchinson.

Hospers, Gert-Jan (2004) "Place Marketing in Europe: The Branding of the Oresund Region". *Intereconomics.* Sep/Oct 2004, 39, 5.

Jansson, André (2003) "The Negotiated City Image: Symbolic Reproduction and Change through Urban Consumption". *Urban Studies,* Vol. 40, No.3, pp. 463-479.

Jansson, André (2005) "Re-Encoding the Spectacle: Urban fatefulness and Mediated Stigmatisation in the 'City of Tomorrow'". *Urban Studies,* Vo. 42, No.10, pp. 1671-1691.

Jenkins, Olivia H. (1999) "Understanding and Measuring Tourist Destination Images". In *International Journal of Tourism Research.* 1-15.

Jones, Calvin (2001) "Mega-Events and Host-Region Impacts: Determining the True Worth of the 1999 Rugby World Cup". *International Journal of Tourism Research*, vol. 3.

Kotler, Philip, Haider, Donald H., Rein Irving (1993) *Marketing places : attracting investment, industry, and tourism to cities, states, and nations.* New York: Free Press.

Lawson, F. & Baud-Bovy, M. (1977) *Tourism and Recreational Development.* London: Architectural Press.

Lindström, Fredrik, Ståhl, Solveig (ed.). *Öresundsregionen – visioner och verklighet* (7). Meddelanden från Erik Philip-Sörensens Stiftelser.

Lull, James (2000) *Media, Communication and Culture. A Global Approach*, 2nd ed. Cambridge: Polity Press.

Morgan, Nigel & Pritchard, Annette (1998) *Tourism Promotion and Power. Creating Images, Creating Identities.* John Wiley & Sons: Chichester.

Ooi, Can-Seng (2004) "Poetics and Politics of Destination Branding". *Scandinavian Journal of Hospitality and Tourism.* Vol. 4, no. 2.

Olins, Wally (2005) *On Brand.* New York: Thames & Hudson.

Pine II, B. Joseph & Gilmore, James H. (1999) *The Experience Economy. Work is Theatre and Every Business a Stage.* Boston: Harvard Business School Press.

Sillanpää, Pia (2002) *The Scandinavian Sporting Tour: A Case Study in Geographical Imagology.* Dr.Diss. Åbo Akademi. V2002:9. Östersund: ETOUR.

Sillanpää, Pia (2004) *Skönlitteraturens påverkan på bilden av en plats. Jan Guillous böcker om Arn och Mikael Niemis Populärmusik från Vittula – en studie av svenskarnas associationer.* U 2004:25. Östersund: ETOUR.

Urry, John (1990) *The Tourist Gaze.* London: Sage.

Wieslander, Anna (1997) "Att bygga Öresundsregionen. Från 1960-talets utvecklingsoptimism till 1990-talets lapptäcksregionalism", s. 77-125, I Tägil. Sven.

Öresunds Lilla Blå: Idébok om Öresundsregionen (2005) [Branding Book.] Malmö/Köpenhamn: Öresund Network.

第8章　空白点：旅游广告中的自然中介

奥萨·特兰德（Åsa Thelander）

> 要知道在我还是个小不点儿的时候，我就对地图十分感兴趣。我常常会一连几个小时看着南美，或者非洲，或者澳大利亚的地图，痴痴呆呆地想象着宏伟的探索事业。那时候地球上有许多空白点，当我看到地图上某个对我特别具有诱惑的空白点（不过它们似乎全都如此）的时候，我就会把一个指头按在上面说，等我长大了一定要到那里去。
>
> 约瑟夫·康拉德（Joseph Conrad），1926年，《黑暗之心》

在约瑟夫·康拉德的《黑暗之心》（1926/2000：21-22）一书中，主角马洛讲述了他童年看地图时激发的对地方的想象。它描述了一个富有想象力的过程，媒介在其中被作为想象力的来源。地图成为马洛对地方想象的巨大灵感来源。我们生活在一个在许多方面与马洛的生活环境形成对比的社会里（参看导言）。其一，我们生活在一种日益被其他类型的视觉图像渗透的文化中。我们每天在不同的媒介中都会遇到一种图像——广告，它占媒介内容的很大一部分，且占比还在不断攀升。广告具有特定的目的，那就是说服观众。每个人都熟悉广告引人入胜的展现形式。当其成为地方的表征时，人们闭上眼睛就可以回想起海滨、沙滩和海水的画面。视觉表征可以唤起人头脑中的画面和对某个瞬间、某个人和某些地方的记忆。为了说服观众，现象的理想化表征被呈现出来。人们也普遍认为广告具有特定效果。这些效果不仅局限于直接的影响，如购买某种产品或改变对某事的态度，而且被认为有长期的影响，因为图像表征现象，既赋予意义又传递情感。令人惊讶的是，虽然已意识到图像的重要性，但在媒介和传播研究中，它们没有得到太多的关注。然而，自1999年以来，传播学领域的视觉研究有所增加（Barnhurst，Vari and Rodriguez，2004）。但是视觉研究没有构成一个单独的研究门类，因此很少受到关注。更令人担忧的是，视觉作品的地位很低（Prosser，2004）。在诸如旅游研究等一些研究领域中，视觉研究却较为广泛。当涉及旅游目的地的表征时，如上例所示，因为有许多代理商在推广一个目的地，广告就成了主要的来源。几乎所有的广告都是为了使人们对所宣传的产品产生兴趣，例如在旅游广告中，所展示的地方是为了推销某个目的地的旅游路线。地方实际上是一种诱惑，是旅行社传达其形象和服务的方式（Bitner，1992）。

在这一章中，我将讨论地方和自然，也就是特定目的地，是如何在旅游广告中被表现的。对旅游广告中自然表征的研究，揭示了一个"真实世界"的现象如何被中介化，以及如何成为文化和社会建构世界的一部分，即它是如何成为文化的。从定义中可以看出两点，即意义和重要性。"意义"指的是广告如何赋予自然以意义；"重要性"指的是地方的建构，即在旅游背景下考虑时，地方的重要性是如何产生的。表征很难对所指对象进行"客观"甚至中性的描述，它会受到语境和文体规范的影响。广告商不仅营销这些地方，他们对地方的表征也是塑造地方的一种方式。广告激发了期待，也会引导对那个地方实际体验的心理意象。对于那些没有去过广告宣传地的人们来说，广告是一种熟悉某地并使其成为自己梦想对象的手段。由于广告可以创造一种中介化体验，我也将讨论观众如何理解自然所表征的意义

实证材料

实证材料是为写一篇题为《广告指导下的自然之旅》的论文而收集的（Thelander，2002）。本文感兴趣的现象是自然——旅游广告如何表征自然，游客如何感知这些表征，同时，他们又如何在其照片中表征自然。本文采用了两种方法和几种实证材料，对包含173张图片的52个广告进行了分析，并对游客进行了24次照片启发式访谈。旅游广告中的图片和受访者自己拍的照片都被用作实证材料。在对瑞典发行量最大且覆盖全国的报纸《每日新闻报》中《每周旅游增刊》刊登的广告进行分析后，我从两个层面对其上刊登的广告做了选

择。首先，它是面向公众的旅游广告的主要来源；其次，在其他日报上发布的广告与在《每日新闻报》上发布的广告完全相同。

广告会根据季节宣传不同的目的地，因此笔者选择1月和9月两个时段进行分析。在这些特定的时段内，随着季节性的套餐和旅行团的发布，旅游广告会越来越多。这项研究选择了包含173张图片的52个广告。根据选择，我们分析了大型旅行社的广告，在这个案例中有7家旅行社占据了团体旅游市场80%的份额。这些旅行社主导着市场，如果加上旅游套餐的话，他们为数百万瑞典人远途行游提供了途径。因此，他们在旅行中产生了大量的自然图像。在选定的时间段内，会刊登几个整版和半版的广告。广告主要以图像的形式来展示目的地，但会在标题和（或）文本中提及目的地来强化其意象。自然只在图片中呈现，很少在文本中提及，因此我对所有的图片都进行了分析。分析广告的几种方法各有优劣，在这种情况下我引入了符号学分析方法。广告的符号学分析已经被用于许多研究（例如Barthes，1969；Bignell，1997；Schroeder，1998），以考察广告试图传达的神话般的意义结构。

我选取了那些在广告宣传的旅游旺季包机旅行的游客作为采访对象，目的不是追踪选定广告的效果，而是采访可能与同一广告相关的人。为了涵盖尽可能多的角度，我们选择了不同社会背景和年龄（16至71岁）的来自不同旅行社的受访者（关于受访者和旅游广告的更详细描述，参见Thelander，2002）。"大众旅游"这个词经常用来描述跟团旅游的游客。这个词表示地位低下，缺乏品位，也表示游客的社会阶层。然而，用"大众"这个词是有危险的，因为这是一种偏见和居高临下的态度，并暗示游客属于特定类别的人。在2001年进行采访时，有220万瑞典人乘坐包机旅行，占瑞典总人口的很大一部分。

自然的四种类型

对所有的图片进行分析后，我们得出了四种类型的自然图像。这四种类型的主要区别在于其真实程度和创意的不同。真实性的四个层次变得很明显，并且以不同的方式被表征出来。麦坎内尔（MacCannell）的舞台真实性理论（1976）是最著名的理论之一。受戈夫曼前台后台理论（1959）的启发，麦坎内尔创建了一个社会接触理论，提出了旅游环境中的六种舞台场景模型。详细来说，场景一相当于戈夫曼理论中的前台，也就是前区。场景二是"被装饰得像后台的旅游前台"（1973：598）。场景三是"被组织得看起来像后台的前台"。场景四是"对外来者开放的后台"。场景五是"允许游客偶尔一瞥而可能被整理干净或者稍微改变的后台"（1973：598在 Corrigan，1997）。而场景六是戈夫曼理论中的后台。此外，麦坎内尔断言，游客的野心或最终目标是到达后区，以获得真实体验。有人批评麦坎内尔，认为他不承认一些游客可能喜欢前台，而对后台没有兴趣（例如Urry1990）。许多研究人员也批评麦坎内尔，认为他具有普遍的精英主义动机（例如Relph，1976；Urry，1990）。关于真实性的讨论也表明了麦坎内尔在概念使用上的问题（另见Jansson，2002b）。谁来决定什么是真实体验？是游客自己还是其他人？是否存在最好的真实体验？

尽管存在相关的批评，但舞台真实性理论在分析广告时还是有用的。麦坎内尔最重要的贡献是区分了旅游环境和社会环境的不同类型。这一理论也可以用来描述不同类型的自然是如何在旅游广告中被表征出来的。自然可以被概念化为一种社会结构。首先，就景观是如何被人们修饰和改良而言，这一理论指出了自然景观向人文景观的转变。当面对旅游目的地时，这涉及景观向服务场景的转变（Bitner，1992）。其次，它是关于地方的中介化，自然在旅游广告中是如何被表征的（参见Jansson，2002b）。这将涉及不同层面的讨论，以及旅游广告为人们提供了哪类表征和这些表征是如何被消费的。

另一个区别因素是，不同类型的旅游目的地在广告中风格和形式特征是如何表征的。真实性的四个层次以不同的方式被表征出来。如何定位观众是很重要的。由于聚光灯关注的角度不同，摄影师和物体之间的距离就对内容生成产生了一定的影响。距离对观众也产生着影响。有些距离接近人们的真实世界体验，并与真实世界的视觉体验有着图像性的关联。例如，因为特写镜头揭示了大量的情感和人物心理活动，所以人们认为特写镜头可以增加观众的注意力，引起观众更强的参与感。与对象或身份产生亲密感的可能性通常被认为是一种优势。根据布塞（Bousé）（2003）的说法，这种结果可能是一种虚假的亲密关系，一种"准社会"关系。因此，在一张图片中，风格元素比刻意的内容更能传达意义（Messaris，1997）。不同的距离意味着对自然表征的不同可能性。长镜头可以展示大片的区域,并取得全景效果,因此,当用特写镜头时,这些可能性被限制了。长镜头使用的是一种非个人的距离,这使得人们几乎不可能看到被拍摄者的面部等细节,也无法融入感情(Bousé,2003)。因此,距离是分析广告性质的一个重要因素。

自然被分为人工自然、驯养自然、未驯养自然和可接近的野生自然四种类型。下面我将更详细地描述这些类别的用法和所扮演的角色,然后再回到有关自然形象及其结果的更重要的研究问题上来。

人工自然是最不"真实"的自然类型,并且可以看作是真实的服务场景(Bitner,1992)。在比特纳看来,它是一个由多种元素和形式构成的复杂的服务场景。这也是对旅游公司提供的全部产品的视觉隐喻,一个完全为游客安排的环境。在这些环境中,游客构成了自然的关注焦点。

对人工自然最简单的描述方式就是将它比作一个公园。公园是为了满足不同的人类活动而建造的。在游客所看到的广告中,公园最核心的部分是游泳池,周围的环境都是围绕着游泳池配备的。泳池周围放置着太阳椅和遮阳伞,越过泳池可以看到一块狭长的草坪和其他被酒店建筑包围的植被。有时还能看清远处的海或山,尤其是天气晴朗时,阳光洒在绿松石般的水面上会反射出一闪一闪的光。这种片段的描述展现的自然特征很少,只局限于树木和花草。一切都是为人类控制和安排的。在人造的自然里有很多人——婴儿、儿童和成年人,却从来没有老人或青少年。他们在游泳池里玩各种各样的水上游戏,或者在游泳池周围的太阳椅上享受日光浴。人工自然里的人永远不会孤单。和谐共处是人工自然中对人们的恰当描述。这样设计的目的是鼓励游客之间的互动。广告也会着重强调家庭关系,并将其描绘成和谐的、纯粹的快乐。感情源于和谐和集体活动。从这个意义上说,自然的作用是非常有限的。太阳为这些活动创造了必要条件,因此,唯一能使他们的体验变得暗淡的就是遮挡太阳的乌云。

由于人工自然自然的特征很少,有人可能会疑惑,这到底是不是一种自然。然而,在这项研究中,这是毋庸置疑的,因为自然的某些特征已经被选出来并出现在几乎所有的图片中。这些被表征出来的特征确实可以帮助看到它的人获得某些体验。

人工自然不仅具有一定的特征，而且还以特定的风格被表征出来。从特写到长镜头，通过不同的尺度，以产生丰富的视觉描述。在数量上，人工自然是主要的表征形式。

　　驯养自然是旅游广告中的第二种自然类型。它呈现出的是受人为因素影响更大的自然，以至于环境完全被人工制品所控制。水是这类自然和人工自然的中心元素，但这里描绘的是海滩而不是游泳池，这里的水更自然化。然而，海滩并不是具体指代，而是驯养自然的形象所具有的某些共同特征。

　　宽阔的海滩和白色的沙子是有关驯养自然广告的中心元素。沙子细密、柔软而干净。大海是绿色或蓝色的，波光粼粼，小浪花拍打着海岸。海水干净清澈，明显能看到靠近海滩的海水很浅，离海岸越远水越深。然而，人类和人造物品，如遮阳伞、散落在一组组太阳椅上的玩具、餐馆和旅馆，占据着海滩。水里也有很多东西，比如脚踏船、浮标和喷气式飞机。最重要的是，在阳光普照的海滩上，披散着金发、裸露着晒黑的身体、穿着沙滩装的游客，他们是驯养自然的主要人物。他们总是以群体的形象出现：比如一对夫妇、一个家庭或一群朋友。在驯养自然中，和谐共处也很重要，因此活动和体验是主题。在驯养自然中，所有的人工制品都暗示着人们专注于什么。驯养自然就是成年人的游乐场。

　　人工自然与驯养自然有许多相似之处，但驯养自然的规模更大，限制更少。人们致力于同一种能带给他们快乐和满足的活动。既然自然特征是被标准化了的，那么除了作为人们活动的前提，自然就一无是处。几乎在每一张图片中都显露出相同的元素。因此，几乎不可能确定这张图片所代表的具体地点。一张图片代表的是法国里维埃拉、土耳其还是希腊是由潜在意义决定的。从数量上而言，驯养自然是广告中常见的主题。它在特写镜头和长镜头中都有表征，也经常出现在旅游广告中。

　　第三种类型的自然是未驯养自然。在这里，人类的存在并不那么明显，人工制品也没有占据图片的主导地位。自然更真实，甚至看起来原封不动。

　　和其他类型的自然一样，海滩可以被看作是未驯养自然的中心地带。然而，与其他类型的自然相比，未驯养自然中的海滩有着明显的特征。即使在沙滩上，有趣的岩石或石块也能吸引人。这种海滩上没有遮阳伞或太阳椅。这些图片表现的是一片几乎空无一人的海滩。越过海滩，山丘或山脉从地平线上升起。它们似乎是未开化自然的暗示。只有经过仔细观察，人类的痕迹才会变得明显起来。例如，你可以在海滩上找到一条小船、一段围栏或者一块毛巾。海滩那边没有人工制品。未驯养自然与19世纪流行的理想的风景画有相似之处。遗迹随处可见，提醒着人类的存在和并未走远的文明（Johannisson，1984）。

很少有人生活在未驯养自然中，但生活在其中的人并不孤单。他们三三两两，悠然成群。他们虽不占据画面的中心位置，但他们的存在却成了画面的焦点。人们并不是全身心致力于各种人为活动——画面更多地聚焦在环境上，而不是人身上。在未被驯养自然中，人们享受着孤独、平静、放松和快乐。

海滩和大海仍然最醒目，但与人工自然和驯服自然有两个重要的区别。首先，有更多的自然元素。这里不仅有狭长的海滩，还有岩石、悬崖、高山和森林。大自然是延展和广阔的，它不仅仅是人们在阳光下和海水里玩耍。其次，主题是变化多样的。某张图片所代表的位置是确定无疑的。大自然不是标准化的，每个地方都是独一无二的。

这类自然在远景中被表现得淋漓尽致。然而，由于特写镜头欠缺，导致对个人经历的描述远远不够，即缺乏对个人经历的表现。这可能会剥夺人们对于未驯养自然的注意力和想象力。综上所述，这意味着自然在这些图像中有一个明确的角色。由于自然界的存在只是为了被观察，因此它主要是一个被动的角色。

第四类自然是可接近的野生自然。这是旅游广告中所表现出的最真实的自然，很少或根本没有人类影响的痕迹。虽然有人在场，但他们并不引人注目，有时人们几乎看不出来。图片的焦点仍然是海滩和大海，但这里是热带海滩。由于珊瑚和贝壳被侵蚀成沙子，沙子非常白（Lencek and Bosker，1999）。海水是蓝绿色的，沿着海滩生长的树都是棕榈树。长长的、连绵不断的地平线展现在眼前——这是20世纪80年代流行的壁纸场景。可接近的野生自然相当于热带自然，充满着异国情调并远离瑞典。远离文明的无限联想可以压倒一切。

很少有人生活在可接近的野生自然中，如果有的话，也是典型的独居成年人。他们沿着海岸散步、读书、冥想，在棕榈树荫下享受着宁静和平和。这是唯一一种将人置身于自然之中，与自然融为一体，享受自然的方式，而不仅仅是描述一些特征。然而，对大自然的印象仅限于视觉。人们处于自然之中，只是观察它，享受他们所看到的。对自然近距离接触所获得的脏的、泥泞的、潮湿的等更为直接的体验却从未被表现。最重要的是，大自然为我们提供了一场视觉盛宴。

根据上述讨论，自然由我们五种感官之一来享受，但是有几个特点值得一看。可接近的野生自然包含了无数细节：它本身就是一个王国。尽管事实上，人被描述为在可接近的野生自然中是独立存在的，但这并不是要告诉我们人是孤独的。这里可以是其他联想。几乎没人会对这种地方产生排他性。此外，它赋予自然一种价值：体验几乎未开发的自然成为一种特权。可接近的野生自然位于热带，远离瑞典人的日常生活。这样的属性赋予了它一种独特性。到那里去不仅要花费一大笔钱，还要花费很多时间，但这些特点却使它更具吸引力。可接近的野生自然和天堂般的自然两者的表征之间有许多相似之处。科斯塔（1998）发现，诸如与世隔绝的、绿色的、未受破坏的、棕榈树环绕的等异国气候都是感受天堂的标志。长期以来，这也一直是理想的完美假期（Löfgren，1999）。天堂与可接近的野生自然的显著区别在于后者可以通过旅行到达。

用专门的长镜头来描述可接近的野生自然，使人们可以一览其全貌。但观众中几乎没有人能识别或接收到大自然所唤起的感情或情绪的线索。当使用长镜头时，自然本身就是焦点，是一个比海滩更广阔的环境。

无地方性、无特征性和无时间性的表征

至此，我们已经讨论了这四种类型的自然及它们之间的区别。尽管有不同之处，但综合起来，他们的共同特征和理念塑造了旅游广告中的虚构自然。按照旅游广告的选择逻辑，所有的图片都将海岸和围绕海滩的生活作为描绘重点。围绕共同的主题，呈现不同的自然。在某些情况下，这种表征更大程度上是一种社会景观，这意味着自然的社会区域化。它变成了一个互动和社会活动的场所（参见Jansson，2002a）。自然是仁慈的，对可能影响到愉快体验的特征从来不会介意或者抗拒，如大雨、风暴、动物、昆虫等。任何可能与不愉快的体验有丝毫联系的暗示或元素都会被忽略。从所分析的图片中可以看出，天

空中没有阴云,海滩上没有垃圾,人们都是幸福和亲密的,无忧无虑,充满幸福感。

图片中所表征的自然都是经过严格选择的。图片中只有白沙、绿树和鲜花衬托下的海滩,所以,许多特征被忽略。原生自然的图片是不会单独出现的,即便出现,也是作为其他类型自然的背景。有趣的是,没有任何迹象表明怎样到达图片中展示的地方。此外,也没有关于如何利用自然或如何享受自然的描述。在分析旅游广告时,能够很明显地看出在这种背景下原生自然是不存在的。要么它不值得参观,要么它在旅行环境中没有任何价值。

在表征这四种自然时,运用了不同的形式和艺术手段。这些手段还传达了自然状态的明确含义。在描述最不真实的自然类型时使用了多种镜头,对其特征、用途和经验进行了"浓缩描述"。因此,它们被认为是最重要的自然类型。只有长镜头被用于更真实的自然类型,因为它可以提供一个概观。然而,身临其境并吸引注意力的可能性很小。这类自然的重要性实在微不足道。

很明显,在旅游广告中表征了不同类型的自然。自然的特征和用途因所表征的自然类型而异。尽管存在差异,但自然是次要的,它被当作休闲场所。同样有趣的是,旅游广告中并不会出现原生自然。这样的理想形象意味着什么呢?

旅游广告中所表现的自然并非具体所指。驯养自然可以看作是在地中海附近的某个地方,但无法辨别到底是意大利、希腊、土耳其、法国还是西班牙。这同样适用于可接近的野生自然,它位于热带的某个地方,但没有进一步指明。这些图片呈现了一个非场所,即"人们没有共同生活但共存或共居的空间";此外,它们也是"以流动和旅行为标志的无根之地"(Augé, 1995),诸如机场、消费和交流空间等非场所的例子都是流动空间。它们有某些共性,但不能被定位在任何地方。因此,海滩度假村也是一个非场所的例子,因为会有一个"海滩度假村的通用方案"(Jansson, 2002a: 433)。总之,旅行广告图片所表征的非场所或空白处都填满了"正确的"标志。

令人惊讶的是,图片中展现的人物在社会环境中很难确定。主人公只是以一种刻板的方式表现出来的简单游客。在一项以旅游手册为研究对象的研究中,丹恩(Dann)(1996)认为旅游手册中游客占据着主导地位。他们是无处不在的主角，很少与当地人互动（Grinell，2004），不存在任何可能表明其社会阶级或国籍的特征。这些人并不老，也不年轻，不像其他广告中的那样漂亮，但也不难看，他们的穿着不算时髦，但也不算过时；他们既没有突出的个人特征，也没有任何个性。在广告中，为了将一个人与一群人或一个理想的群体联系起来，会使用不同的生活方式属性。身材、姿态、发型和妆容都是为这个目的而特意选择的。在旅游广告中，没有任何特定生活方式的倾向。广告中的人物除了有一个共同特征外均毫无特色，那就是他们源于各种社会关系的情感状态都是幸福的。旅游广告中的自然和场所均与感情相关而非属性。

无地方性和无特征性的表征给人一种无时间性的感觉，因为没有迹象表明时间。图片不能代表未来，但旅游广告中的图片也无法代表过去，而或多或少是一种当前的弥散状态。

这与为多次重复使用而设计的库存照片有惊人的相似（Frosh，2002）。没有最终目的和地址的自由摄影师制作这些照片，然后卖给中介机构，中介机构再把照片提供给不同的客户。这些照片被收集到在一段时间内或在特定情况下可以买卖的"图像库"。为了最大限度地提高销售额，图像必须适用于各种用途、产品和背景。为了转售，它必须是一"图"多义的。弗罗什（Frosh）认为，库存照片是"没有信息的代码"（2002：178）。它包含着不太明显的表征，这意味着它依赖于公认的文化刻板印象，并没有背离公认的规范。人们通常是中立的、没有个性的，其目的地是无地方性的，并且也或多或少表征出无时间性。旅游广告中的图片也用作同样的方法。广告、产品目录、宣传册和海报上都有同样的图片，因此，它不是为特定场景而生产的。

每一家旅游公司都有自己的图片库，或保证对其宣传材料上的照片拥有独家使用权。然而，这些照片的通用特征导致了对自然、地点、人物和时间的标准化表征方式。在广告中，同一现象往往有一种习惯性的、无意识的、未经思考的、重复出现的表征。然而，在这种情况下，无意识的表征会对旅游公司的市场策略产生影响。相互竞争的旅游公司在使用图片方面并没有区别。市场上普遍存在单调乏味的无定位策略。在此请记住，这些公司占据了80%的市场份额，并提供了大部分图片，这种单调乏味是普遍现象。这种情况下，经常提及的特定细分市场和不断变化的组团旅游市场似乎并不包括在内。

混合流派

多重意象建构了关于自然的话语。根据巴斯（Barth）（1969）的说法，一个占主导地位的想象建构了一个神话，这似乎是常识和理所当然的。广告是有关旅游目的地信息的重要来源，也是人们感知自然、在自然中做什么以及形成什么观点的理想形象，这些可能会影响人们对自然的关注。

自然、场所和游客的表征在旅行公司宣传材料中反复出现。关于自然的形象，游客还可以从其他渠道获取信息。戴耶（Daye）（2005）在对两份英国全国性报纸上关于加勒比海旅游经历的研究中发现，加勒比海的形象在旅游写作中和广告中一样刻板。然而，在《每日新闻报》中，情况却不尽相同，其分析的旅游广告是在《每日新闻报》中发布的。旅游指南也出现了商业利益的痕迹。格林内尔（1999）研究了瑞典1945—1985年的旅游指南，发现文本越来越侧重于推销旅游业提出的建议，而对教育的关注越来越少。这两个例子可能并不令人惊讶，因为广告对流行文化的影响和流行文化对广告的影响早已得到承认（Fowles, 1996）。表征并不局限于某一种流派，大多数文本都包含了其他流派的内容和痕迹。不同流派之间的痕迹会有所不同，但在旅游图像中，这种情况却很明显且常见。照片就是一个很突出的例子，因为很难区分文章中照片和广告中照片的不同。武断地说，照片并没有特定的流派，它是一个混合流派的例子，其中"越来越紧密的互文性之网被编织起来"（Jansson, 2002: 19），同时也是商业凝视的一个例子，因为非商业代理人会受到宣传表征的影响。

从几个角度来看，表征之间的单调乏味似乎是问题的源头。综上所述，具有商业倾向性的表征占主导地位。我们可以注意到，当同样类型的表征被重复使用而少有变化时，问题就出现了。其结果可能是，这产生了明确的期望，即鼓励游客按照表征去体验旅行。拉格克维斯特（2005）通过对游记作家是如何表征美国的研究，建构了1945—1963年间瑞典所虚构的美国。这些游记作家的作品都关注了那些深受电影和其他媒介图像影响的名胜古迹。媒介化凝视（Lagerkvist, 2005）将游客对一个地方的体验与先前的媒体体验并置。在旅行中，这种凝视受到商业利益的高度影响，人们可以称之为广告凝视。

研究人员描绘了一幅商业互文性后果的黑暗图景（参看Wernick，

1991）。公司为此饱受指责，然而从他们的角度来看，单方面的表征也是会受到质疑的。对于每家公司而言，产品的视觉隐喻都是相同的。从这个意义上说，图像是没有说服力的，因为它们似乎被设计为不被注意。除此之外，莫萨里斯（Messaris）（1997）认为，广告商的首要任务就是使广告内容获得关注。图片的不刻意就会导致一种觉察不到的体验。

富有想象力的游客

这些类型的问题涉及信息和内容本身。传播过程受限于各个方面，而不是观众。观众无法觉察自然的图像是如何被解释和体验的，或者图像是如何被赋予意义的。通常，这是一个隐含的但具有核心意义的视角（Hall，1993），而观众就是根据这一意义来解读广告的。在广告效果的媒体决定论观点中，其他的解码方式可以被忽略。再回想《黑暗之心》中的马洛，广告的作用是微不足道的；想象的过程是私人的，因为他用意义填补了空白点。在前面提到的研究（Thelander，2002）中，游客接受了采访，并讨论了旅游广告，显然受访者对广告采取了三种不同的立场，其中一些立场与马洛极其相似。

一组受访者认为这些图片是消费者的信息，不加思考就会接受。这种立场类似于主流霸权阅读（Hall，1993；Schröder，2000）。这也是受访者对旅游广告的立场。然而，在讨论普通的广告时，他们会和广告内容保持距离。他们十分清楚广告的惯例和特征，并以称职的消费者的身份发声（O'Donohoe，2001）。但当他们参与解码那些能表征并使其想起深受欢迎的活动的旅行广告时，距离消失了，他们接受了广告的表征。这一立场被认为是全能媒体的证据。从这些采访的结果来看，这是一种夸大之词，因为这些人故意使用广告作为一种白日做梦的手段。因此，照片的意义不在于客观事实，而在于利用照片追忆和做白日梦。受访者并不是完全被引诱，或者——正如一些研究人员所说的——被欺骗，相反他们乐于被引诱。他们喜欢这种诱惑，也喜欢这种可能变成现实的幻想。因此，他们如此热衷于解码广告，以至于似乎忘记了自己的初衷。一些研究人员更愿意把它看作是一种从工作和日常生活中解脱的方法。然而，这是言过其实了。在谈论广告的过程中，没有丝毫有关逃离生活的暗示。

关于广告的另一种立场是在对广告持批评态度的观众群体中看到的，类似于对抗阅读（Hall，1993；Schröder，2000）。这些观众清楚地区分了表征和他们自己对旅游地的印象。作为一种因果关系，他们谈论了自己反对广告的立场，以及广告宣传的旅行或目的地与实际的差别。

那些能解码广告并实现自身经历的人代表了一种中间立场（协商阅读，参见Hall，1993）。旅游广告中的照片会让人们或多或少地想起其他的经历或记忆。这些观众实现了自己的体验，并使自己与广告保持距离，但有时似乎只是简单地将自己的印象和广告混合在一起，并使这种混合后的记忆成为他们自己想象的一部分。无地方性和无时间性的想象似乎吸引了这些挑剔的观众（Thelander，2002）。无特征的人物和无特色的地方使观众能够协商其意义。迹象就像能唤起个人的记忆和经历的触发器。这些观众还给这些场所赋予了具体位置，使它们变得熟悉且触手可及。例如，当受访者谈到某个广告——一个代表世界主题的海滩度假胜地的长镜头——他们完全相信它代表了他们曾经游览过的地方，比如土耳其、西班牙、克里特岛、罗兹岛或法国。对天堂的表征显然是与个人在真实世界的体验有关，而不是自由漂浮的幻想。能够定位这种表征的能力是一种实现梦想的方法——它可以通过订购一张票去理想的地方旅行。研究空间分配的扬森总结道："中介的空间幻觉强化了对'第一手旅游感知'的渴望。"（2002a：430）从这个意义上说，很明显，旅游广告中向我们推销非场所或空白中介空间的图像被用作制造地点，就像《黑暗之心》中马洛的地图所做的那样。

结论

本章我讨论了地点和自然在旅游广告中的中介作用。作为一种娱乐资源，它代表了一种刻板印象。这种表征十分普遍，而且出现在严格意义的商业之外的内容上。我还讨论了观众的想象过程。因此，讨论集中在中介和赋予意义的图像上。那么地方和自然的实际消费呢？根据场所消费研究者的说法，媒介消费和场所消费似乎有几个相似之处（Jansson，2002a；Jackson，2005；Thelander，2002）。首先，旅游和看电影都是一种聚集性的文化活动，他们有着相同的逻辑。根据杰克逊（2005）的说法，看电影（电影凝视）和欣赏风景（游客凝视）有着相同的心理活动。扬森（2002a）提出了关于相互平行的观众立场的三种空间分配模式。其次，活动不仅相似，它们还相互交织在一起，因为它们不必遵循曝光传播的顺序，而是一个回路。旅行广告被作为记忆和做白日梦的手段，这意味着经验和未来的愿望与同一形象有关。因此，地点和自然的表征不仅可以被解码，而且可以被重新编码，中介的空白点就很适宜这一活动。

作者简介

奥萨·特兰德，2002年在瑞典隆德大学获媒介与传播学博士学位，留校任服务管理系讲师，研究方向包括与图像相关的各个方面，如不同语境下的图像形成、图像的解读和视觉研究方法，以及旅游与媒介的关系。目前她正在从事一项关于国际零售商形象的研究。

原书参考文献

Ang, I. (1991) *Watching Dallas*. London: Routledge.

Augé, M. (1995) *Non-Places: Introduction to an Anthropology of Supermodernity*. London: Verso.

Barnhurst, K. G, Vari, M., Rodriguez, I. (2004) Mapping Visual Studies in Communication. *Journal of Communication*, December 2004: 616-644.

Barthes, R. (1969) *Mytologier*. Staffanstorp: Bo Cavefors bokförlag.

Bitner, M. J. (1992) Service scapes: the impact of physical surroundings on customers and employees. *Journal of Marketing*, April 1992.

Bousé. D. (2003) False intimacy: close-ups and viewer involvement in wildlife films. *Visual Studies*. Vol 18 (2) 123-132.

Cresswell, T. (2004) *Place: a short introduction*. Oxford: Blackwell.

Conrad, J. (1926/2000) *Heart of Darkness*. London: Penguin Books.

Costa, J. A. (1990) Paradisal Discourse: A Critical Analysis of Marketing and Consuming Hawaii. *Consumption, Markets and Culture*. Vol 1 (4) p. 303-346.

Crouch, D., Jackson, R. & Thompson, F. (eds.) *The Media & the Tourist Imagination*. London: Routledge.

Dann, G. (1996) The People of Tourist Brochures. In T. Selwyn (ed.) *The Tourist Image; Myths and Myth Making in Tourism.* Chichester: John Wiley & Sons.

Daye, M. (2005) Mediating tourism: An analysis of the Caribbean holiday experience in the UK national press. In D. Crouch, R. Jackson & F. Thompson (eds.) *The Media & the Tourist Imagination.* London: Routledge.

Fowles, J. (1996) *Advertising and Popular Culture.* London: Sage.

Frängsmyr, T. (1984) (ed.) *Paradiset och vildmarken.* Stockholm: Liber.

Frosch, P. (2002) Rhetorics of the Overlooked. *Journal of Consumer Culture.* Vol 2 (2): p. 171-196.

Goffman, E. (1959/1978) *The Presentation of Self in Everyday Life.* London: Penguin Books.

Grinell, K. (1999) De som bor vid resans slut – om svenska resehandböckers skildringar av befolkning på resmålen. Göteborg: Göteborgs universitet. Idé- och lärdomshistoria.

Grinell, K. (2004) *Att sälja världen: omvärldsbilder i svensk utlandsturism.* Göteborg: Acta universitatis Gothoburgensis.

Hall, S. (1993) Encoding, decoding. In: S. During. (ed.) *The cultural studies reader.* London: Routledge.

Jansson, André (2002a) Spatial Phantasmagoria. *European Journal of Communication.* Vol 17 (4): 429-443.

Jansson, André. (2002b) The Mediatization of Consumption. *Journal of Consumer Culture* vol 2 (1): 5-21.

Johannisson, K. (1984) Det sköna i det vilda. In T. Frängsmyr (ed.) *Paradiset och vildmarken.* Stockholm: Liber.

Lagerkvist, A. (2005) Amerikafantasier. Stockholm: JMK, Stockholm University.

Lencek, L. & Bosker, G. (1990) *The Beach; The History of Paradise on Earth.* London: Pimlico.

Löfgren, O. (1999) *On Holiday: A history of vacationing.* Berkeley: University of California Press.

MacCannell, D. (1976) *The Tourist. A New Theory of the Leisure Class.* New York: Schocken Books.

Markwell, K (2001) An intimate rendezvous with nature? *Tourist Studies* vol 1 (1): 39-57.

Messaris, P. (1997) *Visual Persuasion. The Role of Images in Advertising.* London: Sage.

Morley, D. (1986) *Family Television: Cultural Power and Domestic Leisure.* London: Comedia.

O'Donohoe, S. (2001) Living with ambivalence. *Marketing theory* vol 1 (1): 91-108.

Prosser, J. (1998) The status of Image-based Research. In J. Prosser (ed.) *Image based research: a sourcebook for qualitative researchers.* London: Routledge.

Radway, J. A. (1987) *Reading the Romance.* London: Verso.

Schroeder, J. (1998) Consuming representation. In Barbara B. Stern (ed.) *Representing consumers; Voices, views and visions.* London: Routledge.

Selwyn, T. (ed.) (1996) *The Tourist Image; Myths and Myth Making in Tourism.* Chichester: John Wiley & Sons.

Schröder, K. C. (2000) Making sense of audience discourses. *European Journal of Cultural Studies.* 3 (2).

Thelander, Å. (2002) *En resa till naturen på reklamens villkor.* Dr diss. Lund: Avdelningen för medie-och kommunikationsvetenskap, Sociologiska institutionen.

Urry, J. (1990) *The Tourist Gaze. Leisure and Travel in Contemporary Societies.* London: Sage.

Wernick, A. (1991) *Promotional Culture: advertising, ideology and symbolic expression.* London: Sage.

第9章　跟着《勇闯天涯》居家旅行：地图学与感官策略

安妮·玛丽特·瓦德（Anne Marit Waade）

古往今来有关出行和旅游经验的媒介化例子比比皆是，例如旅游日志、手册、杂志、广告、旅游系列电视节目、电脑游戏、网站、小说、艺术作品，以及旅游快照、录像带、旅游网络社区中个人拍的照片和讲述的旅游故事。在本章，我分析的重点是旅游系列电视节目，并以热门的背包客节目《勇闯天涯》（*Pilot Guides*）为例，指出在媒介化的旅游体验领域不同的审美策略和文化视角。我在寻找恰当的景观、地方和文化所体现的不同的旅游审美表达和感官模式，以及不同的媒介（摄像机、摄影等）是如何表现不同的图像和审美之间的关系。我不认为旅游节目是地图和真实地点和文化差异的再现，相反，我认为这些节目反映并为观众提供了某种形式的感官体验和全球情况的地图导航。《勇闯天涯》中的地图绘制策略能从每个角度满足观众的观景需求：从青蛙的视角转向人类的视角，再转向鸟类的视角（或者更准确地说，是飞行的视角）。在接下来的一分钟里，你会跟随着主持人的视角，从地图上看到这个位置，或者从高空飞行摄影机的角度，甚至滑翔伞摄像机的角度看到这个位置。这种独特的、居高临下的观赏角度是游客特有的、地点特有的，也是媒体特有的。

媒介旅游与视觉表征

约翰·厄里（John Urry）提出了旅游包含着一种特定凝视的观点，即一种观看景点、景观和城市的特定方式（《游客凝视》，1990/2002）。这种特殊的凝视会影响游客寻找景点和参观景点的方式。游客凝视不仅反映在旅游手册、明信片、广告和旅游宣传海报中，而且也反映在游客自己在旅游过程中拍摄的照片中。约翰·厄里也参与了关于后旅游状态的讨论。受拟像和后现代主义思想的启发，他认为旅游业正在通过游客凝视和游客体验的媒介变得越来越虚拟，游客"知道没有真正的旅游体验，只有一系列可以玩的游戏或文本"（Urry，1990：11）。这种虚构的经历被理解成一种"旅游幻象"。安德烈·扬森在他的文章《空间幻影》（2002）中对这一讨论进行了跟进，他建议将超级旅游作为观察这一现象的一种方式，以描述中介旅游、想象旅游和亲身旅游如何在一个复杂和相互作用的过程中一起发挥作用。旅游业的媒介化意味着对已经模拟的环境进行模拟，而且"矛盾的是，旅游业组织得越有序，它就变得越媒介化——它就变得越模拟"（Jansson，2002：438）。扬森还认为，媒介旅游体验和亲身旅游体验是文化消费和空间占有的不同形式，媒介空间幻影非但没有取代亲身旅游，反而强化了人们对直接旅游的渴望。2002年出版了第二版的《游客凝视》，在书的最后，厄里评论了第一版和后旅游理念引起的讨论。他认为"没有证据表明虚拟旅游和想象旅游正在取代亲身旅游，但这些不同的旅行方式之间存在着复杂的交叉，且差别越来越小"（Urry，2002：141）。我将以这些想法为起点，不是要结束对表征和现实的讨论，而是要提出一种方法来看待不同旅行方式的复杂交叉。

为了说明旅行的不同方面和方式，我们需要区分想象旅游、亲身旅游和媒介旅游：

```
           想象旅游
            /\
           /  \
          /    \
         /      \
        /        \
   亲身旅游————媒介旅游
```

旅游被视为是包含媒介的、亲身的和想象的三种因素的视觉性和表演性文化实践。在这方面，很明显要考察不同的审美表达和关系，以及不同的图像和再现是如何在特定的语境中演绎和发挥作用的。尽管视觉性和表演性在旅游文化中扮演着重要的角色，但旅游美学并不局限于这些形式，而是包括各种

第二部分 媒介化空间

审美表达和感官体验（听觉、嗅觉、味觉、地理触觉和表述能力；另见Urry，2002：146）。有关旅游、媒介和视觉文化之间的关系已经开展了几项研究（例如Crouch and Lübbren的《视觉文化与旅游》，2003；或Crouch, Jackson and Thompson的《媒介与旅游想象力》，2005）。

旅游视觉不仅涉及特定游客的、特定地点的形象，还涉及特定媒介的审美，其中不同媒介技术和文化影响均起着重要作用。彼得·奥斯本（Peter Osborne）（2000）论述了旅游和静态摄影之间的特殊关系，以及旅游业所包含的某些视觉标志和符号学密码。乔纳斯·拉森（Jonas Larsen）跟进了厄里和彼得·奥斯本的观点，并着眼于特定媒介及其审美含义。拉森区分了"旅游瞥视"和"游客凝视"（Larsen，2001，2004）。"游客凝视"是基于旅游广告和游客抓拍中的照相机视角来凝视地点、古迹和景观，其形象的特点是静止的。"旅游瞥视"与汽车和火车作为现代旅游中的交通和机动工具有关；它还涉及表征某些形象的视觉机器。

> 游客瞥视有几种类型：游客可以通过火车车厢、汽车挡风玻璃、汽船舷窗、喷气式飞机的鸟眼孔以及偷窥狂式的观光巴士瞥见景观全貌。这样的移动观看可以通过摄像机典型地表现出来的。而"游客凝视"则是通过静态照相机捕捉和构成的。（Larsen，2001：95）

游客瞥视是对风景的一瞥，是移动的扫视。它代表的是一种情感状态和旅行者的心情，而不是沉思的、敏锐的旅游凝视。旅游瞥视基于一个悖论，即观看景观时的视觉流动性和观看景观时的身体静止性。拉森将旅游瞥视和电影瞥见联系起来："火车和汽车上的观众就像坐在扶手椅上的旅行者一样漫游在空间里——类似于电影观众。"（Larsen，2001：89）摄影机代表一种在旅行中产生图像的新媒介，它不同于照相机拍摄的图片：用静止的照相机以拍照的方式再现和记录旅游景点，而摄影机则影响着我们作为游客的观看方式和行为方式。

> 虽然旅游摄像师可能会"抓拍"一些有象征意义的照片，特别当巴士临时停靠时，但那些拍客更愿意花更多的时间进行全程"拍

摄",而且他们不只对主要的景点感兴趣。相反,他们更注重体验和拍摄典型的现代旅游体验并审视自己。(Larsen,2001:93)

摄像机是一种观看方式,就像一副额外的不用于记录而用于展示地点和生产图像的眼镜。我认为这不仅是一个动态或静态图像的问题,而且是图像的质量和结构的问题。抓拍照片代表一种私人的、真实的体验,而印在明信片上的照片通常被进行高度加工和过滤,代表了舞台现实主义。不同的图像可能与扬森所说的选择旅游景观的共生和对立模式有关(Jansson,2000:435)。明信片上的图片和景观全景图隐含着一种对立的模式,而抓拍和摄像机图像表现了观者和主体之间的共生关系。根据莫滕·肯德鲁普(Morten Kyndrup)(1998)的说法,这些图像有不同的表征效果:前者具有指代表征效应(现实效果),指的是风景和地点本身;而后者(摄像机和抓拍)具有转喻效应,代表着观看和体验地点、纪念碑和风景的人,以及他/她在风景中移动和旅行的方式。不同的图像和媒介代表着不同的审美关系和意义。[1]为了举例说明不同的图像是如何起作用的,以及它们的意义和效果,我将观看《勇闯天涯》中的一段具体节目。不同的图像代表了不同的感官体验和具体的目的地,而这个国家可以被你闻到、感觉到和品尝到。

委内瑞拉——一位性感女人

《勇闯天涯》是探索国际旅游频道根据《孤独星球》旅游指南制作的一档节目,旨在"推介世界上最好、最新、最激动人心的旅游热点"(www.pilotguides.com)。这个系列节目已在丹麦电视频道DR2上播出,每晚7点观众可以跟随节目畅游地球上几乎任何地方。《勇闯天涯》阐明了背包旅行的概念:你独自旅行,遇到同样年轻而自由、远赴异国他乡的背包客,旅行就是旅行。[2]

旅游节目从类型上说是一种混合体,是一种既包括纪录片又包括民族志电影的实景娱乐,是一种将旅游景点作为演播室、主持人作为主角的电视节目。[3]与此同时,旅游节目也服务于目的地市场,有时甚至通过软广告或资金支持来支付和筹划。旅游节目起到了有效的市场营销作用,除了展示旅游本身的积极作用外，还强调不同地方和文化的正面形象和独特之处。旅游节目不会出现批判性的新闻观点，其主要的前提（就像所有娱乐节目一样）是通过营造良好的情绪和感受来拉近与观众的距离，并展现当地的精彩图像。

《勇闯天涯》通过背包旅行和讲述的方式与年轻观众和环球旅行者进行交流。由于这种快捷的方式，节目主持人不断且迅速地介绍新的话题、地点、人物和音乐，受众（从旁观者到摄影师、当地人、同伴等等）也在快速变化，摄像机位置也在不断变化，所以节目的节奏很快。主持人在节目中扮演着非常重要的角色：他不仅是节目的引导者，也是当地人和观众之间的桥梁，既是翻译又是中间人。戴维·邓恩（David Dunn）甚至认为，在旅游电视节目中，"随着前台表演和主持人名气的日益增加，旅游目的地却成了软聚焦的背景"（Dunn，2005：155）。在我看来，位置和目的地在这些节目中仍然扮演着重要的角色，特别是在主持人现场表演和体验方面。旅游节目的观众通过主持人的眼睛观看，将主持人的身体感受当成自己的感受。主持人也通过节目引导观众和展现活力，并与观众进行直接而友好的互动。

当我为这一分析选择案例时，我们遇到了伊恩·怀特（Ian Wright），一位正在前往委内瑞拉途中的精力充沛的英国年轻人[④]；"这个国家拥有你能想象到的一切：山脉、热带雨林、大平原、未受破坏的沙滩，还有一个比尼亚加拉瀑布大16倍的瀑布！"（www.dr.dk/dr2）。这个神奇的国度就像一个人：一个被探险家发现、渴望和征服的性感女人。在这一集中，导游伊恩·怀特多次提到这个想法。例如在一开始的安第斯山脉的场景中，一些背包客称那里是处女地，认为大自然是可以被征服和渗透的地方；后来在梅里达的市场上，伊恩对一款名为"委内瑞拉小姐"的冰激凌大谈特谈（并且在尝了第一口后说："现在我记住她的味道了！"）。后来，观众见到了真正的委内瑞拉小姐，一位高挑且耀眼的女人，比节目主持人高得多。导游用一段简短而幽默的梦境片段展示了他如何通过爬上一个箱子去接近那个女人。当观众跟随主持人来到一家出售圣母玛利亚雕像的商店时，会发现即使这个国家的宗教也会有一种色情的基调，导游选择了一个半裸、拥有傲人胸部、向观众眨眼微笑的圣母玛利亚雕像。

这个国家可以看作是一个被引诱和征服的女人，这种观念也在主持人去学校的一系列场景中发挥了作用。在学校里，年轻人接受良好的礼仪训练，老师试图教主持人成为一个绅士。这个话题也在主持人和其他一些试图在这个国家的荒野中生存的人身上发挥了作用：首先，他试图捕捉一条巨大的蟒蛇，然后在接下来的场景中，他和一些当地的牛仔试图抓牛。在旅游业中，这种性占有和童贞诱惑被公认为是该地有效的讲故事和营销手段。例如，科恩（1995）展示了英属维尔京群岛是如何"在性别差异关系中被归化为女性，并通过参考童贞诱惑而被赋予情色化，使之成为一个'发现自然小秘密'的场所，以实现对已知（男性）主体的超越"（Cohen，1995：410）。

委内瑞拉是一个狂野而惊艳的女人，主持人/背包客试图引诱并征服她，这为这一集创造了一个戏剧性的框架。主持人以幽默和讽刺的口吻讲述，我们遇见的并非一个浪漫的英雄，而是一个屡屡受挫的主持人。他自己没有能力捕捉蟒蛇，在试图成为绅士以及采访委内瑞拉小姐的时候，都显得笨拙而滑稽。观众跟随主持人来到洛斯拉诺斯的一家酒店房间会见牛仔们。当他走进有两张床的房间时，他对观众说："简单的房间留给简单的人。"他扮演着一个无法征服牛、野兽和女人的简单单身男子和孤独牛仔，但另一方面，他又是一个神话般的、有趣的旅行者。他四海为家，旅行成了他的家和生活，所有的地方都有他的行踪和目的地。在这种情况下，他的背包旅行并不是在学习/工作、单身/结婚等两种社会和身份状态之间的人生仪式，相反，旅行成为他的生活状态（Sørensen，1999）。

根据阿曼达·拉格克维斯特（2004）的观点，以及战后游记对美国真相的呈现，像《勇闯天涯》这样的旅游系列节目却采取了完全不同的态度。根据阿曼达·拉格克维斯特的说法，我们可能仍然会谈论一种特定的中介态度，以及该系列节目中表现出来的不同的良好的观看位置，比如寻求刺激景观的游客，收集信息和事实的自然科学家，以及渴望征服新的处女地的（男性）殖民者（Lagerkvist，2004：327）。但该系列节目的趣味性、娱乐背景和导游的讽刺表演，都表明它是通过玩弄文化上的陈词滥调和偏见来精心编排和构建的。换句话说，这并不是委内瑞拉的真实面貌，而是在这种特定场所、特定游客和特定媒介结构中观众能观赏或参观到的这个国家的娱乐方式。

特定场所和特定游客的审美

为了梳理不同的审美策略，我将着重从三个主要方面来阐述：一是特定场所审美，即节目主持人参观和呈现的具体场所；第二是特定游客审美，即包括不同的游客体验、旅行的风格和形式；最后是特定媒介审美，即处理游客自身体验和不同的元传播策略之间的中介。⑤这三种策略是不能割裂开来的，特定游客审美往往也是特定场所，甚至特定媒介的，并且，很明显，特定场所审美的媒介化在某种程度上也是特定媒介的。媒介化本身就是一种旅游体验和地方的审美化。这三种策略被看作是一种分析结构，并作为旅游节目中对不同的接受和审美模式的分类手段。

特定场所审美包含着对特定目的地不同的呈现和再现方式。出现在这些节目中的地方并非随机的，但旅行内容却是随机的。地方的再生化、商品化和审美化并非旅游业独有，而是全球市场经济和"全球化"进程中的一种总体趋势（例如Robertson，1995；Urry，1995）。在地方品牌、本地策划、旅游和特定场所艺术中，特定地方的独特品质尤为重要。在旅游节目中，这些地方既是本地又是目的地，是节目戏剧化的主要原则。环球之旅是该节目模式的主要概念（例如，每天晚上你都会去不同的国家或城市，如越南、埃塞俄比亚、古巴、格陵兰、委内瑞拉等，或者纽约、巴黎、香港等），每一集都基于往返于不同目的地的旅程。当伊恩·怀特去委内瑞拉时，他会努力说明他要去的地方；在节目的开头和结尾部分，他说明他要去的地方和去过的地方，在地图上标出这些地方的位置，展示不同地方的图片，并描述它们的独特之处，这些既是陈词滥调，也是他的亲身体验。

在这一集里，代表委内瑞拉的是安第斯山脉和它那狂野而神奇的自然，是牛仔之乡洛斯亚诺斯，是首都加拉加斯以及它的大都市文化，是加勒比海的天堂岛洛斯罗格斯岛，最后是观众能看到拥有世界上最高瀑布——天使瀑布的亚马孙雨林。这一集所选的地方展现了这个国家在文化、地理和自然方面的巨大差异。观众对这个国家的印象不仅基于对这些地方的神奇印象，而且也基于这些地方之间的巨大差异。观众跟着导游，翻越高山，观看壮观的瀑布，到达充满异国情调的加勒比海小岛，参观荒凉的老旧乡村和现代都市。这一集中特定地点的审美特征在于，这些地方如何作为一个整体协同工作，以及不同场所是如何被呈现的。不同地方的山川景色和城镇风光通过主持人的眼睛和摄像机的全景凝视展现出来。此外，每个地方和场所都成为小故事或表演的地点，例如在安第斯山脉，主持人第一次尝试高空滑翔；在加拉加斯的市场上，他品尝了一种包含水果、鱼子和新鲜牛眼睛的充满异国情调的饮料。自然和文化的荣耀在这一集的最后一幕达到了高潮。一开始，观众可以近距离地看到主持人在总结他的旅程和不同目的地；几秒钟后，摄影机拉远，他变得越来越小，他一直站在一块岩石上，而周围的森林、瀑布、山脉和天空占据着整个画面，使他看起来十分渺小。当主持人慢慢消失时，观众却发现了巨大的景观。特定场所的视角支配着主持人及其行动。出乎意料的是，观众仍能听到主持人的声音，仿佛他就在附近。这种特定媒介的审美效果将观众置于至高无上的、非人类的位置，使他们能以上帝视角观看景观，同时能站在声音的源头附近听到声音。审美也是扮演着不同感官性质的特有感官：听觉（就像嗅觉、味觉和触觉一样）要离得很近，而视觉和视野则不受距离的限制。

这一集针对游客的内容自然是将背包旅行作为娱乐的概念，以及该节目如何迎合已参观过或计划去参观该目的地的那些年轻、受过良好教育和国际化的观众。该节目构成了背包客的仪式实践，这种实践停留在以旅游为特征的文化实践的门槛状态，并表明了人们的转变。旅游朝圣和仪式实践的中介本身就在这个门槛上：在这种停留和离开的状态下，观众和主持人保持一致。

在《勇闯天涯》的这一集中，游客的旅行瞥视被用作一种审美效果。它展示了机动旅行所代表的视觉、感官体验，因此居家旅行者可以体会到特定的旅游心境。我们可以在镜头中看到主持人的旅行。当镜头变换视角，例如前一秒我们还在车厢中看到主持人，下一秒我们就跟着他的目光看向山川景色和城镇风光。当主持人乘坐滑翔伞、漫步山间、驾驶威尼斯小船贡多拉、骑马或乘坐飞机时，这种转换视角也被频繁应用。不同的旅行方式，无论是机动的还是非机动的，都可以通过镜头的运动来展现，它对观众有一种转喻效应，因为当我们跟随主持人的目光时，镜头的运动代表了一种身体体验。骑马、滑翔伞和驾车的差异，不仅体现了不同的身体体验，也体现了不同的景观和空间的视觉形象。

无论乘坐汽车和火车，还是骑马和步行，都是穿越景观的旅行。它们的区别在于以不同的速度构成不同图像。然而当乘坐滑翔伞、飞机或缆车时，图像和景观体验都会发生变化。对图像而言，不仅仅体现在水平轴上的速度变化，而且也体现在垂直轴上的位置变化。乘坐滑翔伞和贡多拉都很接近地球表面——你仍然可以看到下面的一棵棵树、房屋和汽车。但是当乘坐飞机的时候，空间的分配就会改变，景观变得更像一幅抽象的地图，一处只能通过视觉体验而不能进行身体体验的景观。作为观众和实际游客而言，旅行者的移动方式代表了一种主权地位和一种新的不受限制和身体局限选择景观可能性的想象移植。（更激进的数码图像的出现打破了观众自身或交通技术的限制——例如电脑游戏和电脑动画图像。这和正在讨论的情况并不相同。）在背包旅行的媒介变换中，这种位置的改变比现实生活中的更简单、更容易，它成为大量的图像和身体表征的相互作用。

特定游客审美也与目的地国家的旅游形象以及与该国相关的故事和神话相关（例如，这一集最先出现的画面之一是两个牛仔被描绘成落日余晖中孤独的骑手）。就像寻找原汁原味的文化和风景如画的地方一样，扮演与己身不同的当地人也是旅游体验的重要部分。我们甚至可以提供当集节目中使用的真实原声和音乐，以真实而完整地展示目的地。

特定媒介审美

媒介审美方面与其说是关于国家和文化的呈现，不如说是关于中介本身。这种元传播水平可能在所有媒介传播中都存在，但是，将旅游作为一种文化现象和超旅游的概念来看待时，中介在旅游形象和旅游体验中则起着核心作用。在这一集的《勇闯天涯》中，为了强调特定媒介审美，制作团队既安排了具备媒介使用能力的观众，也安排了具备旅行能力的观众。

这一集没有像《真实的委内瑞拉》一样把纪录片作为前提，而是一种体验冒险的开放态度。这里的"我们"既是背包客，也是包括节目理念、制作团队、主持人在内的《勇闯天涯》节目本身，而且这个"我们"甚至是电视观众。通过这个节目，观众和主持人之间建立了友谊，并且成为亲密的旅行伙伴。至高无上的观众与主持人和制作团队一起，以舒适的居家旅行方式征服并游览了目的地。这种媒介社会中的"我们"是针对特定的媒介和类型的，就像节目中使用的不同的视觉和戏剧策略一样。在下面，我将关注这一集中的三个旅行者，每个旅行者都代表了特定媒介审美：主持人、电视观众和摄像机。

节目里主持人被安排成背包客。除了特定地点和特定游客外，节目里还有一个特定媒介的维度。正如我所说，这档节目是纪录片和娱乐节目的混合体。该节目的纪录片元素包括向我们提供关于本地的居民、文化和历史的各种事实，本地的地图，以及摄像机对现实的呈现和记录。当然，节目中也有一些娱乐性元素。与脱口秀和智力竞赛等其他娱乐节目一样，主持人扮演着演播室嘉宾的重要角色，负责与观众之间的交流（参见Bruun，1999）。伊恩·怀特介绍了我们遇见的不同的人和地方。他的解释和评论让我们感到很舒适。他假扮小丑来创造好心情和有趣的体验，他把自己置于滑稽和尴尬的境地，向我们开玩笑眨眼睛，这些都仿佛让人觉得我们是亲密的朋友。他不是观察者（就像纪录片和其他新闻形式中那样），而是策划并促成愉悦交流的主人公。

这一点也可以从他对观众讲话的方式中看出：即使是在滑翔伞上被蟒蛇吓到半死，或者在镜头/观众拉向天空时自己被抛弃在岩石上的时候，他还一直注视着观众。例如，在他与一条鱼交谈的短视频中，他显然不是在和那条鱼说话，而是在为观众表演。叙事是纪录片和纪实娱乐形式的惯用手法，在这里向观众讲故事，不仅是为了解释正在发生的事情，也是为了维系主持人和观众的联盟关系。叙事通常与屏幕上显示的内容有一定的时间差；镜头在外景拍摄完毕后，在演播室编辑旁白。在这次的例子中也是如此，但在旁白中，这是另一个特定媒介和元传播的游戏。例如，一边看牛仔骑马一边听故事时，下一秒另一个牛仔出现在镜头前——主持人在他的马背上说话！观众意识到，他/她本以为是编辑过的旁白，其实是该片段的真实声音。最后一张来自安赫尔瀑布的照片（顺序相反）也有相同的效果，虽然镜头中主持人远在天边，但观众仍能听到主持人的声音，仿佛他近在眼前。

图像的质量参差不齐：在色彩明艳、对比度高和操作快捷的、有清晰质感与模糊的、颗粒状的质感之间，怀旧地回忆起没有真实的声音、只能用音乐或叙事编辑的Super8摄像机。这些剪辑更像是对转瞬即逝且模糊的梦境、记忆和图像的短暂一瞥。观众可以通过图像跟随主持人内心的想象、记忆和感受产生诗意和心理效果,也可以通过打破流动的、真实的画面产生视觉效果。在这两种情况下,图像都在主持人和观众之间建立了联盟;前者,观众接近主持人的内心想象(不仅仅是他所看到的和正在做的),在后者,效果更具元传播性,观众开始意识到这个国家和背包探险活动是如何上演和呈现的。

当然,这一集将观众安排成旅行者的这种方式与主持人角色和媒介的社交能力密切相关。但也有其他媒介特定审美策略让观众(几乎)成为直接的旅行者:我在想,摄像机如何接近物体,节目如何强调旅行和作为一名游客的感官体验,以及观众如何用自己的感官去看、去"品味"或去听。这是一种可以瞬间让媒体、主持人和中介都隐身的现实效果。例如,当主持人和当地同伴参观城市市场并等待当地特色的饮品时,主持人解释了饮料中的成分:新鲜鸡蛋、鹌鹑、鱼子以及牛眼。观众可以近距离观察原料:一手拿起新鲜的水果,将鸡蛋打进碗里,用刀切开牛眼,汁液四溅,用机器将这些混合到一起,最后用玻璃杯呈现出饮料的黏稠度和颜色。镜头停留在物体上,让观众有机会想象抓起水果、打碎鸡蛋、切开牛眼、品尝饮料的感觉。根据昆德鲁普(Kyndrup)(1998)的研究,图像具有一定的逼真效果(参照表征效果),例如,我们可以从广告、时尚摄影和美食节目中通过近距离影像以其色彩鲜艳和清晰的质感似乎获得了触觉、感官和美味的效果,使观众可以想象触摸、闻或品尝物体是什么感觉。这类现实主义的影像只以中介的形式存在,在这种形式下,摄影机可以使暂停、靠近、重复、展示慢动作影像等成为可能,以强调感官方面的体验引导观众的想象力。

我提到的最后一种与特定媒介审美有关的方法是把摄影机当作旅行者。这一问题涉及的是视觉效果的使用,这些效果对旅游业、旅游节目或呈现的具体国家没有表征作用,而是代表了媒介本身——例如主持人在咖啡馆向委内瑞拉小姐告别之后的一小段视频影像是快进的。我们可以看到那个长腿美女快速走下楼梯,只剩下咖啡桌前的主持人。这个电视快进画面既构成了一个幽默的场景,又构成了一种梦幻般的虚幻态度,就好像这个女人是虚构的,这次会面也没有发生过一样。但它却强调了技术和中介对场景的建构。通过与摄影师交谈并做手势,主持人还强调摄像机的存在。几秒钟内,他离摄像机太近,脸都变形了。观众身体的感觉不再自如，而是依靠摄像机镜头的中介和构建作用。由于物体离镜头太近，以致表现出一幅怪异的人体图像，观众才开始意识到摄像机的广角功能。

制图和身体的全球导航

《勇闯天涯》提供的视觉图像与我们从私人快照和便携式摄像机图像中识别出的游客图像相关，构成了某种电视美学的一部分。《勇闯天涯》包括了我们从纪录片和实况电视中识别出的Super8摄像机和便携式摄像机的图像，这两种图像都象征着个人和具体化的经验（前者是怀旧的回忆，后者是日常当下的经历）。低等级视频图像代表着特定游客和特定地点的体验，以及特定媒介的图像。根据乔恩·多维（Jon Dovey）的说法，便携式摄像机图像已经成为"电视真相的特许模式，象征着现实世界的真实性和指向性再现"（2004：557）。乔恩·多维解释说，便携摄像机美学假定了镜头前的景物和它录制的画面之间存在着直接而透明的对应关系，通过坚持地方化、主观化和具体化的体验，对个体与公共物质世界之间的边界进行再现和渗透（Dovey，2004：557）。

总而言之，从美学的角度来看《勇闯天涯》，这种对视觉图像的生产和再现颠覆了传统的旅游业。这些图像从两个层面让观众参与进来：一方面既是作为真实地点和真实旅行的表征，另一方面又是能激发富有想象力的旅行活动且建立社交关系的令人愉悦的图像。与媒体强化这些直接体验的超旅游概念相关，这些图像代表了一种旅游体验的审美化，其中身体和感官体验对游客来说起着主导作用。旅游审美不仅包括旅游如何以不同的中介形式（作为一种风格）被表达、上演、展示和阐释，而且还包括在物质形态和中介接受形态上旅游和作为游客的审美（感官-反身）品质。

制图过程的特征是一个持续的解释性过程（Bjerre Jepsen，2004）。与地图作为特定景观和地点的静态表征不同，制图过程是一个创造意义和联系的动态和主观过程。《勇闯天涯》中的制图导航包含着认知策略、情感策略和感官策略。该系列节目在为观众提供体验、导航和了解这个国家过程中占主导地位。这个地位甚至超越了导游。在一个小时内你能通过驾车、品尝、攀登、乘坐滑翔伞来领略这个国家的风光，并感受其风土人情，第二天晚上你又可以去别的地方。总体而言，这个系列节目把观众放在了一个独有的位置，地球成了目的地（Molz，2004）。这里说的不是一个抽象的、概念性的地球，而是一个充满着愉悦、欢笑和友好的感性的、有品位的、无忧无虑的地球。

在我看来，地方和景观的制图观念与文化全球化、反身化和商品化的进程有关。约翰·厄里讨论了从19世纪的单一旅游凝视到今天的全球化旅游凝视的转变：即"无数旅游凝视的话语、形式和体验的扩散"（Urry，2002：161）。制图过程以认知和感官的方式处理全球景观，正如我所说明的，旅行的中介（以及物质和想象）方式包含着不同的制图话语和体验模式。

作者简介

安妮·玛丽特·瓦德，奥胡斯大学（Aarhus University）信息与媒介研究所助理教授，从事媒介美学、媒介化旅游和文化研究。目前她正在编一本关于现场角色扮演游戏（Parallelle Verdener）的书。

注释

①为了跟进旅游图像的语法及其美学含义，数字技术开辟了新的表达方式和手段，例如互联网、移动博客、照相手机、数码摄像和照相机、全球定位系统（GPS）等，让人们敞开心扉，接受新的交流体验。数字媒体使得实时、互动的编辑和交流成为可能，模糊了接受者和制作人之间的界限。

②这个系列包括两女一男三个不同的导游，每期都由其中一名导游来主导。Pilot（百乐）生产商的多媒体交互系统（Multi Media Interface）制作专门的电视节目，涉及旅行、美食和历史主题，其中《勇闯天涯》在美国被称为《环球旅行者》，之前以《孤独星球》、《星球美食》、冒险和徒步旅行节目《荒野游踪》以及购物和旅游系列节目《时尚芭莎》为名播出。Pilot团队已经在各大陆到访了超过100个地方，成为电视行业中的翘楚。Pilot生产商打造了属于自己的非常成功的世界音乐CD、视频和DVD品牌，并开创了《勇闯天涯》网站，即www.pilotguides.com。

③克里斯汀·斯卡雷·奥杰雷（Kristin Skare Orgeret）（2002）将系列电视旅游节目形容为信息娱乐节目，埃尔弗里德·福尔西奇（Elfrieed Fürsich）

（2002a，2002b）将其视为一种全球新闻。

④本期《勇闯天涯》于2004年11月11日在丹麦广播电视台DR2播出。

⑤与其他类型的旅游、全球新闻业相比，《勇闯天涯》提供了许多分析视角，诸如国家和地方如何通过占优势的民族和全球话语将其作为娱乐节目搬上荧幕的，背包客的态度是如何在节目中上演和反映的，等等（Elfriede Fürsich, 2000）。

原书参考文献

Bauman, Z. (1996) "From pilgrim to tourist – or a short history of identity", in: Stuart Hall & Paul de Gay: *Questions of Cultural Identity*, Sage Publications.

Bjerre Jepsen, N. (2004) "Kort og kortlægninger". in: *Kulturo*, Tidsskrift for Moderne Kultur, no. 19/2004, Copenhagen University.

Bruun, H. (1999) *Talkshowet – portræt af en tv-genre*, Borgen/Medier.

Campbell, C. & Falk, P. (eds.) (1997) *The shopping experience*, Sage Publications.

Cohen, C. Ballerino (1995) "Marketing Paradise, Making Nation", Annals of Tourism Research, Vol. 22, No. 2 pp. 404-421.

Crawshaw, C. & Urry, J. (1997) "Tourism and the photographic eye", in: Chris Rojek & John Urry (eds.): *Touring Cultures – transformations of travel and theory*, Routledge.

Crouch, Davi & Lübbren, Nina (2003) *Visual Culture and Tourism*, NY, Berg.

Crouch, D., Jackson, R. & Thompson, F. (2005) *The Media & the Tourist Imagination*, Routledge.

Dovey, J. (2004) "Camcorder cults", in: Allen, R.C. & Hill, A: *The television studies reader*, NY. Routledge.

Dunn, D. (2005) "We are not here too make film about Italy, we are here to make a film about ME…", in: Crouch, D., Jackson, R. & Thompson, F.: *The Media & the Tourist Imagination*, Routledge.

Fürsich, E. (2002) "How can global journalists represent the 'Other'?" in: *Journalism* 3(1).

Fürsich, E. (2002) "Packaging Culture: The Potential and Limitation of Travel Programs on Global Television", in: *Communication Quarterly*, Vol.50 No 2 Spring.

Giddens, A. (1990) *The Consequences of Modernity*, Polity Press.

Jansson, A. (2002) "Spatial Phantasmagoria – The Mediatization of Tourism Experience", in: *European Journal of Communication*, Vol. 17, Sage.

Jansson, A. (2004) *Globalisering – kommunikation och modernitet*, Studentlitteratur.

Kaare Nielsen, H. (2001) *Kritisk teori og samtidsanalyse*, Aarhus University Press.

Kyndrup, M. (1998) *Riften og Sløret*, Aarhus University Press.

Lagerkvist, A. (2004) "We see America – mediatized and mobile gaze in Swedish post-war travelogues", in International Journal of Cultural Studies, Vol 7(3) p321-342.

Larsen, J. (2001) "Tourism Mobilities and The travel Glance: Experiences of being on the Move", in: *Scandinavian Journal of Hospitality and Tourism*, Vol. 1, No. 2/2001, Taylor and Francis.

Larsen, J. (2004) *Performing tourist photography*, PhD. Thesis, Roskilde University.

Larsen, J. (2004) "*Photographing Attractions*" and "*Memory Work*", in: Bærenholdt, J.O., Haldrup, M., Larsen, J. & Urry, J.: *Performing Tourist Places*, Aldershot: Ashgate.

Löfgren, O. (1999) *On Holiday*, University of California Press.

MacCannell, D. (1989) *The Tourist*, (2.ed.) London Macmilliam.

Molz, J. G.(2004) "Playing online and between the lines: round-the-world websites as virtual places to play", in: Sheller, M. & Urry, J. (eds.): *Tourism Mobilities*, Routledge.

Orgeret, K. S. (2002) "Med gutta på tur; Blikk på verden i TV2's reiseprogram", in: Enli, Syvertsen & Østby Sæther (ed.): *Et hjem for oss – et hjem for deg? Analyser av TV2 1992 – 200*, Ijforlaget AS.

Osborne, P. D. (2000) *Travelling light: photography, travel and visual culture,* Manchester.

Robertson, R. (1995) "Glocalization – Time-Space and Homogeneity – Heterogeneity", in: Featherstone, M., Lash, S. & Robertson, R. (eds.): *Global Modernities*, Sage Publications.

Sørensen, A. (1999) *Travelers in the periphery; backpackers and other independent multiple destinations*; Unit of Tourism Research, Bornholm, 1999.

Urry, J.(1990/2002) *The Tourist Gaze*, Sage.

Urry, J. (1995) *Consuming places*, Routledge.

Waade, A. M. (2002) *Teater i en teatralisert samtidskultur, resepsjonskulturelle mønstre i aktuel scenekunst*, PhD Thesis, University of Aarhus.

Waade, A. M. (2002) "Teater i byens rum", in: Britta Timm Knudsen & Bodil Marie Thomsen (ed.): *Virkelighedshunger*, Tiderne Skifter.

Waade: A. M. (2005) "Rejseholdets Danmarksbilleder: Om stedets æstetik, kameraets kartografiske turistblik og rejsens forvandling", in: *Passepartout*, University of Aarhus, Vol. 24/05.

第三部分 中介化空间

第10章 弹性之家

马格努斯·安德森（Magnus Andersson）

家是一个如神话般存在的场所。在谚语、文学作品和媒介中，它通常扮演着每人都要回归的安全稳定之所。家被描述成一个免受周遭威胁、亲人相聚共享欢乐的港湾。与无名的公共世界相比，家代表着一个私人领域。家的这一形象在媒介中以双重意义再现：一方面在广告和"生活方式媒介"中，诸如有关室内设计、园艺和烹饪及其他家庭活动的杂志和节目（Morley，2003：437），另一方面在基于家庭生活纠葛的肥皂剧和情景喜剧中（Spigel，2001a：5）。与这个温暖的、田园的、私人的、封闭的领域形成对比的是，媒介化之家，在这里，新的信息和通信技术（ICT）穿越墙壁，使家与周围世界始终保持联系，并使之成为全球网络中的一个节点（参见Morley，2003）。讨论点在于家是否需要与世界保持持续的联系，但正如斯皮格尔（Spigel）（2001a：3及后几页）指出的那样，许多当代（美国）媒介评论家把田园般且封闭的家作为出发点。换言之，这种批评源于怀旧，怀念过去，或者更确切地说，怀念它过去的形象。

通过这两个形象，家的意义可以被视为一个关于家庭港湾或全球连通性的问题——封闭的家与延伸的家。能够连接不同语境并削弱距离重要性的媒介（Harvey，1990；Giddens，1990；Thompson，1995）在家庭界限这个问题上起着至关重要的作用。正如许多评论员所认可的，家庭电子媒介尤其是电视，能使人们超越私人领域的界限进行想象或虚拟旅行（Williams，1974；Moores，1993；Scannell，1996；Peters，1997；Morley，2000；Urry，2000；Spigel，2001a）。然而，这个问题比媒介存在与否更复杂。媒介的角色充满矛盾。例如，瑞典一家报纸（2002年11月20日《每日新闻报》）采访了一位曾经无家可归的人，当他谈到能够在自己公寓里通过电视看新闻的乐趣时，很快他就会得到一张沙发。对他来说，看电视比家具更能代表家。正如斯皮格尔（1992，2001a，2001b）在其关于将媒介技术引入家庭的历史研究中所认识到的那样，长期以来媒介技术和媒介消费促进了对家和家庭港湾的表征。因此，媒介是一种复杂的现象，既可以导致家的封闭，也可以促进家的延伸。这与媒介技术作为家具和中介设备的双重含义有关（Silverstone，1994：83；Morley，1995；Østerud，2000）。

因此，家庭媒介有可能成为固化家庭的对象，也可能成为其联系周围世界的纽带。人们应如何面对媒介这种双重性的特点呢？讨论这个问题一方面反映了家的意义，另一方面也反映了媒介消费作为全球化日常生活中的一种空间实践。这里采用了包括1997—2003年在瑞典两个大城市的五个人口区共49次定性访谈在内的两种实证研究项目：第一个是一个市中心区、一个富裕郊区、一个工人阶级郊区；第二个是一个乡村（距离城市50千米）和一个移民占主导的社区。①尽管这是两个不同的项目，有两个不同的目标，但它们都有一个共同的特点，即所有的采访都是基于对日常生活、家庭的意义以及全球化对个人生活和媒介消费意义的讨论。

封闭之家

对流行文化中对家的怀旧描述也有相应的研究，其中一些现象学地理学家将家和地方感描述为所有人类的基本需求（参见Relph，1976；Seamon，1979；Buttimer，1980）。这种田园诗般的描述受到了严厉的批评。正如吉莉恩·罗斯（1993：第3章）注意到的，工作分配不均、冲突、压迫和暴力在家庭中是"自然的"——从频繁发生的意义上说——这是许多女性所经历的。吉莉恩·罗斯对家的体验中忽视结构性性别差异持批评态度。她提到了70年代的社会主义女权主义者，她们认为家和家庭生活是父权和资本压迫的中心；在家里，妇女既没有报酬，又不为人所见（同上：54；参见Massey，1994：第7章；Morley，2000：第3章；Spigel，2001a：第1-2章）。

家与其他场所的区别在于，家有个人特征的可能性。只有当我们把一切按自己想要的方式安排好之后，家才算真正的家。因此，要有家的感觉，就要创造一个家（Wise，2000）。在这个创造过程中，手头能利用的材料包括家具、工艺品和其他物品；对我们来说，这些东西代表着个人记忆、故事和经历。正如诺布尔（Noble）所说："物品的积累蕴含着存在的积累。"（2004：253）一位波斯尼亚的受访者就说明了这一点。她在厨房的不同地方摆放着一些波斯尼亚的小纪念品，以表明自己的来历；这些纪念品是她到达瑞典后朋友带给她的。即使是媒介——技术和文本——也可以如此，通过让人感觉舒适的物品，赋予家个性特征。

受访者聊到，厨房里有收音机，起居室里有沙发、咖啡桌和"角落里的盒子"都是很常见的。通过电视剧和精美杂志的再现，这成了起居室的标配。这一相当细微的经验证据可以被认为是文化归属的标志，成为进行室内设计的文化惯例（参见Spigel 1992）。[②]然而，这种文化模式并不妨碍此种家装风格成为个人喜好的表达——电视在人们的生活中被认为是如此重要，以至于人们希望随时都能看到它。例如，一名受访者（以前是一名水手，现退休了）描述说在他的公寓里有四台收音机，每个房间至少有一台，他能在不同的时间收听。当涉及相反的表达时，这些个人偏好或价值观尤为明显，例如那些想要远离电视的人，会把电视放在家里一个偏僻的角落（参见Jansson，2001：182-183）或把它藏起来（Morley，2003：448）。[③]因此，房屋的布置方式在一定程度上表明了主人对媒介的态度。在受访者中，有一名男子说他没有电视，因为他认为看电视是在浪费宝贵的时间。相反，他在公寓的一个房间里安装了各种高配置的电脑，用于他的新业务。一个女人讲述了书在她生活中的重要性，因此她认为书架是家的重要组成部分。她来自一个记者家庭：

> 当我长大的时候，我们的书架上总是放着各种书——不仅仅是参考书，还有小说等。当我们还是孩子的时候，它们总是在我们面前，

并且我们所有人都读书。在我丈夫家里的书架上除了参考书还有其他东西：几张唱片和一些供观赏的小物件。我注意到，他读的大多是科技期刊。

瑞典的一项民族学研究（Mörck，1991）显示，人们与书籍和书架的关系是皮埃尔·布尔迪厄社交空间理论的一个明确指标：受过良好教育的中产阶级拥有宜家生产的简单书架，上面摆满了平装书和课程书；而工人阶级家庭通常使用很重的书架，装满了书本以外的东西（同上：112，178-181）。

考虑到媒介技术产业不仅努力生产"媒介设备"，而且还设计精美的媒介家具，因此，在人们试图创造个人的和封闭的私人之家的过程中，媒介变得重要已不足为奇（参见Spigel，1992）。也许更令人惊讶的是，媒介文本和表征也可以作为封闭之家的建筑材料。例如，广播电台深深地融入了许多人的早间仪式（参见Larsen，1997）。一个工程师和妻子住在一栋有露台的房子里，他说："房子里一直有声音，早餐时开着收音机，所以从来没有安静过，实际上……我通常会放着音乐吃早餐，看报纸。"[④]收音机为人们提供了在消费的同时做其他事情的机会，这似乎是许多人在家里的老习惯，构成了家庭氛围的一部分（参见Tacchi，1998）。当一个女人被问及她每天使用的媒介时，她甚至忘了说她整天都在听收音机。一位拥有好几台收音机的退休老人说：

当我伴着音乐坐在这里做文书工作时特别舒适。你其实没听，但它就在那儿。

记者：当你在家办公时，听收音机很重要吗？

不，不是。这只是因为我把它放在一个重要的位置，很容易能打开它。厨房里的收音机就在那里（指向窗户），这样我坐在桌子旁时就很容易打开。一旦打开，它就一直开着。

收音机很自然成了居家的另一个象征，好几次采访都是在开着收音机的情况下进行的。但收音机不是唯一一种组成家的"文本"媒介。一位与丈夫和两个年幼的孩子住在市中心的女人描述说，由于孩子和家庭的经济状况，她目前生活在一个"茧"里。当谈到早报时她说:"我无法想象早上没有报纸。这是家的一部分!"另一位独居的女性描述说,看电视是一种重要的放松方式,"下班回家后,你只需坐着看电视就好"。

在创造个人和封闭空间方面有重要作用的媒介文本在家和工作之间的转换中尤为明显。尽管有几个人提到,他们到达工作岗位的第一件事就是看报纸,还有很多人在工作时听收音机,但与工作时间直接相关的习惯性和仪式化的媒介消费似乎发生在家里。媒介成为家的象征性门槛,标志着公共和私人之间的转换。一位受访的信息技术人员非常清楚地表达了这一点。他描述了非常固定的晨间晚间仪式:

> 记者:你晚上回家会做什么?
>
> 首先,我会平静和轻松,就像早上上班一样。我换上更舒服的衣服——宽松的衣服而且不穿袜子!坐下来浏览邮件、信件、发票和广告……可能看一会儿杂志,读一会儿书,喝一杯茶,吃点东西。十分放松……有时我打开电视,然后就睡着了——这就是我打开电视的原因,实际上,并不是为了看电视。大概睡10分钟后,我就进入了夜晚。

报纸和电视帮助人们适应不同的环境。媒介仪式围绕着工作,并明显成为日常生活中不同领域的象征性标志。媒介的仪式性在时间和现象学意义上都为日常生活提供了结构(参见Bausinger,1984;Silverstone,1994:183;Larsen and Tufte,1999)。

由于不同的原因,这些与媒介相关的转变在居家工作的人中间尤为明显(参见本书)。一般来说,对许多人(男性多于女性)来说,家庭生活意味着放松,其门槛标志着一个"休闲领域"的边界。居家工作的他/她必须为他/她的日常生活寻找其他象征性的结构,而媒介就是这些结构资源之一。一位居家工作的自由职业建筑师就说明了这一点。她目前正在从事一个关于书籍的项目,她告诉我们,尽管她试图将工作和休闲分开,但两者却不断混杂在一起。她描述了一个普通的工作日:

......我晚上工作很多。我通常在午夜前后休息一下,打开电视,看一些垃圾节目。

记者:是动作系列片还是什么……?

我甚至不知道那是什么。我什么都看……

记者:你看电视是为了放松还是……?

是的,当你工作了一整天或者需要跳出你正在做的事情的时候,看这些节目是很好的选择。因为不管你是在节目开始还是结束时打开它都没关系……

看电视代表着跨入了家的门槛,标志着从严肃的工作环境到休闲放松环境的过渡。坐在电视前的沙发上,就能把工作场所变成一个封闭的家。媒介与休闲之间的密切关系(参见 Morley,1986;Gauntlett and Hill,1999:第2章)进一步强调了这样一个事实,即媒介消费成为一种仪式,在使用时不受产出的控制。还是这个建筑师,她说她在工作时从不听广播:"我是从事语言和文字工作的,因此我不能一边工作一边听音乐。如果我想要思考,就必须安静。"(参见 Leach,1968;Lull,1990;Rothenbuhler,1998)

这些媒介仪式不仅发生在工作与休闲之间的边界时间上。另一个与仪式密切相关的时间点是工作周的结束,也就是周末的开始。这些媒介仪式通常都有媒介机构来支持,广播娱乐节目适合与家人共度舒适的夜晚。对于大多数有孩子的受访者来说,周五晚上意味着电视之夜,甚至对于那些通常不怎么看电视的父母来说也是如此。一位与丈夫和两个孩子生活在富人区的女士这样评价他们家的周五之夜:

通常情况下,孩子们看着电视里的家庭节目,而我和丈夫则坐在他们旁边的桌子旁,吃着晚饭,喝着酒。那样我们就能待在同一个房间里……周五晚上是孩子们的夜晚。当他们上床睡觉后,我们可以看电影。

仪式不同于日常生活,在这种情况下,在不同的地方吃晚餐,并让孩子们决定晚上的安排。电视桌的摆放更增添了舒适的气氛。在不同的时期，流行的电视或广播节目都会成为周末的大事，每个人都会参加，因此围在一起看电视成为周末的象征。当被问及一家人是否一起看电视时，一名女子回答说：

> 是的，我们一起看。我丈夫和我儿子看的体育节目比我多，但我们会一起看其他节目。对了，我星期六下午和他们一起看足球赛！那真的是星期六！然后，在我慢跑之后，我通常会坐下来，洗个足浴，享受一下。

此外，她有时会看报纸的体育版，以了解工作中的男同事在喝咖啡休息时都在谈论些什么。然而，总的来说，她并不认为自己是体育迷。尽管如此，自20世纪70年代以来，瑞典每周六下午现场直播的英式足球比赛对她来说是一周的一大亮点。足球比赛和家庭环境定义了星期六，以及这一天所表征的所有特殊事情。

这些媒介仪式的一个重要部分在于其社会维度（Carey，1989）。在许多情况下，这些仪式象征着家庭的团结，尽管事实并非总是如此。就媒介可能会分裂家庭的问题而言，一个女人描述了她在拜访嫂子时是如何大开眼界的。在她拜访期间，所有的孩子都在自己的房间里"躲"着，放着音乐，上网聊天，看电视，而只有她和嫂子在客厅坐着。她觉得，这与之前有很大不同，以前去看望嫂子意味着大家会聚集在客厅。然而，更常见的描述是这样的："在我们家，电视是一个聚集点。"通过那些没有表达出类似的媒介消费仪式化模式的独居之人，进一步强化了媒介仪式和家庭生活之间相对较强的联系。但媒介仪式的社会维度也有其局限性，因为它与家和家庭紧密相连。例如，很少有受访者与家庭成员以外的人一起看电视。这一社会习俗似乎与不同的社会阶层有关。一位曾经失业、现在是学生的单身女性，在追过8—10部电视剧之后，把自己描述成一个超级电视消费者。不过，她很少和别人一起看电视。当她和朋友聚会时，她会把落下的几集录下来，这样她就可以随后观看。许多受访者表示在被邀请参加聚会或晚宴时，对打开电视机很恼火，这进而表明看电视被视为私人（包括家庭）活动。然而，在某些情况下，与朋友一起看电视具有社会合理性。有的受访者会谈到与朋友的视频之夜。也有的谈论在酒吧观看体育比赛的乐趣——尽管吸引人的似乎是社会氛围，而不是比赛本身。正如一位没有自己的电视、并对体育运动兴趣寥寥的女性所说的那样："比赛之所以有趣，因为大家都太投入了。"

根据受访者的说法，看电视基本上是一个家庭事件。媒介仪式与家的紧密联系通常作为更大的实践背景的一部分而得到强化，比如边吃早餐边浏览报纸，边做晚餐边听收音机，边喝咖啡边看电视新闻，等等。媒介消费和媒介仪式因此可以被视为吉登斯的社会心理学概念——本体性安全的一个重要方面，即个体通过日常惯例和习惯来规避风险（Giddens，1991：35-47）。媒介被视为封闭机制的背景：通过仪式屏蔽周围的世界，将家表示为稳定和安全的港湾。这表明，媒介不能仅仅被视为信息的传递（Carey，1989：18；参见本书中Falkheimer and Jansson的文章）。在媒介消费与空间的关系中，尤其当涉及空间表征时，从仪式方面将媒介与维护"共同信仰"联系在一起是至关重要的。

延伸之家

家不仅仅是一个从公众需求隐退到稳定和安全需求的空间。封闭永远不可能完成，这里总有公共领域和象征领域的联系。考虑到家的物质层面，其通常将房间作为一种富有表现力的方式来对待，房间的设计是为了让人看到，被人注意。这种表现力通常根植于反身性（"这就是我们想要被人看到的方式"）、体力劳动（"我们在这里涂上了鲜艳的颜色"）和生活体验（"我们结婚时收到了这张照片"）（参见Pratt，1981；Jansson，2001：178-188；Noble，2004）。此外，家通常是在区分公私的框架下组建起来的，在这个框架中，卧室是最私密的部分——客人通常都会犹豫要不要进去。相比之下，"半公共"性质的客厅成为社交的"自然"部分。这种"半公共"方面可以以一位与丈夫、三个孩子以及孩子们的宠物一起住在郊区公寓里的女士为例来说明。她把每天的生活描述为一个不断变化的过程：孩子、孩子的朋友以及宠物到处乱跑，她和丈夫参加各种协会会议，除此之外，还有"循环的电视节目"。正如她所说："你对这里发生的事情视而不见。如果你清醒地看待它，你会看到一些你通常不会注意的东西。"

此外，客厅通常是举行与家庭有关的媒介仪式的场所，这些仪式往往会倾向于让家更封闭。媒介是连接不同世界的主要文化形式，因此用媒介屏蔽周围的世界是非常矛盾的。除了封闭的机制之外，家庭媒介——如家用办公电脑、厨房的收音机、床头柜上的书或随处可见的报纸，都与周围世界相连接，其象征性地延伸了家里。一位男子在评论自己的早餐习惯时说：

> 每天早上报纸都有新消息。我给自己一个小时的时间坐下来阅读，了解世界上正在发生的事情。那是令人满意和喜悦的！

这个男人独自住在郊区的公寓里。他在渡轮上工作，这意味着他很多时候都不在家。这段引文说明了他是如何建立本体论安全的，不仅来自封闭的仪式，而且来自由媒介提供的与周围世界的联系。阅读国际新闻成为安全的一个方面，是对个人作为世界一部分的确认。媒介不仅可以连接国外，而且，比如变幻无常的世界等其他领域也是潜在的目的地。上述这个人谈论他在渡轮上和在家中零散的日常生活时说：

> 每年我在渡轮上度过的时间加起来有半年，这意味着我经常出门在外。另一方面，当我下船时，我会花很多时间待在家里，照看公寓——在你外出时这很必要——并享受生活。
>
> 记者：都怎么"自己享受生活"呢？
>
> 嗯……有时我会看电视或煮一杯纯正的咖啡，放着轻音乐看书，完全把自己想象成在另一个世界。那种感觉太好了！

媒介架起了家和想象世界的桥梁，产生双重存在的可能；"同时出现在两个地方，或者同时出现两次"（Scannell，1996：91）。这些充满想象力的经历可能非常强大。一位女士谈到阅读书籍及其中的强烈情感时说：

> 很久以前，我读了托尔比约恩·萨夫（Torbjörn Säfve）的一本

关于马加科夫斯基（Majakowski）的书《我在燃烧》。阅读过程中有时我不得不停下来，因为我筋疲力尽。他的写作方式很疯狂……让我读得上气不接下气。

在这种情况下，放下书意味着回到家的环境，从想象世界中休息一下，体验一会儿日常的家庭环境。媒介表征着对常规化日常生活的逃离，人们都可以随时在两个世界中来回切换。一对克罗地亚夫妇讲述了他们对美国情景喜剧的喜爱。丈夫说：

> 这些角色太有趣了，你会笑到忘记生活中遇到的问题。在观看这些节目时可以放松身心。你会忘记日常生活的烦恼。

每天的麻烦和痛苦的过往都会促使人们向往那些想象世界的旅行（参见Morley，2000：150）。然而，想象的旅行和封闭的仪式之间没有明显的界线。想象的旅行经常包含在前面所描述的封闭仪式中。例如，一名波斯尼亚妇女描述了她的家人经常在周六围在电视前看一部浪漫喜剧片，周围已经安排上了柠檬水、薯片、糖果：

> 当你进入电影，感情和困惑就出现了；电影中的一些情节也发生在现实中。我丈夫常经常说"只是在演电影"，但事实并非如此，这种事不仅出现在电影里，现实中也经常发生，可能发生在任何人身上。你不可能计划和安排所有事情："它应该是这样的。"根据我的经验，计划赶不上变化。现在我不再像以前那样做长期计划，因为你永远不会知道明天和意外哪个先来。

电影和社会背景建构了一个想象的度假胜地——同时它们也融合了个人的生活状况和明天的不确定性。这种"双重"意义使得我们很难用任何简单的术语来谈论空想。⑤另一个类似的例子是关于一名生活充满了各种奇幻类电视剧和书的女学生：

>我经常看书。如果每天没有东西可以读，我会变得极度不安……当我读书时，它们把我完全吸引住了。我并不是说除了书以外，我没有哭过，而是书真的令我着迷。有很多书都是当你试图去解释的时候听起来很枯燥，但我认为这有助于忘记自己的烦恼，很容易将烦恼抛诸脑后。
>
>记者：是吗？
>
>是的，您可能会与不同的人产生共鸣，并觉得"好吧，如果她能做到，我也能做到"。

这段引述强调了日常生活中与媒介相关的逃避行为的复杂性。媒介化的叙事世界可能成为资源，使人们更容易处理日常生活中的问题（参见Ang，1985；Radway，1987；Fiske，1989；Nussbaum，1995；Appadurai，1996）。媒介的角色类似于早期的童话和宗教，一部分成为想象的度假胜地，一部分成为指导实际生活的模型。正如阿尔君·阿帕杜莱（1996：第1章）注意到的，在想象力的作用下，媒介和人的流动性之间建立了很强的联系。

媒介也可以用来反映传记里描写的过去，记住一个瞬间、一个场所、一种氛围或一种文化。一位与丈夫和两个孩子生活在一起过着修道士般生活的女人，被严格限制看电视。她和丈夫通过广播电视网观看了《洛城法网》："我们觉得这很有趣，因为它有一种美式风格。"由于她丈夫的工作，他们会定期在美国生活，这部关于美国律师的连续剧让他们有机会一睹相关的早期经验氛围。媒介消费中重要的空间意义在于对已经离开的社区或地方保留一部分认知的可能性（Karim，2003）。在这项研究中，有几名移民以不同的方式与自己的祖国保持着联系。一名芬兰女人讲述了她和前夫是如何在70年代因为工作机会来到瑞典的。她现在已离婚并失业，与两个十几岁的女儿住在郊区的公寓里。她通过订阅一家芬兰小报和卫星频道来保持与故土的联系。她看那些芬兰老电影和电视剧——这些在芬兰生活时就已经看过的"文本"。这种对素材的"重看"表明，吸引人的不是错综复杂的剧情，而是回想起过去记忆的机会。无论将传播看作传递观还是仪式观，这些例子都很有趣（Carey，1989）。乍一看，这似乎很自然地将延伸的家与传递观联系起来，而封闭的家与仪式观联系起来。但是，这些例子表明，家的延伸可能具有仪式的维度，即体验社区和确认已知的认识。另一个例子是一位英国人，他以前是一名推销员，已经在瑞典生活了13年。他谈到了互联网给他带来的新的可能性。这在双重意义上加强了他与英格兰的联系：现在他通过电子邮件与亲戚通信，与他的家人和老家都有了更多联系。此外，通过英国广播公司（BBC）的网络服务，他还强化了自己成为英国国民想象社区一员的经历。此外，互联网使他追溯自己的过去成为可能。他年轻的时候曾在英国军队服役，前段时间他找到了一个退伍军人网站，在那里遇到了许多久违的老朋友：

> 再次见到这些家伙真是太棒了，没有互联网这是不可能做到的，因为这些人都分布在世界各地。我们都是在网上见面，但他们又突然回到了我们的面前。有时想想也很吓人。
> 记者：我想那是很沉重的回忆？
> 哦，是的！就像一场梦：当你真的以为自己又回到了那里的时候，你就会知道这些紧张的梦。这也有后果：我开始梦到他们，那些我很久之前做过的奇怪的梦。

这些空间环境转变的体验能为个人提供想象国家社区的概况（参见Moores，1996：56-8；Morley，2000：120-4）。一名职业生涯早期在德国生活了6年的工程师就是一个例子。目前，他与妻子和孩子一起住在居民区的一栋大房子里。他至少收看了30个卫星频道的节目，不过最常看的还是瑞典新闻。他有时会对瑞典新闻中的国家偏见做出反应，例如在涉及大型工业事务中瑞典公司在国际市场上收购或被其他公司收购时就会如此。他有时会"回看"德国新闻，发现该新闻比美国有线电视新闻网（CNN）等频道更"基于事实"，据他说，这些频道更感情化。这告诉我们，新的电子媒介有可能引发全国性的反思，但这似乎只为那些有"相匹配的"经验之人而保留。

家并不封闭，也不稳定。它的界限是流动的，一则新闻简报就能把一个人带到世界的另一个地方，或者让人暂时陷入故事叙事之中。作为娱乐和反思的源泉，媒介表征无处不在。它们为人生规划、身份表达和个人幻想提供了象征性的原材料。象征、叙事和经历不断被调用，因此，内部和外部、我们与他们、家和外界之间的界限总是在协商中。外在也可以构成内在，反之亦然（参见 Massey，1994；Hall，1995）。

弹性之家

到目前为止，我已经讨论了媒介在封闭的家和延伸的家中的作用。一个重要的结论是，我们并非就两种经验主义的范畴进行讨论，即一些人在封闭他们的家，而另一些人则努力延伸他们的家。封闭和延伸之间没有明显的对立。正如莫尔斯所说："电视消费的体验是一边待在家里，一边至少在想象中旅行。"（1993：365）这意味着家庭成员可能在一边是《荒岛求生》节目中的荒岛和另一边是包括美食、红酒、软饮和薯片以及"角落屏幕"上播放着《荒岛求生》节目在内的周六晚上的仪式所包围的客厅之间徘徊（进而增加其存在感）。媒介消费作为一种空间实践，首先与社会背景和媒介消费方式有关（与特定的流派或文本更相关）（参见Bausinger，1984）。问题在于，什么样的社会环境和社会背景促使了封闭，又是什么促使了想象中的旅行？

儿童的媒介消费是控制家庭边界的一个首要问题。一些有小孩的受访者表示，他们担心孩子们消费不适当的内容。出于这个原因，有些家长试图规范孩子们参加的活动。一位建筑师描述了媒介输出范围不断扩大与担忧这些媒介会影响孩子的矛盾情绪：

> 我想有更多的选择是好的，但另一方面，当你有了孩子，你不能让他们选择他们想要的任何东西……我认为，当媒介输出大到你可以全天候坐在电视机前时，问题就出现了。这不是个好现象。

她对主流商业电视的怀疑态度使她和丈夫推行"无电视周日"，在那天，全家人都会看书而不是看电视。父母想要保护孩子免受可怕的电视画面的影响，这自然是可以理解的。然而，值得注意的是，让父母担心的不是故事世界本身，而是媒介模式。父母对各种媒介有着明确的等级划分，即具有教育传承意义的印刷媒介及其授权的消费者比电视更有威望，而电视的输出则由遥远的"电视之家"所控制。这表明了媒介是如何构成布尔迪厄文化社会学核心区分体系的重要组成部分的（Bourdieu，1973）。这表明高等教育资源和大量的文化资本促进了对儿童媒介消费的调节。因此，通过调节哪些"链接"应该打开和关闭来控制家的边界成为一个文化地位和社会再生产必须思考的问题（参见Andersson and Jansson，1998）。

根据自身媒介消费的不同进行家庭边界的调节，在这件事上值得一说的是新闻和小说的体裁，以及人们对它们的态度。这两种体裁往往被视为是相互对立的，即新闻消费具有积极含义，而小说消费则具有消极含义。源于公民身份和政治领域的习俗规定人们应该看新闻，其他类型应该受到限制（Hagen，1992）。尽管如此，还是有很多受访者选择了小说的世界，因为他们认为新闻很"无聊"，而且"一遍又一遍地重复着同样的东西"[6]。在本已充满压力的生活中，新闻成了额外的负担。从公民的角度看，其他受访者似乎更为理性，他们说，除了新闻，他们会限制自己的媒介消费，而报纸和广播电台则是聊天时最受欢迎的消息来源。一位受访者甚至描述了他是如何因听广播入迷，而忘记了他要做的工作。当新闻为这些人打开世界大门的时候，其他人却带着矛盾的心态体验着它。一些受访者认为新闻很重要，但认为他们没有能力参与全球性问题。一位女士对新闻提供的内容发表了评论：

> 可以肯定的是，你从报纸上看不到任何见解。那些国际新闻版面上的内容太无聊了，如果要看的话就不得不强迫自己去读。在地方报纸上读国际新闻一点乐趣都没有。这很遗憾。你只能知道"今天的战争"。
>
> 记者："今天的战争"？
>
> 嗯，一会儿是乌干达，一会儿又是屠杀……这些极端的东西被展示出来。这从来不是关于它在正常情况下是什么样子的——如果不是一个背景中有沙发和楼梯的美国起居室，那它在正常情况下是怎样的从来都不重要……

矛盾的是，如果一个人像这个女人一样对另一个人的日常生活感到好奇，那么他就会被引导到小说中去。小说总是主导着输出，且触手可及。但小说并不是唯一"扰乱"新闻消费的东西。重复的剧情和习惯性的、常规化的消费促成了新闻，而不是视野的扩张：

> 我觉得看新闻很有趣。一边坐在沙发上喝茶一边看新闻很放松。不过，有时候也很烦人。它很零碎，还有很多国际新闻。我觉得——听起来很自私，说起来很糟糕——我对此无能为力。这种时候太多了，例如伊朗和伊拉克。我认为他们会一直持续下去。没有尽头的痛苦……

这段引文说明了媒介支撑着家的封闭和延伸之间的一小步。一个人看新闻，也许是作为晚间仪式的一部分，因为他觉得自己应该看。然而，当世界变得太真实和太具象的时候，一个人就会通过专注于仪式将家封闭起来，世界因此就会突然变得非常遥远（参见Morley and Robins，1995：142）。电视屏幕的矛盾不仅与新闻体裁有关，还有一些类似的节目可能会被认为过于"固执己见"。例如，一名男子描述了他对周末收看家庭电视节目的所谓家庭仪式的矛盾感受：

> 在周五和周六晚上全家人都应该聚在一起，一切都应该是那么舒适的时候，我却真的不喜欢这些节目。我恐慌的是，很少有人做十分有趣的事情，而数以百万计的人则只是静静地坐着看电视，除了吃薯片什么都不做。

尽管不喜欢，但他还是和家人一起看节目，以免破坏气氛。不过他说，他经常会在此时做其他事情。用这种方式，他既是屏幕前家庭消费的一分子，同时又将自己排除在节目的想象世界之外。

媒介消费代表着从被吸引到难以捉摸的一切。因为媒介的双面性（Østerud，2000），"切断"所关注的家的背景和暂停想象旅行的链接似乎相对简单。延伸后的家变得封闭。家的边界总是处在协调之中——要么是与周围的世界太密切和太具黏性，要么是家的环境太局限。这是弹性之家的基础，并基于媒介的双重表达：强化家的现象和分化家的现象（Silverstone，1994：

83；参见Giddens，1990：21）。媒介的双重表达隐藏在不同语境之间相互摇摆的媒介现象学概念背后（参见Certeau，1984：175）。家庭日常生活也许不像我们想象的那样本地化。

结论

家为个性塑造提供了空间，但这并非全球化问题的外部因素。家庭协商中的关闭连接或打开连接、内部或外部、客厅或周围世界，以及封闭或扩展，都使家成为加剧文化全球化进程的中心舞台。全球化与有弹性边界的家之间的联系，与正在讨论的文化理论有关。奈杰尔·拉普波特（Nigel Rapport）和安德鲁·道森（Andrew Dawson）（1998：21，33）认为，包括方法在内的人类学传统依靠的是文化和身份均根植于地方的隐含前提。（参见 Clifford，1997；Gupta and Ferguson，1977）这一观点得到了认同，也受到与流动性有关的"反身性转向"的挑战。这样的观点使以地方为基础的家具有了相对性。毋庸置疑，家是具有空间位置的，也就是说，它是有物理坐标的（至少在西方世界是这样）。然而，空间位置可能并不是对家的感觉中最重要的部分。人们还必须考虑社会关系和个人烙印，即用熟悉的事物营造一种氛围（参见Sarup，1994：95）。怀斯（2000）认为，我们生活的特点就是留下痕迹，用手工制品和实践来标记我们的存在和个性化的地方，例如，把腿放在公共汽车的座位上，当进入一个黑暗的房间时吹口哨，在咖啡馆里埋头看报纸，把心爱之人的照片摆放在桌子上，或者在家里布置家具。"社会环境制约了封闭空间（即使他们自己对别人敞开大门）。"（Wise，2000：298）从这个角度来看，创造一个家就是通过提供我们的个人物品和标记我们的存在来限制和规划一块空间。实践与定位同等重要。媒介和媒介的使用成为空间协商和标记边界的方法。但是，完全控制似乎遥不可及。就像怀斯注意到的，所有符号标记都向其他场所和环境开放链接。这些标记——厨房架子上的纪念品、报纸、摆满书的书架、厨房窗台上的收音机——都有自己的故事，都与其他场所存在联系。没有人能完全控制家的边界，所有的地方都是多维的，都与其他地方存在联系。一个人能创建一个相对封闭的家，但它几乎不会是静态的。它绝不会是一成不变的。正如怀斯所言，怀旧可以用来创造一个家，"但它不是家的心脏"（2000：305）。流动性、弹性和对外关系是我们所谓的家的基本要素（Massey，1994：170）。

如果家是由流动性构成的一个过程，难道这不会给我们带来不完整的体验感、不安全感和无归属感吗？我认为被引述的受访者一般不是与环境格格不入的人。他们的房屋尽管价值不同，但没有人对他们的创造表示不满。在我看来，这就是安全感的源头。避免将安全感与物质层面联系起来是很重要的。能体会到的安全和保障并非来自家的本身或其地理位置，而是来自我们做什么，以及如何做。重要的不是地理上赋予的身份，而是"归属感"（Allon，2000：285）。安全与静态是不同的。基于日常生活而言，减少意外情况发生的习惯性做法可以被视为获得个人和本体安全性的重要策略（Giddens，1991：39-41）。正如人们所想的那样，日常惯例并非一成不变。自从上次我们付诸行动后，无论是在理解上，还是在环境上，总有一些事情发生了变化。日常生活通常与空间环境有关，但可能更依赖于社会和具体环境。日常化是媒介消费的重要背景。和平时一样看电视意味着周遭的情况显而易见且自然而然，例如，一个人和他自己的物品一起在同一时间、与同一群伙伴坐在客厅的同一沙发上看电视。当环境中的一切都被视为理所当然时，通过媒介与外部关系相联系就更容易让人感到安全。周围的世界，无论远在天边还是近在眼前，都将成为日常生活的一部分，使家成为一个具有弹性而安全的地方。

作者简介

马格努斯·安德森，瑞典马尔默大学（Malmö University）艺术与传播学院讲师，从事媒介与文化研究。2006年获得博士学位，代表作为《家庭与世界：媒介消费的空间视角》。

注释

①文化认同转型（CIT）研究项目由博·雷默（Bo Reimer）教授主持，受瑞典人文社会科学研究委员会（HSFR）资助。该项目的目的是使人们对全球化时代媒介消费与文化认同之间的关系有一个广泛的理解。2003年，新闻媒体研究项目由乔纳斯·勒沃格伦（Jonas Löwgren）教授和博·雷默教授主持，并

得到瑞典工业和技术发展委员会（Nutek/Vinova）的资助。这个项目的目的是在一个新的数字媒介环境中改进新闻媒体。（http：//webzone.k3.mah.se/k3jolo/webArchive/n2003/index.htm）

②但是，必须指出，这些习俗是文化层面上的。例如，塔夫特（Tufte）（1998）指出，在南美的许多地方，人们都有把电视机放在门口供大家观看的习惯。

③在莫尔斯（1996）的一项研究中也有类似的例子，一些受访者不喜欢卫星天线，因为它们影响了房子的外观。

④在一项专门针对早餐时间的研究中，也发现早晨这种看似不合理的媒介使用方式。（Dickinson等人，2001）考虑到他们的受访者既强调时间紧迫又需要理性，作者发现这是矛盾的。

⑤在使用和满足的传统中，逃避现实一直被认为是小说的一个功能（McQuail，1994：318-322）。尽管这一引文似乎符合一些功能主义的观点，（即）新闻与"正经事"有关，小说则是娱乐，因此小说的多义性更强（同上：312-316），但我还是反对这种解释。在我看来，消费方式不是由文本或体裁决定的，而是要考虑消费的社会文化背景。

⑥一项对瑞典电视市场放松管制的后果的研究表明，在放松管制之前，新闻把全国各种观众聚集在一起。放松管制后，新闻消费产生了阶级和年龄的问题；一位年轻的工薪阶层观众利用这个机会看了更多的体育节目和娱乐新闻（Reimer，1994：143-146）。

原书参考文献

Allon, Fiona (2000) 'Nostalgia Unbound: Illegibility and the Synthetic Excess of Place', *Continuum: Journal of Media & Cultural Studies*, Vol. 14(3): 275-87.

Andersson, Magnus & André Jansson (1998) 'The Blurring of Distinctions: Media Use and the Progressive Cultural Lifestyle', *Nordicom Review*, Vol. 19(2): 63-77.

Ang, Ien (1985) *Watching Dallas: Soap Opera and the Melodramatic Imagination*. London: Methuen.

Appadurai, Arjun (1996) *Modernity at Large: Cultural Dimensions of Globalization*.

Minneapolis: University of Minnesota Press.

Bausinger, Hermann (1984) 'Media, Technology and Daily Life', *Media, Culture & Society*, Vol. 6(4): 343-52.

Bourdieu, Pierre (1973) 'Cultural Reproduction and Social Reproduction' in Brown, Richard (ed.) *Knowledge, Education, and Cultural Change. Papers in the Sociology of Education.* London: Tavistock Publications.

Buttimer, Anne (1980) 'Home, Reach, and the Sense of Place' in Buttimer, Anne & David Seamon (eds.) *The Human Experience of Space and Place*. London: Croom Helm.

Carey, James W. (1989) *Communication as Culture: Essays on Media and Society*. New York: Routledge.

Clifford, James (1997) *Routes: Travel and Translation in the Late Twentieth Century*. Cambridge (MA): Harvard University Press.

de Certeau, Michel (1984) *The Practice of Everyday Life*. Berkeley: University of California Press.

Dickinson, Roger, Anne Murcott, Jane Eldrigde & Simon Leader (2001) 'Breakfast, Time and "Breakfast Time"', *Television & New Media*, Vol. 2(3): 235-56.

Fiske, John (1989) *Understanding Popular Culture*. London: Routledge.

Gauntlett, David & Annette Hill (1999) *TV Living: Television, Culture and Everyday Life*. London: Routledge.

Giddens, Anthony (1990) *The Consequences of Modernity*. Cambridge: Polity Press.

Giddens, Anthony (1991) *Modernity and Self-Identity: Self and Society in the Late Modern Age*. Cambridge: Polity Press.

Gupta, Akhil & James Ferguson (1997) 'Culture, Power, Place: Ethnography at the End of an Era' in Gupta, Akhil & James Ferguson (eds.) *Culture, Power, Place; Explorations in Critical Anthropology*. Durham: Duke University Press.

Hagen, Ingunn (1992) *News Viewing Ideals and Everyday Practices: The Ambivalence of Watching Dagsrevyen*. Bergen: Department of Mass Communication, University of Bergen.

Hall, Stuart (1995) 'New Cultures for Old' in Massey, Doreen & Pat Jess (eds.) *A Place in the World? Places, Cultures and Globalization*. Oxford: Oxford University Press.

Harvey, David (1990) *The Condition of Postmodernity*. Oxford: Blackwell.

Jansson, André (2001) *Image Culture: Media, Consumption and Everyday Life in reflexive Modernity*. Göteborg: Institutionen för journalistik och Masskommunikation (JMG), Göteborgs Universitet.

Karim, Karim (ed.) (2003) *The Media of Diaspora*. London: Routledge.

Larsen, Bent Steeg (1997) *Hearing and Listening to the Radio in Everyday Life*. Paper presented at The 13. Nordic Conference in Mass Communication Research, August 9-12 1997, Jyväskylä, Finland.

Larsen, Bent Steeg & Thomas Tufte (1999) 'Is there a ritual going on? Exploring the Social Uses of the Media' in *Sekvens 99 Intertextuality & Visual Media (Film & Medievididenskabelig Årbog)*. København: Institut for film- & medievidenskab.

Leach, Edmund (1968) 'Ritual' in *International Encyclopedia of the Social Sciences* (band 13): 520-526. London: MacMillan.

Lull, James (1990) *Inside Family Viewing: Ethnographic Research on Television's Audiences*. London: Routledge.

Massey, Doreen (1994) *Space, Place and Gender*. Cambridge: Polity Press.

McQuail, Dennis (1994) *Mass Communication Theory: An Introduction*. London: Sage.

Moores, Shaun (1993) Television, Geography and "Mobile Privatization", *European Journal of Communication*. Vol. 8(3): 365-79.

Moores, Shaun (1996) *Satellite Television and Everyday Life: Articulating Technology*. Luton: Luton University Press.

Morley, David (1986) *Family Television: Cultural Power and Domestic Leisure*. London: Routledge.

Morley, David (1995) 'Television: Not so Much a Visual Medium, More a Visible Object' in Jenks, Chris (ed.) *Visual Culture*. London: Routledge.

Morley, David (2000) *Home Territories: Media, Mobility and Identity*. London: Routledge.

Morley, David (2003) 'What's 'home' got to do with it? Contradictory Dynamics in the Domestication of Technology and the Dislocation of Domesticity', *European Journal of Cultural Studies*, Vol. 6(4): 435-58.

Morley, David & Kevin Robins (1995) *Spaces of Identity: Global Media, Electronic Landscapes and Cultural Boundaries*. London: Routledge.

Mörck, Magnus (1991) *Storstadens livsstilar och boendekarriärer [Lifestyle and Dwelling Careers in the City]*. Göteborg: Skrifter från Etnologiska föreningen i Västsverige.

Noble, Greg (2004) 'Accumulating Being', *International Journal of Cultural Studies*, Vol. 7(2): 233-56.

Nussbaum, Martha C. (1995) *Poetic Justice: The Literary Imagination and Public Life*. Boston: Beacon Press.

Peters, John Durham (1997) 'Seeing Bifocally: Media, Place, Culture' in Gupta, Akhil & James Ferguson (eds.) *Culture, Power, Place: Explorations in Critical Anthropology*. Durham: Duke University Press.

Pratt, Gerry (1981) 'The House as an Expression of Social Worlds' in Duncan, James S. (ed.) *Housing and Identity: Cross-cultural Perspectives*. London: Croon Helm.

Radway, Janice (1987) *Reading the Romance: Women, Patriarchy, and Popular Literacy*. London: Verso.

Rapport, Nigel & Andrew Dawson (1998) 'Home and Movement: A Polemic' in Dawson, Nigel & Andrew Dawson (eds.) *Migrants of Identity: Perceptions of Home in a World of Movement*. Oxford: Berg.

Reimer, Bo (1994) *The Most Common of Practices: On Mass Media Use in Late Modernity*. Stockholm: Almqvist & Wiksell International.

Relph, Edward (1976) *Place and Placelessness*. London: Pion.

Rose, Gillian (1993) *Feminism & Geography: The Limits of Geographical Knowledge*. Cambridge: Polity Press.

Rothenbuhler, Eric W. (1998) *Ritual Communication: From Ritual Conversation to Mediated Ceremony*. London: Sage.

Sarup, Madan (1994) 'Home and Identity' in Robertson, Georg, Melinda Mash, Lisa Tickner, Jon Bird, Barry Curtis & Tim Putnam (eds.) *Travellers' Tales: Narratives of Home and Displacement*. London: Routledge.

Scannell, Paddy (1996) *Radio, Television & Modern Life*. Oxford: Blackwell.

Seamon, David (1979) *A Geography of the Lifeworld: Movement, Rest and Encounter*. London: Croom Helm.

Silverstone, Roger (1994) *Television and Everyday Life*. London: Routledge.

Spigel, Lynn (1992) *Make Room for TV: Television and Family Ideals in Postwar America*. Chicago: University of Chicago Press.

Spigel, Lynn (2001a) *Welcome to the Dreamhouse: Popular Media and Postwar Suburbs*. Durham: Duke University Press.

Spigel, Lynn (2001b) 'Media Homes: Then and Now', *International Journal of Cultural Studies*, Vol. 4(4): 385-411.

Tacchi, Jo (1998) 'Radio Texture: Between Self and Others' in Miller, Daniel (ed.) *Material Cultures: Why Some Things Matter*. London: UCL Press.

Thompson, John B. (1995) *The Media and Modernity: A social Theory of the Media*. Cambridge: Polity Press.

Tufte, Thomas (1998) *Television, Modernity and Everyday Life: Discussing Roger Silverstone's Work vis-à-vis Different Cultural Contexts*. Unpublished paper, Department of Film and Media Studies, University of Copenhagen.

Urry, John (2000) *Sociology Beyond Societies: Mobilities for the Twenty-First Century*. London: Routledge.

Williams, Raymond (1974) *Television: Technology and Cultural Form*. London: Fontana.

Wise, J. Magregor (2000) 'Home: Territory and Identity', *Cultural Studies*, Vol. 14(2): 295-310.

Østerud, Svein (2000) 'How Can Audience Research Overcome the Divide Between Macroand Microanalysis, Between Social Structure and Action?' in Hagen, Ingunn & Janet Wasko (eds.) *Consuming Audiences? Production and Reception in Media Research*. Cresskill (New Jersey): Hampton Press.

第11章 媒介与工作和休闲空间

斯蒂娜·本特森（Stina Bengtsson）

在乡村，工作和休闲的文化意义与我们今天对日常生活中这些术语的理解不同。维持家庭运转是一个持续的项目，也是整个家庭的集体诉求——一群与我们今天认识的家庭几乎没有相似之处的人。现代性和工业社会改变了这一点，因为它一直在合理化地将工作与休闲从时间和地点上分离开来（参见Giddens，1984：131）。有偿劳动在时间上变得有限（Hellström，1994），并在特定的工作场所进行。因此，家变成了亲密关系、娱乐和休息的场所（参见Frykman/Löfgren，1987：第3章）。

在西方，有迹象表明这种状态最近有所松动。后工业时代信息和思想的生产很少依赖地点，而且从事服务业的人很难分清工作场所和家之间的界限（参考 du Gay，1995；Castells，1996/2000）。劳动组织中的这种新趋势至少意味着三点：第一，如今的工作更容易，不必依赖特定的地理位置和某些生产工具；第二，家再次成为公共和私人（工作和休闲）之间转换的动态场所（参见Andersson，本部分）；第三，服务业以及工作与工作场所的分离也意味着很多人会花更多的时间独处（上班和下班）。这几个方面都提出了有趣的问题，即当工作和休闲都在家里进行时，如何组织日常生活，更具体地说，如何处理工作和休闲之间的关系。这种劳动组织带来的空间转换也以日常和暂时状态的某些变化为特征，这种空间转换与我们对自身和我们当前环境的思考是一致的（参看Goffman，1959：24）。

本章，我将讨论和分析日常生活的空间，特别是工作和休闲场所之间的关系，它们是如何以不同的方式被媒介化，从而被象征性地定义的。我将从理论的角度来讨论这一点，旨在扩展对日常生活转变的理解。我还将结合实例分析来讨论这种观点，并说明媒介在塑造行为和思维方式以及为人类生活创造条件方面的作用。这里要着重考虑两个方面：首先，日常生活的物质性，即行为和思维的物质条件，这意味着要考虑空间的实际特征和物质限制（参见 Lefebvre 1991，1992/2004）；其次，同样重要的是社会条件和规范，它们创造了日常生活中可能或不可能的框架。

事实上，这两个维度是交织在一起的，如果不通过对社会建构的审视，我们将无法体验日常生活的物质维度，而且我们对生活的规范性的先入之见是根据物质和现实条件获得的。为了厘清这两个概念的交集，首先，我将追溯早期欧文·戈夫曼的研究领域（1959：106-141）；接着，我将通过理解现代媒介社会中的文化来讨论它们的相关性；最后，我将分析在日常生活中不同的媒介是如何在工作和休闲空间之间转换的。

媒介空间与日常生活的转变

本文讨论的出发点是社会互动主义者和社会学家欧文·戈夫曼在20世纪50年代末（1959）首次使用的区域概念。这个概念的背景是一个假设，即我们的日常生活可以被视为不同世俗仪式状态的组合——尽管仪式具有的特定日常意义与这个词近乎微不足道的人类学意义相反（Turner，1977；Rothenbuhler，1998；Couldry，2003）。每天，我们在不同的世俗状态之间切换，并根据当前状态调整我们的行为和先入之见。欧文·戈夫曼将工作、娱乐、休息等描述为一种仪式状态（1959：24）。世俗仪式状态是我们允许自己以特定的方式行动和表演的条件，表演应该被理解为我们在日常生活的框架内向他人（同时也向自己）展示自我的一种方式。对于我们中的一些人而言，诸如教师、演员或电视工作者，这种在不同情况下呈现给他人的不同角色和不同类型人物之间的转换，被认为是日常生活中自然和众所周知的一部分。对于其他人而言，我们在不同背景下进行的各种表演是在不知不觉中进行的，因此看起来更加令人沮丧（尽管大多数人肯定有一种感觉，他们在家里对孩子的表现与在工作中对同事的表现不同）。当我们在这些仪式状态之间转换时，我们也会将注意力转移到周围的环境中，通过这种方式，我们自己的行为改变了它的性质。日常生活中不同的礼仪状态之间的区别关系到我们如何看待自己与我们目前的社会和物质环境的关系。我们也会调整习惯以适应目前的区域。欧文·戈夫曼将这种区域定义为：

> 在某种程度上受到感知障碍限制的任何地方。由于不同的传播媒介产生不同的感知障碍，区域受到限制的程度也不同。因此，例如在广播控制室中使用的厚玻璃板，可以在听觉上而不是在视觉上隔离区域，而以纤维板隔断为界的办公室则以相反的方式隔离区域。（1959：106）

戈夫曼是一位人类学家和社会学家，他对人类生活中社会互动的研究最为著名，显然他对日常生活交流中的物质维度也很清楚。某一地区的构造本身就是一种社会结构，它与所建构的物理空间的物质条件密切相关。因此，这些条件为人类行为和社会互动创造了空间和框架。这种交流的物质条件可以通过纹理来理解（参见Lefebvre，1974/1991：42，2004；另见Jansson，本书）。空间的纹理可以理解为行为和交流的物质结构，或许亨利·列斐伏尔清楚地表达了这一点："每个空间在其参与者出现之前就已经就位。"（1974/1991：57）沟通条件的这一物质方面似乎是确定的，在某些方面亦是如此。列斐伏尔继续说：

> 因此，空间的纹理不仅为没有特定空间且没有特定联系的社会行为提供了机会，而且在很大程度上决定着集体和个人所使用的空间实践：即使它们不能被简化为这样的实践，也包含着一系列象征性实践行为。（同上：57）

因此，空间的物质条件，或者可以被认为是传播行为发生的具体空间，对于人类互动（即使只有一个人占据特定空间）的发展非常重要。但这并不意味着条件结构永远是牢固和稳定的。在戈夫曼后期的研究《框架分析》（1974）中，他指出了围绕人类行为的社会和物质环境，为特定类型的表演创造了机会。他还指出了"调音"的情况，微妙的迹象表明了行为状态已发生根本变化（同上：40-83）。行为上的细微变化可能是一个信号，告诉观众一场好玩的摔跤比赛突然变成了一场充满敌意的战斗。这种行为上的变化可能很难清晰地表达出来，但对所有参与者来说都一清二楚。由于戈夫曼的框架和"调音"理论是在一个较少被媒介渗透的社会和日常结构中发展起来的，他关注的重点放在人的社会互动，以及缺乏互动的背景区域问题上。今天，从现代媒介文化的角度出发，我们要关注以下重要的两点。

首先，我们必须考虑到，我们的日常媒介不能被认为只是没有文化意义的空洞的人工制品。电视、电脑游戏或书籍与消费它的个人之间总是建立在一种文化关系上。约翰·B. 汤普森（John B.Thompson）将这种文化关系称为"中介式准互动"，即一种实际上没有发生传统意义上双向交流的体验与媒介互动的方式（Thompson，1995：84及后几页）。因此，当人们与媒介互动时，即便是完全独自一人，也会出现某种类型的社会建构区域。法国哲学家布鲁诺·拉图尔（Bruno Latour）阐明了其另一个层面。他认为，我们每天使用的日常人工制品必须被视为衡量我们日常行为的代表。这一假设的立足点是，人类文化从来都不是单独围绕社会互动而构建的。相反，与几乎所有其他生物不同的是，人类一直依赖物质的人工制品来交流和表达意义，并确定自己在世界上的位置和理解我们所处的环境（Latour，1992，1991/1993）。布鲁诺·拉图尔主要讨论了技术和物质层面上的人工制品。因此，作为一种媒介文化，我们必须将媒介视为建构空间的物质的人工制品和有形的声音、图片及移动影像，但也不能忘记这些表征中的象征性内容。这三个维度的交集有助于我们理解媒介在日常生活中的使用。

其次，我们还必须考虑到，日常生活的物质条件可以很容易地通过增加或改变伴随它们的媒介环境来重构。因此，为了体现在情境框架内的表意实践，通过诸如打开和关闭收音机之类的动作，可以微妙地改变情境的物质性，进而也可以改变行为的可能性。在我们现代的日常生活中，这些"调音"常常被媒介化；伴随着特定媒介，表意实践构建了对空间的日常理解（Connell and Gibson，2000：6）

因此，在考察各种社会情境时，情境框架既是一个抽象范畴又可以是一种实用的分析工具。一个特定情境的特征可以通过许多不同的方面呈现出来；

无论是私人的还是公共的活动，无论其发生的特定空间是公共场合还是私人场合，以及无论当时情境下涉及哪种人。在这方面，通过包括和排除个人的特定方式，空间可以有许多不同类型的场（Stockfelt, 1988: 148及后几页）。情境空间场创建了在特定情境下何种行为更为适当的框架，并创造了参与个体必须考虑的不同类型排他性的生成范式。私人排他性根据他们是谁来排除个体，作为场所的家就是一个在很大程度上具有私人排他性的地方。如果你发现你的厨房里有人在做早餐，而他不是你的亲属，你肯定会大吃一惊。例如，没有事先询问就换电视频道，就像你在别人家表现得像在自己家里一样，这严重违反了排他性的情境。同样的机制也存在于教室、办公室以及根据个人情况限制访问的其他地方。相反，社会排他性通过规范行为来限制进入特定场所。强空间场会形成严格的行为规则，如在教堂、电影院、太平间或音乐厅。而购物中心是一个不那么严格的弱空间场，在那里自言自语被认为很奇怪但不会被禁止（这在教堂或古典音乐会上是不可接受的）。斯托克费尔特（Stockfelt）认为，音乐以及其他类型的媒介环境，都可以用来创造不同类型的排他性。商场里播放的是"大众"音乐，以满足潜在顾客所能代表的各种音乐品位。当在一家小型音乐俱乐部播放晦涩难懂的前卫流行音乐时，媒介也同样被用来表征这个地方的空间场，但在这种情况下却排除了那些认为不合适的人。因此，媒介参与了创造一个地方的社会排他性等级，并形成了其框架。但与此同时，不同类型的空间场也为媒介使用创造了不同的空间。听一段音乐或看一部特定的电影是一种不同的行为，这取决于它是在家里独自欣赏，还是在音乐节或电影节上与其他人一起观看。

因此很明显，媒介使用和其他人类行为在很大程度上依赖于对媒介使用情境框架的调整，也依赖于对这些框架有可能的改变。通过在情境中引入新的元素或线索（另一个人、一种不同的媒介内容），情境的性质可以从根本上改变，因此，我们还必须考虑社会行为和互动的框架，以使其符合社会行为规范。这些元素可以是物质上的（关掉收音机预示着早餐的结束），也可以是精神上的（"现在让我们变得有用"）。不断变化的框架也改变了我们个人和社会行动的可能性。

戈夫曼的自我呈现理论是从广义的日常生活分析上发展起来的，也是从媒介传播作为人类生活和互动的次要基础的社会中发展起来的。有鉴于此，戈夫曼理论的一些重要方面值得讨论。我们不可能忽视媒介对人类互动和自我体验的影响，例如，我们知道，现代媒介已经弱化了以前与时间和空间的"自然"关系和连接（参看 McLuhan，1964/1999；Meyrowitz，1985；Thompson，1995；Giddens，1990）。然而，对于我们理解现代生活来说，不那么实质性的方面也很重要。在戈夫曼的论述中，前台和后台之间的区别描述了两种在地理和功能上都不同的区域：从地理上而言，后台以前被认为是个体能够撤离的地方，可以远离他人的视线，不受公共领域中对行为要求的约束（尽管戈夫曼指出，后台也可以被准备共同表演的人群使用）。然而今天，后台——那个能让个人可以后退一步休息、为接下来在前台的行动做准备，或者处理私事的地方——可以在现代媒介的支持下随时产生。随身听、iPod和移动电话之类的媒介都在其个人与其周围世界的私人空间之间设置了障碍，进而在某些方面出现了后台。由于现代媒介让我们看到了许多有关他人的私密细节，因此私人与公共，以及前台和后台都变得难以区分。另一方面是文化的个性化，手机的广泛使用本身就是一个例子。如今，许多类型的媒介消费活动都是单独发生的，这肯定会影响用户的行为。尽管认为孤独会消解所有的社会习俗和行为规范是天真的，但关注孤独创造的各种行为规则仍然是很有趣的。我们为自己构建了什么样的框架？当独处的时候，我们是如何组织空间的？

日常生活中的工作和休闲

我将通过介绍三个人和他们在日常生活中使用的媒介，或者更具体地说是介绍他们在日常生活中工作和休闲之间的关系，来深化这一讨论和进一步分析。这些人从事的工作都具有不同的象征意义，都是新劳动力市场的代表；他们都有灵活的工作时间（至少不受上级控制——实际上都没有上级），而且在如何安排日常生活中的工作和休闲时间方面有很大的自主性。尽管这三个人在这些方面有明显的相似之处，但经过分析也能发现他们之间的明显不同。分析中最有趣的部分将集中在包括创造（日常）空间纹理在内的媒介是如何有助于在日常生活中创造一个象征性空间，在这个空间里，特定的行为是适当的，而其他的则不是。这里的焦点人物如下。

尤西（Jussi）是一位50岁出头的自学成才的艺术家，已婚，是三个女孩（年龄从2岁到10岁）的父亲。他和家人住在乡村海边的一间小房子里。自从在20岁出头决定成为一名艺术家以来，他一直设法靠自己的艺术才能生存，因此他很少花时间做其他工作。他有时必须离开家去完成其艺术作品的某些部分（例如，他的雕塑是在离家一天车程外的铸造厂制成的），或者是为了与博物馆、美术馆等讨论展览。但是他通常在自家花园里新建的工作室工作。

佩尔-弗雷德里克（Per-Fredric）是一名30岁出头的单身男子，自由记者。他住在大城市郊外的一个公寓里。佩尔-弗雷德里克是一位受过良好教育的药剂师，在其受教育的过程中学习了新闻学，此后就改变了自己的职业。他每周仍有一天在药房工作，但其余的时间他都待在家里从事他的自由职业。佩尔-弗雷德里克的公寓包括厨房、浴室、卧室、客厅和办公室。他每天早上9点左右进入办公室，中午适当休息一下，大约用一个小时来吃东西和听收音机，然后再回到办公室一直待到晚上6点。

萨拉（Sarah）20多岁，在大学里学习人文科学。她和一位女性朋友合住一套公寓，但很多晚上都住在她男朋友家，男朋友也经常去她那里住。现在萨拉的时间比以前更有条理了，因为与以前相比，她现在选修的课程包括更多的讲座、研讨会、小组项目等。即便如此，每天这些活动最多不会超过两个小时。除此之外，通常在周末午餐时间，有时（但很少）也在周末晚上，她会去餐厅当服务员。由于萨拉和她的朋友合住在一个很小的公寓里，因此公寓里的几个房间必须为许多不同的任务腾出空间。萨拉的朋友睡在厨房里，萨拉的卧室同时也是客厅、餐厅、电视房和她的工作室。她通常每天在学校里待上几个小时，然后下午回家学习。

在下文，我将围绕着以上三个人讨论媒介在他们日常生活中创造工作空间和休闲空间框架中的作用。分析的中心将是媒介在工作和休闲之间从物质和心理两方面建构仪式性框架，即在日常生活中建构特定的工作空间和休闲空间，以及为可接受的日常行为建构心理框架。此外，还将分析媒介在日常区域生产中的作用。

媒介使用与日常生活结构

从更广泛的角度来看，很容易看出三个人生活总体结构的差异。对于一位年幼孩子的父亲，尤西对孩子和家庭其他成员的社会责任是他在日常生活中形成空间和时间利用框架的一个因素。接送孩子上学、去幼儿园和参加业余活动的时间很少是可以协调的，而其余家庭成员的生活必须设法适应这些固定的时间点。弗雷德里克和萨拉还有其他社交场合。由于在某些方面是独自生活（尽管萨拉有女室友和男朋友），他们在家里的社交义务并不太严格。他们在户外的社交生活十分活跃，他们会见很多朋友，去电影院、酒吧和剧院（很少）。这些活动大多在晚上进行，这肯定会影响到他们的日常生活结构。弗雷德里克在工作中必须考虑不同的因素：一方面，他依赖于工作中涉及的人的时间结构——他为之工作的报纸和杂志、他需要接触的受访者等等；另一方面，他可以随时随地工作，并且如果愿意的话可以在晚上轻松撰写他的所有文章，尤其是现在，每天二十四小时都可以在互联网上获得各种信息。由于萨拉有定期的讲座和其他学校安排的活动，她的时间在某种程度上更有条理。但这些活动时间通常控制在每天两个小时以内，所以她仍有许多自由时间。这两个人的时间结构呈现出有趣的差异。萨拉试图为特定类型的活动创造空间——例如，只有在下午5点以后才能看电视，因为其他时间要用来学习。尽管如此，即使是在晚上，她也觉得有必要加强文学学习，因此常常要再读一小时书之后看电视才不会内疚。弗雷德里克要更严格地安排他的生活时间。他有固定的工作时间（从早上9点到下午6点，中午有适当的午餐休息时间），尽管他承认有时他会在下午早些时候离开办公室去看美国动画片《辛普森一家》或其他电视节目。他的晚上是自由的，可以进行私人社交活动。

因此，在许多方面必须将日常生活的框架和它们创造的象征性空间理解为精神层面。由于家庭原因，尽管尤西努力不在晚上（下午6点之后）或周末工作，但他很难将自己的艺术工作与日常生活中的其他部分区分开（他经常在晚餐后返回工作室，将周末的家庭旅行变成可以收集绘画和雕塑材料的机会）。尽管弗雷德里克的职业也是他身份的基本组成部分，并以此为傲，但他在一天工作结束时要面对的问题也不少。

作为日常仪式的媒介变革

对于这里讨论的所有人来说，家在日常生活中都占有核心地位，因为它既是工作和休息的场所，也是社交聚会和拥有片刻宁静的场所。家是一个有强烈的个人排他性的地方，因为不是任何人都可以随便走进我家或被期望出现在那里。对于那些在家工作的人来说，就像尤西、佩尔-弗雷德里克和萨拉，这种强烈的排他性变得不那么强烈了。尤西的客户、合作者、记者和其他被邀请的人都会到他家里的工作室拜访他，佩尔-弗雷德里克的电话既可用于私人，也可用于与工作有关的事务；萨拉和她的大学同学可能会在家里定期召开小组项目会。因此，家的轮廓是多变的，取决于当前在四面墙内发生的活动和此刻在那里度过的人们。

为了使日常工作顺利进行，并为所有必要的任务创造机会，这三个人都在用自己的方式为每天的不同领域创造空间。在这些领域，媒介在每天的象征性转变中起着重要作用。甚至，在更具象征意义的重大事件（婚姻、洗礼等）中，也会使用特别具有象征意义的物品：戒指、圣水等。毫无疑问，这意味着已经产生了从一种状态到另一种状态的仪式越界（Turner，1977；Rothenbuhler，1998；Couldry，2003）。在更日常的情况下，媒介还可以用于空间从一种时间状态到另一种时间状态的平行越界。

对于这里介绍的三个人，最重要的日常越界行为是涉及工作与休闲之间的关系。这种转换可以概括为以不同的方式组合在一起并带有单独变化的三种不同形态的维度：一个地理维度、一个媒介间维度和一个媒介内维度。地理维度是真实的物质存在，家的空间营造和从一个房间到另一个房间的移动可以作为工作时间和休闲时间转换的方式。媒介间维度描述了媒介配置的改变如何成为日常空间转换中的象征符号。最后，媒介内维度涉及同一媒介内频道、节目或流派的切换。

地理维度

地理维度显然取决于实际物理环境的特征。尤西可以说对日常空间的划分是最明显的（但不是对日常领域的划分，因为他是最不能将工作与生活的其他部分分开的受访者）。他的工作室在花园中的另一所房子里，他的大部分艺术作品都是在那里完成的（其他部分，如雕塑和为他的画搭建框架，仍然在家里的地下室里完成）。尤西的工作一般是从早上8点左右开始的，那时家里其他人都出门上班、上学和入托。他通常会在家里看早间电视新闻，然后到工作室后再看一次。尽管他有时不得不跑回来查看炉子上热着蜡的锅，但工作室却是他工作的基地。工作室在家的视线范围内，并且家庭其他成员也能触及。然而，它却是一座独立的建筑，进入其中包含着一种真正的地理转换。

在佩尔-弗雷德里克的公寓里，其中一个房间是他的办公室，他的家里有各种各样的媒介：书、报纸、杂志、广播、电视、录像机和DVD播放机、电话和手机、电脑和电脑游戏。工作媒介和休闲媒介有着明确的划分，电视、录像机和DVD播放机、收音机、报纸、杂志和书集中在客厅、卧室和厨房，而与工作有关的媒介（一些杂志、书、录音机和他的电脑）则在他的办公室。他在工作时在电脑上听广播，在休闲时用电脑玩游戏，因此，电脑是佩尔-弗雷德里克日常生活中唯一的越界媒介（除了他的电话）。他的工作日也包括物理移动，因为他早上不仅习惯在厨房吃早餐，也习惯在客厅看早间电视新闻。他从早上9点开始在他的办公室工作，那里有电脑、录音机和他的文件。佩尔-弗雷德里克中午适当休息一下，然后去厨房（一边吃饭一边听收音机里的公共服务谈话频道）。从一个房间到另一个房间就建构和弱化了工作时间和休闲时间上的可接受行为框架。

萨拉最近与一位女性朋友一起住在只有一个房间的公寓里，无法做任何此类活动。由于可用的空间很小，空间中的活动是被禁止的。另一个重要的事实是，公寓里的空间已有严格的分区，减少了进行其他活动的可能性（例如，床是休息和睡觉的地方）。萨拉渴望家里有一台电脑，这是她已经习惯了的，或许电脑可以作为一个合适的工作场所的标志，而这正是她如今所缺乏的。相反，在学习的时候，她只能在公寓里的不同地方：餐桌、床，甚至地板。作为一名大学生，萨拉很可能整天待在大学图书馆里，但她并不喜欢，因为（所谓的）寂静和声音太烦人了。她大部分时间都在家里学习，偶尔在咖啡馆里。

媒介间维度

媒介间维度为房间中的物理运动增加了一个象征性的维度，并在媒介的帮助下将休闲空间转换为工作空间（再转换回来）。佩尔-弗雷德里克和尤西显然都是这样利用媒介的。尤西在家里前往工作室之前以及当他进入工作室但还没有真正开始工作的时候，都会看早间电视新闻。这段短暂的时间是工作和休闲之间的日常界限，因为物质环境（工作室）意味着工作，而媒介环境（电视）意味着休闲。①当关掉电视，打开收音机时，工作才真正开始。通常伴随他非常喜欢的公共服务谈话频道，尤西开始了他一天的工作。佩尔-弗雷德里克有一个类似的早间仪式，也通过改变媒介来加强身体运动：关掉电视，打开收音机（尽管是公共服务经典频道）。萨拉发现当有不和谐的声音和太寂静时很难集中注意力，她没有用任何类型的媒介来陪伴学习。另一方面，她通过阅读报纸来完成家从休闲空间到工作场所的转变。莎拉通常会在午餐时间休息一下，并在讲座结束后（重新）阅读晨报。她将此阅读描述为"一种合法的避开书本的方式"。此后，她直到下午5点才允许自己使用其他媒介（大学文学除外）。即使她有时很难集中精力，也无法达到预期的学习效果，但这段时间只能用于工作，并且直到5点再次允许使用休闲媒介时，她的家才变成私人场所。尽管如此，萨拉在日常生活中对时间的划分并不像其他两个人那样严格。她经常觉得自己不够努力，晚上试着再学习一个小时，以缓解内心的愧疚。只有在这之后，她才能充分享受看电视的乐趣。

媒介内维度

媒介内维度的工作方式也一样。尤西在三种模式中的转变最为明显，通过改变媒介（从电视到广播），强化了进入工作室的物理运动。最后，他还通过广播换台进入自己的工作状态：将以谈话为主的公共服务频道切换为古典音乐频道。他认为古典音乐频道不那么烦人。这种媒介内对空间的改变表明他现在完全投入工作了（在这之后，对他而言，时间结构消失了，没有休息，甚至忘记午餐）。

以上三人还利用媒介将空间从工作重新转变为休闲，又将时间从工作时间再转变为休闲时间，而电视是他们所有人休闲的标志。尤西通常会待在工作室里直到下午6点,下午5点播放电视新闻时,他又回到了早上的媒介习惯。这样,在工作和休闲之间,他有一小时中介时间。佩尔-弗雷德里克在下午6点打开电视看新闻,萨拉在5点看任意的电视节目,以表明今天的工作已完成,休闲时间开始。

空间纹理:工作与休闲

戈夫曼日常生活中仪式状态的转变,主要表现在物理移动、媒介形式和频道的变化上。我们也看到这些行为在定义特定目的情境时是如何"调音"的。这些仪式化的组织状态可以被理解为我们决心在区域内以某种方式行动和互动,这些区域由传播的物质先决条件、情境的基本特征以及包括特定情况下道德规范在内的行为调节规则所界定。

为了进一步了解媒介在组织日常生活中的重要性,我们现在将更仔细地考察物理空间的组织和媒介是如何允许某些行为发生的。由于情境由框架界定,并由重要特征和要素以及相关行为规则构成,因此,考察传播的物质条件以及制约我们思想和行为的文化习俗就尤为重要。例如,尤西的工作室是为某些特定行为创建的,而不是其他行为。他的工作室实际上是一间自己的小房子,由敞开的内部屋顶构成,创造出一种特殊的开放空间,让人联想到艺术世界(博物馆、美术馆等)。它也被按照熟悉的艺术规范进行装饰:墙壁、屋顶和木地板都是白色,家具很少——一把扶手椅、一个白色的小基座和一些插在花瓶里的花、放在推车上的电视(从未见过收音机)、一个装有几本(艺术性的)书的书架和一个倾斜的画案。工作室的另一个主要部分是几乎占据整个长边墙,且更亲近自然的窗户:可以看见在牧场上的马儿,以及身后隐约可见的大海,一切都沐浴着阳光。这个场所是只为艺术和艺术家而存在的房间。其他的一切都被移除了,不难想象工作室只是为艺术创作而建。报纸、杂志和书(除了一小部分艺术书)都从这个环境里被排除。电视是唯一奇怪的东西,但正如我们所见,它的主要功能是作为工作和休闲时间之间的中介符号。在这个清心寡欲的环境中,没有固定电话(尽管尤西随身携带手机),也禁止说话和唱歌(通过从谈话电台换为古典音乐电台)。因此,(通过媒介)工作的纹理从物质上到视听上都得以生产。

佩尔-弗雷德里克作为一名自由撰稿人，对新媒介技术的依赖程度要比其他受者高得多。他整天都泡在网上，并打很长时间的电话。他还通过媒介定期与朋友们进行日常联系：早晨按惯例他会给和他一样的几个从事自由职业的朋友打电话，还会看看感兴趣的网站（主要是新闻和足球网站），他也会在白天重复浏览新闻网站。佩尔-弗雷德里克的办公室不像尤西的办公室那样与外部世界隔离，而是通过媒介与周围环境保持联系（参看Larsen，2000：165-190）。尤西的工作室是神圣的，与周围的世界没有联系，而佩尔-弗雷德里克的工作室则充满了媒介技术和与他人沟通的方式。由于他的职业更依赖于与他人的接触，尽管佩尔-弗雷德里克对他的工作设定了时间限制，但界限比尤西的更模糊，因为他经常在工作时候走神（比如浏览新闻、搜索足球比分等）。因此，房间的纹理是由它的媒介设备决定的：一台电脑、一部录音电话，以及一些纸张和工作文件。这里的媒介环境与公寓里拥有报纸、录像带和DVD播放机、小说等各种（媒介）行为的其他房间非常不同。

在萨拉的家里，一小块地方就得承担很多不同的功能，因此，房间（公寓里唯一的一间）对行为的要求就不那么严格了。公寓很整洁，似乎一切都在该在的位置（也许是由于他们只住了一小段时间）。因此，萨拉的（工作）房间没有像尤西和佩尔-弗雷德里克那样在某些媒介技术的帮助（和缺失）下勾画出清晰的劳动分区，并为特定类型的行动腾出空间。她也不能通过物理层面每天从一个房间到另一个房间来强化仪式性转变。公寓里仅有的一个房间要承担不同的功能，电视、收音机、录像机、各种文学作品和报纸——不久之后还有一台电脑——无处不在，只有通过精神建构来设定界限。因此，萨拉的时间安排没有其他人那么严格，她使用休闲媒介的时间和工作时间经常是模糊的（因为她经常觉得在晚上也有义务学习）。

媒介框架与工作和休闲空间

尽管这些分析有相似之处，但这些人在日常空间中组织工作和休闲的方式却存在着明显的差异。上述分析中的某些方面值得进一步讨论。一是情境框架的物质建构方式。这不仅包括空间作为媒介环境的组织方式，还包括我们如何对待这些媒介物品。在尤西、佩尔-弗雷德里克和萨拉的日常生活中，媒介具有明显的代理人功能,用来强调某些条件,以及目前所做的行为。尤西和佩尔-弗雷德里克在家里都有特定的工作区域,他们也结合了各种适合工作和休闲的媒介环境——尽管这些环境在许多方面是不同的。尤西的工作环境是通过简化他工作室的媒介来创造的。佩尔-弗雷德里克则通过使用一种不同于他家其他地方的媒介技术组合来实现。对他们两人而言,同样明显的是,媒介人工制品并非活跃在日常仪式环境构建中的唯一因素,媒介内容也同等重要。两人都在业余时间和工作时间使用收音机,但重要的是在工作中只收听某些类型的节目(古典音乐)。在萨拉的住处,实际上是一个单人房间和一个小厨房(她和一位女性朋友共用),空间的组织更加紧迫。她在媒介的帮助下设定了界限(报纸代表休闲时间以及休闲与工作时间之间的界限,看电视标志着业余时间的开始),并尽力保持在心理上(道德上)的组织规范。尽管萨拉的时间结构比其他两个人更灵活,但她仍然有一个规则,即在一天中的什么时间采用哪种媒介行为。因此,第二个需进一步讨论的问题是,日常状态的时间框架也是在心理上构建的。在各种媒介(和各种媒介内容)的切换中,强调了日常的过渡,并创造着各种场景。这里最明显的方面是电视对这三个人都有着强烈的休闲暗示,比如当佩尔-弗雷德里克离开他的工作间去看《辛普森一家》时,这意味着他一天工作的结束。

同样值得注意的是,媒介技术在空间生产中的特殊性。佩尔-弗雷德里克和尤西都认为,只有某种类型的广播节目(纯音乐)才有可能与他们的脑力工作相结合,而视听电视内容要求有更高的专注度,因此无法伴随工作。互联网的多重功能能够让受访者在工作时间有些许短暂休息。在不离开椅子,甚至非正式停止工作的情况下,互联网能让思绪短暂停顿。当佩尔-弗雷德里克查看新闻或当地足球队的消息时,或者当萨拉给她在巴黎的妹妹发几封电子邮件时,他们在工作中的间断休息远没有离开房间或打开电视那么明显。事实上,以上三人都将互联网视为一种工作工具,这也在一定程度上掩盖了短暂的跑神儿。

因此,受访者以不同的方式构建了这种空间框架。例如,尤西和佩尔-弗雷德里克的行为与一个显性的物质框架有关,家里的物理边界通过这个框架建构了工作和休闲之间的象征性框架。但也有一些象征性的符号被用作框定情境的"线索",因此不同类型媒介对这一点的强调,使我们对这种框架的理解和判断变得重要。尤西在早上利用媒介内部的变化将家从休闲空间逐渐转变为工作空间(下午再变回来),这就构成了这样一种"调音",正如弗雷德里克下午要观看《辛普森一家》确定了他一天工作必然自动结束了。

那么,关于媒介在建构家的工作和休闲空间方面的作用,这些分析告诉了我们什么呢?后工业社会的日常生活,正如在这里分析的三个人的生活状况所说明的那样,是一种特殊的社会状况。根据戈夫曼在日常生活中的自我呈现理论(1959),情境框架主要是通过与他人的社会互动来创造的。正是在与他人和社会群体的关系中,我们构建了自我,从而选择了特定的行动和表现方式(另见Giddens,1991)。然而,以上分析指出了个人(在物理上)独处时的情境框架,从而进行了分区。通过使用外部因素,如媒介产品和媒介文本以及与空间物质结构的各种组合,尽管不能为其他人提供某种行为的表现机会,但仍能产生正确的情境框架(及其正确的行为)。因此,即使在他人看不见的情况下,物理空间和象征空间中行为的媒介化分区也调节着三个人的行为。因此,即使在家庭内部的微观层面上分析,公共领域和私人领域的现代分离并不意味着私人领域(也许我们独处时是最为私密的)可能会以任何形式的社会规范缺失为特征(参见Elias,1994)。相反,这里所分析的三个人与媒介的互动,不论依赖物理框架还是象征框架,都在日常生活中保持着不同程度的工作和休闲的固有结构。

作者简介

斯蒂娜·本特森,斯德哥尔摩索德伦大学(Södertörn University College)讲师,从事媒介与传播学研究。代表作为《青年文化的堂吉诃德》(2005),研究历史、媒介使用和青年文化品位。她出版的作品还包括定量受众分析、欧洲电视歌唱大赛的文本分析等。本文是她对日常生活中媒介使用和伦理研究的一部分。

注释

①因为状态的转移确实就是一种转变,所以阈限是正确的术语,而不是更

难以说清的类阈态（参见Turner，1982：52及后几页；Couldry，2003：33）。

原书参考文献

Connell, John & Chris Gibson (2003) *Sound tracks: Popular music, identity and place*. London and New York: Routledge.

Castells, Manuel (1996/2000) *The rise of the network society (The information age: Economy, Society, Culture. Vol. 1)*. Second edition. Oxford: Blackwell.

du Gay, Paul (1995) *Consumption and identity at work*, London, Sage.

Couldry, Nick (2003) *Media rituals: A critical approach*. London and New York: Routledge.

Elias, Norbert (1994) *The civilizing process*. Translated by Edmund Jephcott. Oxford, Cambridge, Mass: Blackwell.

Frykman Jonas and Orvar Löfgren (1987) *The culture builders. A historical anthropology of middle-class life*. Translated by Alan Crozier. Foreword by John Gillis. New Brunswick and London. Rutgers University Press.

Giddens, Anthony (1984) *The Constitution of Society: Outline of the Theory of Structuration*. Berkeley and Los Angeles. University of California Press.

Giddens, Anthony (1990) *The consequences of modernity*. Cambridge: Polity in association with Blackwell.

Giddens, Anthony (1991) *Modernity and self-identity: self and society in the late modern age*, Stanford, California, Stanford University Press.

Goffman, Erving (1959) *The presentation of self in everyday life*. New York: Anchor Books.

Goffman, Erving (1974) *Frame Analysis: An Essay on the Organization of Experience*. Boston: Northeastern University Press.

Hellström Hans (1999) *Kultur, arbete, tid. (Culture, work, time)* Stockholm: Carlssons.

Larsen, Bent Steeg (2002): *Medier til hverdag. En undersögelse av mediebrug og hverdagsliv*, (*Media in Everyday Life. A study of Media Use and Everyday Life*) Köpenhamn: Köpenhamns Universitet.

Latour, Bruno (1992) 'Technology is society made durable' in John Law (ed.) *A sociology of monsters: Essays on Power, Technology and Domination*. London: Routledge.

Latour, Bruno (1991/1993) *We have never been modern*. Translated by Catherine Porter.

London: Harvester Wheatsheaf.

Law, John (ed.) *A sociology of monsters: Essays on Power, Technology and Domination*. London: Routledge.

Lefebvre, Henri (1974/1991) *The production of space*. Translation by Donald Nicholson-Smith Oxford UK and Cambridge USA: Blackwell.

Lefebvre, Henri (1991) *Critique of everyday life Vol 1*. Translation by John Moore. London: Verso.

Lefebvre, Henri (1992/2004) *Rhythmanalysis: Space, Time and Everyday life*. Translation by Stuart Elden and John Moore. London and New York: Continuum.

McLuhan, Marshall (1964) *Understanding media: The extension of man*. New York: McGraw-Hill.

Meyrowitz, Joshua (1985) *No sense of place: The impact of electronic media on social behaviour*. New York: Oxford University Press.

Rothenbuhler, Eric (1998) *Ritual communication: From Everyday Conversation to Mediated Ceremony*. Thousand Oaks: Sage.

Stockfelt, Ola (1988) *Musik som lyssnandets konst: En analys av W.A. Mozarts symfoni No 40, g moll K.550*. (Music as the art of listening: An analysis of W.A. Mozart's Symphony No. 40, g moll *K550*) Göteborg: Skrifter från Musikvetenskapliga institutionen Göteborg: 18.

Thompson, John B (1995) *The media and modernity*. A social theory of the media.

Turner, Victor (1977) *The ritual process: Structure and anti-structure*. Ithaka, NY: Cornell University Press.

Turner, Victor (1982) *From ritual to theatre: The human seriousness of play*. New York: PAJ Publications.

第12章　城市消费空间中的媒介通道

约翰·福纳斯（Johan Fornäs）

媒介的使用总是以空间和时间为定位，同时又表征和塑造着空间和时间。在空间维度上，媒介传播总是既占用空间又生产空间。在现代社会中，地理是城市和传播之间典型的媒介。因此，城市和媒介的联系逐渐成为理解现代传播地理学的关键。

同时，随着生产和实践的日益商品化，媒介使用更倾向于传播与消费。媒介硬件（设备）和软件（文本）作为商品进行制造、传播、销售、购买和使用，并通过各种市场进行配置。媒介从私人的人际交往礼物到普通的公共设施之间的循环暂时将其从商品流通中分离，并分别进入不同组织的亲密网络和共同文化领域。但在资本主义社会中，作为交换规范的商品形式往往占主导地位。这就指出了消费空间在理解后现代传播地理学方面的重要性。此类空间的典型代表是城市购物中心。就像19世纪的拱廊和百货商场一样，今天的购物中心既是交流的场所，也是消费的场所。在这样的空间里，不仅人们之间可以互动，还可以与各种各样的图像、声音和文本进行互动。从明信片、图书和光盘到电话、相机和笔记本电脑，各种各样的传播媒介都在这里出售、购买和使用。顾客与员工和商店一样活跃于这种媒介使用中。购物中心的管理作为一个整体，还利用网站、广告、标志、空间设计和建筑来传达各种信息。

因此，本章将通过探讨媒介空间、购物空间和城市空间之间的关系来关注媒介使用的空间层面。这三个层面的空间以高度复杂的方式重叠和交叉。首先，互动购物空间介于个人或象征性的媒介空间与集体的物质城市结构之间。然后，城市空间是调节和联系大众媒介与购物中心的框架环境。最后，媒介空间也通过相同类型的表征对购物中心和城市中心进行着调节。

城市商业空间是传播的场所，也是权力的舞台。它们建构了个人、文本和机构之间复杂的传播流。它们成了各种体验的舞台背景，其中一些是管理层精心策划的，另一些是自发的或对立的。但与此同时，它们也是不同利益方的竞争空间，从而突显了私人领域和公共领域之间或国家、市场和公民社会活动者之间的基本社会矛盾。在介绍了本次讨论所基于的实证背景之后，本文将分三步依次论述媒介空间、消费空间和城市空间是如何建构了传播和权力实践。

通道

在媒介民族志通道计划中，一个跨学科的研究小组在瑞典斯德哥尔摩附近的大型购物中心——索尔纳中心对传播和消费的互动过程进行了实证调查。[①]这个项目的名称就已经透露出了20世纪30年代德国批评理论家沃尔特·本雅明（Walter Benjamin）通过对19世纪巴黎拱廊和百货商店的文化研究来探讨现代城市生活世界的拱廊计划的影响力。

文化现象是通过特定环境中人与媒介之间的交流互动来定义的，因为身份、意义和权力是在主体、文本和语境的多重动态三元结构中产生的。[②]大多数传统媒介研究都是从一种特定媒介、一种媒介类型甚至是单个文本开始的，以考察它是如何被不同的人在不同的环境中组织、生产、传播或使用的。因此，他们研究电视的类型、行业及用途，或研究报纸、新闻、纪录片，甚至某些特定的电视连续剧。相反，关于媒介用户的接受研究往往选择关注特定类别、群体甚至个人，以了解他们是如何在不同地方与特定媒介进行互动。因此，产生了对儿童、移民和家庭的媒介世界的研究。相反，通道计划却选择从特定的物理位置和社会空间开始研究。这使人们有可能认识到更宽泛的媒介和人们是如何跨越彼此的界线并产生互动，而不是将它们彼此孤立。

我决定从一个特定的空间环境，而不是从一种特定的媒介开始，或从一个单一的媒介类型或一组媒介用户开始，这并非完全独有的策略。利用民族志的方法来理解日常生活中本地化的媒介实践越来越多地成为社会人类学、交互社会学和文化地理学正在做的努力，这些努力往往倾向于进入特定的地方，并描述出那里发生的媒介使用情况。[③]尽管如此，探讨特定地域的媒介研究出乎意料地少之又少。这种情况的部分原因可以归结为传统分工的习惯造成媒介范畴的固化，导致学者们倾向于延续文化产业（及其相应的协会）之间的分工。但这也可能受到空间缺失的影响：倾向于将媒介过程视为在没有固定位置的真空中发生的。

从接触媒介的特定地点开始，人们很可能倾向于将空间具体化，并通过这些媒介和人们的移动来隐藏其他类型的环境或遥远的地方。但是，作为对主流研究倾向的纠正，这种对空间地点更关注的方法具有启发性。此外，某些地方对多元的媒介流和人流既非常开放，又密集交叉，因此引发了地点和空间概念本身的问题。购物中心就是这样一个典型的空间。首先，购物中心是为了吸引更多的潜在消费者而设计的，因此在年龄、性别、职业、阶层、种族或文化品位方面不会被非常特殊的社会群体所独占。其次，购物中心还致力于众多媒体商品的交易，同时也成为人们（游客、顾客、员工和管理人员）在购物中心内使用更多种类媒介的场所环境。第三，购物中心从19世纪的经典拱廊中继承了"房子不亚于街道"的矛盾特征："没有外墙的房屋或通道——就像梦一样"（Benjamin，1982/1999：10、406）。一些顾客将购物中心当作自己的家和体验中心，使其成为具有强烈当地特色的有限空间，而其他的顾客只是经过他们，几乎没有注意到他们的墙壁和边界。虽然一些媒介的销售或使用方式有助于将购物中心建构成一个有分界的空间，但另一些媒介则完全不尊重其边界。例如，杂志和海报上的广告会作为识别购物中心标识的媒介，而照片商店中可能贴满当地名人的图像，以此不断提醒顾客所处的地理位置。另一方面，唱片、图片或电脑游戏的媒介连锁店可能不会特别标出某个地方的特色，手机用户穿过购物中心入口时可能不会注意那些界限。因此，购物中心既是场所又是非场所：既体现了地方的一致性，又成为商品和人员开放流动的十字路口。

购物中心在社交、媒介和空间开放程度上各有不同。有些开放范围相对狭窄，只面向特定的人群阶层，或者媒介商店的面积非常有限，或者出于建筑和设计方面的限制，大型商场历来只提供潜在和短暂的开放。索尔纳中心拥有尽可能种类繁多的媒介商店以及游客类别，它的设计和使用也是高度开放和无针对性的。

我从一个特定的地方开始研究，特别是在一个像购物中心这样的大且复杂的地方，具有重要的方法论意义。首先，从购物中心这样的特定地方开始，让参与观察法成为主要的信息来源，从整体上规划流程和结构，而不是从个别想法或媒介文本开始。采访和文本解读也被大量使用，但民族志式的观察可以在一定程度上优先使用。其次，场地的规模和复杂性决定了团队工作的必要性。集体性发展成为一种有意识的知识生产工具，要求研究团队具有高度精细的计划和工程。

从购物中心这样一个开放和多向的特定空间出发，不仅消除了媒介类型之间和媒介用户群体之间的人为界限，而且使空间与地点、边界与移动、场域与位置等基本概念问题化。这与媒介人类学和文化地理学的最新研究趋势有关，由此引起对媒介化、移民、全球化和跨国流动的关注，使人们对一个域外和明确地点进行集中访问的常规田野调查方式提出了质疑。在后现代城市空间中，人、商品和媒介的密集混合使这种假设过时了。在全球化的后现代网络社会中，文化流动似乎不受地理边界的限制，因此需要新的理论和创新的方法来进行分散领域的构想和民族志式的研究。可能有必要放弃场域是有界区域的概念，同时仍然要找到尊重空间本地化的重要方法。④

基于这样的经验和方法论，可以举例说明媒介和空间这两个方面如何在一个媒介空间、购物空间和城市空间共存的购物中心中相互关联和共同表达。我将首先讨论购物中心如何成为主体、文本和语境之间互动的交流空间。接下来是对其多层权力机制的讨论。这些方面都表明媒介景观、购物景观和城市景观之间存在有趣的融合。⑤

传播空间

尽管传播具有内在的越界性，但人与媒介之间的相互作用通常是在空间背景下进行的。场所框定和限定媒介的使用，同时也创建了地理位置和社交世界空间形态的意义。媒介文本是场所和空间的表征，并赋予它们意义。媒介的使用还通过构建人与建筑环境之间的互动来创造社会空间。所有媒介空间都是如此，因为它们使特殊的购物空间和通常的城市空间重叠。这些都是传播和消费的空间。

首先，所有媒介的使用都在空间上被定位、框定和局限。一方面，在电力接入、网络覆盖等方面存在材料和技术限制。比如，书本和纸张往往会在水中溶解，且无法在黑暗中阅读。在晶体管、轻电池、微电子和广泛的辐射网建立之前，无线电、电视、唱片、电话和计算机都被严格限制在固定且大多在室内场所使用，并且在某些地理或气候条件下，它们通常无法正常工作。另一方面，也存在功能和社会限制。比如，几乎不能在舞池或足球场上看电影——至少对那些舞者和球员而言是这样。在讲座中或亲热时，手机铃响是不礼貌的。同样，当媒介可以（和正在）被使用时，使用的地方会对其产生干扰，从而影响对媒介的理解。阅读、聆听或观看的场所对媒介文本所提供的意义或乐趣并非是中立的。在家里、学校、地铁上或度假时阅读一篇文章会对其感受和理解产生某些不同的影响，即使你没有意识到这些联系。

第二，媒介表征了地方和空间，并赋予它们意义。在我们的课题中，我们发现了许多"地方身份"媒介化的例子——媒介文本表征一个地点，并将其与历史、文化和社会意义联系起来。实际上，没有这样的象征意义的附加，任何场所或空间都不可能以纯粹的方式被思考或体验。我们可能试图以一种原始的、物理的和"无意义"的方式体验一座建筑或一条街道，但作为人，我们注定要受到文化的影响，总是要做出解释，所以我们的经历总是会立即被意义联想染上色彩。并不是所有的东西都可以用语言表达，但是所有的东西都不断地趋向于成为意义生产的表达。从购物中心本身而言，水泥和玻璃的这种非文本结构，框定了物体和有机体的物质运动，但它也总是或多或少地被有意识地作为一种文本来理解和体验——管理层和顾客会将其解读为不同的意思。这种意义生产的能力在所有的建筑和设计中都得到了积极的体现。另一方面，所有的媒介文本都反复提及空间形式，并将其作为虚拟空间象征性的重构。⑥电脑游戏、海报或电影音乐中叙述、描绘或暗示的空间与使用这些媒介的空间相互作用。这种相互作用有时是相当随意的，但是在其他时候，它则被精心地策划和利用来修正对空间的识别。购物中心使用网页、广告、路标、标语牌和壁画来提醒人们相关的历史事件，这些事件象征着购物中心是一个独特的地方，并故意赋予它积极的意义，以吸引游客，并使他们渴望在那里消费。索尔纳中心通过宣传索尔纳（Solna）受欢迎的足球队（AIK）和该社区作为瑞典电影制作摇篮的光荣历史来表明自己的身份。购物中心内和周围的这些参照物标明了它的身份，以及它与其他有竞争关系的购物中心的不同之处。一些游客会被这个地方身份所吸引，认同这个地方及其历史，而另一些其他球队的球迷可能会被拒之门外。但该中心在营销时对自己的描述也存在内在矛盾。例如，一方面既要强调"宾至如归"，另一方面也希望将该中心作为"事件中心"来营造一种兴奋感。⑦

第三，媒介使用创造了社交空间。手机创造了与地理空间相交的"对话空间"，将在物理上相距甚远的地方联系在一起，同时围绕正在说话的人画了个圆圈，将他或她与周围那些人无法听到来自手机另外一端的声音且不会干扰对话的其他人分开。在公共场所阅读报纸的人同样被一种无形无声的光环围绕着，这种光环在社交上阻止了其他人打扰他们阅读。媒介使用的社交规则有时会突然发生变化，例如，穿过中心以及各种商店和其他空间的入口时。索尔纳中心图书馆到处都是禁止使用手机的小标识，相比书店而言，这里的书籍和报纸可以阅读和借阅，但不能售卖。供媒介使用的场所（街道、图书馆、杂志商店等）与媒介使用场所辩证地交织在一起——即那些在媒介使用中构建的虚拟场所以及与媒介连接的遥远场所。当打电话或看报纸时，你可以与遥远的人和事件联系到一起。例如，如果你是来自瑞典或其他大陆的外国移民，你可以通过媒介建立起与老家的人和事的联系。购物中心的某些地方就像是为这种过渡性的、往往是跨国的联系打开的大门，通过声音、图像和记忆让人想起某些地方，从那些遥远的地方传来的回声也在各种媒介商店中以各种方式回响。

在所有这些方面，购物中心成了一个交流的空间：无数个沟通网络的节点在其半开放的墙内重叠，但它本身也是与周围环境进行沟通的单元。购物中心是两个相互交错的通道：既是通过空间和媒介的人流，又是通过空间和人的媒介流。它们共同引发了几种主要的相遇或会面。⑧首先，人们在消费和传播过程中遇到了媒介。这种相遇有时会导致某种形式的相互渗透。在接受过程中，媒介的流动通过人们对他们所使用的媒介文本的解读而产生意义，从而使媒介融入人们的生活、心灵和身体中。相反，人们的流动则通过媒介的表征来实现，媒介文本中充斥着对人类主体的象征化表征。

第二种常见的相遇发生在人与人之间的社会互动中。人们在媒介面前（在报纸标语牌前交谈）或通过媒介（使用手机）彼此相遇。这些互动可能会导致认同形式的相互渗透，通过这种形式，个人会影响彼此对自己和对他人的理解。

第三种主要的相遇方式是不同的技术和文本在书架或街头相遇的媒介间性。同样，在互文性的过程中，文本可能不仅毗邻并且彼此渗透，媒介化文本通过公开或直接引用与其他文本相互交织。

所有这些通道和相遇都可能导致越界接触和混合交融，或者导致对抗和割裂。正是由于这些相遇，通道消费才成为传播实践，因为当消费发展为接受和表征时，它们需要形成在语境下主体和文本之间意义生产的相互作用。购物中心中这些过程的空间构架起初看似不言而喻，但其很快就演变成一个有很多边缘区域并对边界缺乏共识的十分模棱两可的空间。有时，它被认为是一个划分得比较清楚的建筑单元，而在其他时候，它甚至可能没有被注意到，只是越界了，就好像它是一个完全透明和中立的通道，而不是它自己的一个特定空间。

传播与消费中心

顾客在通过购物中心时与媒介联系起来，利用媒介通过各种文本与遥远的其他人（在空间上或时间上）建立联系。购物中心管理层及其店铺也使用媒介进行内部传播，从而将其统一起来并使其成为一个功能实体。它通过电话、广播、电视、宽带和金融交易（例如自动取款机）的数字网络来实现，也通过将购物中心管理层与行业协会和索尔纳中心的个别业务（个体商户）联系起来的代金券、海报和集会来实现。另一个连接设备是一套能用来登记客户信息的安保、监控和签账单系统，这些可以掌握顾客的偏好行为，并对其进行有针对性的营销活动。另一个例子是"入口处的题词和标识"，本雅明发现它们"有些神秘之处"。他们简洁而朗朗上口的表述、商店名称和其他经常使用的字符似乎"想说的更多"（Benjamin，1982/1999：871）。不仅这些摆放的物品，还有这些标识，都是待破译的谜，具有一种以符号传播形式引入文化诠释的意味深长的诗意。信息标识、广告展示和商店名称交织成一个复调的超文本，视觉地标之间的互文性对话有时会创造出精心策划的联系，但往往也会产生意想不到的联想——就像意高（EGO）和爱步（ECCO）这样的商店之间的自恋遭遇一样。

该中心在其管理层的领导下自觉地充当了传播者。当地的索尔纳购物中心经理将他所管理的整个购物中心视为一个完整的传播媒介，顾客就像读报者一样。更确切地说,该购物中心想要传达的信息是它相当于一个寄宿公司。作为一个物质和空间以及一个组织和经济单元,该购物中心具有一种传播力:影响顾客的权力。它拥有这一权力的唯一目的是让公司所有者的利润最大化。目的就是利润,传播的意义在于表达一种对利润的美好愿望和承诺:对商家而言,诱使其创造良好的收益;对顾客而言,诱使其在舒适环境中购物。为了在与所有其他购物场所的竞争中赢得相同目标的商店和顾客,每个中心都必须创造和展示自己作为一个独特和有吸引力的地方的形象。它们通过网站、广告、标识、装饰和建筑来传达自己的地方认同。

来到索尔纳中心的游客会对这里广阔明亮的空间印象深刻。宽阔的现代城市街道矗立着一排排带有高大玻璃屋顶的商店和房屋。[9]但内部空间很快就给人模棱两可的感觉。用沃尔特·本雅明的话说,无论是室外还是室内,它都不仅仅是街道和住宅;它既明亮又黑暗,既开放又神秘,既透明又混沌,既超现代又古老,既是未来的又是怀旧的。通常,现代购物环境试图营造一种城市感,因此购物中心的建筑也直接与城市规划相联系。除了"高科技"的城市风格,索尔纳中心还提供了大量具有"老城区"风格的历史元素。[10]前者采用钢铁、玻璃和塑料材料,构建了一个具有大都市气象和几何开放性的抽象城市,开放式电梯上下运行使人产生三维的快速感,而精心打造的音景给人一种宏大的科技广阔感。而后者用俗气和怀旧的石头、木材、砖和油漆来营造一个传统的、密集的和亲切的城镇迷宫。在索尔纳,这种怀旧感是通过直接引入19世纪伦敦和巴黎那种蜿蜒而神秘的通道来实现的(尽管大多数顾客甚至管理层并没有意识到)——这正是本雅明所描述的拱廊。这些因素结合在一起,给人一种安全的兴奋感——一个安全的"家一般"的地方,既符合自己的日常习惯,同时又是一个吸引人的事件和娱乐体验中心。

为了达到这样的效果,建筑设计被用作一种传播手段,且装饰元素也被加入其中。索尔纳中心在其墙壁、窗户、屋顶和灯具的设计中直接参考了巴黎的拱廊。它还以20世纪80年代后期建造该中心时创作的几幅壁画为特色,让人想起索尔纳的老城区房屋。随后,索尔纳中心通过在报纸上刊登广告来进一步阐述对这个特殊地方的独特感受,并经常将广告展示在该中心,旨在将清晰的形象和特征与建筑主体联系起来,并在周围营造积极的氛围。通过对玻璃和石头，以及印刷和电子媒介等所有可以想到的传播方式的使用，该中心的物质性主体和象征性灵魂得以共同发展。

索尔纳中心有一个典型广告：一个由年轻人构成的家庭坐在购物中心中央的客厅沙发上，上面写着"索尔纳，家的感觉"。这张图片让人联想到本雅明对城市和家庭空间的对比。本雅明在其中将拱廊比作客厅，"与其他地方不同的是，这条拱廊街道展现的是大众熟悉的室内装饰"（Benjamin，1940/1999：423、879）。索尔纳中心的活动将家的感觉作为创造最大消费所需的安全手段，同时也在所有来访的家庭成员中培养对该中心的情感认同。

在当代购物环境中，一个互补的传播愿景是把自己推销为产生难忘体验的场所。后现代语境下的"体验经济"涉及大量的"创意产业"，它们认为自己是生产和营销体验，而不是产品或服务本身。[11]这意味着经济的文化化，即营销实践的审美化，但也意味着相应文化的经济化和艺术实践的商业化。高科技风格和怀旧风格都可以被纳入这个过程。近年来，几乎所有的购物广告文本都包含了诸如"体验""感觉""探索""发现"或"事件"等词的变体。我们发现的标语之一是："索尔纳中心——事件的中心"！这绝非巧合。斯德哥尔摩地区另一个正在扩张的中心——基斯塔中心（Kista Centre）在其网站上也有类似的标语："体验瑞典最小的大都市！"它所传达的是对体验的邀请，这种邀请结合了对购物的接受度和主观情感的强度，超越了纯粹购买和消费的冷静理性。

管理层还将索尔纳视为特别"通俗"的中心。管理者对中心有一种"本质主义"的认知，认为中心是一个有灵魂的有机体，所有的商业都必须努力适应它，才能最大限度地获得成功。因此，他们的任务是发现购物中心的独特之处，他说的并不是建筑本身，而是指居住在其中的人。由于在索尔纳居住的是相当普通的瑞典人，这个中心必须让自己变得"普通"、平易近人、不偏不倚，既不势利也不懒散。"真实性"是管理者的一个关键词，因为他讨厌其他一些中心从虚无中得来的抽象建构，相反，他对自己的中心有时令人烦恼且通俗的"灵魂"表现出强烈的好感，他不得不适应这一点。这种真实性的想法通过松散地引用索尔纳市具体化的历史而得到认可，这些历史被画在墙上，似乎融入了中心的墙壁中。

购物中心的这种外向传播和认同与各种大众媒介和文本对其身份传达（其样式和风格）的方式具有相似之处。与索尔纳中心一样，任何唱片公司或周刊都是通过各种各样的传播工具来塑造和生成自己独特的形象。在另一个方向上，这也类似于通过名称、口号、纪念碑、仪式和偶发或人为事件等一系列复杂演变的标识来认同自己和被他人认同。结合其他政治、经济和文化因素来说，各种各样的媒介文本有助于使某些地方成为社会实践和象征性表征的"热点"。城市中心性可以通过戏剧性事件、表演和冲突的组合来建构，一套不断演变的集体仪式、社会实践和文本表征再现了城市位置的中心性。地方的表征和建构是"全球化"时期的一个核心主题，即全球流动与本地化的"地方认同"融为一体。[12]通过纪念碑、指南、新闻报道、艺术品、歌曲、诗歌、小说和其他作品、手工艺品和图像等媒介，将城市特有的和普遍的双重形象进行了调和。在这一过程中，媒介、消费和城市化共同作用，因为媒介活动对购物中心和城市中心都产生了很强的吸引力，而媒介文本则对地方认同提供了表征。

权力空间

媒介使用中的空间本地化和本地化过程中的所有实践同时也是对空间权力的争夺。权力竞争涉及这里讨论的所有类型的空间：媒介空间、购物空间和城市空间。此处，传播与权力之间的区别只是在分析层面，而不是事实性的。这两个方面总是共存的，因为权力可以被看作是一种（强制的）传播形式，而传播也是一种（沟通性或象征性的）权力形式。[13]媒介在规范空间的获取和使用方面发挥了重要作用，尤其是在购物中心和城市景观中。

购物空间不仅是人和媒介的交织，而且还是结构上固化的利益和实践的交织。这种结果导致了个体商店和连锁店、中心的员工和管理层、生产商和经销商以及不同类型的游客和顾客之间持续不断的争夺。其中一些与该中心在公私边界问题上的模糊立场有关。在某些方面，所有的空间都或多或少地有模棱两可或相互矛盾的倾向。就像本雅明的巴黎拱廊一样，索尔纳中心既是房子，也是街道，不仅有玻璃屋顶和入户门，还有被命名的街道和商店入口。另一个模糊之处在于它既是购物中心又是城市中心，因此既是私人空间又是公共空间。这是受一家私人跨国地产机构所有者罗达姆科（Rodamco）所管理的放置在玻璃墙内的市政广场和主要街道。公共利益和商业利益的这种特殊混合使基本的社会矛盾浮现出来。

以市场为主体的商业利益与由市政机构管理的国家利益以及公民社会中的私人和公共利益相互交叉冲突,这些利益由个人、团体、协会和媒介在公共领域里捍卫。不仅老年人和商店店主们为休息椅的数量争论不休,而且在一个既是市中心又是购物中心的地方,在公共艺术和商业广告之间的平衡问题上,也存在着相互矛盾的观点。另一场争论与广场和街道上的政治和其他社团的言论自由相关。这些广场和街道在1989年增加了玻璃屋顶后成了室内空间,因此,传播问题涉及公众和公共空间与私人和商业空间的问题。众所周知,私人和公共之间的边界十分模糊,并且在该中心哪些是被允许的,具体规则还不清楚。政治抗议在其他城市中心的街道和广场上是被允许的,但当这些抗议活动发生在玻璃屋顶下并在晚上锁上门的时候就很难了。这可能会扰乱商业秩序。

在索尔纳中心,即便是路德教会也很难被允许使用会议设施,因为他们无法支付中心的费用。2003年12月,他们组织了一次关于"公共空间权"的公开听证会,邀请了斯德哥尔摩主教、瑞典罗达姆科公司的经理、当地议会的保守派主席和瑞典文化部部长参加。在这次听证会上,罗达姆科的经理承诺,中心愿意为教会和其他非政府组织提供会场,但当地政府应该支付租金。当地议会主席回应认为,索尔纳中心的租金太贵了,在这种情况下他们不应租用这里的场地。因此,该中心城市空间完全商业化的结构性后果是,非营利性的公共活动实际上被排斥在购物中心的玻璃笼子之外。

索尔纳中心内仍有几处公共空间的痕迹,其中一处就是建筑物拐角处会留有街道名称的标识,如索尔纳广场、市政厅步行道等。另一处是索尔纳中心正中间用于各种活动的"好莱坞楼梯",包括商业销售活动和某些公共庆祝活动,例如圣诞节或典型的瑞典圣卢西亚庆典等某些季节性节日。在此期间,室内空间发挥了更传统的功能,成为城镇上真正的平常且公共的中心。楼梯的名字应该让人想起索尔纳作为瑞典电影制作摇篮的光辉历史,为此,这里还绘有一幅在此拍摄首部电影的葛丽泰·嘉宝(Greta Garbo)的壁画。

私人拥有的空间也包括一些公共设施。有一个大型且活跃的公共图书馆,市民可以在其中歇脚、阅读和收听,且无须付费。还有一个为市民提供一定公共服务的市政厅。一个小电影院虽然没能生存下来，但其议事厅、会议室和剧院活动室却成为（曾经的）社区居民住宅的最后遗迹。随着其逐渐被有商业经营性质的商店和办公室所取代，这成为索尔纳公共传播空间私有化和商业化大趋势的一部分。

商业利益和市政利益之间既有合作，也有竞争。当地购物中心的管理者清楚地看到了将非商业性公共和文化服务机构整合到中心的好处：

> 我们希望与市政府进行良好的合作。希望在索尔纳中心保持高水平的常规服务，让索尔纳中心也因此成为索尔纳市举办各种活动的首选。这吸引了人们……我们有一个非常好的图书馆，吸引了很多人。这里是一个就业中心，一个市民论坛，一个地区社会保险办公室。所有这一切都为了吸引人，而在一段时间后这些人又增加了贸易额。而且我们这里确实有相当多的游客。

负责索尔纳市视觉设计的博物馆馆长反过来解释说，市政府与索尔纳中心有着"非常好的合作"，据称其将"商业和文化的结合"理解为"一个相当美妙的融合"，重要的是要"相互取长补短，商业也要有艺术或远见卓识的眼光，要有这种融合……"她反复提到艺术是"丰富"的："你实际上是通过观看视觉艺术而变得丰富的。"当地政府和私人市场利益这两个系统之间富有成效的合作与追求市场经济效益之间并行不悖。馆长说，人们需要购物，"但同时也要有机会去享受"，她解释商店和公共文化消费如何愉快地结合在一起。艺术很容易融入促进消费的经验工业主义。

然而，在其他时候，馆长强调的是系统之间的差别，这是它们相互交流产生意义的基础。例如，她提到在市政厅前"市政当局有一个小的免费区"，在那里"它拥有那块土地，因此它是免费的"。她还提到了"文化与商业冲突"的例子，因此艺术必须受到保护，免受市场的侵扰。

实际上，所有的消费空间都是混合空间。游客可以购物，但也可以四处闲逛，在没有意识到他们已经越过了划定区域的情况下直接穿过，在图书馆免费借书或读报，在长凳上歇脚，在某个角落和朋友聊天，或者边喝咖啡边看路人。一些人确实将该中心作为一个纯粹的购物空间,而另一些人也将其当作公共空间、社交空间或审美空间。但毫无疑问,消费是空间控制者更喜欢的活动。场地和建筑物的所有权是确保商业霸权的关键因素。随着将城市中心出售给跨国购物中心企业,权力平衡从国家体系的公共领域转移到市场化的私人领域。私人产权所有者必须最大限度地向股东分红。如果艺术或公共服务可以帮助实现这一点,它们可能会被接受,但一旦城市空间被出售给私人所有,一般就没有机会考虑纯粹盈利以外的价值了。私营公司也不需要对公共协商负责:索尔纳中心只要遵守法律,就不需要在任何公共场合为自己的行为辩护。

2001年8月,罗达姆科经理和当地议会主席共同主持了索尔纳中心扩建部分的落成仪式。他们相互赞美的演讲揭示了国家和资本利益集团如何共同努力,将城市日益增长的部分重建为一个庞大的、受到彻底监控的、规划良好的、为所有居民提供全面服务的购物中心(Fornäs,2002b:331及后几页)。许多城镇和郊区的行为都是一样的。这迫使无法适应的商店和游客越来越多地转移到外面的边缘地带。一些人对此表示欢迎,另一些人则对此表示遗憾,比如在英国电视喜剧连续剧《荒唐阿姨》中,购物狂埃迪娜在一次巴黎之行中以听天由命的手势对其挑剔的女儿萨菲叹息道:"世界正在变成一个购物中心——而你却在寻找出口?!"斯德哥尔摩地区的另一个中心基斯塔广场被描述成"一个包裹在玻璃柜里的小镇"。"居民永远不会离开基斯塔,因为他们所希望和需要的一切都会在那里。"(Collin,2003)这就是将城市中心转变为购物中心的愿景。

这些发展促使人们越来越意识到公共传播在社会中的脆弱性和重要性。从雷蒙德·威廉姆斯和尤尔根·哈贝马斯到内斯托尔·加西亚·坎克林尼(Néstor García CanClini)等,这些批判性学者运用不断更迭的术语来分析共同文化、公民社会生活世界和文化公民作为自由和相互传播的关键部分的重要性。当物质空间转变为纯粹的消费空间时,公共空间就变得更加虚拟化和媒介化。但即使是最先进的媒介使用方式也仍然局限于特定的场所,人们仍需要一些实体的聚集场所,在那里人们可以做一些除了销售、挑选和购买商品之外的事情。

另一方面,消费网站从来都不是纯粹的市场。它们生长和吞噬周围环境的程度越高,必须适应的实践就越多。我们有理由担心一个完全由政府管理的泛监控社会的发展，在这个社会中，国家和市场机构将所有部门整合成利润最大化的结构。但在这种结构中矛盾依然突出，即使是最商业化的购物中心也仍然是一个模糊的空间。

结论

在媒介研究中，人们对传播的空间层面重新产生了兴趣。媒介民族志与社会人类学实地研究之间的联系是一个特别鼓舞人心的地带，人类学家对媒介现象日益浓厚的兴趣与媒介研究者对民族志田野调查相融合。通道项目是这些新成果中的一个多维案例，探讨了媒介过程的空间定位以及空间的表征和生产。通过聚焦特定购物中心的媒介实践，它还强调了媒介实践如何与城市公共空间中的权力斗争紧密地联系在一起。

因此，在传播中出现了多层次的空间性。首先，传播发生在特定的地理区域，媒介流通过不均匀地获取和分布的跨国网络转移到每一次传播行为发生的特定地方。第二，传播内容表征着地理空间，赋予物理场所意义，将其与生活在其中的人的身份联系起来，从而产生一个复杂的人地认同的媒介化十字路口。第三，传播实践为媒介使用创造了空间：即叠加并影响物理空间的虚拟空间。新的媒介研究议程应该关注这些多重空间传播的突出敏感性。

作者简介

约翰·福纳斯，林肯平大学（Linköping University）文化与社会学系（Tema Q）教授，瑞典高级文化研究所（ACSIS）所长。他以音乐学、媒介和传播学为背景，研究流行音乐、青年文化和媒介文化。他的英文著作有《文化理论与后现代性》（1995）、《后现代性中的青年文化》（1995）、《车库：摇滚、青年与现代性》（1995）和《数字边疆：互联网上的身份与互动的文化研究》（2002）。

注释

①这个调查是在瑞典银行百年纪念基金会（Riksbanens Jubileumsfond）的资助下进行的，1996年召开启动会议，1998年开始全面启动项目之后，跨学科

研究小组对一个特定购物中心的传播和消费互动过程进行了五年的调查。调查结果出版成了四本瑞典语著作（Bjurström et al., 2000年；Becker et al., 2001, 2002; Gemzöe, 2004）和一本英文著作（Fornäs et al., 即将出版），随最后两本一起发行的还有超文本光盘。另见福纳斯（2002a和2004）。

②众所周知，像"空间""地点""房间"和"地方"这样的空间术语具有模糊性和多义性，部分原因是它们的比喻用法的密集叠加（Fornäs, 1995：49及后几页；另见2001：381）。我将遵循通常的做法，让"空间"表示更抽象的延伸，同时允许"地点"表示更具体的地理位置。

③例如，参见翰纳兹（1996, 2001）、克利福德（1997）、古普塔和弗格森（Ferguson）（1997）、奥尔特纳（Ortner）（1999）、斯瑞夫特（1999）、昂（Ang）（2001）、阿斯丘（Askew）和威尔克（2002）及吉斯伯格（Ginsburg）等人（2002）。在莫尔斯（1993）、昂（1996）、Drotner（2000）、麦卡锡（2001）和库尔德里（2002）等人的研究中，人们对媒介研究中的空间层面的意识日益增强。

④杰莫提供了有关媒介民族志和反思人类学在方法论上的思考。（Gemzöe, 2004）除了场的概念外，主题还包括：文化研究视角和解释学民族志的意义，家庭内田野调查中的代理、结构和角色冲突，摄影和历史资料的运用，组织跨学科集体项目中的行政、社会和科学方面的问题。

⑤阿帕杜莱提出了全球文化流动的五个维度：民族景观、媒介景观、技术景观、金融景观和意识形态景观。（1996：33及后几页）后缀"-scape"是认识到"这些景观是流动的、不规则的形状"，也认识到其"深入透视结构"的特征。在我使用的术语中，"景观"是用来描述在给定的空间和时间背景下的一种特殊现象，类似于景观如何表征和呈现空间中某个地理位置的风格和形状。例如，"媒介景观"是一组动态的媒介形式和文本，围绕和用在特定人群的特定时间和地点上。

⑥早在"网络文化膨胀"这个词出现之前，兰格（Langer, 1953）基于文化想象（虚拟空间、时间、权力、生命、记忆、历史等）提出了一个令人着迷的虚拟性理论。见福纳斯等人（2002a：29及后几页）。

⑦希勒维·加内茨（Hillevi Ganetz）、卡琳·贝克尔（Karin Becker）、

埃林·比约斯特罗姆（Erling Bjurström）和我本人在贝克尔（Becker）等人（2001年和2002年）以及福纳斯等人（即将发表）的作品中讨论了这些问题。另见Goss（1993）。

⑧比约斯特罗姆（Bjurström）（2000：42及后几页和143及后几页）、福纳斯（2001和2002b：302及后几页）和福纳斯等人（即将发表）的文章等中进一步拓展了这个想法。

⑨加内茨（2001）将索尔纳中心作为一个有实质性意义的文本进行了情境化解读。

⑩戈特德纳（Gottdiener）（1995）把购物建筑中"高科技城市"与"老城区"风格元素做了区分。

⑪皮勒（Pile）和吉尔默（Gilmour）（1999）是这种意识形态中经常被引用的例子。

⑫关于城市文化和城市形象，请参见Gottdiener & Lagopoulos（1986）、祖金（Zukin）（1995）、Balshaw & Kennedy（2000）、Blum（2003）and Johansson & Sernhede（2003）等的相关著作。

⑬关于媒介权力的形式，参见 Habermas（1992/1996）、Fornäs（1995：72）和 Couldry（2000）等的著作。

原书参考文献

Ang, I. (1996) *Living Room Wars: Rethinking Media Audiences for a Postmodern World*. London/ New York: Routledge.

Ang, I. (ed.) (2001) *On Not Speaking Chinese: Living Between Asia and the West*. London/New York: Routledge.

Appadurai, A. (1996) *Modernity at Large: Cultural Dimensions of Globalization*. Minneapolis & London: University of Minnesota Press.

Askew, K. and Wilk, R.R. (eds.) (2002) *The Anthropology of Media: A Reader*. Malden MA/ Oxford UK: Blackwell.

Balshaw, M. and Kennedy, L. (eds.) (2000) *Urban Space and Representation*. London: Pluto Press.

Becker, K., Bjurström, E., Fornäs, J. and Ganetz, H. (eds.) (2001) *Passager. Medier och kultur i ett köpcentrum* (Passages: Media and culture in a shopping centre). Nora: Nya Doxa.

Becker, K., Bjurström, E., Fornäs, J. and Ganetz, H. (eds.) (2002) *Medier och människor i konsumtionsrummet* (Media and people in the space of consumption). Nora: Nya Doxa.

Benjamin, W. (1982/1999) *The Arcades Project*. Cambridge MA/London UK: The Belknap Press of Harvard University Press.

Bjurström, E., Fornäs, J. and Ganetz, H. (2000) *Det kommunikativa handlandet. Kulturella perspektiv på medier och konsumtion* (Communicative action/shopping: Cultural perspectives on media and consumption). Nora: Nya Doxa.

Blum, A. (2003) *The Imaginative Structure of the City*. Montreal: McGill-Queen's University Press.

Canclini, N.G. (1995/2001) *Consumers and Citizens: Globalization and Multicultural Conflicts*. Minneapolis/London: University of Minnesota Press.

Clifford, J. (1997) *Routes: Travel and Translation in the Late Twentieth Century*. Cambridge MA/London UK: Harvard University Press.

Collin, M. (2003) *Kista Galleria som en galleria med "citykomplex"*. Journalism and Multimedia paper. Flemingsberg: Södertörns högskola (http://jmm.sh.se/exjobb/2003vt/gallerian/kista_galleria.html).

Couldry, N. (2000) *The Place of Media Power: Pilgrims and Witnesses of the Media Age*. London: Routledge.

Couldry, N. (2002) *Passing Ethnographies: Rethinking the Sites of Agency and Reflexivity in a Mediated World*. Paper for the Crossroads in Cultural Studies 4th International Conference in Tampere, 28/6-2/7 2002.

Drotner, K. (2000) 'Less is More: Media Ethnography and its Limits', in Hagen, I. and Wasko, J. (eds.) *Consuming Audiences?: Production and Reception in Media Research*. Cresskill, NJ: Hampton Press.

Fornäs, J. (1995) *Cultural Theory and Late Modernity*. London: Sage.

Fornäs, J. (2001) 'Upplevelseproduktion i händelsernas centrum' (Experience production in the centre of events), in Becker et al. (2001).

Fornäs, J. (2002a) 'Passages across Thresholds: Into the Borderlands of Mediation',

Convergence: The Journal of Research into New Media Technologies, 8(4):89-106.

Fornäs, J. (2002b) 'Mediesamspel i tid och rum' (Media interplay in time and space), in Becker et al. (2002).

Fornäs, J. (2004) "Intermedial Passages in Time and Space: Contexts, Currents and Circuits of Media Consumption", *Nordicom Review*, 25(1-2):123-136.

Fornäs, J., Becker, K., Bjurström, E. and Ganetz, H. (forthcoming) *Passages: Consuming Media.*

Fornäs, J., Klein, K., Ladendorf, M., Sundén, J. and Sveningsson, M. (2002) *Digital Borderlands: Cultural Studies of Identity and Interactivity on the Internet.* New York: Peter Lang Publishing.

Gemzöe, L. (ed.) (2004) *Nutida etnografi. Tvärvetenskapliga reflektioner från mediekonsumtionens flyktiga fält* (Ethnography of the present: Interdisciplinary reflections from the transient fields of media consumption). Nora: Nya Doxa.

Ginsburg, F.D., Abu-Lughod, L. and Larkin, B. (eds.) (2002) *Media Worlds: Anthropology on New Terrain.* Berkeley: University of California Press.

Goss, J. (1993) 'The "Magic of the Mall": An Analysis of Form, Function, and Meaning in the Contemporary Retail Built Environment', *Annals of the Association of American Geographers*, 83(1):18-47.

Gottdiener, M. (1995) *Postmodern Semiotics: Material Culture and the Forms of Postmodern Life.* Oxford/Cambridge: Blackwell.

Gottdiener, M. and Lagopoulos, A.Ph. (eds.) (1986) *The City and the Sign.* New York: Columbia University Press.

Gupta, A. and Ferguson, J. (eds.) (1997) *Anthropological Locations: Boundaries and Grounds of a Field of Science.* Berkeley: University of California Press.

Habermas, J. (1962/1989) *The Transformation of the Public Sphere: An Inquiry into a Category of Bourgeois Society.* Cambridge: Polity Press.

Habermas, J. (1992/1996) *Between Facts and Norms: Contributions to a Discourse Theory of Law and Democracy.* Cambridge MA: MIT Press.

Hannerz, U. (1996) *Transnational Connections: Culture, People, Places.* London/New York: Routledge.

Hannerz, U. (ed.) (2001) *Flera fält i ett. Socialantropologer om translokala fältstudier* (Several fields in one: Social anthropologists on translocal field studies). Stockholm: Carlssons.

Johansson, Th. and Sernhede, O. (eds.) (2003) *Urbanitetens omvandlingar. Kultur och identitet i den postindustriella staden* (Transformations of urbanity: Culture and identity in the postindustrial city). Göteborg: Daidalos.

Kittler, F.A. (1997) *Literature, Media, Information Systems: Essays*. Amsterdam: G+B Arts International/ OPA.

Langer, S.K. (1953) *Feeling and Form: A Theory of Art*. New York: Charles Scribner's Sons.

McCarthy, A. (2001) *Ambient Television: Visual Culture and Public Space*. Durham/London: Duke University Press.

Moores, S. (1993) *Interpreting Audiences: The Ethnography of Media Consumption*. London: Sage.

Ortner, S.B. (ed.) (1999) *The Fate of "Culture": Geertz and Beyond*. Berkeley: University of California Press.

Pine, B.J.II and Gilmour, J.H. (1999) *The Experience Economy: Work is Theatre, Every Business a Stage*. Boston: Harvard Business School Press.

Thrift, N. (1999) 'The Place of Complexity', *Theory, Culture & Society*, 16(3):31-70.

Zukin, S. (1995) *The Cultures of Cities*. Malden MA/Oxford: Blackwell.

第13章 魔法、健康与身体地理媒介

汤姆·奥戴尔（Tom O'Dell）

这是漫长的一周、漫长的一个月、漫长的一年。就在我们开始驱车三个小时去水疗中心的时候，办公室打来电话，这意味着我必须在周六晚上的暴雨中，在租来的现代汽车的副驾驶座位上用手机和笔记本电脑，完成最后一项任务。所以第二天早上，当按摩治疗师米尔特轻轻地敲门问我是否准备好接受治疗时，我几乎喊了出来："准备好了。"（Kate Zernike, 2005：旅行篇5:1）

重复的姿态（工人的）产生了重复的空间……//……因为它们是同源的，这些空间可以互换吗？或者它们是同质的，唯一的区别就是估价不同，这样它们就可以进行交换和买卖吗？（Lefebvre, 1991: 75）。

深呼吸，调整，放松——现在是你的时间了（广告文本来自瑞典的库尔特水疗酒店宣传册，未注明日期）。[①]

2003年初夏，《商业周刊》刊登了一篇关于旅游业的毁灭性新闻。恶劣天气、失业和恐怖袭击威胁的综合影响，导致当年54%的美国成年人不打算度假，而在东北部，这一数字高达68%（Arndt, Palmeri and Arner, 2003: 42）。然而，几乎同时，凯悦集团（Hyatt Corporation）却发布了一个略有不同的故事。它发现了新的希望，将水疗行业确定为"旅游业增长最快的趋势之一"（新闻发布在酒店周报网站上）。国际水疗协会2005年公布的数据再次证实了这一行业的生命力。数据显示，仅在美国就有超过1.2万家水疗中心，自2002年以来，这一数字增长了25%。[②]

利用这一趋势，该行业随后被证明在寻找包括周末度假、精神重塑、"肉毒杆菌派对"[③]和儿童水疗等方面在内的新的专营消费市场方面极其善于谋利（参见Orecklin，2003：54）。这在很多方面都是一个非常多元的市场，但同时，大多数水疗中心都努力为顾客提供一系列健康、宁静、恢复活力和放松的体验。

本章，我将通过水疗中心空间的建构和媒介形态，结合顾客本身，来探讨其中的一些方法。为此，我先简要地研究在其自身的宣传材料中水疗中心被组织成构想空间的做法。在这个过程中，这些材料被放在历史背景下，阐明了水疗中心以健康和休闲为名混杂了医学、魔法和精神影响的做法。随后，本章接着转向了对当代几家水疗中心在物质和空间上的实际组织方式以及在客人身体和感官上留下的深刻印象进行了具体讨论。在本节以及接下来的内容中，将重点放在身体上，讨论身体和感官印象在理解我们周围世界中所起的中心作用。

医学、魔法与现代性

> 一个席卷社会科学和人类的最具破坏性的想法之一是"不再迷恋现代性"这一观点……这种净化行为极大减少了人们对西方社会的思考，因为这些代表和中介机构都被当作偶然的冲动而被遗忘，那些代表和中介似乎与魔法、神圣、仪式、情感、迷幻等力量联系在一起……然而，魔法并没有消失。西方社会和其他社会一样，充满了这种力量。（Thrift，2000：44）

> 这种看法认为，我们的客人屏蔽了外面的世界，且什么都不做。此时你可以喘口气，这是我们的生活所需。此时，我们聚集力量，补充能量，有时间去反思，也许还学会了从内到外的思考。（Tryggstad，未注明日期：5，我的重点）

> 尽可能接近完美。（勒布朗水疗度假酒店的广告语，见豪华水

疗度假酒店2005）。

水疗中心自身呈现的形象在很多方面都与该行业本身所提供的内容不尽相同。去报亭随便翻阅一本最新的水疗杂志，你会发现自己置身于纽约著名的摩天大楼之上，这里是由知名室内设计师设计的热带天堂、海滩胜地、山间小屋或偶尔出现的曼哈顿绿洲世界。这是一处由健康、年轻、美丽的人组成的或打坐，或冥想，或懒洋洋地躺在吊床上，或漂浮在水中，又或是简单趴着按摩的景观。浏览奢华水疗中心（Luxury Spa Finder）（2005年7月/8月刊）等杂志上的广告，你不仅会发现精美的首饰、高端的面霜和可供租用的私人喷气飞机，甚至还会看到写有"宁静"、"改头换面"、个人健康方面的最新医学成果，以及独家海滨度假胜地、"古老活肤技术与现代设施的融合让你内外充满活力和美丽"等承诺的广告和文章。

翻到隆德一个普通的日间水疗中心，比如森萨水疗中心（Sensa Spa）。它们宣传册的封面上是一个闭着双眼、头朝天空的亚洲女性。她躺在泳池或浴缸的一角，身体微微后仰，手臂前伸，漂浮在水面上。这张图片的边框上写着"五感疗法……和谐、放松、奢华……与灵魂、身体和皮肤之美相平衡"（森萨水疗中心宣传册，2003）的字样。

无论是世界上最华丽的水疗中心，还是瑞典较为普通的水疗中心，都是一个由奢华和特权所表征的世界——有时，这些特性与水疗中心所在的自然环境相契合，而有时，他们是通过将其他种族描绘成为富有的西方白人提供服务的"殖民地之礼"（参见Gregory，2004）的图像来展现的。简言之，水疗中心引用的图像可能因情况而异。尽管如此，在这些差异的背后，我们还是可以确定那些反复出现的主题。

例如，除了奢侈和特权之外，这也是一个在医学理性逻辑和魔幻、神秘以及精神领域之间摇摆不定的世界。乍一看，把正统医学的严谨和秩序与魔术的骗局和愚弄混在一起似乎有些矛盾。但是，魔术和医学有着长期交织共存和依赖的历史，这很容易被以白大褂、电子显微镜和CAT扫描技术等为标志的医学作为研究领域的主要形象而混淆（参见Pels，2003；Verrips，2003）。[④]正如马塞尔·莫斯（Marcel Mauss）所指出的那样，魔法是科学和技术的鼻祖。正如他所说，这一活动领域使人们首次探索了自然，并通过仔细观察周围世界的植物、动物和无生命物体的属性及其"秘密"并进行分类。马塞尔·莫斯断言，医学和天文学就是在这里扎根的（2001：176及后几页）。

在水疗世界里，医学、魔法和灵性之间的联系依然存在。事实上，这种联系是水疗中心文化遗产的一部分。在欧洲历史上，自凯尔特人时代以来，水、井和泉一直是精灵、仙子和其他超自然生物所居住的神话般的地方（Strang，2004）。在17世纪末到20世纪初，对水的神奇特性的迷恋相继被医学理论所取代，并试图探索和解释水在治疗各种疾病和心理障碍方面的潜在药用价值：从风湿、痛风和皮肤病到消化系统疾病、忧郁症和癔症（参见Mackaman，1998；Mansén，2001；Weisz，2001）。

在17、18和19世纪的瑞典，医生经常在建立和管理该国的旅游胜地、水井和泉水方面发挥着关键作用（Mansén，2001：42）。但是牧师从一开始就存在，并且成了瑞典大多数水疗中心主要且必要的人员。除了主持日常的宗教仪式，他们还在描绘水疗中心的道德风貌、制定可接受的行为规则和监督客人的行为方面发挥了重要作用。在这种情况下，水被认为是上帝赐予的特殊礼物，人类有责任通过使用来完善它——服务过程中，医生和牧师找到了共同的目标（Mansén，2001：127及以后几页）。

今天，把水疗中心与精神意象联系在一起仍然非常重要，但在许多情况下，已朝着新时代哲学方向发生了轻微的变化。[5]在这一背景下，东方已经成为一个巨大的灵感源泉，那些来自亚洲不同背景下的巨大差异化影响经常被混合到自成一体的新的精神放松和精神恢复形式中。例如，在斯德哥尔摩，受日本启发的哈瑟鲁登会议中心（Hasseludden Conference）和安苏拉吉（Yasuragi）温泉酒店在宣传其服务时阐明："'安苏拉吉'的意思是内心的平静与和谐。这正是我们希望你们在这里能体验到的……我们根据风水大师的建议，创造了一个让能量以正确的方式流动的和谐整体。"（安苏拉吉宣传册，5）其他水疗中心的工作方式（情况）略有不同，它们通过自由引入"本土疗养传统"或"魔法黏土"来宣传自己。[6]亚利桑那州的金门水疗中心（The Golden Spa）甚至还雇用了萨满教徒来帮助照顾他们的顾客（Zernike，2005：9）。

然而，最重要的是，新时代哲学对水疗行业最明显的影响是，水疗中心目前努力声称他们可以以某种方式利用未开发（或隐藏）的能源。虽然哈瑟鲁登（在上面的例子中）非常明确地扮演了新时代的形象，但其他没有将自身与新时代哲学直接联系在一起的水疗中心发现，他们陷入了一种未开发、隐藏或更好利用的能量的话语中。为了证明这一点，森萨水疗中心告诉潜在顾客："我们的目标是更健康、更完美的生活，更多的幸福感、更好的平衡感、更少的有害压力和更大的能量流动"（森萨温泉手册，2003：3），瓦尔伯格库尔特酒店和水疗中心呼吁顾客"来我们的水疗中心感受美妙的放松，充满新的力量和能量"（瓦尔伯格宣传册，未注明日期：23）。

这些说法在水疗中心的宣传材料中非常普遍，以至于人们很容易将其视为一种营销策略或噱头。[7]但或许这里的问题不仅仅是好听的口号和简单的噱头。我在瑞典水疗中心采访过的许多经理和员工似乎都真诚地相信他们销售的产品，并对有关他们除了欺骗容易上当的顾客之外什么都做不了的指控提出强烈抗议。除此之外，许多体验过的人都公开表明，这些水疗中心有能力兑现他们的承诺。[8]一位受访者在回忆最近的一次水疗时解释说："我发现自己只是在那里，当时当地，时间仿佛静止了。当我离开的时候，我感觉我从里到外像是一个全新的人，比以前有了更多的心理能量。"可以肯定的是，并不是我所询问的每个人都能用这些术语来描述他们的水疗体验。相反，有些描述很无聊或不明确。但许多人确实描述了重新焕发活力的感觉，找到了新的能量、活力和力量，就像他们拥有可以充电的电池——就像被施了魔法一样。

文本之外

> 对空间的低估、忽视和弱化相当于对可读和可视的文本、书面材料和书写系统的高估，从而造成对可理解性的垄断（Lefebvre，1991：62）。

在本文中应该指出的是，到目前为止，我引用的图像和勾勒出的魔法和健康景观的轮廓，构成了一个沿着页面边缘界定的表征空间。这是一个可读的可浏览的打印空间（带有历史参考资料）。它是一个平面的空间，在许多方面对水疗世界的表征都是很有限的。诚然，用亨利·列斐伏尔的话说，一幅"构想"景观很有策略地构建着对读者的影响。（Henri Lefebvre，1991：40 及后几页）由此，它甚至形成了潜在水疗顾客的期待空间。然而，正如米歇尔·德·瑟托（Michel de Certeau）所说，在将（营销）策略师的情感意图与目标受众的体验结合在一起之前，我们有理由叫停。

当今学校、报刊或电视的社会政治机制将教师或生产者将控制的文本与读者隔离开来。但是，在这种新的正统戏剧装饰背后（就像早期一样）隐藏着读者（或电视观众）的沉默、违法、讽刺或诗意的活动（1988：172），在"大师"不知情的情况下。

换句话说，在有策略地组织和构思页面空间与视网膜及其后面的身体（和意识）的活动空间之间存在着一种张力。德·瑟托（de Certeau）继续提醒我们，曾经有一段时间，阅读行为与演讲行为和实际呈现的文本密切相关。在大多数人不识字的时代，在听众面前阅读文本是一种身体行为。今天，我们习惯身体——除了眼睛——保持静止的阅读形式。德·瑟托认为，这可以被解释为对消费者妥协的进一步证明，这一观点植根于代表文本的力量（作者对读者的力量）来改变愚昧、揭示真相并生产知识的启蒙思想家的工作。这一结论让德·瑟托感到不安，他警告说："……提醒我们最好不要把人当成傻瓜。"（1988：176）

然而，德·瑟托并不是简单地主张将消费的巨大增值当作一种代理形式。同时，他也很有兴趣把身体放回制衡局面中，他提醒我们，虽然默读去除了旧时演讲中惯性的肢体活动，但它为新的肢体活动开辟了道路——这可能会颠覆打印文本。问题是，通过阅读他们的宣传材料为何不能完全解释在水疗中心发生了什么呢？作为"寻找新能源"过程的一部分，水疗中心和顾客实际上做了什么？为了调查这些问题，我转向了两个瑞典的水疗中心：哈瑟鲁登和瓦尔贝格。[9]

物质文化与感官传播

> 魔术不是在任何地方都可以表演，会受到表演场地的条件限制。魔法和宗教一样，都有真正的庇护所。（Mauss，2001：57）

语言的带宽远远低于感觉的带宽。我们对这个世界的大部分了解是永远无法告诉对方的。(Nørretranders，1998：309)

瓦尔贝格和哈瑟鲁登就是很有趣的例证，尽管两家机构都在市场上销售关于"幸福"的体验，但他们却选择了截然不同的方式。在一定程度上，这些差异是有历史原因的。这两个水疗中心最初都不是做水疗的。瓦尔贝格是一个疗养院，后来被用作疗养胜地，并在20世纪90年代改建为会议中心。与它的过去相呼应，它的主体建筑清晰地反映了20世纪早期大多数医院建筑所具有的早期现代美学。然而，主大厅的镶板木墙和深绿色填充皮革家具则从英国美学中获得灵感。按照斯堪的纳维亚人的标准，这是一个深色的大厅。但总体而言，水疗中心的历史渊源、20世纪的建筑架构和古典风格的英式大厅都在向游客强调着，这是一家专业精湛、风格突出的有良好传统的机构。

相比之下，哈瑟鲁登由瑞典劳工联盟（LO）于20世纪70年代初建造，目的是将该设施用作会议和教育中心（Brink，未注明日期：153及后几页）。该建筑本身是由上治次治（Yoji Kasajimi）设计的，融合了20世纪70年代初期主导瑞典大部分建筑的日式风格和功能主义美学理念。20世纪90年代，渗透在建筑风格中的日本主题被扩展并发展成为安苏拉吉水疗概念。[10]这一概念包括日式的治疗和按摩、安苏拉吉沐浴设施和几家提供日式料理的餐厅。甚至还要求客人在店期间穿着和服式浴衣（Yukata）的日本传统棉质长袍。

这两所水疗中心都使用了各种各样的道具和动作，通过其协调使用来加强能量传导的感受。作为框架机制的瓦尔贝格入口大厅和哈瑟鲁登的日式主题，都有助于暗示水疗中心是能强行改变到访的顾客状态的地方。正如水疗中心的经理向我解释的那样，瓦尔贝格的大厅能唤起顾客的"宁静感"。当人们早上进入大厅时，他们不仅进入了一个比外界光线暗淡的房间，而且他们实际上进入了一个公共机构的环境（以前的疗养院）。巨大的声响和噪音会产生回声，就像幽灵一样在墙壁和硬地板上反射，并在大厅里回荡。这不仅导致了声音的弱化，甚至（至少对一些人来说）也导致了动作的减少和限制，使得脚步声更柔和，步伐更缓慢。从这个意义上说，"感官图像或感官属性从一种形态转换到另一种形态"（Marks，1978：8引用Feld，2005：181，同见 Howe 2005：

292 和O'Dell，2005b）的通感是在瓦尔贝格大厅产生"宁静感"的重要催化剂，它暗示着眼睛、耳朵与不由自主的身体肌肉的相互作用。

哈瑟鲁登的日本主题以极简的内部装饰为特色，倡导褪去繁华、回归纯粹的审美和精神理念，进而，通过要求客人穿着日式浴袍将这种审美状态在一定程度上转移到了顾客身上。哈瑟鲁登的一位经理向我解释说，日式浴袍会裹紧身体，限制身体活动。换句话说，这种身体上的束缚，迫使客人进入一种全新且较慢的运动节奏，并且水疗中心会同时提供轻薄的拖鞋并鼓励他们穿，进一步放慢了这种节奏。拖鞋不是很跟脚，走路的时候容易滑落。哈瑟鲁登的木地板和石地板也非常滑，穿着拖鞋给人一种类似于穿着松开的溜冰鞋溜冰的感觉。日式浴袍和拖鞋的搭配彻底改变了运动感应条件，不仅激发了新的运动模式（小碎步拖着地、脚趾夹紧拖鞋等），甚至还引发了身体节奏、触觉和协调性上的新形式和专注（意识）焦点。[11]

然而，水疗中心对身体的影响并不止于此。按摩治疗室也是精心安排和组织的。就比如说，这些房内用不同的颜色来营造不同的心情。例如，在瓦尔贝格，水疗中心的管理人员解释说，他们会定期更换与汤池相连的等候室的配色，希望为回头客带来新的体验。在酒店系统里，随着房间的老旧和磨损，它们会不断地被翻新。从这个意义上说，翻新是为了保持一定的便利设施标准。相比之下，汤池等候室的翻新更明显是出于一种渴望深入了解客人并对他或她产生情感影响的逻辑。

从这个意义上讲，房间的边界不仅由门、墙和窗户来划定，还由不同的感官刺激氛围来划定。例如，带有室内泳池的房间感觉潮湿，有氯气的味道，并拥有独特音质的回声，这与铺着地毯的酒店走廊非常不同。同样的原理也适用于一个人在水疗中心从一个房间到另一个房间。在一个区域可能闻到了鲜花的味道，而另一个区域可能散发着挥之不去的消毒剂气味，第三个区域可能有芦荟精油、沐浴露或熏香等新奇的味道。其结果是，当客人压低声音、放缓身体时，他们的嗅觉被不断地触发和刺激以唤醒新的状态。

以类似的方式，音乐被用在治疗室，每个房间有独特的背景音乐。为此，新世纪音乐、东方或古典音乐，以及现代流行音乐中起到镇静作用的形态都被用来创造乔·塔奇在水疗体验中所说的听觉"纹理"（1998：26）。但伴随着音乐节奏的治疗不仅仅是为了提供更深层次的体验背景。声音会留下自己的痕迹，它会移动，并因此被自己的时间所标记（Feld，2005：185）。例如，多普勒效应通过音高的变化来标记声音的未来、现在和过去。当别人从我们身边走开时，脚步声会渐渐消失。在按摩室里播放新世纪音乐希望能起到镇静作用，然而，相对于被按摩者，音乐实际上并没有移动。在一个我们（无意识地）习惯了声音循环和移动的世界里，水疗中心整个按摩或治疗过程中的"固定音频"体验进一步加剧了停滞和静止。从某种意义上说，音频实际上在这里是静止的。

在某种程度上，瓦尔贝格和哈瑟鲁登等地所提供的主要商品被认为是一种变化了的时空，顾客暂时与所有外部干扰隔绝，在这里，时间和日常生活的空间节奏都被放慢了。这是宣传材料中水疗中心的主要形象，是水疗中心管理者声称他们努力提供的核心服务之一，正如我在上面所指出的，这至少是水疗中心的空间组织有可能对顾客产生的潜在影响之一。

然而，从一个略有不同的角度来看，人们可能会认为，水疗中心花了大力气使身体运动起来，而不是慢下来。与此同时，作为充电仪式的一部分，身体在体操和有氧运动中被激活。当然，人们也不断努力通过对身体的按摩、摩擦、触摸和抚摸来调动新的能量流。一位水疗中心经理解释说："我们知道，当你接受按摩时，你的身体会发生很多变化。抗压荷尔蒙被积聚起来，僵硬的肌肉松弛下来且增强了血液循环。被触摸对我们来说至关重要。"换句话说，人们相信触觉刺激的力量可以释放被锁住的内在能量，并使之运转起来。在这种情况下，对体表的抚摸直接切入神经系统的核心并作用于身体的压力和产生压力的组织——至少人们以这样或那样的方式表达了他们的感受。

与其说水疗中心释放了隐藏在身体内的"力量"，不如说是把其他方面的力量转移到身体里。例如，泥浆沿着人的身体表面扩散，据说它们的有益物质会渗入皮肤。油的使用方式也是一样，甚至可以与加热毯结合起来使用，据说这样可以进一步促进油中的有益物质渗入人体。另一方面，桑拿以一种略有不同的方式使人的身体恢复活力。它通过加热来打开皮肤的毛孔，促进出汗，从而潜在地创造可能排除身体有害残留物和沉积物的条件。

在某种程度上，水疗中心宣传材料上所许诺的健康、养生和恢复活力似乎都是短暂的。在印刷品中，他们常常被简化为通过以某种标志着健康的象征性视觉美学来表达这一点，却很少提及他们是如何真正实现这一目标的。因此，瓦尔贝格的宣传材料上满是瑞典自然风光的画面，这些画面唤起了"更亲近自然"的话语（且含蓄表达远离现代城市生活压力）。哈瑟鲁登则不断重申其对日本风格的钟爱，"一块孤石。干净的沙发。我们按照日本美学来打造安苏拉吉，在日本美学中，侘（wabi）代表一切简约之美，寂（sabi）是你能在一个老旧且微小的物体上看到的难以定义的优雅"（安苏拉吉宣传册）。虽然"越简单越好"的理念已经得到了充分的体现，但日本设计美学与健康的关系仍然是高度抽象的。然而，正如我在这里所说的，对水疗中心有关文化生产复杂过程的理解，需要一种超越文本的分析。

水疗中心的物质性不仅塑造着在其范围内活动的人们的体验，而且显得这种物质性"很重要"（Miller，1998）。它通过刺激感觉来产生印象和情感，进而传达意识——可能潜在地对顾客产生微弱的影响。在这种背景下理解身体和感官的作用是很重要的，因为虽然我们的感官在塑造有意识的思维方面起着重要作用，但我们处理的大多数冲动和信息都是在有意识思维的引导下进行的。正如拉科夫（Lakoff）和约翰逊（Johnson）所说：

> 有意识的思维只是冰山一角。认知科学家的经验法则是，无意识思维占所有思维的95%——且这可能是一个严重的低估。此外，表层意识之下95%的无意识思维塑造和构成了所有的意识思维。如果无意识认知不做这种塑造，则不会有意识思维。（1999：13，参见Thrift，2000：40）

在这种背景下，水疗中心不仅是顾客消费的健康和休闲场所，而且通过作用于物质组织的感官，刺激不同形式和节奏的流动和静止，来试图影响顾客的情绪和情感。在某种程度上，它通过丰富多样的感官提示成功地让顾客感到重新焕发活力，而这些提示只是部分地且有意识地记在顾客脑海中。在这里，"体验的感觉"比任何逻辑上的理解或认识更重要。但与此同时，水疗中心的空间并不是简单地由水疗中心管理层自上而下设计和安排的，它也是在人们穿梭其中并对其产生相互竞争的理解时创造出来的。在进行最后评论之前,让我再举两个例子来阐述这一点。

组织性空间和可移动的身体

除了上面描述的那些之外,在幕后仍有其他类型的变化正在发生。例如,瓦尔贝格每月雇有超过200名员工(主要是女性)。这是一支安静地、分散地穿梭在水疗中心各个房间的员工队伍。与服务业的大多数员工一样,这些员工多为兼职工作,且工资也不高。许多人发现他们的工作对体力要求很高,以至于他们不能全职工作,这一事实在行业内得到了广泛的认可。正如一种出版物所解释的那样:"水疗中心给人的印象是一种奢侈的享受,但该领域没有人能胜任全职工作。同时,为了生活,他们还要坚持。"(Kellner,2003:22)一些水疗中心实行轮岗随叫随到的制度,如有需要员工随时就会来上班,这成为女按摩师安排自己的空闲时间和从一周繁重工作中恢复过来的阻碍。周末往往是水疗中心一周中最忙的时候,因此,随叫随到的员工发现自己在本来应该休息的周末工作是相当常见的。其他的策略也是可行的。瑞典的另一家大型水疗中心则严重依赖那些直接参加过各种按摩培训课程的年轻女性,并让她们全职工作。结果,许多人在一年之内就辞职了(斯文斯克酒店,2003:23)。因此,轮流替换疲惫的员工似乎比让他们忍受全职工作要容易得多。

水疗中心是身体移动的迷宫。在最糟糕的情况下,它们是压力产生的场所,其采用一种消耗身体、耗尽并最终丢弃的旋转门政策。在其他情况下,为了避免这种情况的发生,水疗中心采取兼职和灵活的雇工方式,或者鼓励从事繁重活动的员工也从事如客户接待或餐厅服务等对身体(强度)要求较低的工作。工作时间表被划分为全天、半天、周末和晚上,引导着员工在工作岗位和工作地点之间不断流动。

然而,这并不是一种仅限于员工身体的移动。顾客的来访有自己独特的节奏。尽管水疗中心尽最大努力将自己塑造成一个与外界的问题和压力隔绝的放松场所,但它们在很多方面与更大的文化经济脉动紧密相连。

瓦尔贝格和哈瑟鲁登这样的水疗中心每周都能接待成千上万的顾客。没有一种单一的服务能够满足所有顾客的愿望。因此,为了提供似乎完全个性化的大众服务，像这样的大型水疗中心必须采用创新性和创造性的战略。瓦尔贝格实现这一目标的部分做法就是开发"大规模定制"产品（参见O'Dell，2005c；Pine and Gilmore，1999，1998）。也就是说，水疗中心通过提供给顾客可以选择、组合和允许定制标准化的个性体验且范围更广的治疗和活动来满足客户的需求。

瓦尔贝格提供的一系列套餐成了解决工作需要的方式，使水疗中心管理层能够更容易地提前计算房间空置率，并预测水疗中心近期对餐饮、治疗和其他活动不断变化的人员需求以满足需要。另一种组织技巧是被称为"活动菜单"式的时间表。菜单将每一天划分为30到60分钟不等的时间段，保证顾客在每天的既定时间都可以参加既定的活动或治疗。水疗中心的大堂里贴着一张标明每项活动可以参加的人数的报名表。因此，周一上午的日程安排显示：

07：30—08：00　东方早晨
08：30—09：00　水上动感单车
09：15—09：45　水疗
10：15—11：00　气体操
11：15—12：15　瑜伽

没有两天完全相同的日程安排，"先到先得"的原则适用于报名表上的许多活动。虽然目标是放松，但这里的时间规则与整个工业时代大致相同。不同之处在于，"水疗时间"本质上更多的是周期性的，而不是线性的，如果错过了期待已久的特定活动，未来几天它一定会再次出现在日程安排上。换句话说，如果你停留足够长的时间，就一定可以体验到。然而，归根结底，水疗中心和它的顾客都是通过内在自律的过程——本身是随着工业时代的突破而磨炼和发展起来的——来缓解压力和疲惫。时间是至关重要的，用餐是在相当精确的时间段内完成的，治疗是以分钟为单位计算的。瓦尔贝格要求客人提前5分钟到达他们预定的治疗室。按照水疗中心的标准，这是相当宽松的时间限制。其他水疗机构甚至会要求你在按摩或治疗前15分钟到场，甚至会明确警告说，迟到的时间将从治疗时间中扣除。换言之，除了劳动者/生产者，消费者也要对守时和满足时间要求承担主要责任。水疗中心被看作像一个井然有序的机构一样运作，它的员工在自己的位置上等待下一个预定的生产单元通过。对这一秩序的最大威胁是顾客发现自己无法按照约定的时间计划克服身体的无纪律性。纪律对这台机器的运转至关重要。根本不可能有生产中的备份，因为它们会威胁到提供给下一个客户的产品质量。

在瓦尔贝格，工作时间表、活动菜单和套餐交易作为重要的组织手段，有助于水疗中心采用灵活的制度来保证顾客和员工都能井然有序地运转——他们从一个房间到另一个房间，为他们安排了一系列忙碌的活动，并对其工作（或休闲）的节点和时间框架进行了明确限定。其他文化理论家则坚决主张，有必要加强对各阶层劳动力市场中的灵活性所"引起焦虑"（Sennett，1998：9）和"不确定性"（Bauman，2000：147）的认识。这些都是水疗中心员工面临的工作场所灵活性方面的问题；然而，矛盾的是，水疗中心的顾客也正是通过接触类似的流程和计划来努力逃离压力和焦虑的——在许多情况下，他们声称在这方面取得了成功。看起来，制度的灵活性带来的不仅仅是压力。

在其他地方（O'Dell，2004，2005b），我认为有必要更好地理解静止和流动的文化过程之间的动觉张力，以及它们在日常生活中道德上受到影响的方式（See even Klinkmann，2005）。[13]将水疗中心员工的工作日程与提供给顾客的活动日程进行对比，我的目的是提出一个需要进一步思考的问题：在不断变化的环境中，对灵活性和流动性的要求（和期望）对我们有什么影响？为什么灵活性和流动性制度在某些情况下似乎会让人"崩溃"，而在另一些情况下却会让人"重新振作"？正如我在整篇文章中所说的，水疗中心以顾客的身体和感官为目标，通过精心安排文化的动觉过程来努力营造宁静，并为顾客充电，这个过程是在养生、健康和（通过新教徒的伦理）提高经济生产力的道德背景下，通过不断地运作和界定静止和流动的竞争模式来影响他们的情绪。有趣的是，在瓦尔贝格，与工作生活中的生产力相关的身体活动节奏被重新调用和重新设置的方式（可能并不那么令人惊讶）似乎让顾客相信，水疗中心的设施有能力对他们产生富有成效和恢复活力的效果。[14]这看起来似乎自相矛盾，甚至"不合逻辑"，但在某种程度上，它能起作用是因为它对身体来说是有意义的。在这种情况下，这可能是最重要的。

第三部分 中介化空间

正如奈杰尔·思瑞夫特（2004）根据认知理论家的研究指出的，我们生活在一个意识落后0.8—1.5秒的世界里。也就是说，大多数人需要将近半秒到整整一秒的"思考时间"才能意识到他们周围发生的事情。换句话说，意识是在我们体内形成和发展的东西，正因为如此，它在某种程度上是一种事后建构（Nørretranders，1998：289-290）。在以感官为目标的过程中，水疗中心（以及体验经济中的许多其他参与者）本质上参与了一个旨在探索我们身体和意识之间的前反思间隙以及身体对意识的影响的项目。在此背景下，意义的传递／传达不仅仅通过文字、文本或语言，更重要的是通过空间实践产生的身体认知（Lefebvre《第一空间》，1991：38；参见Merrifield，2000：174-175；Soja，1996：66）。

我认为，正是在身体和意识思维之间，魔法发挥了作用。正如马塞尔·莫斯所指出的，如果不是一种在特定文化背景下满足人们特殊需求的社会现象，魔法什么也不是（2001：174-175）。这里必须指出的是，在过去的十年里，水疗在瑞典越来越受欢迎，与此同时，瑞典全国都在讨论倦怠、压力和病假等令人焦虑的问题。政界人士、医生和其他专家在这种讨论中不断描绘出一幅流行病程度的公共健康问题图景，报纸的标题也让读者相信这种状况已经逐渐失控。

与此同时，瑞典日益感受到新自由主义的影响，导致福利国家及其保护主义和家长式社会政策出现倒退。公民曾经期望从更大的群体中得到支持，但如今他们越来越多地承担起了照顾自己的责任。[15]在这种背景下，人们的焦虑导致了"新"领域的发展——比如水疗——在此人们希望找到的不仅是放松和健康，甚至还有"新能量"、恢复活力和抵御疲劳的最后防线。

实际上水疗中心提供这些感觉的程度因人而异。尽管如此，无论是与经理、按摩师或他们服务的顾客交谈，人们都普遍相信触觉的力量，认为水疗可以让人感觉更好。如果顾客离开水疗中心时感觉好多了，那么这就是魔法的力量——但这种魔法来自身体和感官的微妙动员，是在顾客经常希望预见的某种影响的情况下产生的。但这也正是其弱点。

水疗中心利用其宣传材料，为顾客的来访创造一个充满期待的空间，并精心设计了以适当的方式刺激感官并能产生奇效的设施。然而，他们从来不能完全控制他们开启的进程。在这方面，我想起了一位69岁经常练习气功的妇女安妮塔，当我见到她时，她已经是瓦尔贝格近十年的老主顾了。她热情洋溢地描述了她的水疗经验以及水疗给她带来的快乐，包括一种被纵容和被照顾的感觉。但她却对最近参加的瑜伽课失望了。她的身体不符合莲花坐姿的要求，且十分抗拒。她很惊讶，并向我信誓旦旦地说她可能再也不会尝试瑜伽了。在日常生活的空间里，她自己的身体辜负了她的预期，魔法被暂时打破了。

在本文结束时，对安妮塔的失望有必要反思一下，因为这既不是计划，也不是预期。这是生活经验的产物，它颠覆了瓦尔贝格的最大努力，同时也动摇了安妮塔对水疗中心有能力让她感觉更好的坚定信念。在这一点上，它让我们回到了德·瑟托的话中，并提醒我们，"我们一定不能把人当傻瓜"（1988：176）。日常生活的过程可能是高度结构化的，并受到许多不同的利益、空间实践和市场力量（以及其他因素）的左右，但它们也可能产生意想不到的反应，挑战人们对周围世界理所当然的理解。在这一背景下，我们仍然需要更充分地理解身体和感官作为意义生产的地理学所发挥的重要作用。在这里，我的目的是强调这种运作方式，并主张进一步拓展一种更明确地关注身体和感官如何塑造我们理解周围世界的文化理论——不仅仅是通过逻辑过程，甚至是通过难以描述的感觉和情绪。事实证明，存在于身体、感觉和情感之间的联系在文化解释中可能比我们想象的更为重要，它在意识思维的层面下微妙地发挥作用，进而影响着我们的思维方式。

作者简介

汤姆·奥戴尔，瑞典隆德大学赫尔辛堡校区服务管理系副教授。他出版了《文化的解放：瑞典的美国化和日常生活》（北欧学术出版社，1997）。还编了几本关于旅游和体验经济的书，包括《不停地！旅行者：实业主义者》（奥里斯卡传媒史，1999），《经验材料》（Studentlitteratur，2002），《经验逃脱：旅游、文化和经济》［与彼得·比尔（Peter Billing）合作，哥本哈根商学院出版社，2004］。

注释

①我已经翻译了这句话以及所有其他最初以瑞典语出现的引用。还应注意，瓦尔贝格手册中所有未注明日期的参考文献均在2002年的手册之后出版。

②2005年9月20日的《旅游日报》报道了这些数字。（www.traveldailynews.com/makeof.asp?central_id=521&permanent_id=17）

③术语"肉毒杆菌派对"是一种水疗替代形式的俚语表达，目前在曼哈顿很流行，在某些情况下更正式地被称为"医疗水疗"。这里提供从普通的非侵入性面部护理到肉毒杆菌注射和整形手术的各种服务设施（见Cooke，2004）。

④这种现象并不局限于医学。正如其他文化理论家所主张的那样，不幸的是，许多与现代性相关的文化现象往往与去神秘化和去幻想化的过程相一致。然而，这些学者和其他学者越来越多地质疑这种把魔法和现代性定义视为对立的学术（和流行的）倾向的准确性，并坚持认为有必要重新考虑魔法可能仍作为现代性的一个组成部分而运作。我在此赞同这一观点，并认为魔法可能被理解为当代社会日常生活中至关重要的组成部分（有关这个问题的更多讨论，以及其他类似研究的例子请参见Berg，2003；Löfgren and Willim，2005； Meyer and Pels，2003；Taussig，1993；Thrift，2000）。

⑤尽管，正如我在其他地方所说的（O'Dell，2005a），水疗世界也有丰富的基督肖像，而且经常通过当代对新教伦理的诉求来让其活动合法化（Weber，1958）。

⑥这些具体的引用分别来自Zernike（2005：9）和 Cereceda（2002：49），它们分别代表了水疗行业当前流行的一些趋势。

⑦尽管如此，值得注意的是，与我交谈过的水疗中心经理在很多情况下都非常了解市场。他们在发布新的简介和产品之前会仔细权衡。正如我将在下面描述的那样，他们会密切注意其水疗中心的外观、组织和形象的细节。这些机构的成功营销是他们敏锐地意识到的一个问题。但是，在接下来的内容中，我认为这不足以解释21世纪初的十年来水疗行业的成功。除了华而不实和吸引人的宣传材料外，这里有更多的问题。

⑧这不仅在我与水疗中心顾客的交谈中得到证实，而且我所调查的几个水疗中心的管理层也指出，他们的大部分业务（在某些情况下接近50%）是由回

头客带来的。周末去水疗中心的费用可能高达5000瑞典克朗（而五天住宿的费用可能不低于8000瑞典克朗），加上额外的治疗、活动和水疗产品，价格甚至更高。在这种背景下，再次光顾是客户满意度的有力反映。

⑨以下部分的分析是基于我在哈瑟鲁登、瓦尔贝格和其他水疗中心进行的实地调查。它是根据我对自己所研究地点的看法和印象，是以一种民族志形式建构的。但是，这也得益于我对水疗中心员工和管理层的访谈，以及与水疗中心顾客的讨论，以及在观察过程中听到的对话。有关民族志的优点和局限性以及民族志学家在知识生产中的经验使用的更多讨论，请参见Marcus，1998：246；Mathiesen Hjemdahl，2003；O'Dell，1999：257及后几页和Reed-Danahay，1997。

⑩哈瑟鲁登的主页解释说："安苏拉吉是……我们洗浴设施的名称，您可以在其中使用几种不同类型的游泳池——温暖的室内温泉、水温较高的室外温泉和凉爽的游泳池。"（www.hasseludden.com）具有讽刺意味的是，该设施的一名经理声称，在安苏拉吉概念得到发展之前，这个地方看上去就像70年代初期的其他任何乏味的瑞典市政浴室一样——用水泥浇筑的混凝土仓。在他看来，这是一个原本就没有任何深层魅力或灵气的地方。

⑪对于像我这样不习惯穿长袍或紧身连衣裙的人来说，日式浴袍确立的运动前提条件可能更加明显。从这个意义上说，性别问题和以前的流动经验可能会提高或减少对日式浴袍的认知。

⑫话虽如此，应该指出的是，人们对自动静止的印象是不牢靠的。它们不断地被构建在音乐背景中的用来营造一种宁静和静止感觉的微弱活动形式所破坏。这包括了伴随许多新时代唱片的水声、雨声和风声等现象的音乐节奏和最微妙的立体声效果等。在治疗室中产生的感觉可以用平静、宁静或时间的减慢来描述，这些感觉可能部分地会被自动静止的过程所强化。但必须指出的是，它们也是通过对不同移动形式的微妙（也不是那么微妙）调用而实现的。

⑬韦伯斯特（Webster）的《新世界词典》将动觉定义为"通过肌肉、肌腱和关节的神经末梢器官感知的身体各部分的位置、运动、张力等感觉"（1984：776）。

⑭这里所涉及的过程可能被比作（也许不是巧合）借力打力的过程，正如

韦纳所说，在某些情况下魔法是一个不可或缺的方面（2003：148）。

⑮参见Bauman，1997，1998；Harvey，2000；Sennett，1999：19及后几页。另见Castells（1997：252及后几页，1996：213）对福利国家的缩减与更大的经济进程和民族国家之间的竞争力之间的联系的讨论。

原书参考文献

Arndt, Michael, Palmeri, Christopher & Arner, Faith (2003) "Dog Days' Journey into Night: Rain, job jitters…Americans are forgoing vacations in droves", *BusinessWeek*. August 25:42.

Bauman, Zygmunt (1997) *Postmodernity and its Discontents*. Cambridge: Polity Press.

Bauman, Zygmunt (1998) *Globalization: The Human Consequences*. New York: Columbia University Press.

Bauman, Zygmunt (2000) *Liquid Modernity*. Oxford: Blackwell Publishers.

Berg, Per Olof (2003) "Magic in Action: Strategic Management in a New Economy", in Barbara Czarniawska & Guje Sevón (eds.) *The Northern Lights: Organization theory in Scandinavia*. Copenhagen: Copenhagen Business School Press. pp. 291-315.

Brink, Johanna (Undated) "Återerövning av en gammal japansk idé", in Kersitn Kåll (ed.), *Yasuragi: Stillhet, skönhet, harmoni*. Stockholm: Bokförlaget Fischer & Co. pp. 152-159.

Castells, Manuel (1996) *The Rise of the Network Society*. Malden: Blackwell Publishers Inc.

Castells, Manuel. (1997) *The Power of Identity*. Malden: Blackwell Publishers Inc.

Cereceda, Johan (2002) "Magisk sjöbotten läker ömma leder", *Spa Magazine* 2:49-50.

Cooke, Jamie (2004) "Botox or Body Wrap? The New Spa Phenomenon", www.breakingtravelnews.com/article/20040320130130966.

de Certeau, Michel (1988) *The Practice of Everyday Life*. Berkeley: University of California Press.

Feld, Steven (2005) "Places Sensed, Senses Placed: Toward a Sensuous Epistemology of Environments", in David Howe (ed) *Empire of the Senses: The Sensual Cultural Reader*. Oxford: Berg. pp. 179-191.

Gregory, Derek (2004) *The Colonial Present*. Malden: Blackwell.

Harvey, David (2000) *Spaces of Hope*. Berkeley: University of Berkeley Press.

Howe, David (2005) "HYPERESTHESIA, or The Sensual Logic of Late Capitalism", in David

Howe (ed.) *Empire of the Senses: The Sensual Cultural Reader*. Oxford: Berg. pp. 281-303.

Kellner, Christina (2003) "Friskvård gör ansällda sjuka", *Svensk Hotellrevyn*. 6-7:22.

Klinkmann, Sven-Erik (2005) "Cultural Kinesthesis in Mediascapes", *Ethnologia Scandinavica*. Vol. 35:7-20.

Lakoff, George & Johnson Mark (1999) *Philosophy in the Flesh: The Embodied Mind and its Challenge to Western Thought*. New York: Basic Books.

Lefebvre, Henri (1991) *The Production of Space*. Malden: Blackwell.

Luxury Spa Finder (2005) July/August issues.

Löfgren, Orvar & Willim Robert (2005) *Magic, Culture, and the New Economy*. Oxford: Berg.

Mackaman, Douglas Peter (1998) *Leisure Settings: Bourgeois Culture, Medicine, and the Spa in Modern France*. Chicago: University of Chicago.

Mauss, Marcel (2001) *A General Theory of Magic*. London: Routledge.

Mansén, Elisabeth (2001) *Ett paradis på jorden*. Stockholm: Atlantis.

Marcus, George (1998) *Ethnography Through Thick & Thin*. Princeton: Princeton University Press.

Mathisen Hjemdahl, K. (2003) "When Theme Parks Happen", in Jonas Frykman & Nils Gilje (eds.) *Being There: New Perspectives on Phenomenology and the Analysis of Culture* Lund: Nordic Academic Press. pp.129-148.

Merrifield, Andy (2000) "Henri Lefebvre: A socialist in space", in Michael Crang & Nigel Thrift (eds.) *Thinking Space*. London: Routledge.

Meyer, Birgit & Pels, Peter (2003) *Magic and Modernity: Interfaces of Revelation and Concealment*. Stanford: Stanford University Press.

Miller, Daniel (1998) *"Why Some Things Matter", Material Cultures. Why Some Things Matter*. Chicago: Chicago University Press. pp. 3-24.

Nørretranders, Tor (1998) *The User Illusion: Cutting Consciousness Down to Size*. New York: Penguin Books.

O'Dell, Tom (1999) *Nonstop! Turist I Uppleveleseindustrialismen*. Lund: Historiska Media.

O'Dell, Tom (2004) "Cultural Kinesthesis", *Ethnologia Scandinavica*. Vol. 34:108-129.

O'Dell, Tom (2005a) "Meditation, Magic, and Spiritual Regeneration: Spas and the Mass Production of Serenity", in Orvar Löfgren & Robert Willim (eds.) *Magic, Culture, and the New Economy*. Oxford:

Berg. pp. 19-36.

O'Dell, Tom (2005b) "To Haunt and Enthrall: The Cultural Kinesthetics of Minds and Bodies", *Ethnologia Scandinavica*. Vol. 35:21-24.

O'Dell, Tom (2005c) "Management Strategies and the Need for Fun", in Tom O'Dell & Peter Billing (eds.) *Experiencescape: Tourism, Culture & Economy*. Copenhagen: Copenhagen Business School Press. pp. 127-144.

Orecklin, Michael (2003) Spa Kids. *Time*. July 21: 54-55.

Pels, Peter (2003) "Spirits of Modernity: Alfred Wallace, Edward Tylor, and the Visual Politics of Fact", in Birgit Meyer & Peter Pels (eds.) *Magic and Modernity: Interfaces of Revelation and Concealment*. Stanford: Stanford University Press. pp. 241-271.

Reed-Danahay, Deborah (1997) *Auto/Ethnography: Rewriting the Self and the Social*. Oxford: Berg.

Sennett, Richard (1998) *The Corrosion of Character: The Personal Consequences of Work in the New Capitalism*. New York: W.W. Norton & Company.

Sennett, Richard (1999) "Growth and Failure: The New Political Economy and its Culture", in Mike Featherstone & Scott Lasch (eds.) *Spaces of Culture: City, Nation, World*. London: Sage. pp. 14-26.

Soja, Edward (1996) *Thirdspace: Journeys to Los Angeles and Other Real-And-Imagined Places*. Malden: Blackwell Publications.

Strang, Veronica (2004) *The Meaning of Water*. Oxford: Berg.

Svensk Hotellrevyn (2003) Arbetsvilkor, problem och krav på 5 av landets spa-ställen. 6-7:22-23.

Tacchi, Jo (1998) "Radio Texture: Between Self and Others", in Daniel Miller (ed.) *Material Cultures: Why Some Things Matter*. Chicago: University of Chicago Press. pp. 25-46.

Taussig, Michael (1993) *Mimesis and Alterity: A Particular History of the Senses*. New York: Routledge.

Thrift, Nigel (2000) Still Life in Nearly Present Time: The Object of Nature. *Body and Society*. 6(3-4):34-57.

Thrift, Nigel (2004) Intensities of Feeling: Towards a Spatial Politics of Affect. *Geografiska Annaler*. 86:57-78.

Tryggstad, Lena (Undated) "Ett möte en chans", in Kersitn Kåll (ed.) *Yasuragi: Stillhet, skönhet, harmoni*. Stockholm: Bokförlaget Fischer & Co. pp. 4-7.

Varbergs Kurort Hotell & Spa (2002) Brochure, Varberg: No publisher given.

Varberg's Kurort Hotel & Spa (undated) Brochure, Varberg: No Publisher given.

Verrips, Jojada (2003) "Dr. Jekyll and Mr. Hyde: Modern Medicine Between Magic and Science", in Birgit Meyer & Peter Pels (eds.) *Magic and Modernity: Interfaces of Revelation and Concealment*. Stanford: Stanford University Press. pp. 223-240.

Weber, Max (1958) *The Protestant Ethic and The Spirit of Capitalism*. New York: Charles Scribner's Sons.

Webster's New World Dictionary (1988) New York: Simon & Schuster, Inc.

Weiner, Margaret (2003) "Hidden Forces: Colonialism and the Politics of Magic", in Birgit Meyer & Peter Pels (eds.) *Magic and Modernity: Interfaces of Revelation and Concealment.* Stanford: Stanford University Press. pp. 129-58.

Weisz, George (2001) Spas, Mineral Water, and Hydrological Science in Twentieth-Century France *Isis* vol.92, No. 3, 451-483.

www.hasseludden.com. (2003) September 24.

www.hotells-weekly.com. (2003) News & Analysis. Spa Hyatt Leads the Way. July 30.

www.traveldailynews.com (2005) September 20.

Zernike, Kate (2005) The Spa-ification of America. *The New York Times*. January 2, Section 5:1, 8-9.

第四部分 媒介化的空间感

第14章 旅游摄影地理学的编舞与表演

乔纳斯·拉森（Jonas Larsen）

在现代，旅游和摄影是一对孪生兄弟。自从摄影出现以来，它就与旅游联系在一起。当蒸汽船和铁路让世界变得更加触手可及的时候，照片让世界变得近在眼前。摄影师到遥远的地方旅行，摄影很快成为旅游的一种仪式，拍摄对象遍布全世界，这反过来又催生了一系列想法、对象、地点、文化和人。这些发明极大地激发了现代世界对视觉和地理运动的渴望；通过共同努力，它们创造了丰富的图像和视觉景象，使可视领域在地理上得到了前所未有的扩展。摄影在很大程度上是一种旅行现象——现代旅行文化的组成部分。

当代旅游是通过图像和摄影表演在文化、社会和物质上进行内在建构的，反之亦然。旅游业在摄影图像上投入巨资编排出令人向往的"地方神话"、身体渴望和出镜地点，而人们外出度假如果不带相机、不写明信片、不带着许多快照记忆回家几乎是不可思议的。我们知道我们在复制一种陈词滥调，但摄影表演是令人愉快的，我们在假日拍摄的世界名胜的照片、我们的成就和人际关系都是珍贵的财富。

本章探讨摄影在旅游中的作用，以及摄影和地点在旅游中的交叉。本章将介绍在旅游研究以及社会学、地理学和文化研究中如何讨论旅游摄影，我们将特别关注如何描绘相机、图像、地点和游客之间的关系。另外，摄影是如何作为游客对地方体验的媒介,从而产生旅游地理的呢?现代图像文化是如何塑造现代旅游业的?旅游研究与媒介研究之间有何联系?这些都是我将讨论的问题。

本章的第一部分将讨论社会学家约翰·厄里(John Urry)的"游客凝视"(1990/2002)概念如何主导了对旅游业的文化描述。这个概念揭示了旅游业中以图像为中介的观看和描绘的本质,以及旅游景观的"想象地理"。我回顾了学术史,考察了媒介地理如何产生旅游地理,表征空间和物理空间如何复杂地交织,以偶然的方式相互替代和增强(另见Crouch and Lübbren,2003;Crouch,Jackson and Thompson,2005)。

本章的第二部分更明确地考察了游客摄影。我展示了游客摄影范式的表演性是如何通过一个"恶性解释学循环"来解释的。我认为,这种模式将商业摄影描绘成一种万能的机器,通过被取景而不是在取景,把游客的摄影表演转变成了一种"引用"仪式:他们被淹没在纷乱的图像海洋中。借鉴具身化和表演的理论观点以及早期旅游摄影的民族志研究(Larsen,2003,2005),我对旅游摄影有了新的理解,认为旅游摄影像表演但不是表演,旅游摄影师像是在取景,也是被取景。有人认为,旅游摄影的本质是一种包括有形的且富有表现力的演员、剧本和编排以及对"想象地理"的策划和实施在内的复杂的"戏剧"剧本。因此,游客摄影师虽然经过图像编排,但他们的拍照实践并不完全由这种剧本决定。

游客凝视和强制性摄影

第一部真正触及旅游和摄影之间关系的作品是文化评论家苏珊·桑塔格(Susan Sontag)的《论摄影》(1977)。她提出,摄影通过将世界变成一个"奇观社会"戏剧性地改变了人们对世界的看法,在那里,不断流传的图像压倒了现实:"现实"变成了游客的一种视觉消费品。在摄影出现之前,物体和地方的视觉纹理不能很好地在地理或社会空间中流传。画家一直是热衷于旅行的人,早在摄影发明之前,他们就把特定的地方从他们的"原住地"中描绘出来,并把它们作为物品带入新的时空背景中。然而,这些物品制作起来耗时,运输相对困难,而且是独一无二的。桑塔格特别强调了摄影所具备的将世界物化为展览并进行全球视觉消费的能力：

> （摄影的）主要作用是把世界变成一个百货商店或没有围墙的博物馆，在那里每一件物品都被贬值为消费品，也被提升为艺术品。（1977：110）

流动摄影师和巡回摄影复制品以壮观的展示方式让世界可视化和流动化了。随着资本主义把世界变成一个"百货商店"，"表征的扩散和传播……取得了惊人的、几乎不可避免的全球规模"（Grenblatt，1991：6）。19世纪80年代，半色调板的引入导致照片流传的真正激增。这使得在报纸、期刊、书籍和广告上使用廉价的机械复制照片成为可能。摄影与消费资本主义结合在一起，为全球提供了"以前没被利用过或者只给一个客户的，在数量上、图形上、风景上和事件上无限多的照片"（Benjamin，1973：163；Osborne，2000：11）。因此，照片逐渐成为廉价的批量生产的让世界变得可见、美观和令人向往的物品。所有的体验都通过转化成廉价的摄影图像而"大众化"了（Sontag，1977：7）。在这个社会里，参与某个活动就相当于把它们看作公开展示的"图像景观"并抓拍下来：

> 人们有拍照的冲动是没错的（摘于原文）：要将经验本身转变为一种观看方式。最终，拥有一种经历就和拍一张照片一样，参与一项公共活动越来越等同于以拍照的形式观看它……今天，一切都以照片的形式存在着。（Sontag 1977：24）

因此，旅游业是一种社会实践，它在塑造相机和图像的"强迫性"摄影文化的同时，也被这种文化所塑造："不带相机的快乐旅行似乎是不完整的。照片为我们参与各种游乐项目、享受有趣的旅行提供了无可争辩的证据。"这一观察使她得出了更有试探性的结论——"旅行：成为一种积累照片的策略"（1977：9）。根据桑塔格的说法，现代旅游业的本质就是凝视和拍摄已经存在的图画。颇具影响力的人类地理学家瑞尔夫（Relph）也有类似的看法。他认为大众媒介创造了"无地方性","旅行的目的不是体验独特和不同的地方,而是收集这些地方(尤其是在电影上)的照片"(1976:85)。在他们二人的著作中都存在一种假设,即大众媒介破坏了真实的体验。

约翰·厄里把桑塔格的想法引入了旅游研究,他把"游客凝视"的"诞生"追溯到摄影技术发明的同一年[摄影的"诞生"可以正式追溯到1839—1841年,塔尔博特(Talbot)和达盖尔(Daguerre)几乎同时宣布了两种截然不同的摄影过程——负片/正片和达盖尔银版照相法]:

> 随着1840年集体旅行、旅行欲望和摄影复制技术等的独特结合,"游客凝视"成为西方现代性的核心组成部分……旅游业和摄影开始融合在一起,两者的发展密不可分。(2002:148-149)

摄影、"游客凝视"和旅游业构成了一个彼此促进的整体。旅游和凝视是现代的孪生兄弟,通过共同努力,"游客凝视"的地理范围得到了前所未有的扩展(见Larsen,2004)。在厄里的研究中,摄影以复杂的方式模拟、编排和刺激身体旅行。

旅游和摄影不能分离的原因之一是,通过书籍、图像和电视的扶手椅旅行(2000),流动的照片提供了厄里所说的"想象的流动性"。正如沃尔特·本雅明(Walter Benjamin)曾经说过的,对"想象旅行"或"机械复制"图像的渴望,表征着"当代大众希望在空间和人性上'更接近',就像他们热衷于通过接受现实的再现来克服其独特性一样"。我们想要通过相似性和复制品近距离地抓住一件物品的欲望越来越强烈(1973:225)。从旅游研究的角度来看,本雅明的研究表明,观光不再需要身体旅行和靠近景点。绘画和景点现在以照片的形式呈现在观众面前,而不是相反。历史地理学家和艺术史学家的研究表明了摄影的"百货商店"或"没有围墙的博物馆"对普通大众有巨大吸引力,因为出国旅行是昂贵、危险和令人疲惫的,在20世纪出国旅行仍然是一种虚构的想象。相册和扶手椅提供了畅游世界的全球旅行票,将身体从疲惫和令人望而生畏的旅行中解脱出来(Schwartz,1996;Osborne,2000;Larsen,2004)。

其次，摄影和旅游成为一个整体，因为摄影在构建旅游观光或凝视的视觉本质方面起到了至关重要的作用。正如厄里所说：

> 当地点变成风景时，相机和胶片所反映的对象和技术就构成了旅行的本质，它们决定了什么值得去"观光"和什么图像和记忆应该被带回。（2002：129）

在其他方面厄里认为：

> 事实上，许多旅游实际上变成了寻找适于拍摄上镜的对象，旅行成为一种积累照片的策略……（Urry，1990：139）

根据"游客凝视"的概念，厄里认为视觉是其他多感官接触中的组织感，因为正是"游客凝视"识别了什么是非日常的，什么是"其他"（2002：145）。对厄里来说，现代旅游是围绕着与流行的相机和胶片所反映的对象和技术相关联的视觉来组织的，这再次反映了现代性的"视觉霸权"（Levin，1994；Jenks 1995；Urry，2000）。在科学、艺术和大众文化中，视觉一直被认为是最高贵、最可靠、最令人愉悦的感官。西方认识论倾向于将知识等同于表征，并根据其对外部现实的反映程度来判断它们（Evans，1999：12）。哲学家米歇尔·福柯（Michel Foucault）在《临床医学的诞生》（1976）一书中指出，在19世纪的医学论述和实践中，"眼睛成为清晰思维的储存库和源泉"。"凝视的这种至高无上力量"，即科学经验主义的凝视，据说具有"惊人的感知密度，将事物的纹理作为真理的第一面"（1976：第13章）。从文艺复兴到今天，艺术和美学的世界都重视视觉和视觉表征。约翰·拉斯金（John Ruskin）曾说过："人类灵魂在这个世界上所做的最伟大的事情就是去看清楚一些东西……诗歌、预言和宗教。"（Hibbitts 1994：257）视觉艺术和大众媒介是以最先进、最普及的技术为视觉基础的当代西方社会的重要特征。视力是大多数人最害怕失去的感觉（Rodaway，1994：119）。

"凝视"的概念强调了专注是一种后天习得的能力，而纯洁无邪的眼睛是一个神话。根据福柯的说法，医生凝视所看到的，并使之可见的，并不是一个外在的简单的预先存在的现实。相反，它构建了语言学和视觉的认知领域。视觉指的是人眼能够看东西，而凝视指的是社会建构视觉的"话语决定"或"视界政体"："我们如何能够看见，被允许或被人看见，以及我们如何在这里看到这个或看不见这个。"（Forster，1988：第9章）将视觉描绘成自然的或原子化的个体的产物，社会和历史的"自然"，以及视觉的权力关系被自然化了。我们的眼睛是有社会文化框架的，凝视是一种对世界进行排序、塑造和分类的表演，而不是反映世界。

通过这种方式，"游客凝视"将人们的注意力吸引到旅游中视觉和图像的组织化和系统化的本质上。虽然没有得到知识垄断机构的授权，但许多专业旅游人士和电影、电视和摄影等语言媒介试图构建和调节我们作为游客的凝视（1990：1）。"游客凝视"不是个人心理的问题，而是"观察方式"的社会模式和学习的问题（Berger，1972）。它是一种通过移动图像和再现技术构建的视觉。就像医学凝视一样，现代旅游业中的视觉力量与摄像机、照相机和景点的视听表演等技术息息相关，并借这些手段实现。甚至在摄影机的发明和后来的普及之前，凝视就已经通过混合技术和修复技术来调节了。为了获得无人辅助的、眼睛难以形成和拥有的理想的靓丽风景照，游客采用了暗箱，特别是利用克劳德镜等摄影技术（Andrews，1989；Ousby，1990）。

"游客凝视"认为，旅游地是通过图像和再现技术来生产和消费的，凝视是通过符号的收集来构建的。与本雅明的观点（1973）不同的是，厄里认为，摄影复制品激发了他们想要在固定居住地游览景点的欲望：身体与他们同在。

社会学家迪恩·麦肯奈尔（Dean MacCannell）在其经典著作《旅游者：休闲阶层新论》（1999/1976）中构建了自己的理论。他认为，机械复制的"标记"是"促使游客踏上寻找真正目标之旅的最大原因。他没有失望。它虽是复制品，但它必须是真的"（1999：45）。旅行复制品增加了固定景点的重要性和真实性。只要第一份复制品被制作出来，这一景象就会变得真实。麦肯奈尔将旅游景点定义为游客、景点和他所称的标记的关系网（1999：41）。标记是指采用具有诱惑性或令人兴奋的表征，将一个物体贴上"游客凝视"景象的标签。它们采用多种形式"打开"和"关闭"景区的位置：如旅游指南、旅游文献、纪念品、广告、明信片等（1999：41，110-111）。标记指示着看什么、如何看以及如何评价它。游客通过参与标记与视觉之间的符号关系进行视觉消费："……（愉快？）观光的重要因素不一定是视觉。至少，比视觉更重要的是一些标记的参与……游客可以选择从标记而不是视觉中获得兴奋感"（1999：113，115）。

"游客凝视"意味着当游客凝视风景时，他们被叠置在一个由文字、图像和再现技术组成的世界中。被历史名胜和壮丽的、未被触及的风景所吸引的"浪漫凝视"也是如此（Urry，2002：150）。从历史上看，"浪漫凝视"是随着18世纪末英国风景旅游业的形成而发展起来的。鉴赏家之眼和克劳德镜混合在一起，从与已知的描写和书画作品相似的地貌特征中获得乐趣。他们寻找并珍视"那种在照片中很好看的美"（Ousby，1990：154；Andrews，1989；Löfgren，1999）。北欧游客不断地通过进口的景观图像消费和描绘各个地方，自然和艺术形成一个美丽的循环。景观变成了之前那幅画的翻版。托马斯·韦斯特（Thomas West）在《湖区旅游指南》中提供了一个当时极具影响力的风景观光习惯的说明性例子：

> 沿着这条路走，湖的景色更赏心悦目，也更易于想象。从克劳德（Claude）的精致优雅，到尼古拉斯·普桑（Nicolas Poussin）的高贵场景，再到萨尔瓦托·罗莎（Salvator Rosa）惊人而浪漫的想法，场景的变化是从令人愉快到令人惊讶。（Andrews 1989：159）

这是备受韦斯特喜爱的路线，因为湖区在这个角度上模仿了意大利主要画家克劳德、普桑和罗莎的风景画。

旅游视觉越来越受到媒介及厄里所提出的"媒介凝视"的影响（2002：151）。这种凝视是为了庆祝那些在全球流行文化的媒介世界中声名鹊起的地方。越来越多的人到真实的地方去体验虚拟的地方。大型电影和肥皂剧经常给拍摄地带来令人难以置信的客流量，而在该地点被搬上大银幕之前，很少有人去闲逛（Tooke and Baker，1996；Riley，Baker and Van Doren，1998；Couldry，2005）。这使旅游业得以自由地创造无限多的新目的地。媒介学者尼克·库尔德里认为，现在出现了一股"媒介朝圣"的热潮，这"既是一次真正的跨空间旅行，也是在'普通世界'和'媒介世界'之间构建的'距离'空间中的一场表演"（2005：72）。

例如，1996年，英国旅游局（BTA）推出了电影地图和电影地图网站，以旅游地理来宣传英国电影地理①。用他们自己的话说，这张电影地图反映出"越来越多的游客来英国寻找他们最喜欢的出现在电影和电视节目中的地点"。他们最新的宣传活动利用《哈利·波特》在全球取得的巨大成功作为镜头，来"发现英国的魅力——它的'魔幻而神秘的吸引力'"。

因此，虽然视觉提供了瞬时表面的地理位置，我们可以看到，游客并不是正面或消极地面对它们。凝视不仅仅是看，还包括解读、评估、比较和在符号与其所指事物之间建立心理联系，以及用照片捕捉具有代表性的符号。凝视是一种练习。对某一特定景观个人表演的凝视是由文化风格、当地和其他地方流传的图像和文本，以及个人的经验和记忆所框定的。正如民族学家奥瓦·洛夫格伦（Orvar Löfgren）所说："我们在自然环境和幻想世界或媒介世界中的同时移动，创造出了度假景观。个人记忆和集体印象混合在一起。"（1999：2）在旅游中有多种凝视方式，不同的游客看待"差异"的方式也不同。

通过具有代表性的表演，随着时间的推移，大多数旅游景点通过书籍、小册子、明信片和相册的流通都被刻上了特定的"想象地理"。旅游景点不是给定的或固定的，它们根据媒介文化的生产和再生产出现或消失，改变其意义和特征，并进行移动（Shields，1991；Coleman and Crang，2002；Shields，Haladrup，Larsen，Urry，2004）。正如文学理论家爱德华·赛义德（Edward Said）所说："人、地方和经验都可以通过一本书来描述，以至于这本书获得了更大的权威和作用，甚至超过了它所描述的现实。"（1995：93）对于西方人来说，要去很久以前他们没有想象过的地方旅游，甚至多次去，实际上是不可能的。通过《纽约重案组》《旋转城市》《宋飞正传》《老友记》《欲望都市》，伍迪·艾伦（Woody Allen）、斯派克·利（Spike Leigh）、王伟（Wayne Wang）以及其他许多电视剧和电影导演，我们都曾去过纽约无数次。走在纽约的街道上会激起无数的影像记忆。现在的观光者行走和驾车走在国外的柏油世界里时，经常会被叠置在书籍、杂志、绘画、明信片、广告、肥皂剧、电影、视频游戏和音乐组成的"多媒介景观"中。如今，旅游业的"标记"似乎无处不在，"游客凝视"和"媒介凝视"高度重叠，相互强化，无论人们是身体旅行，还是仅仅通过大量全球图像进行的想象旅行，都构成了我们日常的媒介文化。

"想象地理"具有实质性的后果，它削弱了真实与感知之间的区别。人们不断创造出引人注目的建筑、景观、照片和场所（Haldrup and Larsen，2007）。照片不仅使地方可见、可表演和令人难忘，而且地点也在物质上被塑造成理想化照片的模拟——"明信片地点"。引用艺术历史学家彼得·奥斯本（Peter Osborne）的话来说：

> 无论是否拍照，所有游客的消费场所和体验都是照片化的，因为他们可以制成或演变为被看到，最重要的是可以被拍照……这些地方通常是以三维形式具体化的照片。（2000：79）

因此，地理学家不再将摄影理解为对预先存在世界的反映或歪曲，而是开始将摄影理解为一种创造世界的技术（Crang，1997：362；Schwartz，1996；Schwartz and Ryan，2003）。因此，摄影作品并没有与它们偶然发生的地方分离，它们不是发生在不动的、固定的地图上所对应的空间上，它们是部分地生产、转化并与其他地方联系起来的地域表现。地域总是事件和叙事表演的重要组成部分（Crang and Coleman，2002；Larsen，2005）。

摄影表演

在大多数旅游摄影作品中包含着摄影师、旅游图片和预先安排好的游客（下文见，Larsen，2005）。"恶性解释学循环"的隐喻很典型地说明了实景摄影观光的编排本质（Albers and James，1988；Osborne，2000；Schroeder，2002；Jenkins，2003）。

用厄里的话说：

> 大多旅游业都涉及一个解释学循环：游客度假是为了寻找一套

已经在旅游公司的宣传册或电视节目中出现过的摄影图像；出发后，他们会继续追踪并捕捉这些图像；最后，通过展示他们在出发前看过的图片来证明他们真的去过那里。（2002：129）

因此，实际上，人们旅行是为了看到和拍摄他们已经以图像形式消费过的东西：可移动的复制品远比视觉本身更重要，反过来，视觉本身也沦为了（另一幅）图片。引用奥斯本（Osborne）的话来说：

> 在旅游业中，宣传和推广目标之间的距离几乎被消除了。随着摄影被视为旅游的主要商品形式，在许多情况下，促进旅游的摄影形象正是广告所消费的商品本身——广告已经成为它自己的商品。（2000：84）

因此，"恶性解释学循环"抓住了这样一个观点，即观光就是对标志或标记的消费。这个模型把商业摄影描绘成一种把游客的摄影表演变成一种引用仪式的万能机器，游客是被限制和束缚住了，而不是在取景和探索（见O'sborne 2000：81）。由于它太自动化和太转瞬即逝了，因此不像舞蹈、散步、绘画等那样被视为一种表演；它是预先形成的而不是现场表演的。它将旅游摄影呈现为一个过度确定的舞台，不允许有创意、自我表达或意想不到的空间。这种模式"迅速安抚了游客——也就是说，他们倾向于体验、感知和接受，而不是去创作"（Crang，1999：238）。这就解释了为什么许多人对商业图像[2]进行研究，而忽视了游客自己拍摄和制作的摄影表演[3]。旅游研究主要集中在"呆板无生机"的图像上，而将产生旅游符号经济的活跃的社会实践排除在分析之外。过于固定地专注于已经产生的图像和已经铭记于心的景点和地点，会使游客成为一个"只有眼睛，没有身体"，以指定的方式和地点消费那些毫无生气的、预先确定的和纯粹文化的景点的被动观光者。分析照片"如果不寻找实践，就只会产生一种耗尽居住地实际生活的死亡地理"（Crang，1999：249）。至少，真实的地方及其图像、媒介和旅游体验被混为一体，隐含着旅游景点被非物质化和游客脱离实体的后果。旅游摄影写作产生了无趣的游客、平淡的事件和呆板无生机的地理。

爱德华·赛义德曾简要地说过:"表征概念本身就是一种戏剧性。"(1995:63)"恶性解释学循环"掩盖了这样一个事实,即无论是身体上的还是创意上,许多摄影作品都在密集地进行。把游客摄影作为一种表演来看可以突出其所体现的实践和社会戏剧性。游客的摄影作品不仅与"消费场所"(Urry,1995)或霸权主义的"场所神话"(Shields,1991)相关,还与社会关系的生产相关,如家庭生活(Haldrup and Larsen,2003;Bærenholdt, Haldrup, Larsen, Urry, 2004)。人类在重要的人(家人、伴侣、朋友等)和眼前或脑海中(未来的)观众的陪伴下,以身体、创造性和多感官的方式进行摄影。摄影的人性化表现方面与拍照、摆姿势和编排肢体动作的相关性是明显的。旅游摄影与自我表现、监督主体以及"战略印象管理"(Goffman,1959)紧密相连。摄影是"戏剧"的一部分,现代人通过它来生产他们渴望的团结、完整和亲密(Kuhn,1995;Hirsch,1997;Holland,2001)。被拍照的行为使人敏锐地意识到自己的身体和外表,相机只是扮演一个角色。正如罗兰·巴特(Roland Barthes)所反映的那样:"我曾被拍过,我知道这一点。现在,一旦我感觉到自己被镜头拍到,一切都会改变:我通过'摆姿势'的过程来建构自己,我立即为自己创造另一个身体,我预先把自己变成一个镜头形象。"(2000:10)在摆姿势的表演中,身体被作为一种文化编码符号发挥作用——表现幸福、礼貌、吸引力、亲密等等。

有意识地,尤其是无意识地(习惯性)表现出来的"拍摄""摆姿势"和"编排"可以回应目前流行于相册、电视、电影和杂志中"旅游的"和"非旅游的"主流神话。这些编排能让人们想象出风景如画的旅游景点,以及充满爱和亲密的家庭,等等。当进入特定阶段时,导游和指示牌会将预设的关于最佳摄影视角的论述性、实用性、具体化规范和指导呈现在游客的拍照过程中(Edensor 1998:130-131)。"恶性解释学循环"的问题不在于它强调拍照编排的结构,而在于它以一种过于确定的方式进行。这样的编排仅仅是指导方针和蓝图,并且尽可能多地限制了预先编排和即兴表演之间的创造性。游客不仅可以书写,而且还可以塑造和描绘带有他们"故事"的场所。我赞同人类学家席福林(Schieffelin)的观点,他认为"表演处于在实施的那一刻产生的实践的、即兴的创造——尽管遇到的一切不一定是有意为之"（1999：199）。旅游者偶尔会自发出行，但大部分的旅游生活都习惯性地被引导。

从表演的角度来看，旅游摄影与其说反映了现实——无论是好是坏——不如说是创造了新的现实。摄影是在创造地理，而不是消费地理。"图像并非要超越或违背现实，而是人们用来建构现实的部分实践。与其把图像看作一种根本的隐喻，不如把技术看作是一种理解世界的方式。"（Crang，1997：362）这是一个具体的、有表现力的主体对鉴赏力、身体美学、"印象管理"、家庭生活、友谊、爱情等文化脚本的表演、重演和超越。这就是为什么研究具体的家庭如何拍摄照片至关重要。

我在丹麦一个著名的旅游景点进行的民族志研究表明，大多数游客摄影都由包括触摸、肢体语言和交谈在内的冗长的具体化视觉组成，而不是快速按下快门。通过语言和行动，游客在构图、景深、主题选择、导演、表演、按快门、移动等方面进行了尝试，表达了他们对拍摄照片的渴望和热情。摄影时身体或立或跪，有时向一侧倾斜，或向前向后，有时倚在废墟上，有时躺在地上（参见Larsen，2003；Bærenholdt, Haldrup, Larsen, Urry, 2004）。

例如，我拍摄的狗仔风格照片，展示了两个女人坚持不懈努力组织和抓拍她们的孩子。首先，我们目睹了事件的上演。好像是衣服影响了拍摄效果，又或许是觉得太热太闷了，一位带着相机的女人脱下了她的外套。然后，她仔细地一个接一个地安排好男孩们的位置（只有大一点的孩子在自己的座位上坐下）。接下来，真正的拍摄开始了。她蹲下来让"镜头"和孩子们的眼睛平齐，建立直接的眼神交流。后来另一个女人也加入了行动。她站在跪着的摄影师身后，眼睛盯着男孩们，双手在空中有力地挥舞着。然后，发生了一个小中断后，摄影师改变拍摄姿势，稍微挺直她的身体。现在活动继续，在接下来的大约一分钟里，摄影师不停地取景和拍照，而另一个女人的手臂摇摆，同时做着各种各样的迪斯科舞步——并且她脸上挂着灿烂的笑容。虽然男孩们的手臂没有"加入摇摆"，但他们被逗得大笑，一张欢乐的假日照片就产生了。

这个例子还说明了旅游摄影的对象不仅是静态的、遥远的风景，还包括其他重要的人。除了观赏风景，游客们还会将玩耍、表演、导演和摆姿势演绎出来。摄影既是一种"观看的方式"，也是一种"导演的方式"和"行为的方式"。人们到访这些地方不仅是因为它们的内在属性，更重要的是，它们被编织在人们维持和构建自己社会身份时产生的故事和叙事网络中。这些地方成了在镜头前表演、取景和温柔对待生活的场景。

人们已经认识到，在这样一个对自身持续可见性的意识从未像现在这样强烈的世界里展示自己的重要性和趣味性。由于摄影通常不是反映地理位置，而是生产地理位置，所以当相机开始拍摄时，不断生产出新的身体和"在一起的方式"。按照后现代文化的标准，温柔和亲密是幸福家庭生活的缩影，一家人在镜头面前和其他人表现出温柔和亲密：他们牵手、相互拥抱。当相机一出现，家庭摩擦就会自动搁置。在相机镜头的聚光灯下，旅游摄影导致了罕见的不寻常的亲密共享时刻。旅游摄影同时生产并展示了家人的亲近。这种亲近感存在的原因是相机把人们聚集在一起。从这个意义上说，相机、公共场所和文化剧本使适当的轻松和亲密的家庭生活成为可能。然而，为了产生爱和亲密家庭生活的信号，家庭成员需要身体上的行为，互相触碰。要产生感情的信号，他们必须有感情。在与家人拥抱中表达爱意。

结论：新技术，新表演？

这篇文章讨论了游客摄影的传统写实性叙述如何通过解码商业照片来研究游客的摄影实践，因为商业照片被认为是为旅游者的摄影而编排的，以至于他们带着最初吸引其旅行的图像复制品回家。在这里，使用相机的游客很容易被视为被动的、脱离实体的、预先想象的观众，而不是（作为）有意义的照片的创作者。流行的"恶性解释学循环"与传统媒介在研究强势媒介机构和被动受众之间的对立上是相似的。这种模式不加批判地假设游客的拍摄是由商业照片和官方闪亮的"游客凝视"或"地方神话"明确地编排着，因此摄影实践被简化为脱离实体的、机械的按钮式操作：即使在创作图像时，人们仍然被商业图像所消费。为了重构主体、实践和创造力，旅游摄影必须被重新配置为一种具象化表演，这种表演发生在以多感官、物质性和象征性的方式接触地方和地方图像的预先凝视和想象、技术支持以及多产的富有表现力的身体之间的矛盾空间中。

对游客摄影的这种重新思考是受最近非具象派理论和方法的启发。这些理论和方法认为，未来的地理研究应较少关注表征，而应更多地采用具体化的混合实践（参见 Lorimer，2005）。这也被称为"实践转向"。"非具象派地理学关注的是'表演''陈述''展示'和'表现'，而不仅仅是'表征'和'意义'。"（Thrift，1997：127）它作为一套高度表演性的技能与日常工作结合在一起。非具象派理论关注的是主体行为和技术规范，而不是图像和意义。然而，它并不反对表征和想象本身，它寻求"以批判性来补充对世界的解释，即通过选择一条可以在日常生活中理顺这些表现方式的途径，来确定表征的优先顺序"（Crouch，Aronsson，Wahlström，2001：258）。它关注的是"超越具象派的"（Lorimer，2005）。因此，它关注的是"超越具象派的"（Lorimer 2005）。因此，非具象派的研究与民族志的研究范式一样，通过人、技术、物体和表征的相互作用来表达场所和社会生活的关系（Bærenholdt，Haldrup，Larsen，Urry，2004）。在这篇文章中，我简要讨论了这种非具象派的民族志是如何让我在哈默尔哈斯（Hammerhus）这样的旅游胜地捕捉到构成旅游摄影生活的真实性、创造力和社会戏剧的，从而将旅游摄影研究从宣传刊物的"静物"中解救出来。

媒介研究的非具象派方法将焦点从消费转移到作为有创造性的、表现力的普通人如何使用媒介技术并生产媒介产品，诸如电话、电子邮件、音乐、电影、网页和照片。它表明，我们把人当作生产者，而不是消费者或观众，当作日常行为，而不是表演。

这种非具象派的实践观点对分析从胶片摄影到数码摄影和手机、相机摄影的转变如何改变游客摄影的表现特别有帮助——制作、存储、交换和评价照片——因为这些新技术具有不同于传统摄影的物质承载力。人们可能会猜测，传统上游客会在假日照片的制作和编排上投入大量精力，因为照片的冲洗成本很高，而且丢弃"心爱的人""充满活力"的实物主体照片是很不应该的。几乎不管图像在纸上的效果如何，快门按钮的每一次咔嗒，都注定了它作为一个物质对象的漫长生命（Bærenholdt，Haldrup，Larsen，Urry，2004：第6章）。然而，对于数码摄影而言，如果相机屏幕上的"图像"并不令人满意，则可以删除它，并且可以免费制作新的。数码摄影有去物质化的潜能，并使摄影实践和图像成为可擦除和瞬间的。这在哪些方面改变了人们在景点和家里进行摄影的方式？现在照相手机、网吧、电子邮件和旅游博客已经成为新的无处不在的可以"永久地"远距离传输图像的物质基础条件，那么当前的摄影表演是在转瞬即逝的观众面前进行的吗？旅游摄影的新时间顺序似乎是"我就在这里"，而不是"我曾在这里"（Bell and Lyall，2005）。

作者简介

乔纳斯·拉森，罗斯基勒大学（Roskilde University）讲师，研究移动通信技术以及旅游和摄影。最近，他在兰开斯特大学（Lancaster University）与约翰·厄里合作研究关于社交网络和未来移动性的项目。他发表了关于旅游流动性、摄影、地点生成和物质文化的文章，并与他人合著了《旅游地的表演》（Ashgate出版公司，2004）一书。

注释

①http：//www.visitbritian.com/corporate/links/visitbritian/campaigns.htm.

②参见例如Goos，1993；Dann，1996；Edwards，1996；Marckwick，2001；Waitt and Head，2002。

③参见Markwell，1997；Crouch and Grassick，2005。

原书参考文献

Albers, P. and James, W. (1988) 'Travel Photography: a Methodological Approach', *Annals of Tourism Research* 15:134-158.

Andrews, M. (1989) *The Search for the Picturesque: Landscape, Aesthetics and Tourism in Britain, 1760-1800*. Aldershot: Scholar press.

Barthes, R. (2000) *Camera Lucida*. London: Vintage.

Bell, C. and J. Lyall (2005) "I Was Here': Pixilated Evidence, in Crouch, D., Jackson, R. and Thompson, F. (eds) *The Media & The Tourist Imagination: Converging Cultures*. London: Routledge.

Benjamin, W. (1973) *Illuminations*. London: Fontana.

Berger, J. (1972) *Ways of Seeing*. London: Penguin Books.

Bærenholdt, J., Haldrup, M., Larsen, J. and Urry, J. (2004) *Performing Tourist Places*.

Aldershot: Ashgate.

Coleman, S. and Crang, M. (2002) 'Grounded Tourists, Travelling Theory', in S. Coleman and M. Crang (eds.) *Tourism: Between Place and Performance*. Oxford: Berghahn Books.

Couldry, N. (2005) 'On the Actual Street', in Crouch, D., Jackson, R. and Thompson, F. (eds.) *The Media & The Tourist Imagination: Converging Cultures*. London: Routledge.

Crang, M. (1997) 'Picturing Practices: Research through the Tourist Gaze', *Progress in Human Geography* 21(3):359-373.

Crang, M. (1999) 'Knowing, Tourism and Practices of Vision', in Crouch, D. (ed.) *Leisure/Tourism Geographies: Practices and Geographical Knowledge*. London: Routledge.

Crouch, D., Jackson, R. and Thompson, F. (eds.) (2005) *The Media & The Tourist Imagination: Converging Cultures*. London: Routledge.

Crouch, D. and Lübbren, N. (eds.) (2003) *Visual Culture and Tourism*. Oxford: Berg.

Crouch, D., Aronsson, L., and Wahlström, L. (2001) 'Tourist Encounters', *Tourist Studies* 1:253-270.

Edensor, T. (1998) *Tourists at the Taj: Performance and Meaning at a Symbolic Site*. London: Routledge.

Edwards, E. (1996) 'Postcards: Greetings from another World', in Selwyn, T. (ed.) *The Tourist Image; Myths and Myth Making in Tourism*. Chichester: John Wiley & Sons.

Evans, J. (1999) 'Introduction to Part One', in J. Evans and S. Hall (eds.), *Visual Culture: the Reader*. London: Sage (The Open University).

Foster, H. (ed.) (1988) *Vision and Visuality*. WA: Bay Press Seattle.

Foucault, M. (1976) *The Birth of the Clinic*. London: Tavistock.

Goss, J. (1993), 'Placing the Market and Marketing Place: Tourist Advertising of the Hawaiian Islands, 1972-92', *Environment and Planning D: Society and Space* 11: 663-688.

Grenblatt, S. (1991) *Marvellous Possessions: the Wonder of the New World*. Oxford: Clarendon Press.

Goffman, E. (1959) *The Presentation of Self in Everyday Life*. New York: Anchor Books.

Haldrup, M. and Larsen, J. (2007) 'Material Cultures of Tourism', *Leisure Studies* (forthcoming)

Haldrup, M. and Larsen, J. (2003) 'The Family Gaze', *Tourist Studies* 3(1):23-46.

Hibbitts, B. (1994) 'Making Sense of Metaphors: Visuality, Aurality, and the Reconfiguration of American legal Discourse', *Cardoza Law Review* 16:229-356.

Hirsch, M. (1997) *Family Frames: Photography, Narrative and Postmemory*. Cambridge: Harvard University Press.

Holland, P. (2001) 'Personal Photography and Popular Photography', in Wells, L. (ed.) *Photography: a Critical Introduction*. London: Routledge.

Jenkins, H. O, (2003) 'Photography and Travel Brochures: The Circle of Representation', *Tourism Geographies* 5(3):305-328.

Jenks, C. (1995) 'The Centrality of the Eye in Western Culture: an Introduction', in Jenks, C. (ed.) *Visual Culture*. London: Routledge.

Kuhn, A. (1995) *Family Secrets: Acts of Memory and Imagination*. London: Verso.

Larsen, J. (2005) 'Families Seen Photographing: The Performativity of Tourist Photography'. *Space and Culture* 8(4):416-434.

Larsen, J. (2004) (Dis)Connecting Tourism and Photography: Corporeal Travel and Imaginative Travel. *Journeys: International Journal of Travel and Travel Writing* 5(2):19-42.

Larsen, J. (2003) *Performing Tourist Photography*. Roskilde: Department of Geography (unpublished PhD thesis).

Levin, D. (1993) *Modernity and the Hegemony of Vision*. Berkeley: University of California Press.

Löfgren, O. (1999) *On Holiday: A History of Vacationing*. Berkeley: University of California Press.

Lorimer, H. (2005) Cultural Geography: The Busyness of being 'more-than-representational', *Progress in Human Geography* 29(1): 83-94.

MacCannell, D. ([1976] 1999) *The Tourist: a New Theory of the Leisure Class*. New York: Schocken Books.

Marckwick, M. (2001) 'Postcards from Malta: Image, Consumption, Context', *Annals of Tourism Research* 28:417-438.

Markwell, K. (1997) 'Dimensions of Photography in a Nature-Based Tour', *Annals of Tourism Research* 24:131-155.

Osborne, P. (2000) *Travelling Light: Photography, Travel and Visual Culture*. Manchester: Manchester University Press.

Ousby, I. (1990) *The Englishman's England: Taste, Travel and the Rise of Tourism*. Cambridge: Cambridge University Press.

Relph, E. (1976) *Place and Placelessness*. London: Pion.

Riley, R., Baker, D. and Van Doren, C. S. (1998) 'Movie Induced Tourism', *Annals of Tourism research* 25(4):919-935.

Rodaway, P. (1994) *Sensuous Geographies: Body, Sense and Place*. London: Routledge.

Said, E. (1995) *Orientalism: Western Conceptions of the Orient*. Harmondsworth: Penguin Books.

Schwartz, J. (1996) 'The Geography Lesson: Photographs and the Construction of Imaginative Geographies', *Journal of Historical Geography* 22(1):16-45.

Schwartz, J. and Ryan, J. (eds.) (2003) *Picturing Place*: *Photography and the Geographical Imagination*. London: I.B. Tauris.

Schroeder, J. (2002) *Visual Consumption*. London: Routledge.

Schieffelin (1999) 'Problematizing Performance', F. Freeland-Hughes (ed.) *Ritual, Performance, Media*. London: ASA Monographs 35 (Routledge).

Shields, R. (1991) *Places on the Margin: Alternative Geographies of Modernity*. London: Routledge.

Sontag, S. (1977) *On Photography*. London: Penguin Books.

Thrift, N. (1997) 'The Still Point: Resistance, Expressive Embodiment and Dance', in S. Pile and M. Keith (eds.) *Geographies of Resistance*. London: Routledge.

Tooke, N. and Baker, M. (1996) 'Seeing is Believing: the Effect of Film on Visitor Numbers to Screened Locations', *Tourism Management* 17(2):87-94.

Waitt, G. and Head, L. (2002) 'Postcards and Frontier Mythologies: Sustaining Views of The Kimberley as Timeless', *Environment and Planning D: Society and Space* 20:319-344.

Urry, J. (2002) *The Tourist Gaze, Second Edition*. London: Sage.

Urry, J. (2000) *Sociology beyond Society: Mobilities for the 21st century*. London: Routledge.

Urry, J. (1995) *Consuming Places*. London: Routledge.

Urry, J. (1990) *The Tourist Gaze*. London: Sage.

第15章　未知领域：
作为第三空间体验的媒介化美国

阿曼达·拉格克维斯特（Amanda Lagerkvist）

想象中的美国

美国可以说是世界媒介化程度最高的国家。美国——它的城市和郊区，它的自然风光、广阔沙漠、道路和汽车旅馆，它的媒介文化和消费文化、体育和超级明星以及梦想、神话和文化生活方式——通过媒介，已经成为全球地缘心理空间。正如文献记载的那样，几个世纪以来，这片土地在欧洲人的想象中一直占据着十分重要的地位[①]，但在战后（在瑞典以及从事国家建设项目的其他欧洲国家），人们把美国视为神话和理想，对其重新产生了一种前所未有的需求（Fehrenbach and Poiger，2000：14-15）。战后，由于现代媒介和通讯技术，美国的虚幻魅力重新焕发活力。媒介化的一个结果是使美国的显示度越来越高。在瑞典的一档广播节目中，美国甚至被形容为"继挪威之后我们最亲密的邻居"。对瑞典人来说，美国似乎近在咫尺。

本章阐述了我的博士论文《想象的美国：瑞典战后游记中的性别、媒介和视觉（1945—1963）》（2005）的主要思考，分别从性别、媒介和视觉三个交叉维度考察了1945—1963年间瑞典游记写作中对想象的美国的建构。[②]这项研究的目的是把瑞典与美国的关系放在媒介文化史中来讨论。我强调了媒介研究方法的作用，尤其是从视觉研究的角度来探讨战后瑞典与美国的关系。在解决想象的美国的问题时，只片面地关注冷战、不断发展的福利国家或瑞典民族认同的建立等重要背景，并不能抓住问题的关键方面。当我们把媒介文化放在

"美国形象"分析的中心，或者我更愿意表达的是对这个国家的幻想时，重要的转变就会发生。它会允许包含更多相互冲突和不相容的概念和情感，以及梦想、神话、符号和可视化策略。它会进一步允许超越在材料中寻找亲美或反美主义，这是许多先前关于美国化研究的组织原则。

这种文化传播的过程有不同方式，但焦点在美国的生活方式、价值观、理想和行为在世界各地传播的所谓后果上。[③]在这一章中，我希望通过理解在20世纪的进程中（听觉的）视觉地理如何变得越来越脱离民族文化的符号空间（Robins，1995：250），并在更广泛的跨国视觉文化或大众媒介的想象中重组（Appadurai，1996），进而重新讨论这一问题。更具体地说，我将把注意力集中在20世纪50年代瑞典人旅行时对美国媒介化形象想象的曝光所带来的特定空间体验。在这一探索中，我将讨论全球化理论家中的一个关键论点，即在全球化的世界里，文化与地方的纽带被弱化了，人们被赋予了新的文化资源：全球文化意识（Tomlinson，1999）。这种意识是形象迁移的结果，包括对遥远景观的熟知。遥远的地方似乎——实际上也变得——在他们经历之前就已经非常亲切了（参见Giddens，1991：26页及后几页）。我在呼吁对此类观点采用历史的研究时，同时也将在某种程度上对其提出质疑。

二战后，瑞典人流行横渡大西洋以"发现美洲"，这是对美国魅力的一种表达。这些人包括记者、作家、学者、艺术家、工程师、商人、外交官和牧师。战后不久，成千上万的瑞典人踏上了前往美国的旅途，对他们中的许多人来说，仅仅旅行是不够的。许多人还感到有一种冲动，用文字和图像在旅行日志中记录并传播这一过程。其中相当一部分是由基金会、教会、报社或其他组织支持并派到这个大国来评估美国特色的。在这个媒介国家的诱惑下，他们还用美国人和他们生活方式的故事来"教育"观众。旅行主要是从东到西再绕回来——或者从南部各州绕到北部各州——但在某些情况下，旅行记录只代表一个特定的地点或地区（例如芝加哥或加利福尼亚）。

旅游书籍涵盖了大量的景点、题材和主题。它们往往充斥着来自同一个旅行者不同的观点和立场。美国的动态流动性、广阔性和混合性似乎让人无法完全理解。美国不是一个民族，而是由多民族组合而成。作为一种年轻的、以视觉为主导的大众文化，其隐含的女性特征也同样奇特。大众文化以一种完全矛盾的方式被看待，因为旅行者对汽车影院、广告等充满热情。同时这个年轻国家也被批评缺乏文化标准——广播节目里的床头谋杀案、漫画书里的暴力、电视使人智力迟钝的风险，以及同样重要的一系列与美国电影相关的问题。美国的大城市也引起了许多人的反应和注意，从钦佩和迷恋到反乌托邦的幻觉。旅行者暴露了一种超然的独有的凝视、中立和科学的立场、信心爆棚的游客的热情反应，以及对移民和不幸的财富追求者的认同所产生的伤感的愤慨或批评（Lagerkvist，2004）。这些旅行，加上这个时代其他媒介对这个国家习惯性的日常建构，对于在瑞典创造一个想象的美国起着至关重要的作用。

对战后旅行作家兼记者的维尔戈特·舍曼（Vilgot Sjöman）来说，到美国旅行意味着一种启示。在他看来，展示给他的是其孩童时期在电影院下午场中看到的关于该国电影神话之外的真相。将视觉媒介化的国家与真实的国家进行对比，舍曼感到很失望。尽管如此，尽管他批评了麦卡锡主义，但他发现这个国家"美丽得令人陶醉"。它是"解脱、恐惧、痛苦、厌恶、再解脱——在永无止境的矛盾链中"（1961：23）。

这一章讲了在高度媒介化的作用下，人们与地方产生了什么样的关系和感觉。媒介学者指出了媒介化经历的特殊性（Thompson，1995：228-232；Tomlinson，1999：159）。我关心的是媒介化经历如何与生活经验交织在一起。通过关注列斐伏尔空间理论（1974/1991：39-41）的"表征空间"要素，或者用爱德华·索亚的话说，"表征空间"（1996：61）——既是虚构的又是事实的，既是想象的又是真实的——我将关注眼前美国的那些既被描绘和幻想，又能达到和穿越的例子。当瑞典旅行者真正接触美国时，他们如何运用媒介化的视觉记忆来切身体验这些地方呢？我的目的还在于表明，在美国引发的舍曼所称的"矛盾链"——实际上关键概念是瑞典人开始向这个国家发展——是一个在媒介化领域内才有意义的问题。

我通过从理论上构建当时的媒介文化如何融入游客对参观地的感知，以及他们之前对该地如何幻想，而开始这个研究的。这需要理解旅行和媒介之间的关系。

通过媒介景观和记忆景观绘图：旅行和媒介

最近发起的旅游理论/旅游研究和媒介研究之间的对话引发了人们对旅行和媒介之间关系的质疑（参见 Rojek，1997；Edensor，1998；Duncan and Gregory，1999；Jansson，2002；Urry，2002；Lagerkvist，2004，2005；Crouch et al.，2005）。从广义和简化的角度看，克劳奇等人（2005）描绘了媒介与旅游之间学术讨论的两个主要方面，媒介和传播学研究中强调文化控制和媒介力量的方法与强调媒介文化创造性和受众抵制媒介输出的文化研究方法之间的分歧。（媒介）旅游被认为要么是媒介和旅游机构所限制的游客乌托邦冲动，要么是在个人层面上被视为的乌托邦无界性。虽然我将用本章来讨论这个分歧，但并非要在这个问题上表明立场。相反，我将详细探讨这个交集，以寻找美国之旅如何成为旅行者有意义的经历。

首先，需要对媒介问题进行阐述。斯科特·拉什（Scott Lash）和乔纳森·弗里德曼（Jonathan Friedman）强调了媒介的双重作用，以及传播涉及的两个层面的流通（1992：20）。他们认为，媒介包括：（1）象征性信息的流通。（2）在人员流通的建筑环境中实际存在的技术设备和媒介形式。相应地，在美国，旅行作家遇到了具体的实物和现象：建筑环境、景观，尤其是媒介技术。他们是如何理解媒介景观中有形的一面？城市和高速公路沿线的广告似乎使游客着迷。在纽约的时代广场和百老汇或洛杉矶的希尔街，人们对各种媒介形式、声音、灯光、气味和形形色色的人都充满了强烈的好奇和兴奋。然而，游客在体验包括其象征性内容在内的各种新旧媒介形式时——广告、电视、汽车影院和无线电城市音乐厅等影院——既受启发又有反感。危机和希望都被投射到带有美国口音的（音频）视觉媒介形式上。山姆大叔的"形象意识"（Sundström，1955：85）和游客在电影和漫画等文化表达之前所经历的双重性是游客的大众文化争论上的显著一面。

然而，对于弗里德曼和拉什的观察，至少可以再增加一个维度。物质景观立刻变成了一个想象空间，而穿越美国的旅行在某种程度上是穿越童年和青春期、梦想和记忆的内在视觉景观旅行。当人们在自然风景、城市景观等环境中居住、流动或穿行时，媒介消费的记忆被重新激活，穿越美国的旅程就成为穿越媒介景观和记忆景观的旅程。因此,最好将旅行放在旅行所产生的媒介文化中进行分析。④

在《征服美洲》一书中,茨韦坦·托多罗夫(Tzvetan Todorov)把哥伦布从1492年开始的旅程,划入了欧洲和其他文化之间漫长的媒介化互动传统。即使在大众传播社会出现之前的几个世纪,当他发问时也强调了媒介的关键作用:"但是,旅行故事本身就不仅仅是终点,而是新旅程的起点吗?哥伦布不正是因为读了马可·波罗的游记才亲自启航的吗?"(Todorov,1982/1999:13)。⑤从这个角度来看,旅行变成了一个行程和轨道均是预先设定的解释学循环,人们的凝视是被旅行之前的媒介表征所控制的(Gunning,1995;Duncan and Gregory,1999;Crang,1999;Urry,1990/2002)。在媒介时代,旅行的这些特点变得更加明显。我选择了三个相互依存,又有交叉但又有不同的分析主旨的概念来描述媒介文化是如何影响旅行和旅行写作的解释学循环的。

旅行游记是按照脚本进行的旅行实践的结果,虽受到脚本启发,但从不完全由脚本决定。旅行的成果是一个为想象的地理提供新角度的游记:为脚本注入新的内容。因此,脚本是由旅行者执行和完成的。根据德里克·格雷戈里(Derek Gregory)的说法,脚本"……强调了超越狭义文本的空间生产(和消费)"(Gregory,1999:116)。脚本是一种分析工具,它预示行为已经发生,从而将实践纳入视野。旅游书籍涉及"对特定地点的筹划:连接时空旅程的'地点'和组织文化意义层面的'景点'被同时生产"(同上)。然而,相比格雷戈里,我将脚本的概念更进一步扩充为包括那个时代更广泛的媒介景观。除了游记,摄影、电视、广播节目、小说、信件、明信片、电影和周刊等媒介形式共同决定了诠释和体验的旅游路线、凝视和模式。它们创造了一系列关于这个国家的幻想,而这些幻想反过来又对脚本的再生产起着至关重要的作用。

有人可能会问,当旅行者踏上这样脚本化的旅程时,他/她脑子里想的是什么?借用爱德华·赛义德关于文本态度的概念,我在旅行者中发现了我所说的媒介态度,这意味着我们通过先前的文本和视觉表征对一个地方所建构的先入为主的想法,被用来表达关于所参观文化的明确事实(Lagerkvist,

2003，2004）。让旅行者相信自己所了解的美国本质的媒介态度，是由强烈的期待感构成的。萨姆·罗迪（Sam Rohdie）简明扼要地说：

> 旅行通常是一种在明信片、旅游宣传册或旅游指南上等预先设定的行程和景点中寻找现实以确认其先前图像的过程。从理论上讲，这些图像是无限制的。但事实上，它们不是。在实践中，现实变成了我们所看到的有局限性的图像。（Rohdie，2001：138）

通过这种方式，旅行者经常在美国寻找他们事先确信应该在某处的特定脚本化事实。媒介态度在业余摄影和绘画实践中尤其普遍。

这一点在作家托斯滕·琼森（Thorsten Jonsson）身上也很明显。他承认，他曾在自己遇到的南方塔斯基吉学院的黑人青年中寻找非裔美国人身上那种柔和乐感和自信友好的微笑（1946：80）。期望在大都市景点找到某些居民特征或某些景观是旅行脚本的一个重要方面。约兰·米约伯格（Jöran Mjöberg）评论了媒介表征带来的熟悉感。"我们都知道"，他说，"那是巨型城市的轮廓"（1957：47）。约翰·赫德伦德（John Hedlund）牧师提到了与米约伯格相同的景象，他记得小时候在地理书中看到过曼哈顿的天际线，之后又无数次地看到它（1948：17）。

另一种捕捉媒介影响旅游文化的方式，特别是这种期待感，是通过使用能够对旅行和体验场所和空间进行视觉方面精确定位的媒介凝视概念。正如许多学者所强调的那样，尽管旅行显然涉及整个身体和各种感官（Rogoff，2000；Bruno，2002；Veijohla and Jokinen，2003），但可以争辩的是，视觉在感知场所中是首要的（Machnaghten and Urry，1998：104-133）。此外，在瑞典人启航之前，他们就被瑞典媒介景观中的有关美国的主要视觉存在所包围，这在很大程度上激发了他们旅行的欲望。根据约翰·厄里的说法，媒介凝视能在旅行之前重新激活媒介事件要素，进而将我们的注意力引向著名景点（2002：3，151）。这种凝视在伊娃·冯·茨威伯格（Eva von Zweigbergk）的《美国是什么样子？》中很流行。在讲述自己乘坐一艘瑞典至美洲的游艇抵达纽约时，她惊呼道："在距离海岸40海里的地方，人们可以通过迷人的雷达设备看到帝国大厦。这一切看起来都很了不起，让人感觉就像在看电影一样"（1947：152，我的重点补充）。另一个明显的凝视对象，自由女神像，挫败了牧师约翰·赫德伦德的希望和期望："灰蒙蒙的、笨拙的她从阴霾中走出来。没什么了不起的"（1948：18）。

与此相反，有时会超出预期。在接近曼哈顿岛时，馆长恩斯特·曼克（Ernst Manker）大吃一惊，因为天际线比他想象的更令人望而生畏：

> 天际线的轮廓从清晨的薄雾中浮现出来，这是我们在横渡大西洋时所期待的景象。就像一开始的预感……像海市蜃楼一样矗立在水的沙漠上……摩天大楼就像东方的尖塔……这景象变成了现实……当我们慢慢接近它时，这轮廓变得更加坚实，外观更加清晰。它的发展势不可挡，超出了我们的预期：曼哈顿、纽约，我们这个时代的大都市。（Manker，1963：9）

在承认之前一系列媒介消费事件后，他接着说：

> 毫无疑问，人们已经看到了纽约天际线的图像，大量的图像，平凡游客的图像。但真正在现实中看到这个景象就觉得并不平凡——至少当我作为一名拥有特权的乘客独自拿着相机站在机长驾驶台的屋顶上，接近清晨的昆斯霍姆城的天际线时，我看到了这一点。（同上）

然而，在20世纪50年代的瑞典游记中，媒介凝视的扩展和延伸是引人注目的。实际上，旅行者有时描述他们经历的方式接近于虚拟凝视（Friedberg，1993：16）的概念。美国不只是一张展现在这些游客眼前的图片网，这甚至可能是一种旅行中的瑞典人可以进入并实现他们幻想的"全息投影"。当旅行者感觉自己像是在演一部美国电影时，这种凝视就出现了（Sandqvist，1950：53；Nordström-Bonnier，1946：157）。在芝加哥大学待了较长时间的简·奥洛夫·奥尔森（Jan Olof Olsson）描述了在校园发生自杀案件后接受侦探讯问的感觉。他的印象是那是一个电影构造的世界,他问自己:"我在演什么样的电影?"为了回答他的问题,我想到了纪录片、黑色电影和希区柯克电影的结合,因为"侦探将镜头扩大到一个巨大的特写镜头,覆盖了整个屏幕",提问的思路就像"一系列中肯的、纪录片般的、令人信服的图像"。奥尔森继续说道,这部电影"需要我这种瑞典人那样焦虑的脸","在新的、更困难的问题出现之前,定格在面部特写"(1958:172-173)。

上面讨论的三个概念确定了这些瑞典人所讲述的对所了解之地的集中体验。媒介凝视、旅行脚本以及媒介态度的概念都包含着强调文化力量和文化控制的媒介概念。但是,尽管旅行者受到脚本的启发,并在一定程度上受其引导,但从未被脚本所限定(参见Gregory,1999:116)。事实上,随着时间的推移和他们旅行的深入,游记中的"知识"被大大淡化。许多旅行者对媒介,特别是移动图像,如何传达他们的印象、引导他们的注意力和凝视,都有了更深的认识。这是一个媒介反身性的例子,说明了媒介态度和媒介凝视的绝对确定性是如何随着旅行之路逐渐被削弱的。为了寻找更真实的故事,旅行者往往高度批评美国大众媒介,尤其是好莱坞的"侦探"(Sundström,1955:9-10;Mobery,1995:54;Lagercrantz,1961:29)。比如威廉·莫伯格(Vilhelm Moberg)所说:"好莱坞向世界展示了一个虚假的美国形象。某些标准化类型一直重复出现。"莫伯格认为,电影中那些勇敢而有技能的男人和美丽而有梦想的先锋女孩在真实的美国世界里根本不存在。"当你在美国待上一段时间,认真听、仔细看,你会发现一件事:美国的生活和好莱坞制片厂生产的那些形象根本不一样。"莫伯格接着说,我们在电影中看到的生活只不过是一个"彻头彻尾的骗局"(Moberg,1995:54,我的重点补充)。然而,电影和其他媒介既有欺骗性的一面,也掩盖了旅行者观察美国现实生活和物质领域的方式,形成了一种特殊的美国中间地带,我将在本章剩下的部分专门讨论这个问题。最终,我希望表明,旅行和媒介之间的关系还具有其他重要属性,需要一种不同和互补的概念化模式。

在第三空间旅行

记者伊娃·冯·茨威伯格1947年在纽约的所见所闻,与亚历克西斯·德·托

第四部分 媒介化的空间感

克维尔（Alexis de Tocqueville）1840年在《论美国的民主》一书中关于抵达这座城市时的描述相呼应，长岛的灯光在黑暗中像"一个仿制的装饰品"一样闪耀（1947：152）。同样，德·托克维尔也对东河岸边那些经典建筑的欺骗性感到震惊：

> 当我第一次到达纽约时，在大西洋的东河边，我惊讶地发现，在离城市一段距离的岸边，有几座白色大理石的小宫殿，其中几座是古典建筑。第二天，我又到那里去仔细察看一所特别引起我注意的教堂，发现它的墙是用粉刷过的白砖砌成的，柱子是用漆过的木头做的。我前天晚上欣赏过的所有建筑物都属于这一类。（托克维尔于特拉腾堡，2001：13-14）

两个旅行者在美国都感受到了这种欺骗。对这种真实事物的欺骗、欺诈或伪装最终变成对复制品、仿制品、拟像、伪事件或图像的关注是（战后）美国旅行写作的一个显著特征。正如我在分析《瑞典人游纽约》中引用的许多观察可能性和凝视中所详细论述的那样，在欧洲思想史上，美国与"图像"是结合在一起的（Lagerkvist，2004；参见 Brunet and Kempf，2001）。[6]然而，美国与图像——以及一般媒介形式——之间的联系，使得人们对这个国家产生了强烈的矛盾心理。这是真的？假的？还是介于两者之间？美国的这种中间状态使人们产生了一种特定的空间体验，这必然与当时不断演变的媒介文化以及人们对媒介形式的基本性质和功能的期待有关。虽然对关于美国的瑞典战后旅行日志中的一系列矛盾有许多其他似是而非的解释，[7]但人们不能因为图像的力量忽视媒介作为人文构建对唤起纪录片真实性的预期文化意义以及对可能的欺骗产生恐惧的作用（Jensen，1991；Mitchell，1994；Becker，2003）。旅行者在美国想象和媒介想象之间穿越这个国家时，心中的恐惧与日俱增。

因此，关于美国的"知识"总是存在（至今仍存在）一些难以掌控、难以捉摸和神秘的东西。这个媒介化国家实际上是一种混合状态：完全熟悉却又深不可测，近在咫尺而又遥不可及。这种地方特征在哈里·伊斯堡（Harry Iseborg）的游记中得以强调。在横渡大西洋之前，伊斯堡很难拿到签证，在这

279

一点上，他的美国是遥远的，但通过他强烈的幻想超现实地呈现出来：

> 当你手握那张神奇的纸，并把它稳稳地放在钱包里时，你会被浅蓝色的梦想和在某种程度上的双重身份惊呆；你的一半感受着那些熟悉的旧街道、有轨电车、建筑物的存在，而另一半却会看到摩天大楼和地铁。（1948：23）

这些投射到斯德哥尔摩街头的摩天大楼和地铁的内心梦境，表明美国确实是一个变幻莫测的地缘心理空间，就像一个真实的场所。作为一个虚幻空间，美国在旅行者的记忆、幻想和梦境的内心世界中有着自己的生活，它存在于瑞典人消费和生产的媒介表征与美洲大陆的物质性之间。图像和视听幻想——当哈里·伊斯堡遇到"比尔"（一名从斯德哥尔摩皇后大街的一个橱窗的复印照片里突然活过来与他交谈的美国铁路工人），或者当牛仔和印第安人被描绘成一种暗示性存在（Iseborg, 1948：8），成为战后西行的关键。但这些幻想也在两者之间产生了空间，导致了一系列的矛盾或空间模糊（参见 Jansson and Falkheimer，本章）。这种模棱两可是加州旅行笔记的一个显著特征。作者托拉·诺德斯特伦-邦尼尔（Tora Nordström-Bonnier）在高速公路上开车时遇到了一位美洲土著。她对这一事件的印象充满了源自一种著名媒介类型的记忆："它离我们太近了，就像我们在演一部美国西部片。"重要的是，她既被从身边驶过的俄勒冈州的印第安酋长吓了一跳，同时又觉得他的出现完全是意料之中的："下一辆由一个穿着大花图案衬衫、头戴奇特头饰的鹰钩鼻黑发男子驾驶的豪华汽车怒吼着驶过也很正常"（Nordström-Bonnier，1946：157-158，我的重点补充）。因此，当旅行者亲自接触到美国时，这些地方就像维尔戈特·斯约曼（Vilgot Sjöman）所写的在纽约一幢建筑墙上看到的广告一样熟悉了（Sjöman 1961：24）。

当现象被认为是"电影化的"或媒介化的时候，媒介除了在其无所不知中调动和掌握着对超然的、占有的和控制的媒介态度和媒介凝视，还充当了虚构的增强剂。简·奥洛夫·奥尔森在他的旅行纪录片《1958年的芝加哥》中直言不讳："我从未真正相信过那些房子和广阔的草坪，而这个周六的早上，我有种在电影屏幕上走动的感觉，让人心烦"（1958：171，我的重点补充）。然而，对这个国家的想象状态也产生了更多的真实，以及一个扩展和强化的真实概念——这是美国20世纪末著名的媒介理论家／旅行作家在与美国明显疏远的情况下，试图用超现实或拟像来概念化的一种感觉（Eco，1987；Baudrillard，1986）。

这个国家的这种兼而有之或介于两者之间的特征包含了一种强大的压力。美国既容易概括，又很高深莫测，这简直令人难以置信。它既有神秘的异国情调，又令人感到极其熟悉；既是脑海中的想象空间，又是具体化的存在；既是"电影化的"，又极其真实。也许这就是所谓具有广阔地理想象力的第三空间（Soja，1996）。在这个真实和想象的地方，已知的（可知的）和未知的（不可知的）都是悬而未决的。用这些术语来思考空间，就排除了将纯粹的物质性（第一空间的客观性，用列斐伏尔的术语来说就是"空间实践"）或纯粹的理想性（第二空间的媒介化，列斐伏尔所说的"空间表征"）归因于这个地方（同上：74及其后几页）。相反，美国不仅包含了这两种因素，而且还包含更多。第三空间（列斐伏尔的生活空间，也就是"表征的空间"）与其他两个空间是不同的，但同时又包含它们。用索亚的话来说："第三空间产生了一种被称为累积三元辩证的方法，它从根本上开启了额外的差异性，开启了空间知识的持续扩展"（同上：61）。到美国旅行是一个在认知领域充满了媒介化和视觉记忆的移动旅程。这段旅程激起了一场惊奇、第二天性和介于两者间难以解释的感觉的情感运动（参见Gunning，2003）。这种体验就像媒介和空间本身的关系一样不可简化（Couldry and McCartney，2004）。

结论

通过这项调查，可以看出两点。首先，全球化理论家经常强调，无论是物理方式还是电子媒介都需要通过减少沟通空间所需的时间来实现距离上的接近，这是我们全球化时代的一个显著特征。根据这一推理，尼尔·坎贝尔（Neil Campbell）最近将美国的媒介消费和随之而来的美国生产定义为一种旅游形式。我们不必去美国旅游，因为今天的美国生产涉及后游客体验中复杂的和重叠的旅游感性。后游客在日常生活的行程中所讨论的美国框架和表征，将他/她与"从外部看，在日常生活和多层次空间中，美国既是一个真实的和想象的空间，又是一个媒介的、拟态的、神话的和现实的、生活的、有形的空间"（2005：199）联系在一起。据称，这种复杂的旅游感性是一种后现代现象。

然而，在本章中，我已经表明，对遥远的其他地方和现象的认识或生动的文本性，是20世纪中期日常生活世界和旅行经历的一个显著特征。"在那里"只是瑞典人日常幻想"在那里"的素材。让媒介研究与旅游研究对话，需要对媒介文化和旅游文化进行历史性比较。在寻找反映20世纪50年代瑞典人旅行文化的文本和图片痕迹的过程中，我发现了"虚拟时刻"和趋势，毫无疑问，它们在我们的超媒介化时代被放大了，但它们似乎是从大众传播时代延续下来的，而不是创造出一种定性的、决定性的决裂或转变。

其次，虽然媒介凝视、旅行脚本以及媒介态度的概念似乎——至少在某种程度上——包含了媒介发挥文化控制和权力的概念，但本章也强调了媒介与旅游/旅行之间不同程度的相互作用。我已经表明，媒介空间（旅行者消费和生产的美国表征）、媒介化空间（通过媒介景观旅行，遇到的新、旧媒介形式）和媒介空间感（媒介饱和的空间体验）交织在一起生成一定的空间，它们都包含在旅游文化中。我将焦点放在媒介与想象和生活交织在一起的最后一个概念上，使人们看到了媒介的一个相当不同的方面：它接近于对由媒介引起的一系列矛盾的理解。我已经提出，以记录真相或歪曲真相的方式描述媒介功能的大众话语期待，可能有助于在广泛的媒介空间中对旅行的矛盾体验。我的主要问题涉及那些作为中间周期的一部分的美国幻想——它们受到了当时新兴媒介文化的滋养，也给了他们新的动力。由于这种想象在穿越美国的道路上被遭遇、被挑战、被复杂化和被转移，我提出，因为物质世界与媒介叠加，媒介消费者/旅行者被留在第三空间的悬念中。在所有的物质层面上，美国——可能是——只是虚构的想象。

爱德华·索亚将"第三空间"定义为一个有目的的探索性和灵活性术语，它邀请我们进入一个批判性交流的场所，"在这里，地理想象被扩展为包含迄今为止被认知论审定者认为是不可兼容的、不可组合的多种视角"（1996：5）。总有第三种选择的观点——从列斐伏尔的三元空间论衍生而来——也可以重振媒介研究，从"非此即彼"转变为"两者兼有"。媒介——以及围绕它们的话语——有一种力量可以唤起更多的（"虚假的"）知识和游戏。当媒介与想象和生活交织在一起时，就会与身边的空间产生不和谐、不相称的感觉，这使得人们能够摆脱对媒介的两极分化理解，转而理解媒介所承载的各种各样、相互矛盾的含义。

作者简介

阿曼达·拉格克维斯特，斯德哥尔摩大学（Stockholm University）媒介和传播学博士。目前她正在研究中国巨型城市——上海的转型，特别关注"新媒体"和数字化在未来城市发展过程中所扮演的角色。该项目借鉴了媒介理论、视觉研究、城市理论以及旅游和机动性研究，探索媒介城市的空间性和时间性。

注释

①美国是一个虚构的地理概念——作为一个神话和象征——植根于早期现代欧洲意识（Evans，1969；Kroes，1996；Pells，1997）。

②通过对29位旅游作家（其中4位是女性）所写的31本有关旅游的书的考察，我分析了旅行者与纽约的接触，分析了他们对大众文化和现代媒介现象的反应，以及他们对纽约居民的描述。

③在对文化传播的不同理解中，使用了美国化、文化帝国主义、杂交化、克里奥尔化和跨文化化等概念。不管人们如何解读这些过程，毫无疑问，这个时代瑞典的媒介化受到了美国的影响。这包括对美国媒介产品的进口（例如电视剧《伯南扎的牛仔》、好莱坞电影、漫画书，再如1948年来到瑞典的唐老鸭，以及1953年可口可乐的介绍和广告）。还包括明显带有美国特点的技术（例如好莱坞宽屏电视和技术）、格式（例如始于1946年，灵感来源于美国广播的清晨娱乐广播节目《早餐俱乐部》）和流派［例如受到了美国新闻报道的启发，创立于1944年的晚间小报《快报》，还有战争期间创办的模仿《生活》的杂志（Se）］。

④旅行和媒介之间有三个更重要的关系。除此之外，正如我在论文中所指出的，旅行还需要一些与媒介相关的实践。在1945—1963年期间，这些活动通常

包括在旅行前阅读旅行和导游书籍，在地图上标注信息或绘制草图或行程路线来记录和可视化旅行，用棕色盒式相机做日记记录和业余摄影。在另一个层面上，媒介也会通过不同媒介（如旅行游记、电影、电视等）体验来影响人们的模拟旅行。此外，旅行方式也与媒介有关，因为视觉机器培育的凝视可以作为叠加和输送被描述到例如电影观看的体验中，反之亦然（Lagerkvist，2005：56-78）。

⑤托多罗夫对"第一位现代旅行作家"弗朗索瓦-勒内·夏多布里昂（Francois-Renée Chateaubriand）于1791年在美国旅行，除了强调了他所游览的西部的虚构角色外，他还展示了先验预期是如何构建旅行者体验新世界的方式的。

⑥托多罗夫写道，夏多布里昂去美国不仅仅是为了地理上的发现，还因为他有一个文学目的，要写一部关于人类的史诗。这是一种陷入困境的追求："夏多布里昂想看到哪些完全取决于他作为法国人的身份，而不是美国人在做什么——这一点他几乎不感兴趣。归根结底，他书中的人物不是他观察的产物，而是他的想象力的产物——他在美国的旅行只是唤醒了他的想象力。"（Todorov，1993：298）

⑦美国经常被用一种明显的视觉隐喻性语言来描述——"一个场景""一幅画""一个主题""激烈意象的烟花"或"一张图像网"。美国是一个表征，而这个表征被认为具有一些基本的视觉品质（Lagerkvist，2005）。

⑧一个明显的解释与旅行写作体例有关，在这种体例中，旅行被理解为改变旅行者的思想，而他/她处于一个权威受到挑战的跨文化中间地带（Leed，1991；Todorov，1993；Duncan and Gregory，1999）。另一个普遍的特点是这些书的"教化"目的：教育和学习，并以丰富多彩的美国人的形象取悦读者。这可能解释了一些矛盾之处。此外，美国与现代性之间的联系——人们认为这个国家本身就是现代性的化身——很可能使这个国家呈现出"双重身份"，这在叙述中是显而易见的。第三种解释与旅行者和移民的关系有关。将他们对美国大众文化的反应视为对自身内部其他人的反应，这是一个可行的假设，因为美国是从欧洲大陆崛起的，似乎通过媒介回到欧洲的方式让他们感到不安。一种说法是，旅行者的文化自我理解和他们所参观的文化之间的这些纽带和联系没有被有意识地打通，导致了这种矛盾心理。

原书参考文献

Appadurai, Arjun (1996) *Modernity at Large: Cultural Dimensions of Globalization,* Minneapolis: University of Minnesota Press.

Baudrillard, Jean (1986) *America,* London: Verso.

Becker, Karin (2003) "Where is Visual Culture in Contemporary Studies of Media and Communication," Paper. Den 16:e nordiska medieforskningskonferensen, Kristiansand 15-17 augusti, 2003.

Brunet, Francois and Jean Kempf (2001) "Avant Propos" *Revue Française d'Études Américaines,* 89.

Bruno, Giuliana (2002) *Atlas of Emotion: Journeys in Art, Architecture and Film,* New York: Verso.

Campbell, Neil (2005) "Producing America: Redefining Post-tourism in the Global Media Age," David Crouch, Rhona Jackson and Felix Thompson (eds.) (2005).

Couldry, Nick and Anna McCartney (2004) "Introduction. Orientations: Mapping MediaSpace," Nick Couldry and Anna McCartney (eds.) *Mediaspace: Place, Scale and Culture in a Media Age,* London: Routledge.

Crang, Mike (1999) "Knowing, Tourism and Practices of Vision", David Crouch (ed.) *Leisure/ Tourism Geographies. Practices and Geographical Knowledge,* London: Routledge.

Crouch, David, Rhona Jackson and Felix Thompson (eds.) (2005) *The Media and the Tourist Imagination: Converging Cultures,* London: Routledge.

Duncan, James and Derek Gregory (1999) "Introduction" James Duncan and Derek Gregory (eds.) *Writes of Passage: Reading Travel Writing,* London: Routledge.

Eco, Umberto (1987) *Travels in Hyperreality,* London: Picador.

Edensor, Tim (1998) *Tourists at the Taj,* London: Routledge.

Eklund, Arne (1949) *Sverige-Amerika. Tur och retur,* Stockholm: Förlaget Filadelfia.

Evans, J. Martin (1976) *America: The View from Europe,* Stanford: Stanford Alumni Association.

Fehrenbach, Heide and Uta G. Poiger (2000) *Transactions, Transgressions, Transformations: American Culture in Europe and Japan,* New York: Berghahn Books.

Friedberg, Anne (1993) *Window Shopping: Cinema and the Postmodern,* Berkeley: University of California Press.

Giddens, Anthony (1991) *Modernity and Self-identity. Self and Society in the Late Modern Age,* Cambridge: Polity Press.

Gregory, Derek (1999) "Scripting Egypt: Orientalism and the Cultures of Travel," James Duncan and Derek Gregory (eds.) *Writes of Passage: Reading Travel Writing*, London: Routledge.

Gunning, Tom (2003) "Re-Newing Old Technologies: Astonishment, Second Nature and the Uncanny in Technology From the Previous Turn-of the-Century," David Thorburn and Henry Jenkins (eds.) *Rethinking Media Change: The Aesthetics of Transition*, Cambridge, MA: MIT Press.

Hedlund, John (1948) *I Amerika. Resor och reflexioner*, Örebro: Evangelii Press.

Iseborg, Harry (1948) *En annan gör USA*, Stockholm: Sohlmans förlag.

Jansson, André (2002) "Spatial Phantasmagoria: The Mediatization of Tourism Experience", *European Journal of Communication*, 17:4.

Jensen, Joli (1991) *Redeeming Modernity: Contradictions in Media Criticism*, London: Sage.

Jonsson, Thorsten (1946) *Sidor av Amerika. Intryck och resonemang*, Stockholm: Albert Bonniers förlag.

Kroes, Rob (1996) *If You've Seen One, You've Seen the Mall: Europeans and American Mass Culture*, Urbana/Chicago: University of Illinois Press.

Lagercrantz, Olof (1961) *Ensamheter i öst och väst*, Stockholm: Wahlström och Widstrand.

Lagerkvist, Amanda (2003) "Swedes Visualize America: the Dynamics of Post-war Americanization as Mediatization", *American Studies in Scandinavia*, 35:2.

Lagerkvist, Amanda (2004) "We *See* America: Mediatized and Mobile Gazes in Swedish Postwar Travelogues" *International Journal of Cultural Studies*, 7:3.

Lagerkvist, Amanda (2005) *Amerikafantasier. Kön, medier och visualitet i svenska reseskildringar från USA 1945-63*, Stockholm: JMK.

Leed, Eric J. (1991) *The Mind of the Traveler: From Gilgamesh to Global Tourism*, New York: Basic Books.

Lefebvre, Henri (1974/1991) *The Production of Space*, Oxford: Blackwell.

Macnaghten, Phil and John Urry (1998) *Contested Natures*, London: Sage.

Manker, Ernst (1963) *I Amerika. Reseskisser 1962*, Kristianstad: Lt:s förlag.

Mitchel, W.J.T. (1994) *Picture Theory: Essays on Verbal and Visual Representation*, Chicago: The University of Chicago Press.

Moberg, Vilhelm (1995) *Att upptäcka Amerika 1948-49*, Stockholm: Carlssons.

Munthe, Gustaf (1960) *Femti vita stjärnor. Resekåserier från Amerika*, Stockholm: Natur och kultur.

Nordström Bonnier, Tora (1946) *Just for fun. Brev från Amerika*, Stockholm: Albert Bonniers förlag.

Olsson, Jan Olof (1958) *Chicago*, Stockholm: Bonniers.

Pells, Richard (1997) *Not Like US: How Europeans Have Loved, Hated and Transformed American Culture Since World War II*, New York: Basic Books.

Robins, Kevin (1995) "New Spaces of Global Media", R.N. Johnston, P. Taylor and M. Watts (eds.) *Geographies of Global Change*, Oxford: Blackwell.

Rogoff, Irit (2000) *Terra Infirma: Geography's Visual Culture*, London: Routledge.

Rojek, Chris (1997) "Indexing, dragging and the social construction of tourist sights", Chris Rojek and John Urry (eds.) *Touring Cultures: Transformations of Travel and Theory*, London: Routledge.

Sandqvist, Rolf (1950) *Sommarflanör i Amerika*, Stockholm: Fahlcrantz och Gumaelius.

Sjöman, Vilgot (1961) *I Hollywood*, Stockholm: P.A. Norstedt och söners förlag.

Soja, Edward (1996) *Thirdspace: Journeys to Los Angeles and other Real-and-Imagined Places*, Oxford: Blackwell.

Sundström, Erland (1955) *Pass för Amerika*, Stockholm: Gumessons bokförlag.

Thelander, Thorsten (1947) *Nordamerikanska reseintryck*, Stockholm: Esselte aktiebolag.

Thompson, John B (1995) *The Media and Modernity: A Social Theory of the Media*, Stanford: Stanford University Press.

Todorov, Tzvetan (1982/1999) *The Conquest of America: The Question of the Other*, Norman: University of Oklahoma Press.

—— (1993) *On Human Diversity: Nationalism, Racism and Exoticism in French Thought*, Cambridge, MA: Harvard University Press.

Tomlinson, John (1999) *Globalization and Culture*, Cambridge: Polity Press.

Trachtenberg, Alan (2001) "Imaginary Nation: Photographic Constructions of America," *Revue FranVaise d'Études Américaines*, 89.

Urry, John (1990/2002) *The Tourist Gaze*, London: Sage.

Veijohla, Soile and Eeva Jokinen (2003) "Mountains and Landscapes: Towards Embodied Visualities," David Crouch and Nina Lübbren (eds.) (2003) *Visual Culture and Tourism*, Oxford: Berg.

von Zweigbergk, Eva (1947) *Hur var det i Amerika?* Stockholm: Wahlström och Widstrand.

第16章　数字地理学：
从故事空间到有故事的地方

珍妮·桑德恩（Jenny Sundén）

手里拿着一杯浓缩咖啡，耳边戴着略带老式的录音机，和一位超文本软件故事空间的创意之父的对话，与意大利南部一个小镇上狗、汽车、流动的水果推销员（如今扩音器放大了）的声音融合在一起。要过滤掉磁带上和磁带外的背景噪音使其不干扰我玩电脑，这是一项挑战。坐落在一座陡峭小山上的这座古镇修筑了许多杂乱无章的狭窄小巷，以此作为小镇的动脉，这是一个正在逐渐扩张的网状建筑。目前街道网中最古老的部分可以追溯到18世纪，甚至更久。1694年大地震后，可能重新划定了几条道路，还增加了其他街道。现在的建筑大多是从19世纪20年代开始建造的，既有雕刻出来的、特殊的洞穴状房屋，也有设计师设计建造的炫丽公寓。虽然每个人的口袋里几乎都有手机，但没有方便的电脑连接，没有网络，看不到网吧。因此，位置很重要。

由于语言和建筑之间有着密切的关系——在从未按语法形式书写的特定方言和从未在二维地图上规划过的随机街道之间——人们可能很难知道一句话在哪里结束，另一句话从哪里开始，就像很难知道一条街道在哪里拐弯转到另一条街道一样困难。在山上狭窄的街道上寻找道路就像在巧妙构建的超文本小说或电脑游戏中一样：错综复杂的布局；小路通过陡峭的楼梯相连；街道直接穿过建筑物，出人意料地被死胡同切断；建筑物层层叠叠或半叠在一起，有些只能通过过道进入。这里是像过山车一样的拓扑结构。在靠近山顶的高处，小镇变成了一座鬼城，1983年大地震（距今最近的一次）后，房屋被毁坏并遗留下来。一扇半开的窗户在风中的铰链上吱吱作响，数百只蝙蝠在黑暗中悬挂在老旧的屋顶上。

第四部分　媒介化的空间感

现在有一张沿着飞行摄影的传统制图逻辑进行后期建设的城镇地图。这张地图给游客提供了某些地方（教堂、市政厅、城堡）之间的距离和关系的大致信息，但不一定有位置之间的最佳路线。人们很容易迷路，突然发现自己走到了一条岔路、一个拐角、一座从未走过的拱门。对着地图更多的是通过步行进行试错，而不是试图理解地图。笔和纸的二维性不会让你在一个以三维垂直叠加为特征的景观中走得太远。

也许，随着雪莱·杰克逊（Shelley Jackson）（1995）的超文本小说《补缀女孩》（用故事空间来书写和阅读）的出版，故事空间手册对南意大利建筑的随机性更有意义：

> 点击方向工具的箭头，根据空间位置（而不是链接）在《补缀女孩》中移动。向上箭头移动的空格包含你正在阅读的空格。向下箭头移动的（第一）空格包含你已经阅读过的空格。在《补缀女孩》的同级水平上，左右箭头移动的空格就是之前和之后的空格。如果在你试图移动的方向上没有空格，方向工具就会发出"哔哔"声。

这个城镇的名字叫卡利特里，位于海岸之间，与那不勒斯的经度大致相同。将其街道迷宫和拼贴建筑的意象作为一个关于数字空间性和地方性章节的出发点，这不仅仅是一种修辞技巧。山丘的路径和脉络就像超文本或游戏空间，这种理解赋予其拓扑结构一个有趣的诗意维度。这不仅仅是一个隐喻问题，在更基本的层面上，这是一个学习如何在不熟悉的和可能不能立即理解的景观中移动的导航问题。它是关于通过移动来创造一个地方的问题。

本章探讨三种媒介环境下的数字地理概念：超文本小说、基于文本的虚拟世界（MOOs）和电脑游戏。[①]这些数字媒介类型以重要的方式促进和显示了文本和图像的层次空间，或是亨利·詹金斯（Henry Jenkins）（2002）所说的"叙事建筑"。这些文学的、社会的和有趣的环境，除了描述和表征空间之外，也成为用户导航、探索、居住的空间，有时也可以对空间进行操纵、改变和再造。本章从超文本小说软件故事空间入手，通过一个MOO的社交和想象世界的插曲，对电脑游戏的空间性进行了简单的探索。在所有这三个领域的研究中,空间的构造和体验——但不经常是地点的建构和体验——已经讨论了一段时间。本章的一个关键论点是,数字地理学与新的地点、位置和情境息息相关。标题"从故事空间到有故事的地方"对地理网络文化研究的战略进行了重新定位:远离通常抽象和普遍的"空间",转向更接地气的"地方"和更新的"位置的政治"(参见Rich,1986)。此外,"有故事的地方"也暗示了故事也可以被精心构造成探索和居住的地方(就像"六层建筑")。

从网络民族志、近距离阅读/游戏和访谈中获取信息,进行"严肃"和通俗、文本和图像、光盘和数字化光盘上的孤立空间制作和互联网上的故事化场所的协作制作之间的讨论。《故事空间》的研究是基于对其创作者之一迈克尔·乔伊斯(Michael Joyce)的采访,以及对雪莱·杰克逊(1995)的超文本小说《补缀女孩》的仔细阅读,以及我的学生在大三多媒体课程的最后一个学期就《补缀女孩》——在课堂上和写作中——进行的讨论。MOO研究是一个为期两年的网络民族志研究(Sundén在2003年详细讨论过)。从经验上看,电脑游戏研究是现阶段三个研究中最具探索性的,它主要基于文学和第一手"游戏"资料。

赛博地理学

如果没有"赛博空间"这一概念的词源溯源,我们几乎不可能谈论赛博地理学。从赛博朋克作家兼创始人威廉·吉布森(William Gibson)(1984)在《神经漫游者》中创造了这个词,追溯到智能机器的早期,以及控制论的创始人诺伯特·维纳(Norbert Wiener),赛博空间作为概念、经验和知识形式,在学科之间传播。维纳(1948)是麻省理工学院的数学教授,他从希腊单词"steersman"中创造了"控制论"这个术语。在赛博空间里,维纳的"steersman"成了信息高速公路上的司机,是未知信息海洋上的冲浪者或领航员。

20世纪90年代初期到中期,网络文化理论家转向了哥伦比亚探索之旅和"新世界"叙事(参见Fuller and Jenkins,1995,Gunkel and Gunkel,1997)。赛博空间被视为"新领域"——一种似乎没有任何坚实或确定的景观。新世界的叙事也带来了剥削的故事,这种暴力执权的故事贯穿在每一次发现和殖民行为中。然而，当涉及旧世界的概念问题时，对新世界的网络占有似乎令人惊讶地轻松。或者，正如大卫·J.冈克尔（David J. Gunkel）和安·赫泽尔·冈克尔（Ann Hetzel Gunkel）在他们的文章《虚拟地理：赛博空间的新世界》中所说的那样："赛博空间有可能破坏现代认识论的结构、实质和控制。"（1997：126）

在讲述这个控制论空间性的部分故事时，令人惊讶的是，它主要是一个关于国父们以及男性统治（即殖民）地的故事。那母亲呢？当网络狂热分子（重新）梦想着在虚拟空间中摆脱肉身及其所有分类原则时，网络上的女性主义者指出，这些论述总是依赖于特定的、本地的和具体的，以及对具身"他者"的维持和本质化（Braidotti，1996；Stone，1991）。在西方思维中，无限空间的普遍主义——一种抽象的"无处不在"，不会轻易屈服于特定的"某处"——会伴随着位置的政治（参见Rich 1986）而变得模糊，并从视线中消失。即使是在一个看似无地方的空间，消除当地那些没有占据可以听到他们声音的位置的人来说显然是要付出代价的。只有对那些已经在特权位置上说话的人来说，"无地方感"似乎才有解放的潜力。如果他们的指涉物消失了，他们也不会有什么损失。但是在世界上一些电脑很少，或者根本就没有电的地方，地点决定了一切。

对艾德利安·里奇（Adrienne Rich）（1986）来说，"位置的政治"关注的是让说话人的位置可见，承认构成主体位置的物质条件。在网络空间，位置理论和政策需要弹性。如果男性化（但不一定是男性）的网络主体性通常是关于无位置感和导航控制，而女性主义的反应通常是关于具体立足之地和责任，那么就有必要重新思考立足之地的含义。位置的政治怎么可能包括像计算机式的地理位置呢？或者更好的是：有没有一种制定虚拟地点创造政治的方法？虚拟场所的创造在哪些方面与网络主体性的创造和塑造有关？场所和主题的创造性过程是否会使控制论的男性控制主体"短路"？在他的位置上，还能想象出哪些景观和主题呢？

书写故事空间

我乘坐美国铁路公司的列车从纽约市北上，沿着哈德逊河冰冻的轮廓，前往享有盛誉的瓦萨学院（原为女子学院，1969年正式成为男女合校）。我舒适地坐在破旧的仿皮座椅上，面试问题在我眼前的笔记本上狂热地飞舞。瓦萨学院是迈克尔·乔伊斯（Michael Joyce）（超文本创始人之一）的机构所在地，他几乎立刻告诉我："你不会相信，我和杰伊在过去和现在都被边缘化了。"创始人也会被边缘化吗？希拉里·克林顿（Hillary Clinton）曾去过瓦萨学院。因此，位置很重要。

那么什么是超文本小说呢？如果书是按照一定的顺序装订在一起，那用超文本编写的故事通常有不止一个切入点，它有许多内部联系，但没有明确的结尾。它们可能每次展开的方式都不同，这取决于在所有潜在的路线中走的是哪一条。阅读超文本小说，本质上与空间性、地图绘制和导航的概念和体验密切相关。

《故事空间》是一种超文本写作（和阅读）软件，1997年由迈克尔·乔伊斯、杰伊·大卫·博尔特（Jay David Bolter）和约翰·B.史密斯（John B. Smith）在首届美国计算机协会（ACM）超文本研讨会上公开展示，并于1991年由东门系统公司（Eastgate）出版。十年后，苹果电脑版本的《故事空间2》问世。尽管两个版本之间存在差异，但节点和链接系统背后的基本思想是相同的。《故事空间》有两种相互重叠的窗口类型：文本窗口（包含可以探索的文本、图像和声音的"书写空间"节点）和地图窗口（书写空间及其相邻建筑的视觉表征）。它有几种查看空间的方法——树状图、图表、轮廓图——但最常见和最独特的视图是《故事空间》地图。地图上的每个"方框"都显示出一个书写空间，每个箭头表示空间之间的链接。链接可以在单词、段落、书写空间等之间运行——从超文本的任何一个地方到其他任何地方。

由于超文本小说在互连性方面通常非常复杂，所以《故事空间》地图系统地隐藏了信息。如果链接源和目标都在超文本的当前级别上，则会显示完整的链接信息。但是，如果链接源和目标在不同的级别上，则只显示传入或传出箭头。为了检查一张地图中隐藏的东西，读者需要深入到结构中或者使用相反的策略，爬到一个更高的层次，就像无休止地爬卡利特里（Calitri）陡峭的楼梯一样。

在我们的谈话中，乔伊斯不断回到媒介的黏性以及他和伯尔特关于他们正在建立的系统的想法和愿景之间的复杂关系上。如今对（早期）超文本小说的标准批判是，节点和链接系统已经过时，像《故事空间》这样的超文本系统本质上是分层的。"我们一直都知道我们所使用媒介的局限性，即方框和线条。我们总是讨厌有一个顶端节点，讨厌没有更多的形状而是被方框局限。"

另一方面，他们试图颠覆《故事空间》中的层次结构，在二维表征的基础上创造出三维的写作和阅读体验。"这些链接对我们来说是空间。我们希望链接具有和空间一样的互通性和多样性。"地图窗口通常是分层的，但空间之间的关系也可能要复杂得多。正如乔伊斯指出的那样，《故事空间》中的任何书写空间都可以包含或被包含在另一个书写空间中：

> 这不是简单的场所和空间的修辞。方框里面的空间是地方。我们一直感到高兴的是，可以说，任何一个容器都可以同时成为另一个容器的一部分。在《故事空间》中，你可以无休止地嵌套。这表明，也许在某种程度上，事物是如此相互交织，如此相互联系，以至于这些看似笛卡尔式层次分明的关系，实际上并非如此。……如果空间本身是另一个空间中的一部分呢？

对于阅读（和写作）超文本小说来说，"无休止的嵌套"是一个恰当的描述。超文本思维会让你头晕目眩。"如果空间本身是另一个空间中的一部分呢？"为了让那些在地图视图中只是断开的箭头的链接在脑海中重现，无论你如何放大和缩小超文本结构，整个图像仍然是不完整的，仍然是部分的。对链接进行批判性思考是对其字里行间进行的解读。但是，将链接视为自己的书写空间也很困难，尤其是对于读者而言。你如何定位那些总是隐藏在可见地图之外的其他地方，并被转移到下一张地图上，但从未完全呈现的东西呢？如何才能接近和理解无位置或非位置？在边缘的东西怎么可能与清晰地放在中心的东西一样重要呢？

雪莱·杰克逊经典的、挑逗的、诙谐的超文本小说《补缀女孩》已经是不止一种意义上的边缘写作。这是一个关于女性做作、古怪和畸形的故事。特别是，这是一个关于科学怪人的女伴的故事，她被珀西·雪莱（Percy Shelley）

以编辑的立场删除/中止后，又被玛丽·雪莱（Mary Shelley）自己秘密地编写和拼接在一起。②读者看到的是怪人支离破碎的身体以及她的故事。然后，阅读变成了将文本和身体拼凑在一起的针线活，通过伤疤和针脚可以看到其不同来源。最巧妙的是，横穿怪人身体的伤疤，平行于书写空间之间超文本链接的含义。在一篇关于超文本结构的自反性文章中，杰克逊写道：

> 当打开一本书，我知道我在哪里，这是宁静的。我的阅读是空间的，甚至是立体的。我告诉自己，我在这页的三分之一处，我在这页的四分之一处，我在这一页、在这一行，这里，这里，这里。但我现在在哪里？（撰写文字时）

什么构成了叙事中的位置感？在小说中，位置的问题可以通过内容的总结来回答，或者只是一只手稳稳地拿着正在看的书，另一只手去翻下一页。一个人在故事中所处的位置在文本中是具体的、物理的位置，也是一个概念上的位置。可以用折角告诉你离终点有多近。但是你在超文本中的位置呢？当让我的多媒体设计方向的学生阅读和讨论《补缀女孩》时，他们强调了在阅读中有一种位置感的重要性，如果没有这种位置感，他们会感到迷失，或者只是困在故事中：

> 我不习惯这种阅读，觉得很乱。我因为不知道自己在哪里而感到压力很大。你不知道你是在中间还是在最后，也不知道你还剩下多少……如果感觉一切都在中间，你怎么知道它会结束呢？

《故事空间》对错综复杂的空间和链接的创造，与读者（不知道）身处何处的感觉之间似乎存在着一种张力。超文本批评（就像一般的文学批评一样）一直专注于文本和（学术）阅读。虽然对超文本作品的"近距离阅读"是必不可少的，但令人惊讶的是，很少有评论家能如此接近读者，并了解他们在超文本环境下的体验和参与作品的方式。③

我的几个学生爱上了这个怪人女孩，以及这些作品的组合方式。但大多数人表达的是阅读超文本时的焦虑或沮丧：

> 我原以为阅读会像看书一样简单。我不能接受没有概述，因为无法控制阅读。我觉得我在这个故事里好像什么也没有得到，而是被卡在了中间。

这些读者没有像超文本理论（Landow，1997；Landow and Delany，1993；Lanham，1993；Moulthrop，1988）提出的那样获得自由感，而是因为不知道未选路径的（基于假设的）结果，以及无法得到作品概述而感到沮丧。自相矛盾的是，相比那些容易翻阅的装订图书中的叙述，概述的缺失更能产生一种被控制感（参见 Aarseth，1997：1-23）。

可以这么说，在超文本结尾的问题上已经出现了许多严苛评论（Bolter，1991；Douglas，2001；Gunder，1999；Moulthrop，1988；Svedjedal，2000）。结尾是（传统）叙事的重要组成部分，与阅读的乐趣密切相关，既能激发阅读，也能让阅读成为可能。但是，即使学生们努力去理解如何结束一件无休止的事情，似乎更让他们挣扎的是失去了基础、目标和叙事方向感。反而，不仅《故事空间》的节点和链接让他们迷失了方向，《补缀女孩》碎片化的性质以及如何对待和阅读这部作品也让他们感到不安：

> 当开始阅读时，我感到有点犹豫和紧张。从哪里开始呢？如果我做的不对怎么办？在整个阅读过程中，这些感觉一直伴随着我。很多时候，我都在想我这样做是否正确，我是否找到了正确的段落，我正在读的是什么？但既然你可以从任何你喜欢的地方开始，就不可能是完全错误的。

引起我兴趣的是，这些学生中的大多数都属于网络一代。他们或多或少是在网络的陪伴下成长起来的，在那些无休止的上网和电脑游戏的活动中，你可以边玩边创作"故事"。根据文学学者安娜·冈德（Anna Gunder）（1999）的说法，超文本小说需要超文本读者，或她所说的具有超文学能力的读者，对他们来说，重复阅读和"多重阅读"（参见Bolter，1991）是很正常的。这些学生不是文学专业的学生。换句话说，他们是精明的计算机/网络用户和设计者。如果他们把《补缀女孩》当成一款游戏或一个网站，或许会更有意义。但对他们来说，超文本小说似乎更像书本小说，这导致他们的超文本阅读受到了法典书籍范式的限制：

> 我喜欢传统书籍和它附带的所有东西——泡一杯茶，躺在沙发上盖上毯子。看一本好书，比坐在电脑前看屏幕看书看得眼睛充血要美妙得多。

电脑桌前的正襟危坐与一手拿着书、一手拿着茶杯、懒洋洋窝在沙发里的姿势有很明显的不同。在这里，叙事位置的问题从叙事中的位置问题转移到阅读本身的位置问题。我的学生们提到了两种阅读方式：一种是笔直的、以目标为导向，寻求信息的、游戏式的阅读方式；另一种是伸展的、（或）蜷曲的、放松的，以放松和快乐为导向的阅读方式。换句话说，围绕轻便、可移动甚至可携带的计算机技术，自然会形成一整套娱乐文化。在法典书籍范式的另一边，是一种相反的愉悦环境：床上的笔记本电脑在黑暗中发着光，平放到腹部的电脑发出风扇散热的声音，电脑里面充斥着音乐、电影、最新的新闻以及极其复杂、令人困惑的艺术和文学。和电脑舒适地相处并不是术语上的矛盾，而是随着电脑变得更小、更轻、更强大，这种可能性越来越大。

文学理论家凯瑟琳·海尔斯（Katherine Hayles）（2000）认为，"五百年的印刷历史使我们习惯了书籍的简单易懂"，她指出文学的数字化模式如何揭示所有写作技术的情境性和物质特殊性（它最终揭示了对印刷的习惯性安全仅仅是一种幻觉）。因此，阅读从来都不是安全的。正是这种隐含的不安全，在超文本叙事中变得非常明显。超文本读者需要摆脱自然化、习惯性、日常媒介使用带来的控制感，并勇于探索超文本之间的数字链接系统。就像需要学习在街道迷宫中导航的卡利特里的游客一样，超文本读者需要通过点击鼠标，使在文本窗口和地图窗口之间来回切换就像翻书一样简单。

故事的线上空间

空想主义者经常把互联网描绘成一个没有位置的媒介——一个缺少位置但又无处不在的抽象电子空间。但是，无论互联网在地理位置上看起来多么错位，当人们使用数字媒介时，新的空间——只要不是场所的——理解就会不断被构建。在对一个特定虚拟世界（在我的文章中，它的名字是水MOO）进行了两年的网络民族志研究后，我清楚地发现，当打字员连接到MOO世界时，"地方"是他们体验的核心。这种技术并非将位置视为无关紧要，而是参与创造了"另一种地方感"（参见Meyrowitz，1985），一种虚拟的地方。在水MOO中不是无处可去，而是存在于一个非常具体的地方，一个就像福柯所说的"异托邦"的地方，"与周围空间相连的，既绝对真实，又绝对不真实，因为要让人感知它就必须穿过这个虚拟的点"（1986：24）。

MOO是多用户网络游戏（MUD）的产物，其在很多方面都是图形化的大型多人在线角色扮演游戏（MMORPG）的文本前身，比如《无尽的任务》和《魔兽世界》。多用户网络游戏可以被描述为一种持续的、协作编写的在线表演，由场景、角色、动作、对话和行为组成。但也有一个更广泛的社会景观和结构的书写，比如公共房间和其中的物品。一个多用户网络游戏是围绕一个三维空间的隐喻组织起来的。这为参与者提供了一个由成千上万个相互连接的可以导航、探索和居住的房间组成的超文本地理环境，给系统用户一种"在场"的感觉。

水MOO架构是一个相对连贯的公共房间核心结构（主要由创建这个世界的人编写）以及由成千上万个私人房间组成的令人困惑的混合体。每个房间都有自己的描述，比如曾经属于我的研究员"珍妮（Jenny）"的加州酒店顶层的虚拟办公空间：

> 她的办公室
> 你发现自己处于一种舒适的混乱之中。满满一墙的书柜，堆满了书和各种文件，里面似乎包含了大量的知识。作为一个酒店房间，它非常通风，透过窗户可以看到你从未见过的美景。窗户旁边有一张

旧的法国写字台，里面有很多小抽屉，甚至在可移动的嵌板后面，可能还有一些秘密抽屉。桌子上摆满了书、日记和笔记本，在这些东西的中间，你可以看到一个打开的笔记本电脑。在淡蓝色（光）的闪烁中，你可以瞥见屏幕上连接着水MOO。在桌子前面，有一把看起来很舒服的椅子。如果把手放在座位上，你会感到它的温暖……好像刚才有人坐在那里。

　　明显的出口：大厅到八楼

　　私人房间是角色唤醒（连接）和休息（断开连接）的地方，他们可以在此邀请朋友和爱人远离MOO更拥挤的区域。一种接近网络生活中微观世界的虚拟家园方法是通过巴什拉式的"拓扑分析"完成的。在《空间诗学》一书中，加斯东·巴什拉（Gaston Bachelard）探讨了诗歌意象与心灵的内在联系，并用"拓扑分析"这一术语勾勒出一个梦境中意象位置的可见领域："那么，拓扑分析将是对我们亲密生活场所的系统心理学研究。"（1958/1994：8）对于巴什拉来说，这种分析的主要场所是房子，由对想象和记忆中的房屋和房间的探索组成。

　　对巴什拉来说，从水MOO的视角，有趣的是，想象一点也不混乱和分散，比如反映在房间的图像：阁楼、地窖、楼梯、角落、抽屉、衣柜等。相反，梦境和记忆的结构方式在方位上是相当"场所化的"。这种对想象的思维方式非常有说服力，因为像水MOO这样的场所在某种意义上是由"房间"和方向精心构建的梦幻世界。如果我带着"珍妮"穿过顶层大厅，来到加州酒店的屋顶，带着她走过屋顶的边缘，屏幕上就会出现这样的画面：

　　大厅
　　第八层
　　　　当你进入这个走廊时，你感到有点头晕目眩。墙壁呈扭曲、旋转、黑色和白色的螺旋状，似乎在转动和旋转，催你入眠。彩虹般的色彩从你眼前飘过，闪烁的光芒让你看不清楚。世界正在变成一片模糊的彩虹。在晕过去之前，你最好快点进入大厅的一扇门！你会看到一个按钮，按下它就会叫来电梯。

楼梯：下至七楼，上至屋顶

向上
屋顶
你看到一个巨大的被柏油覆盖的屋顶。当你环顾四周，你可以看到水MOO的全景……你对它的浩瀚感到敬畏……
明显的出口：下到八楼

跳
你深吸一口气。
你走到窗台边，慢慢走开。

你一个弹跳落在地上
你摇摇晃晃地站起来。

这段文本漫步中最有趣的部分可能是在输入命令（来自屋顶）后的那一刻，命令会产生不少于26行的空白，在屏幕上快速滚动，这体现出即使是虚拟身体也依赖于重力。

巴什拉式拓扑分析还通过"外部"和"内部"之间的关系探索了想象中的房子，其中门和门槛的象征意义发挥了重要作用。居住在门口的可能性表明"场所"的概念是如何不易在静态的对立面中捕捉到。巴什拉展示了外部和内部之间如何形成一道绝对的鸿沟，让我们看不到两者之间非此即彼的阴影和细微差别。比如说，白日梦怎么能被强迫进入这种"开"或"关"、这里或那里、这边或那边、在场或不在场、存在或不存在的尖锐分裂之中呢？（那么）网络白日梦呢？

埃尔博索（自豪的加拿大人）："你是从哪里来到MOO的？"
奥兰吉娜（对埃尔博索说）："图书馆。"

珍妮笑了。

汤姆来了。

奥兰吉娜（对埃尔博索说）："多伦多大学图书馆。"

埃尔博索（自豪的加拿大人）[对奥兰吉娜说]："我是说世界上的哪里？"

奥兰吉娜（对埃尔博索说）："多伦多市中心。"

荷包蛋飘到了这里。

汤姆拥抱了你。

牛津[客人]掉下一个巨大的沙滩球。

荷包蛋微笑着挥手问候！

埃尔博索（自豪的加拿大人）[对奥兰吉娜说]："哦，我在渥太华！"

奥兰吉娜向埃尔博索点头。

珍妮对汤姆微笑。

奥兰吉娜（对埃尔博索说）："那里冷吗？"

埃尔博索（自豪的加拿大人）向荷包蛋招手

荷包蛋[对汤姆说]："嗨。"

埃尔博索（自豪的加拿大人）[对奥兰吉娜说]："还不错……12度左右。"

达娜（当我唱歌时，看到了世界）通过传送门进来了。

水MOO中的对话至少是通过两种不同类型的引用构成的，涉及两种不同的地理位置：那些指向打字员的物理世界的人（"你是从哪里来到MOO的？"），以及那些涉及文本世界本身的人（荷包蛋飘到了这里）。[④]埃尔博索和奥兰吉娜之间的对话关注的是他们在世界上的实际位置。诸如"你在哪里？"或者"你住在哪里？"在这里会被问"你是从哪里来到MOO的？"这似乎暗示着希望打破网络世界固有的位置不确定性。当奥兰吉娜用"图书馆"回答"你是从哪里来到MOO的"这个问题时，她似乎没有埃尔博索那么热衷于详细说明这个话题，故意回避这个问题。但是埃尔博索继续追问："我是说世界上的哪里？"最终得到答案"多伦多市中心"。

水MOO既是一个"本身"的地方，也是一个有着不同起源的地方。利用文本存在的喜剧性（牛津[客人]掉下一个巨大的沙滩球）并不与地理位置的问题（"那里冷吗？"）相矛盾。生活在水MOO的世界里，就需要同时存在于外部和内部、这里和那里、可见的和隐藏的。这个地方的门，既不关也不开，正如巴什拉所说的，是半开着的。这为进入虚拟世界提供了一种存在于清醒时做梦的延伸状态的可能性，超越了简单的形而上学的确定性。随着巴什拉诗学的传播，水MOO的位置概念似乎不断地转移，或者可能扩展，因为它在"真实"和"虚拟"之间的边界上找平衡，既是对地方的创造，又是对地方的消解。

导航主体性

网络理论家、活动家和艺术家玛丽·弗拉纳根（Mary Flanagan）在她的《空间叙事导航：虚拟世界中的性别和空间性》一书中提出："虚拟空间的用户，尤其是游戏或在线体验的3D空间用户，如何成为一个话题？答案是用户导航。"（2000：75）新兴的游戏研究领域一个显而易见的方面是，叙事学家和游戏学家之间存在着强烈的两极分化，前者认为"游戏是故事"（Murray，1997；Ryan，2001，2004），后者认为"游戏就是游戏"（Aarseth，1999，2004；Eskelinen，2001；Juul，2001））。如果（电脑）游戏体验主要不是关于叙事或特定游戏的，而是关于在游戏世界中的移动，那一定是通过导航完成的。

当然，在一系列不同的游戏世界里，其中一些比其他的更明确地涉及导航和空间性。如《文明Ⅰ》和《文明Ⅱ》之类的模拟游戏，从根本上讲它们是网络地理游戏，因为它们都是关于地理和地图的转换和控制（参见Friedman，1999）。而其他许多游戏，如《神秘岛3：放逐》和《最终幻想X-2》之类的冒险游戏，或者如《光环》和《半条命2》之类的第一人称射击游戏，则为用户创造了有趣、有说服力和有挑衅性的游戏世界，让他们可以穿越、互动，并最终进行控制。

《半条命2》——《半条命》备受期待的续集——这款游戏于2004年发布，当即便取得了巨大的成功。由于在电脑动画和图像方面的突破性改进，这款游戏好评如潮。⑤它在塑造和设计游戏空间的细节上投入了大量的研究，为玩家提供了一个据称具有无与伦比的敏感性和适应性的游戏世界——其流畅的、工业的、东欧式的现实主义色彩，涵盖了从朋友、敌人的行为到物理环境本身的一切。此外，戈登·弗里曼（Gordon Freeman）是一个沉默的主角（即男主角不会说话），整个游戏都是通过弗里曼的眼睛观看的（即没有剪辑），这使得整个游戏成为一个不间断的过程。⑥

亨利·詹金斯（2002）在叙事学和游戏学之间开辟了一个有趣的中间地带。他没有否认电脑游戏的特殊性，但仍将其理解为具有一定潜在叙事能力的媒介："游戏设计师不只是讲故事，他们设计世界并塑造空间。"要想理解游戏设计和导航策略，重要的是要看到其与其他类型的空间和景观的联系。詹金斯将其与奥德赛、探险神话和旅行叙事等文学空间故事以及当代主题公园的"环境故事"进行了比较。在关于冒险类游戏的讨论中，游戏研究者伯纳黛特·弗林（Bernadette Flynn）对游戏空间性做了进一步阐述：

> 虽然冒险游戏可能有叙述附件或故事背景痕迹，但它们通常不是叙事空间，并脱离叙事因果结构。相反，它们是基于在导航过程中获得的对转换视角和幻觉的构建和体验……审美互动的乐趣来自于对这个虚构世界的表征和图像幻觉的中介，而不是基于故事情节或叙述进程。

我们似乎回到了诺伯特·维纳（Norbert Wiener）的控制论，在此电脑变成了掌舵人手中的仪表盘，成为互动和掌控（游戏）世界的控制面板。当然，在游戏世界中进行"审美互动"和导航的乐趣很大程度上来自于对这个想象的、但日益真实的平行宇宙的中介。话又说回来，空间实践并不是政治中立的，其必须有不同的方式成为穿越游戏世界里的主题，而并非通过主导当今电脑游戏行业特有的男性控制论系统来实现（参见 Flanagan，2000）。还有其他导航乐趣。

游戏设计同时向多个方向发展是有好处的，其中一个方向可以借鉴超文本小说领域的经验。如果穿越游戏世界变成了一种需要进入开放的超文本模式呢？如果游戏设计师承认我们对技术的控制能力有限，并允许我们享受无法完全掌握的乐趣，那该怎么办？如果他们为游戏的参与腾出空间，同时也为技术提供中介，那会怎么样？如果不是你在玩游戏，而是游戏在玩你呢？游戏成为主体的替代模式将依赖位置政治这一弹性概念，就像在MOO中的表演一样，其能够在身体玩和身体被玩之间的阈值上取得平衡。这个替代主题将彻底形成一种位置政治，一种暂时存在于另一个身体里的感觉，但仍然在自己身体里。当然，随着替代的观察和移动方式的出现，主题定位的种类，尤其是在性别、性取向和种族方面，将会急剧扩大。

如果我一开始呼吁重新思考立足之地的意义——制定一种虚拟场所创建的政治——我希望通过数字地理本身提供其探索、居住和有时还能改变的场所。但是，当所处的位置是文本、图形和声音高度物化和虚拟化的地方所创造的世界时，数字地理不断被证明是一种与阅读、社交、娱乐密切相关的创造，这在网络空间的文化地理领域中很少被承认。将里奇的位置政治进行网络空间升级需要对身体和代码以及它们之间的多个参考点的多种位置负责。它需要能够说明读者／用户／玩家的身体是如何向屏幕"伸展"，并同时在界面中倍增的。它还包括对构成主体定位"延伸"和"倍增"的物质条件的认识。不用说，虚拟空间制造的政治将不得不涉及谁可以居住在虚拟世界、以何种条件以及在何种约束下居住的问题。

为了给移动和成为（在线）主体的替代模式腾出空间，有必要在虚拟世界的创造层面上进行干预。因为无论数字景观有多么灵活和多强的适应能力，程序员和游戏设计师都有权对其创造的地点类型和主题定位设限。从逻辑上讲，依靠（重新）编写代码的方式，存在对数字景观的架构产生颠覆的可能性。

在纽约亨特学院，新媒体艺术家蒂姆·波特洛克（Tim Portlock）让他的学生修改多人游戏引擎《虚幻竞技场2004》以制作自己的艺术作品（通过在现有结构中添加内容，或者通过最小化给定结构来制作新的东西）。[7]在过去的十年里，"艺术修改"已经成为艺术家使用和开发电脑游戏的一个重要部分（Cannon，2004），这潜在地创造了一个开发不同游戏的颠覆性平台。当然，创造游戏空间的主导方式似乎并不会轻易让步。毫无疑问，大多数波特洛克的学生（没有多少人是自定义的游戏玩家）最终将射击作为主要的空间互动手段创造了类似游戏的艺术作品。然而，一名学生简单地使用《虚幻竞技场2004》

作为移动摄像机的方法创作了一段既不涉及拍摄也不涉及角色的视频。另一名学生创造了一个与污染做斗争、名叫"盖亚女孩"的生态女权主义女战士。如果我是一名游戏开发者，我可能早就深入到包括落魄的狗和黑衣意大利老妇人在内的非常熟悉的意大利南部街网的3D建模中去了。

作者简介

珍妮·桑德恩，斯德哥尔摩皇家理工学院（Royal Institute of Technology，KTH）助理教授，从事媒介技术研究。她在林雪平大学（Linköping University）传播学系获传播学博士学位。她发表了一些关于新媒体、文化研究、网络女权主义、虚拟世界、在线民族志和数字文本学的文章；出版了《物质虚拟性：接近在线文本体现》（彼得·朗出版公司，2003），《数字边界：互联网上身份和互动的文化研究》（与人合著，彼得·朗出版公司，2002）。

注释

①我要感谢彼得·朗（Peter Lang）出版社允许转载关于基于文本的虚拟世界中的水MOO和空间性的部分。这一观点曾发表在珍妮·桑德恩（2003）的《物质虚拟性：接近在线文本体现》一书中。这本书由纽约的彼得·朗出版社出版。

②对于《补缀女孩》的研读，见 Ferreira，2000；Hayles，2000；Joyce，1997和Sundén发表于2006年的文章。

③以Caplan和Moulthrop，1991；Douglas，2000和Moulthrop，1991为例，对超文本小说的实际阅读实践进行了研究。

④为了保护打字员的网络身份，所有角色的真名都做了更改。有关创建水MOO民族志的伦理学的广泛讨论，见 Sundén，2003。

⑤关于《半条命2》评论的集合，请参阅：http://www.gamerankings.com/htmlpages2/914642.asp?q=Half%20Life%202。访问日期：2005年9月25日。

⑥过场动画场景是游戏中不可交互、不可玩的段落（玩家无法控制）。这些场景主要用于阐明和推动故事情节、介绍人物、营造气氛、提供背景信息和线索等。

⑦"修改插件"或"饰变模块"的运用在电脑游戏世界中是一个越来越重要的因素，它有可能把玩家变成他们正在玩的游戏的联合制作者。修改插件可

以添加角色、敌人、模式、故事情节和关卡（部分转换），也可以是全新的游戏（完全转换）。

原书参考文献

Aarseth, E. (1997) *Cybertext: Perspectives on Ergodic Literature*. Baltimore and London: The Johns Hopkins University Press.

Aarseth, E. (2004) "Beyond the frontier: Quest games as post-narrative discourse" in Ryan, ML. (ed.) *Narrative Across Media: The Languages of Storytelling*. Lincoln: University of Nebraska Press.

Bachelard, G. (1958/2000) *Rummets poetik*. (*The Poetics of Space*) Lund: Skarabé. Original title: *La poétique de l'espace*.

Bernstein, M. (2002) "Storyspace 1" in *Proceedings of the thirteenth ACM Conference on Hypertext and Hypermedia*. New York, NY: ACM Press. <http://portal.acm.org/citation.cfm?id=513383>. Date accessed: September 25, 2005.

Bolter, J. D. (1991) *Writing Space: The Computer, Hypertext, and the History of Writing*. Hillsdale: Lawrence Erlbaum.

Braidotti, R. (1996) "Cyberfeminism with a Difference", *New Formations* 29, Fall. <http://www.let.uu.nl/womens_studies/rosi/cyberfem.htm>. Date accessed: September 25, 2005.

Cannon, R. (2004) "Art Mod", *Spinach 7 magazine* 3, Fall/Winter. <http://www.selectparks.net/rebecca/?Chronology:2004_Art_Mod>. Date accessed: December 9, 2005.

Douglas, J. Y. (2001) *The End of Books – Or Books without End?* Ann Arbor: The University of Michigan Press.

Eskelinen, M. (2001) "The Gaming Situation", *Game Studies* 1(1). Date accessed: October 15, 2005.

Ferreira, M. A. (2000) 'Shelley Jackson's Patchwork Girl and Angela Carter's The Passion of New Eve: A Comparative Reading' in Pina, À., Duarte, J. F. and Serôdio M. H. (eds*) Do Esplendor na Relva: Élites e Cultura Comum de Expressão Inglesa*. Lisbon: Edições Cosmos. <http://www.cyberartsweb.org/cpace/ht/pg/ferreira.html>. Date accessed: January 30, 2004.

Flanagan, M. (2000) "Navigating the Narrative in Space: Gender and Spatiality in Virtual Worlds", *Art Journal* 59(3): 74-85. <http://www.maryflanagan.com/writing.htm> Date accessed: September 25, 2005.

Flynn, B. (2003) "Languages of Navigation Within Computer Games". Proceedings from *MelbourneDAC, the 5th International Digital Arts and Culture Conference,* May 19-23, 2003. <hypertext.rmit.edu.au/dac/papers/Flynn.pdf> Date accessed: September 25, 2005.

Foucault, M. (1986) "Of Other Spaces", *Diacritics* 16(1): 22-27.

Friedman, T. (1999) "Civilization and Its Discontents: Simulation, Subjectivity, and Space" in Smith, G. (ed.) *Discovering Discs: Transforming Space and Genre on CD-ROM*. New York, NY: New York University Press. <http://www.duke.edu/~tlove/civ.htm>. Date Accessed: September 25, 2005.

Fuller, M. and Jenkins, H. (1995) "Nintendo® and New World Travel Writing: A Dialogue" in Jones, S. (ed.) *Cybersociety: Computer Mediated Communications and Community*. London: Sage.

Gibson, W. (1984) *Neuromancer*. New York: Ace Books.

Gunder, A. (1999) "Berättelsens spel: Berättarteknik och ergodicitet i Michael Joyces *afternoon, a story*" ("The Game of Narrative: Narrative Technique and the Ergodic in Michael Joyce's *afternoon, a story*"), *Human IT* 3: 27-127.

Gunkel, A. H. and Gunkel, D. J. (1997) "Virtual Geographies: The New Worlds of Cyberspace", *Critical Studies In Mass Communication* 14(2): 123-137.

Hayles, N. K. (2000) "Flickering Connectivities in Shelley Jackson's Patchwork Girl: The Importance of Media-Specific Analysis", *Postmodern Culture* 10(2). <http://muse.jhu.edu/ journals/postmodern_culture/v010/10.2hayles.html>. Date accessed: August 15, 2003.

Jackson, S. (1995) *Patchwork Girl: Or, a Modern Monster*. Watertown, MA: Eastgate Systems: <http://www.eastgate.com/Welcome.html>.

Jenkins, H. (2002) "Game Design as Narrative Architecture", in Harrington, P. and Frup-Waldrop, N. (eds.) *First Person: New Media as Story, Performance, and Game*. Cambridge, MA: MIT Press. <http://web.mit.edu/21fms/www/faculty/henry3/games&narrative.html>. Date accessed: September 25, 2005.

Juul, J. (2001) "Games Telling Stories? A Brief Note on Games and Narratives", *Game Studies* 1(1). Date accessed: October 15, 2005.

Landow, G. P. (1997) *Hypertext 2.0: The Convergence of Contemporary Critical Theory and Technology*. Baltimore: Johns Hopkins University Press.

Landow, G. P. and Delany, P. (eds.) (1993) *The Digital Word: Text-Based Computing in the Humanities*. Cambridge, MA: MIT Press.

Lanham, R. (1993) *The Electronic Word: Democracy, Technology, and the Arts*. Chicago: Chicago University Press.

Meyrowitz, J. (1985) *No Sense of Place: The Impact of Electronic Media on Social Behavior*. New York: Oxford University Press.

Moulthrop, S. (1988) "Containing Multitudes: The Problem of Closure in Interactive Fiction", *Association for Computers and the Humanities Newsletter* 10: 29-46.

Moulthrop, S. (1991) "Reading from the Map: Metonymy and Metaphor in the Fiction of Forking Paths" in Delany, P. and Landow, G. P. (eds.) *Hypermedia and Literary Studies*. Cambridge, MA: MIT Press.

Moulthrop, S and Kaplan, N. (1991) "Something to Imagine", *Computers and Composition* 9(1): 7-24.

Murray, J. H. (1997) *Hamlet on the Holodeck: The Future of Narrative in Cyberspace*. New York: The Free Press.

Rich, A. (1986) "Notes Towards a Politics of Location" in Adrienne Rich, *Blood, Bread, and Poetry: Selected Prose, 1979-1985*. New York, NY: Norton.

Ryan, M-L. (2001) *Narrative as Virtual Reality: Immersion and Interactivity in Literature and Electronic Media*. Baltimore and London: The Johns Hopkins University Press.

Ryan, M-L. (ed.) (2004) *Narrative Across Media: The Languages of Storytelling*. Lincoln: University of Nebraska Press.

Stone, A. R. (1991) "Will the Real Body Please Stand Up? Boundary Stories about Virtual Cultures" in Benedikt, M. (ed.) *Cyberspace: First Steps*. Cambridge, MA: MIT Press.

Sundén, J. (2003) *Material Virtualities: Approaching Online Textual Embodiment*. New York, NY: Peter Lang Publishing.

Sundén, J. (forthcoming, 2006) "What if Frankenstein('s Monster) was a Girl? Reproduction and Subjectivity in the Digital Age" in Smelik, A. and Lykke, N. (eds.) *Bits of Life: Feminism and the New Cultures of Media and Technoscience*. Seattle, WA: Washington University Press.

Svedjedal, J. (2000) *The Literary Web: Literature and Publishing in the Age of Digital production*. Uppsala: Publications in Sociology of Literature at the Department of Literature, Uppsala University.

Wiener, N. (1948) *Cybernetics: Or Control and Communication in the Animal and the Machine*. New York: John Wiley & Sons.

第17章 附言：正在发生

奥维·洛夫格伦（Orvar Löfgren）

2006年1月，西联汇款（国际汇款公司的简称）宣布停止电报服务。几乎没有人注意到这个有将近150年历史的信息传递方式的消亡——电报，它们还存在吗？在所有重组空间和时间的媒介技术中，电报是先驱。后来的革新，如电话、广播、电视和互联网，在某种程度上都是建立在19世纪40年代发展起来的理解空间和媒介之间关系的模式上。

发明家萨缪尔·摩尔斯（Samuel Morse）是一位痴迷于大众媒介化思想的艺术家。他赚钱的点子层出不穷：把卢浮宫画作制成微型复制品出口到美国，设计大理石切割机制作古典雕塑的复制品。后来，他开始涉足电力行业，并与其他工程师合作制造了第一台投入使用的电报机。起初，这被认为是一个疯狂的想法，难以推销，但在1844年，他终于开通了华盛顿至巴尔的摩的线路，而且在1845年之后，这个想法爆发了。19世纪50年代，电报随处可见，在迅速崛起的新全球经济中，电报成为一种强有力的工具和象征。

正如卡罗琳·马文（Carolyn Marvin）（1988）等人所讨论的那样，19世纪的新型通信系统有望重构时间和空间。它们可以被誉为全球力量，但围绕它们的言论往往是全国性的。就像铁路一样，电报被视为将国家联系在一起的一种方式。1852年，《纽约先驱报》指出，不再需要考虑将联邦政府迁往国家的地理中心，因为"电报完全取代了任何此类行为的必要性"（在Smulyan之后1994：33）。关于电线杆或新铁轨如何挺进荒野、连接国家、团结世界的教育正在迅速成为现实。

人们寻找隐喻是为了理解新的通信技术带来了什么。惊人的信息传递速度营造出一种亲密感："与信件相比，电报是多么甜蜜啊，因为它能告诉我们，就在几分钟前，朋友的想法……"一位瑞典学者在1869年写道（引用于Olsén，2001：18）。汤姆·斯丹迪奇（Tom Standage）（1998）在其著作《维多利亚时代的互联网》中讨论了电报不仅改变了人们对远与近、过去与现在的看法，而且产生了新的情感方式。

西联汇款仍然是一家通过转账赚取利润的全球性企业，只是电报以新的形式存活了下来。它特殊的缩略语和快捷语如今被用在黄色便利贴、短信和网络聊天室的对话中。

大多数媒介技术进入这个世界时都充满了希望，但对它们的实际潜力和未来的使用也有相当分散的想法。新的媒介，从电报到互联网，总是被消除沟通和理解障碍的言辞所包围。新的移动和交流方式将消除旧的边界，超越地方或国家，创造新的社区。

许多传播技术已经作为全球媒介，而且成为国家建设和地方一体化的重要因素，收音机就是如此。在先驱时代，收音机的魅力在于通过旋转拨号盘的新技能发现新奇的国际世界。人们在新的声音景观中到过希尔弗苏姆、波尔多、科尼斯堡、伦敦、摩尔曼斯克和卡伦堡等许多神奇的地方。突然之间，人们可以听到伦敦萨沃伊舞厅里的音乐，或者在客厅里听到布尔诺莫名其妙的演讲。在最初的几年里，我们常用一个随着所有新型大众媒介的出现而反复出现的比喻："世界终于走进了我们的客厅。"随着国家广播确立了一种固定的日常收听模式后，这种世界能触手可及的感觉很快就消失了，这一模式后来成为现代国家建设的一个重要组成部分（参见Löfgren，2000）。

修正空间

本书中的文章都对媒介发生和占据空间的方式感兴趣。媒介研究的这种空间转向必须在早前文化研究跨学科领域"转向"的背景下加以理解。在20世纪八九十年代，随着文学理论的引入和话语分析的发展，一度出现"文本转向"的说法。文化表达被作为"文本"来分析，文化被"铭刻"在身体和商品上。出于这种兴趣，也出现了"叙事转向"，借鉴戏剧隐喻，研究文化形式是如何上演、编剧、表演、场景设计和编排的。本书中讨论的"空间转向"在许多学科中都有涉及，但在最近的媒介研究中表现得更明显。新的隐喻出现了：

文化地图、心理制图、地球书写、媒介景观和其他地理隐喻。在前面的章节中，已经用许多不同的方式讨论和举例说明了这种空间转向。为什么会有这样的兴趣？本书中的论文探讨了其中的一些原因。首先，"空间转向"可以看作是对媒介流动消解了文化生产和消费的空间约束这一观点的回应。在关于全球化、网络世界和不断变化的生活的争论中，有一种趋势是过度使用一些前缀——过多地使用"后-（post）"，如后国家（post-national）或后当地（post-local），以及过多地使用"去-（de-）"，如去中心化（de-centred）、去属地化（de-territorialised）、去本地化（de-localised）或取代（displaced）。这是一场新的后现代游牧庆典，主要是生活在世界各地的中产阶级世界主义者的不断流动。"无地方性"成为一个流行概念，但正如本书中文章不断提醒我们的那样，媒介的使用永远是有地理位置的。我们必须密切关注复杂的微观物理学，即媒介发生并占据空间的方式。这是一种社会和文化的阐述，一种情境民族志式的在感官上厚重和冗余的实际存在。当社会人类学家安娜·哈塞尔斯特伦（Anna Hasselström）选择研究高度国际化和全球化的当代金融市场（Hasselström, 2003）时，她不得不非常关注通过互联网、电话和传真传播的信息流，但她也发现，需要对有关全球市场如何处于特定的本地环境进行民族志研究，如办公桌之间的闲聊、肢体语言，或在酒吧或晚上招待客户和同事时交换的笑话和信息（Garsten and Wulff以及Löfgren and Willim也探讨了高技术媒介流中的语境2003/2005）。

正如编辑们在导言中指出的那样，对空间维度产生新的兴趣的背后是希望以新的形式将空间和场所重新纳入媒介分析。作为固定范畴或给定的自然实体，对媒介产生的新兴趣包含着对空间和场所旧有用法的批判。正如里卡德（Rickard Ek）在他的文章中所讨论的那样，20世纪80年代和90年代的新文化地理学对一些观念提出了挑战。多琳·梅西、奈杰尔·思瑞夫特、大卫·哈维、艾伦·普雷德（Allan Pred）、德里克·格雷戈里和爱德华·索亚等学者在文化地理学和文化研究之间展开了新的对话（例子参见 Benko and Strohmayer, 1997），并对占有和物质性的旧有现象学兴趣做了重新思考（例子参见Carey, 1997；Frykman和Gilje, 2003）。总的来说，无论是在文化研究还是在媒介研究中，"空间转向"使人们对空间、距离和邻近的文化和社会组织产生了新的兴趣。

正如伊卡·萨洛瓦拉-莫林在她的论文中指出的那样，新隐喻的引入总是存在风险的。"松散的抽象"可能会占据主导地位。"绘制主题图"或"感官地理"真正的意义是什么？我们有时会被某些隐喻迷惑，然后不得不记住格雷戈里·贝特森（Gregory Bateson，1973）的建议，即知道什么时候放弃它们是很重要的。一些关于地点和空间的陈述也变成了分析性的口头禅，其使用方式比开发者所能猜到的更具普遍性。对此我想到了几个松散和频繁使用的例子，如本尼迪克特·安德森关于"想象的共同体"的观点、大卫·哈维关于时空压缩的观点，以及保罗·维利里奥关于加速度和空间湮灭的思想。这就是我喜欢本书各章中的空间视角通常以具体的民族志案例作为出发点的原因。

媒介景观

当阿尔君·阿帕杜莱（1996）提出媒介景观的概念时，它标志着对传统上侧重于当地文化生产和日常生活分析的人类学和欧洲民族学等学科的重新定位。这意味着"媒介"主要被看作是从外部进入当地文化的东西，是一种常常疏远信息流的异类。因此，媒介一般对这些民族志传统不感兴趣。新媒介民族志将媒介材料作为当地文化生产的诸多要素之一——语境中的媒介（例子参见Gemzöe and Ståhlberg的讨论，2004／2002）。这种新的兴趣也在媒介和文化研究领域创造了新的跨学科对话，例如约翰·福纳斯（Johan Fornäs）描述的多科性长期项目——"通道"。

媒介景观通常被放置在特定时间和地点的媒介机构和实践的更宏大领域内进行讨论，但这个概念也可以用来作为构建自身私人环境中个人组织的和个性化媒介活动的方式。在阅读一份20世纪70年代瑞典家庭的详细记录后，它让我想起了青少年房间如何变成玩虚拟现实的身份实验室。关起门来，青少年可以创造新的文化空间，伴随录音机里播放的音乐在镜子前摆弄姿势，尝试新的风格和自我表现，电话成为他们和最好朋友的情感生命线，墙上贴着电影海报，剪贴簿里保存着青少年杂志和大众媒介的剪贴画和图片。如今，其他媒介组合也被用于类似的身份游戏。[①]

媒介景观还解决了不同媒介如何在时间和空间上混合和分布的问题。什么时候是某些媒介使用的合适时间和地点？为什么媒介在一个阶段可以被视为无处不在，而在另一个阶段则被视为局限于某些时空区间？在任何特定的媒介景观中，我们发现的媒介之间的混合和互动，既告诉我们劳动分工是如何变化的，也告诉我们带宽是如何变化的。电话使用的历史就是一个很好的例子。在瑞典和美国等国家，电话迅速被家庭接受并成为一种亲密的媒介。简·加内特（Jan Garnert）（200x）在他对早期瑞典电话史的研究中对这一发展进行了梳理。矛盾的是，这种缩小空间距离的新媒介创造了一种亲近感。速度在这里起到了作用，就像早期的电报一样。在瑞典，电话很快被描述成一种能让两种声音相遇的浪漫媒介。它的情感潜能与它有限的带宽有关。只通过声音交流创造了一种特殊的感官享受。也许这就解释了为什么后来的可以看到电话另一端的人的"可视电话"实验长期以来一直没有成功。结果证明，许多用户觉得这很吓人，或者是多余的。这不仅是因为这项技术的笨拙，也是因为人们习惯了说话不被人看见。电话的亲密性、非正式性或随意性源于除了我们的声音之外不需要展示任何东西。这个过程类似于我们在互联网交流和聊天室中看到的，在那里很多东西给我们留下了想象空间，匿名成了一种文化资源。这让我想起聊天室的前身，现已被人遗忘的开放式匿名电话"热线舞台"。在20世纪80年代，这种方式曾在瑞典青少年中风靡一时。

同样，手机的开发者没有预见到青少年会把这种媒介带入新的领域并探索新用途，也没有预见到新媒介最终会变成一个移动多媒介实验室，这项任务原本是留给掌上电脑去完成的。

新技术创造了新的劳动分工形式，往往需要重新评估旧的沟通方式。面对更广泛的选择，我们根据不同的任务和不同的目的选择不同的媒介。这条信息是需要一封电子邮件、一张明信片、一通电话、一封正式的信件，还是一次面对面的会议呢？新媒介可以让人怀旧，也可以给他们新的身份。由此，产生了新的真实性和亲密性等级。

随着媒介出现在我们的生活中，我们将我们穿过的空间个性化，并创造出新的白日梦形式。在这个过程中，我们还学习了多任务处理的艺术，将媒介消费与其他活动结合起来。当新的媒介和移动技术在19世纪出现时，人们担心人类一次能处理多少讯息。马克斯·诺道（Max Nordau）大胆提出这样的想法，即后代可能更善于应对压力：

> 因此，到20世纪末，可能会看到这样一代人，他们每天读十几平码的报纸，不停地接电话，同时想着世界五大洲的各种事情，一半的时间生活在火车或飞机上……知道如何在一个数百万人口居住的城市中找到安逸的地方。（1892：541）

多任务处理是一种必须获得的能力，而一旦获得，往往是看不见的——"这是自然而然的"。可能需要从历史的角度来揭示这种学习过程。利用不同年代的人通过电视和广播讲述他们生活的素材，我们可以看到这种能力逐渐显现。对于先驱一代的广播和电视用户而言，最初观看电视节目或收听广播时所需要的是惊人的高度集中，不允许有任何干扰。为了跟上扬声器中的声音或屏幕上闪烁的数字，你必须全神贯注于媒介。20世纪20年代末的一则广告，推荐香蕉是收听广播时的最佳食物，它易于剥取，最重要的是，吃起来很安静。渐渐地，人们学会了用半只耳朵听广播，或者只是瞥一眼电视。

如果我们回到20世纪70年代的媒介时代，新的模式就出现了。对于今天的观察者来说，他们的媒介消费在时间和空间上可能看起来都是相当程式化和固定化。一家人坐在电视前的沙发上，每个人都有固定的空间，但与早前的媒介时代相比，他们已经获得了一定的多任务处理能力。收音机已经从客厅里曾经神圣的位置上移走了。现在厨房里有一个收音机，每天早上第一个起床的人就会打开收音机，让它为厨房的其他活动提供一个音景。人们已经学会了一边听新闻，一边翻阅早报，一边吃早餐。妻子把熨衣板放在客厅里，这样她就可以一边熨衣服一边看电视，还有专门为开车时娱乐而制作的录音带。在这个时候，人们普遍担心青少年一边听音乐一边做作业——青少年房间里的新卡带播放器被视为对智力工作的终极挑战。

因此，我们有可能会撰写一部历史，讲述各种多任务媒介能力的诞生和消亡，而介于之间的往往是人们忽略的自然化时期。

媒介和移动性

这些例子说明了移动性和媒介是如何相互作用的，这是编辑在导言中阐述的主题。我们还需要关注人们的生活、行为和思想是如何被不同的移动性所改变的。移动性的增加并不一定意味着无根性的增加。移动性可以成为一种产生稳定性和连续性并防止变化的战略。场所和空间是由移动构成的，但对移动的体验可以是非常不同的。当圭利亚娜·布鲁诺（Guiliana Bruno）讨论媒介和情感地图集时，她将地理描述为"一个'船形'地形：也就是说，这是一个既能容纳又能移动的地方"（Bruno，2002：207）。

进而，在这一领域，历史的观点似乎是有帮助的。媒介技术是如何变得移动或固定的？人们在移动中是如何培养使用不同媒介的能力和兴趣的？在日常生活中，我们可能会关注某些时间和空间是如何被用于媒介的，以及这些时间和空间是如何变成程式化或仪式化的，又是如何被开发和废除的？重要的是不能把这个过程仅仅看作是新技术或新移动模式的结果。在文化意义上，媒介消费和媒介移动的结合总是有组织的。让我举几个例子。

当铁路旅行出现后，人们抱怨火车的速度令人眼花缭乱，因为风景以每小时30英里的速度呼啸而过。因此，千万不要在火车上看书，而要一直盯着远处的地平线就成为普遍建议。随着旅行变得司空见惯，地点之间的时间也变得精确起来，你开始关注时间。统一标准的旅程创造了一种新的时间经济，但也带来了一种铁轨敲击的单调乏味。

随着旅行者厌倦了窗外风景，不要在火车上看书的早期警告很快就被一种新的阅读欲望所取代。现在，作为旅行解闷的良药，阅读成了乘坐火车的意义，旅行阅读的概念应运而生。在讨论后来英国所谓的铁路文学时，便于阅读和便于旅行之间的关系被建立起来。人们飞快地浏览着这种新的流行文学作品，它在火车站的销售速度与车外风景呼啸而过的速度相同。批评家们认为，结果导致了这种肤浅而有压力的阅读模式。"铁路文学"成了一个贬义词；"铁路旅行中的文学垃圾不在少数"的说法早在1857年就出现了（参见Löfgren的讨论，2000：45）。

试图将媒介的现代性和移动性结合起来是一个悠久的文化传统。当20世纪

20年代客运航空旅行出现时，在机舱内投影和屏幕的帮助下，飞机上很早就有了影视娱乐体验。这两种超现代移动媒介自然地结合起来，后来看电影就发展为长途飞行的标配。

媒介被引入新的情境和环境的方式也给人们带来了新的体验。当配上耳机听音乐时，城市景观会发生怎样的变化？媒介和移动的混合方式也产生了一定的拍子和韵律。当听着iPod骑车上学时，早晨无聊的通勤就会变成一场隐藏的比赛，正如一名学生所说的那样："每天早上我都会选择一首曲子，并制订规则——我必须在歌曲结束前到达学校……"

某些类型的媒介很容易传播，而另一些则在特定的文化背景中固定下来。同样的电影海报挂在中国台湾工厂宿舍的墙上，就像美国的大学宿舍一样，到了该离开的时候，海报就会被卷起来，带到新的宿舍。移动媒介也可以变成固定媒介。收音机就是一个很好的例子。随着人们把开车变成一种冥想体验，卡式录音机和收音机就成了汽车旅行的自然组成部分，以至于许多人只在开车时听收音机，使收音机的收听再次变得更加固定。另一个例子是阅读。最初它有固定的时间和地点，但逐渐成为一种更灵活的媒介消费形式。阅读材料可以随身携带到各种场合，但"高质量阅读"的理念仍然需要一本好小说、一张舒适的扶手椅、一盒巧克力和一些背景音乐共同组成的隔离环境。在这里，媒介消费会受到所有创造独特和多感官体验所需的舞台道具的制约。

空间与移动的教育学

每一项新的媒介技术都为即将到来的未来打开了希望和焦虑的空间，并重组了异端和近端的观念。其中一些被视为在开拓阶段具有破坏性，威胁到旧的秩序和等级制度。这种反乌托邦的观点与创造新的（更好的）网络和联盟形式的乌托邦乐观主义相呼应。乐观地说，这项新技术应该能够彻底改变和改善这个世界。

在早期阶段，新媒介经常被认为是通过产生"超速"和压力反应来消除距离或加速信息交流的方式。斯蒂芬·科恩（Stephen Kern）（1983）对第一次世界大战爆发时高效电报服务的破坏性作用的讨论就是一个例子。对于习惯于通过缓慢而稳定的邮件来交换备忘录、谈判和最后通牒的外交部门来说，电报使消息加速传播,这给外交人员带来了压力,最终导致了精神崩溃。2006年冬天,一家丹麦报纸刊登了《穆罕默德的漫画》,由此引发的争议演变成伊斯兰世界的街头政治,丹麦政府也受到了同样的压力。新闻、指控和谣言瞬间在网络上传播,并让愤怒的年轻人挥舞着手机走上街头。官方外交渠道运作太慢,人们的反应再次是"现在世界流动太快了!"

传播系统不仅产生了新的流行的跨国移动和群体,还可能加强传统联系。谁会想到,虽然亲戚生活在世界各地,但电话却成了促使家庭团聚的重要工具,并使其仍保持着亲近感和亲密感;或者是通过媒介增进和强化虚拟家园的方式,将世界各地的侨民社区与各自的故国联系起来。关于移民媒介的文献非常丰富,而且数量在不断增加。它不仅在创建虚拟家园、帮助流亡者和移民与家乡社区保持密切联系方面发挥着至关重要的作用,而且在所谓的远距离民族主义政治中也是一股至关重要的力量。例如玛雅·普罗夫扎尼克(Maja Provrzanic)(2002)在瑞典对克罗地亚人进行了充分的民族志研究,分析了一些媒介如何成为重塑克罗地亚人的身份观念,以及它们与祖国的关系和形象的重要工具。在许多关于媒介和全球化的早期和广泛的讨论中缺乏的正是这种民族志研究方法。

正如尼尔·史密斯(Neil Smith)曾经指出的那样,我们必须确保空间隐喻的使用不会重现空间作为"死板"的分析范畴的早期传统(Smith,1993:97)。媒介发生或占据空间的方式帮助我们开发了一种更动态的空间维度方法。媒介打开了我们的空间体验,例如,它们经常成为白日梦的重要工具,让你安全地待在这个有纹理的"此处"的同时,能在不同时间去往不同地点旅行。

想想开车的生活吧。在路上,思想迅速飘到远方,轮胎轻微的振动有助于创造一种恍惚感。开车兜风可能是一种发泄情绪或抽空思考问题的方式:因此,关上车门往往是一场家庭争吵的自然结局——至少在美国的媒介上是这样。它有时会以男性浪漫主义的形式"上路"。它借鉴了不断变化的美国形象(阿曼达·拉格克维斯特在她的文章中探索了这些)。这个版本是关于一个由特定图像和美学组成的不断变动的美国。这种景观不仅出现在无数的公路电影中,而且在犯罪故事、李维斯公司的广告和肥皂剧中都能看到。这是一个被一遍又一遍地转录、描绘和编曲的世界，一个不同流派不断对话的媒介景观。有经验的媒介消费者只需闭上眼睛，美国就变成了现实：有着阳光炙烤的真皮座椅和放着刺耳音乐声的滑翔敞篷车，穿着破旧T恤的疲惫不堪的店员照看着的肮脏汽车旅馆房间，噼啪作响的电视背景，"偏僻"的加油站，路边的咖啡馆，疲惫而和蔼的女服务员。开着自己的沃尔沃汽车穿过瑞典乡村，听着乡村音乐和西部音乐，让你觉得自己就是正行驶在路上的美国牛仔兄弟会的一员（参见Eyerman & Löfgren1993和O'Dell1993的讨论）。

高速公路的快车道因此变成了冥想和白日梦的空间。在我看来，我们需要更多关于身体移动、思想漫游和媒介流动结合起来的民族志研究。

作者简介

奥维·洛夫格伦，瑞典隆德大学教授，从事民族学研究。最近，他正在进行关于情感和大学日常生活的民族志研究，对新经济文化组织的研究[与罗伯特·威廉（Robert Willim）合编了《魔术、文化和新经济》一书]。他还与理查德·威尔克（Richard Wilk）合编了散文集《走向未知：寻找缺失的文化过程》。

注释

①这些媒介时代的材料包括隆德大学民间生活档案馆保存的一些调查问卷和瑞典博物馆在20世纪70年代和80年代收集的名为"记录当代世界"项目的一系列家庭文献。我目前正在隆德大学民族学系进行的项目"家庭自制：不显眼的文化产品"中使用它们。

原书参考文献

Appadurai, Arjun (1996) *Modernity at Large: Cultural Dimensions of Globalization.* Minneapolis: University of Minnesota Press.

Bateson, Gregory (1973) Steps to an Ecology of Mind. London: Paladin.

Benko, Georges & Strohmayer, Ulf (eds.) (1997) *Space and Social Theory. Interpreting Modernity and Postmodernity.* Oxford: Blackwell

Bruno, Giuliana (2002) *Atlas of Emotion. Journeys in Art, Architecture, and Film.* New York: Verso.

Casey, Edward S. (1997) *The Fate of Place. A Philosophical History.* Berkeley: California UP.

Eyerman, Ron & Löfgren, Orvar (1995) Romancing the road. Roadmovies and images of mobility. *Theory, Culture & Society*, 12:1:53-80.

Frykman, Jonas & Gilje, Nils (2003) *Being There. New Perspectives in Phenomenology and The Analysis of Culture.* Lund: Nordic Academic Press.

Garnert, Jan (2005) *Hallå! Om telefonens första tid i Sverige.* Lund: Historiska media.

Garsten, Kristina & Wulff, Helena (eds.) (2003) *New Technologies at Work: People, Screens and Social Virtuality.* Oxford: Berg.

Gemzöe, Lena (ed.) (2004) *Nutida etnografi. Reflektioner från mediekonsumtionens fält.* Nora: Nya Doxa.

Hasselström, Anna (2003) *On and Off the Trading Floor: An inquiry into the :everyday fashioning of financial market knowledge.* Stockholm: Stockholm Studies in Social Anthropology.

Kern, Stephen (1983) *The Culture of Time and Space, 1880-1918.* Cambridge, Mass: Harvard University Press.

Löfgren, Orvar (2000) *On Holiday. A History of Vacationing.* Berkeley: University of California Press.

Löfgren, Orvar (2001) The Nation as Home or Motel? Metaphors and Media of Belonging. *Sosiologisk Årsbok/Yearbook of Sociology (Oslo University)* 2001:1:1-34.

Löfgren, Orvar & Willim, Robert (eds.) (2005) *Magic, Culture and the New Economy.* Oxford: Berg.

Marvin, Carolyn (1988) *When Old Technologies Were New: Thinking about Communications in the Late Nineteenth Century.* New York: Oxford University Press.

Nordau Max (1892) *Degeneration.* New York.

O'Dell Thomas (1993). "Chevrolet...that's a real raggarbil!": the American car and the production of Swedish identities. *Journal of Folklore Research* 30:61-74.

Olsén, Jan Eric (2001) Den organiska telegrafen: metod och metafor i 1800-talets fysiologi. *Vetenskapssocieteten i Lund, årsbok 2001*, s18-29.

Povrzanovic Frykman, Maja (2002) "Establishing and Dissolving Cultural Boundaries: Croatian Culture in Diasporic Contexts". In: Sanimir Resic and Barbara Törnquist-Plewa, eds., *The Balkans in Focus: Cultural Boundaries in Europe.* Lund: Nordic Academic Press, 2002, 137-188.

Smith, Neil (1993) Homeless/global: scaling places. In *Mapping the Futures: Local Cultures, Global Change*, Jon Bird, Barry Curtis, Tim Putnam, George Robertson, and Lisa Tickner (eds.) New York: Routledge. pp 87-119.

Smulyan, Susan (1994) *Selling Radio. The Commercialization of American Broadcasting 1920-1934.* Washington: Smithsonian Institution Press.

Standage, Tom (1998) *The Victorian Internet. The Remarkable Story of the Telegraph and the Nineteenth Century's Online Pioneers.* London: Phoenix.

Ståhlberg, Per (2002) *Lucknow Daily. How a Hindi Newspaper Constructs Society.* Stockholm: Stockholm Studies in Anthropology.

译后记

在翻译此书之前，我从来没想到自己会成为一名译者，但各种机缘巧合，我真的成了译者。刚开始翻译的时候，特别是遇到理科的知识体系和难以把握的哲学概念时，那种纠结和惶恐，让我几次都有退缩和放弃的念头。加之，本书是一本论文集，有十几位作者，他们的语言风格迥异，在不同的语言风格之间切换和适应，也给翻译工作增加了难度。有时坐在电脑前一两个小时译不出一两句，但坚持一段时间后，每天翻译几段文字便成了睡前的习惯。

当把整本书稿译完搁笔之时，我才发现从2020年2月到2021年1月几乎每天都会有一个新的翻译文档保存在电脑里，直到2021年2月26日通稿完成，已经敲出了几十万字，在略感惊讶之余又觉得有一丝欣慰。由于中间疫情的影响，当真正拿到出版合同时，已跨越了三个年头。

回想起选择翻译此书的原因，可能最主要的是本书的书名吸引了我。我的专业是历史城市地理，又长期在新闻与传播学院工作，对两个学科都有一些了解。而且，在完成博士论文写作时，我阅读和接触了一些传播学的理论，亦将空间生产作为博士论文的一个重要支撑。当此书里出现了诸如米歇尔·福柯、詹姆斯·凯瑞、戴维·莫利、杰奎琳·伯吉斯、马歇尔·麦克卢汉、亨利·列斐伏尔、爱德华·索亚、大卫·哈维、简·雅各布斯、欧文·戈夫曼、沃尔特·本雅明等学界熟悉的学者名字时，更产生了好奇心。所以，当我看到这本书的名字：《传播地理学——媒介研究的空间转向》时，对本书的内容更充满了期待。这些懵懂想法驱使着我尝试了此项工作，虽然这段旅程夹杂着些许的痛苦和烦恼。

本书是一个论文集，由4个部分17篇论文组成，两位编者和众多作者都是欧洲相关研究机构中的传播学学者。本书主要围绕着当前媒介研究的空间转向这一话题展开，认为当前此方面的研究是站在一个思想和概念交会的十字路口，无论从意识形态的维度，还是技术的维度或物质纹理的维度，都具有跨学科意义，所以编者和作者们就将传播地理学视为一个新的研究领域。本书通过对认识论层面的概念梳理和方法论层面的实证分析，展开了对媒介化空间、中介化空间，以及媒介化的空间感等方面的思考和探索。最终归结了一个关键问题，就是媒介的生产、表征和消费如何对空间塑造产生作用和意义？

此译著是学院"传播新知译丛"中的一本。翻译此书，使我了解到了许多媒介与空间的理论知识，也重新对媒介与空间的关系做了思考，受益良多。之所以能够顺利完成翻译工作，首先要感谢学院的信任和支持，让我在工作之余有机会担此任务，感谢李震、许加彪、刘蒙之等领导和老师们对此译丛工作的支持。其次，要感谢我的合作者、曾经是学院研究生的紫茹同学。在翻译的那段时间，紫茹几乎每天都会和我讨论译稿中的词句和语义问题，特别是在2020年寒假，她放弃了休息和娱乐的时间坚持不懈完成了翻译工作。可以说如果没有紫茹的勤奋和坚持，此译稿很可能会推后很长时间才能和读者见面。再次，要感谢学院张建中老师向我引荐此书，感谢西北政法大学谢沁露老师对国外相关理论的介绍，感谢外国语学院贺敏老师对译稿的指正，感谢陕师大出版社对学院的支持，感谢陈君明编辑在版权和出版方面给予的帮助。最后，还要感谢家人的理解和鼓励。在此对为此书的翻译和出版付出辛劳和帮助的各位，郑重地表示感谢和敬意。

译稿终于交给出版社了，但我深知，译稿中仍有许多不太令人满意甚至错误的地方，诸如对语言习惯的掌握、对学术词汇的把握、对各种理论的理解等方面都还有进一步修改和提升的地方。如果读者对作品的理解产生了晦涩、歧义或混乱之感，一定是我个人水平有限所致，敬请批评指正。

鹏展于陕师大长安校区
2023年2月

N